맑스를
읽다

MARX
LESEN

DIE WICHTIGSTEN TEXTE

VON KARL MARX FÜR DAS 21. JAHRHUNDERT

21세기를 위한
맑스의 핵심 텍스트

맑스를 읽다

로베르트 쿠르츠 엮음
강신준 · 김정로 옮김

일러두기

1. 『맑스를 읽다』는 엮은이 로베르트 쿠르츠가 맑스의 저작들 중에서 발췌한 텍스트를 8가지 주제로 묶은 선집이다. 『자본』에서 발췌한 내용은 강신준이, 나머지 주요 저작에서 발췌한 내용은 김정로가 번역했다.

2. 외국의 인명·지명은 현지 발음에 충실하게 우리말로 표기하고 원어를 병기했다.

3. 맑스의 텍스트 내 〔 〕는 원문의 중복된 서술 또는 예시가 되는 부분에 한해 옮긴이가 묶은 것이다.

4. 용어 해설 등 옮긴이가 독자의 이해를 돕기 위해 본문 내 괄호로 주를 단 경우 '──옮긴이'라고 표시했다.

5년 전 이 맑스 선집을 처음 출판할 당시 나는 이 책이 사회운동을 하는 새 세대들에게 이제 전설이 되어버린 맑스의 저작, 21세기 자본주의의 위기를 분석하려면 반드시 다시 들여다보아야만 하는 바로 그 저작을 향해 첫발을 내딛게 해주었으면 하는 막연한 희망을 가졌다. 그러나 당시의 상황으로 볼 때, 이는 이루어지기 어려운 희망이었다. 1990년대 말 사회의식 속에는 맑스 르네상스를 가로막는 두가지 장애물이 버티고 있었다. 하나는 동유럽 사회주의 붕괴의 쇼크로 인한 여파였다. 1989년부터 91년 사이에 이루어진 동독과 소련의 붕괴, 그리고 냉전의 종식으로 인해 맑스 역시 끝장나 영원히 소생 불가능해 보였다. 누구보다도 성급하게 맑스주의자들 스스로가 이런 절망적인 판단을 내렸다. 국가사회주의 귀족들이 즉각 처단되고 낡아빠진 계획경제가 무자비한 자본주의 독재체제가 횡행하는 "야만적 동유럽"으로 전환되어 세계시장의 변방에서 발생한 10월혁명이 이룩해낸 사회구성체가 결코 역사적 대안이 아닌 단지 근대 상품생산체제의 화신(化身)이었을 뿐임을 보여주었다. 서유럽의 맑스주의 또한 이미 오래전에 이 상품생산체제의 기본적인 형태를 받아들였고 자본주의체제의 우위를 암암리에 인정해왔다. 그런 점에서 서유럽 맑스주의자들의 학문적·정치적 반동은 사실상 무조건적인 항복과 별반 다를 바 없었다. 자신의 이론을 비판적으로 검토하고 동유럽의 붕괴를 세계적 관점에서 분석하는 대신 오로지 흡사 자포자기적인 자기비판만을 일삼았다. "유토피아의 종말"(마치 맑스가 유토피아주의자였던 것처럼)을 읊조리며 이제는 아무 쓸모도 없게 된 맑스주의 사상을 버리고 자유로운 가격형성, 경영학적 합리성, 경쟁 같은 개념을 적극 받아들여야 한다는 주장이 주된 흐름을 이루었다.

또 하나의 장애물은 1990년대가 카지노자본주의가 확대되는 시기였다는 점이다. 실물경제와는 무관하게 오로지 금융거품만으로 가치 창출이 이루어지자, 결국 경제 기적에 대한 맹목적인 믿음이 널리 퍼지기 시작했다. '주식문화'의 새 시대가 선포되었으며 너도나도 모두 부자 되기 열풍에 휩싸였다. 이런 분위기는 사회의 급속한 전자화, 정보기술의 발전, 그리고 인터넷 매체의 대중적 확산과 함께 맞물려 이루어졌다. 그리하여 사회적 위기는 세계시장의 변두리에 위치한 '다른 사람들'의 문제일 뿐이라고 생각하는 기만적인 유행병이 번졌다. 국가사회주의의 붕괴와 서방국가들의 활발한 세계화 사이의 내적 관련성에 주목하는 사람은 아무도 없었다. 1990년대 동안 구조적인 대량실업이 서방에서도 계속 증가했고 새로운 대량빈곤의 물결이 쓰나미처럼 덮쳤음에도 불구하고, 이 구멍난 사회국가체제를 금융거품산업의 책상에서 떨어져 나온 부스러기들로 보전할 수 있을 거라고 생각했다.

이런 신자유주의적인 물결은 1980년대 중반 이미 사회학자 울리히

벡(Ulrich Beck)이 지적했던 '개별화'의 경향 때문에 더욱 강화되었다. 이전의 계급사회라는 개념 대신에 '개인의 분절화'라는 개념이 새롭게 자리를 잡았다. 모든 집단적 연대로부터 분리된 개인들의 삶은 천편일률적인 방식으로 획일화되었다. 1980년대 이미 사회국가의 보호막으로부터도 분리된 이들이었다. 이러한 경향은 사실 사회적으로 분자화한 각 개인을 그 자신의 인적자본을 관리하는 경영자로서, 즉 '자신의 노동력에 대한 경영자' 혹은 '1인 경영자'나 '삶의 경영자'로 간주함으로써 세계화된 화폐자본의 은폐된 가치증식과정에 아무런 보호막 없이 직접적으로 노출시키는 것을 전제로 한다. '당신과 자본' 이외에는 아무것도 없다——이것이 바로 사회주의 몰락 이후 모든 사상의 구호가 되었다. 개별화가 연대의 해체로 이어질 거라는 우려는 그대로 현실이 되었다. 이런 분위기에서 맑스는 당연히 '죽은 개'로 선언되었다.

맑스를 가지고는 이제 아무것도 시작할 수 없다는 생각에 이론적으로 무장해제된 좌파는 자본주의의 일반적인 범주에 매몰되는 것은 물론 이데올로기적으로도 카지노자본주의에 토대를 둔 우상숭배에 굴복하고 만다. 포스트모던 이론과 철학은 1980년대 맹아기를 거친 후 대호황을 맞았다. 사회의 문화적인 차원이 지나치게 강조되면서 문화주의 일변도의 바람이 불었다. 반면 물적·사회적 차원은 지나치게 무시되었다. 갑자기 모든 것이 '문화'가 되어 경제와 정치조차도 문화가 되어버렸다. 새로운 빈곤은 점차 증가하는 하층민에 대한 흥미로운 문화현상으로 이해되었다. 자본주의의 견고한 정수는 문화적인 만족감 속으로 녹아들어가버렸다.

충격적인 뉴욕 테러공격과 연이은 두번의 세계질서 전쟁(이라크전쟁을 일컫는 듯하다——옮긴이)이 이 바람의 방향을 바꾸었다. 서방세계의 승리

이자 '역사의 종언'이라 축하받던 세계, 즉 자본으로 통일된 하나의 세계는 더이상 존재하지 않는다. 이제 세계는 중심과 주변, 부와 빈곤, 평화와 갈등 등으로 서로 갈라진 지역들이 따로 떨어져 있게끔 내버려두지 않는다. 어딘가에서 일어나는 일은 곧바로 모든 곳에 영향을 미친다. 미디어뿐 아니라 현실에서도 그러하다. 자본주의의 세계화 과정은 위기의 세계화 과정이었음이 드러났다. 금융거품에 의한 가치창출과 정보통신기술이야말로 자본의 새로운 가치증식을 위한 토대가 될 수 있으리라던 환상은 신경제의 붕괴와 함께 깨지고 말았다. 경제적 파산의 잔해가 도처에 널리고, 순식간에 대박과 쪽박을 오가던 인터넷 투기라는 고공비행은 추락으로 끝났다. 취약한 세계경기는 세계적 규모의 재정적자로 간신히 연명하나 이마저도 결국 밑천이 드러나고 있다. 전통적인 제조업은 물론 정보통신기술과 쏘프트웨어 산업마저도 점차 동유럽, 인도, 중국 등지로 이전하는 바람에 얼마 전까지만 해도 웃던 승리자가 사회적으로 몰락하는 현상이 이어졌다. 그러나 이러한 산업 이전에도 저임금 국가들은 결코 전반적인 사회 발전의 혜택을 누리지 못하고 있는데, 이는 국제적인 가치창출의 분업구조에서 이들이 여전히 취약한 지위에 머물러 있기 때문이다. 위기는 문화, 교육, 사회간접자본의 영역에서 동시에 밀어닥치고 있다. 언론인, 교사, 출판 노동자, 사회사업 종사자, 예술가 등이 모두 해고자 명단에 올라 있다. 가혹한 경제논리는 이제 과거의 이데올로기적인 완충기구들에도 노골적으로 적용된다. 사회 균열은 도처에서 더욱 심화되고 있다. 자본주의의 이런 위기는 잠깐 스쳐 지나가는 한갓 단순한 기삿거리로 끝날 문제가 아니다.

새로운 중간계급이 궤멸하고 온갖 위기 현상이 중첩되어 나타나면서 국가의 위기관리능력은 점차 저하하고 있다. 이제는 손쓸 수 있는 그 어

8

떤 비판적 성찰의 수단도 없어서 사회 전반에 무기력만이 팽배하다. 바로 지금이 맑스의 부흥기일까? 실제로 이 거대한 19세기의 이론적 괴물은 이미 의미심장한 웃음을 띤 채 치켜든 손가락으로 V자를 그리며 『슈피겔』 표지에 등장한바 있다. 죽은 개가 다시 짖기 시작한 것이다. 그런데 단지 표면적인 현상일 뿐은 아닐까? 사실 자본주의에 대한 새로운 비판들이 쏟아져 나오고 있지만 정작 실제로 맑스와 관련된 얘기는 아직까지 없는 듯하다. 예를 들면 방금 전까지만 해도 행운을 가져다주는 마스코트이자 해결사처럼 여기던 금융자본을 "모든 것을 닥치는 대로 먹어치우는 메뚜기떼"라고 비난한 주장에 대해 맑스는 틀림없이 격렬하게 반대했을 것이다. 맑스는 오로지 '사회적 관계의 의인화'만이 있을 뿐 개인에게 부과되는 책임은 없다고 보았다. 그는 사회적 관계의 근원을 찾아내, 그것들의 내적 모순을 통해서 이들 관계를 철저히 비판하려고 했다.

하지만 현실에서는 오히려 잘못 이해되고 개악된 맑스가 유행이다. 제대로 읽지도 생각해보지도 않고 어떻게 맑스를 이해하겠는가? 민주주의의 위기, 정치 혐오, 세계화에 반대하는 최근의 사회운동 등은 아마도 맑스에 대한 관심을 새롭게 촉발할 토양을 제공할 것이다. 그러나 내용적으로 우리는 이미 일종의 소부르주아적인 신자본주의 비판에 발목이 잡혀 있다. 이는 복지국가를 지향하는 규제되고 '문명화된' 자본주의(그 자체 내부의 위기체제 때문에 더이상 존립할 수 없는)로 돌아가자는 비판이다. 저절로 돌아가는 금융거품경제에 대한 피상적인 비판은 지나치게 천박해 의도하지 않았더라도 반유대주의적인 망상과 결부되어, 그 자체로 선하고 건강한 시장경제에 위기를 가져온 책임이 '유대인처럼 탐욕스러운' '금융 하이에나'들 때문이라는 생각으로 발전할 것이다. 그러나 맑스는 우리에게 위기란 바로 생산양식의 내적 모순에서 비롯됨을 가르쳐주었다.

위기 구조를 새롭게 파악하는 데 필요한 맑스의 가르침은 땅에 떨어진 물건 줍듯이 간단하게 얻어지는 것이 아니다. 맑스이론은 하나의 역사를 거쳐서 형성되었으며 그 역사는 반복되지 않는다. 그러므로 마치 지금까지 아무 일도 없었다는 듯이 그냥 과거의 '진정한' 맑스를 다시 끄집어내는 것은 무의미한 일이다. 이는 마치 아직까지 살아남은 전통적 맑스주의자가 죽은 것처럼 자고 있던 이론적 겨울잠에서 깨어나 당연하다는 듯이 새로운 자본주의 비판의 선두에 서기 위해 희망에 가득차서 자신의 둥지로부터 기어 나오는 것이 가장 좋다고 생각하는 것과 같다. 만일 그가 자신의 15년 전 패배(1991년 소련 붕괴 — 옮긴이)를 시인하고 역사적인 은퇴를 선언하지 않았던 맑스주의자라면, 이제 그는 당시에 어쩔 수 없이 중단했던 바로 그 지점에서 다시 새롭게 시작하려고 할 것이다. 그러나 한때 큰 위력을 발휘했던 명제라도 그것을 그저 단순히 반복해서는 오늘날 아무런 영향도 끼치지 못할 것이다. 완전히 새롭게 개척하고 개발해내지 않는다면, 맑스이론은 입을 닫고 있어야 할 것이다.

그것은 더욱 좋지 못한 일이다. 역사적 성격을 고려하지 않은 현대판 계급투쟁은 몰락한 중간계급에게 사회경제적 허상을 제공하는 환각을 일으켰을 뿐이다. 허상의 환멸에서 깨어난 후 포스트모던의 환상은 경제학 비판의 새로운 동력으로 작용한 것이 아니라 오히려 유기체주의의 생물학적 사상으로 방향을 바꾸었다. 사회적인 문제와 물적인 문제에 대한 논의는 아무런 내용이 없는 공허한 모습 — 즉 반유대주의의 아류로 천박하게 변질되어버린 소부르주아적 '금융자본' 비판에서부터

'외국인 노동자'보다 경쟁력이 떨어지는 사람, 그리고 아예 경쟁을 거부하는 사람들에 대한 막연한 혐오감과 민족공동체의 일체감에 호소하는 행위 등에 이르기까지—으로 되돌아갈 위험에 처해 있다. 영원히 가치를 창출하는 '노동'과 피상적으로만 이해된 '자본'과 이 노동 간의 대립이라는 구태의연한 이야기의 반복은 아무런 영향도 끼치지 못한 채 점차 사그러들고 있다.

이 위험한 상황에서 맑스이론이 새롭게 발굴되어 한치 앞도 내다볼 수 없는 세상의 상황을 비판적으로 파악하는 데 도움이 되려면, 과거에 우리가 알던 그런 유형의 맑스이론과는 달라야 할 것이다. 이것은 다시 맑스를 이해하려는 젊은 세대나 새로운 저항운동—각종 위기에 좌절하는 것이 아니라 오히려 거기에 문제를 제기하는—은 물론 사회사상 전체에도 모두 하나의 지적 도전이 될 것이다. 지금 필요한 자본주의 비판은 맑스 주위를 맴도는 일이 아니라 오히려 맑스의 방향을 전환시키는 일이다. 맑스에 대한 전통적인 노동의 관점과 계급적 관점이었던 것은 곧 '맑스주의'와 그것의 역사다. 그러나 맑스는 이 맑스주의로부터는 살아나지 않는다. 근대 상품생산체제의 근저에 자리 잡은 형태에 대한 훨씬 심층적인 자본주의 비판에는 전혀 다른 맑스가 존재한다. 그리고 이것이야말로 본래 '노동운동'과 '근대화'의 저편에 숨어 있던, 이제 새롭게 끄집어내야 하는 숨겨진 맑스다.

맑스의 재발견은 오로지 맑스를 극복함으로써만 가능하다. 그러나 그 극복은 그의 이론만을 앞세우는 것이 아니라 역사적으로 제약되고 오늘날에는 시효가 끝나버린 계기를 넘어서 그를 더욱 발전시키는 것을 의미한다. 여기에는 특히 근대적인 남녀관계의 주제도 해당된다. 이 근대적 남녀관계는 맑스가 자본의 재생산(스스로 파산한)과 부르주아적 주관성의 기본원리와 관련하여 매우 중요하게 여겼음에도 아직까지 전혀 조명받지 못했던 문제다. 물신적인 사회적 관계의 형태를 보여주는 자본 자체의 개념도, 21세기에 유용한 비판이 되기 위해서는 맑스의 논의를 넘어서 규정될 필요가 있다. 맑스는 그런 작업의 기반을 제공하기에 가장 적합한 이론적 원천일 것이다. 그는 그때그때의 상황에 적용하기만 하면 되는 완결된 이론을 남긴 것이 아니라 후세 사람들이 스스로 더 '발전시켜 나갈' 것을 전제로 한 이론을 남겼다.

이번에 출간하는 판본은 이론적 구조물의 모순과 역사적 침전물을 뚫고 들어가야만 하는 밀도 높은 맑스 연구를 위한 것이 아니다. 이것은 일종의 입문을 위한 강독서다. 물론 여기서 말하는 입문이란 고전적 노동운동과 관련된 맑스의 입문이 아니라 지금까지 알려지지 않고 배척된 맑스, 즉 맑스 자신에 대한 이교도로서의 맑스다. 여기에 실린 것들은 전통적인 좌파의 모든 '자본 학습'에서는 대부분 건너뛴 그의 사상적 단서들로서, 그의 이론을 이해하기 위해 그 이론적 본체에서 일부를 조금씩 떼어낸 것들이다. 혼란에 빠진 맑스주의자들에게 여기에 소개된 맑스가 낯설고 섬뜩하게 느껴질수록 더욱 바람직할 것이다. 그리고 맑스이론을 처음 접하는 사람들에게는, 이 책이 궁극적으로 기존에 읽었던 모든 것들과 결별하는 독서의 시작이 될 것이다.

맑스주의의 운명

―21세기의 맑스 강독

서론

애꿎은 사망선고를 받은 사람이 더 오래 사는 법이다. 맑스는 비판적
이고 현실적인 영향력을 가진 이론가로서는 이미 여러번 사망선고를
받았는데, 그때마다 용수철처럼 역사적·이론적인 죽음으로부터 되살
아났다. 그 이유는 매우 간단하다. 맑스이론은 자신의 이론적 대상인 자
본주의 생산양식과 함께라야 비로소 편안한 죽음에 이를 수 있기 때문
이다. 이 사회체제는 인간에 대해 뻔뻔스럽게도 부당한 태도로 일관된
'객관적으로' 경멸스러운 체제이며, 파렴치하고 터무니없는 부와 동시
에 그만큼의 대중적 빈곤을 똑같이 만들어내며, 맹목적으로 미쳐 날뛰
는 움직임을 통해서 유례없는 엄청난 파국의 가능성을 보여주고 있다.
따라서 그것이 앞으로도 계속 살아남으려면 반드시 근본적인 비판을
위한 새로운 생각과 동기를 부여받아야만 한다. 그리고 이 비판의 처음
과 끝은 누가 뭐라 해도 결국은 카를 맑스의 바로 그 비판이론, 즉 이미
150년 전 자본주의 축적과정의 기본적인 특징들을 비교할 수 없이 탁월

16

한 방식으로 분석했던 바로 그 이론이다.

그러나 특정 시대정신의 기한이 만료된 후에도 살아남은 모든 이론적 사유를 대할 때 그러하듯이, 맑스의 저작을 대할 때도 늘 새로운 면을 발견해내고 기존의 낡은 해석을 폐기하는 새로운 접근이 요구된다. 그리고 이는 단지 해석뿐만 아니라 이론 그 자체의 요소 가운데 시대적인 조건과 결부된 요소들을 살펴볼 때도 마찬가지다. 모든 이론가는 자신이 알았던 것보다 더 많은 것을 생각하는 법이며, 모순이 없는 이론이란 엄밀한 의미에서 이론이라 부를 수 없다. 개별 문헌은 물론 위대한 이론의 경우에도 똑같이 적용되는 운명이다. 하나의 이론과 그것을 수용하는 사람들 사이에는 그리고 이론의 추종자들과 그것의 반대자들 사이에는 항상 긴장관계가 발전하고, 이 긴장관계를 통해서 이론의 내적 모순이 들춰지고 이로써 그 이론에 대한 인식은 더욱 발전하게 된다.

맑스와 '거대이론'에 대한 포스트모던의 후렴

20세기 말 이른바 포스트모더니즘은 사회이론에 의한 역사적 고발을 새롭게 제기하기보다는 이론의 형성과 수용, 비판이라는 변증법을 아예 통째로 묵살해버리려 했다. 맑스이론은 더는 그 내용을 검증받거나 그 역사적 조건 속에서 분석되지 않았고 결국 발전하지 않게 되면서 단지 선험적으로, 소위 '거대이론'이라는 비난 속에 묻혀버렸다. 자본주의의 사회화 형태 전체를 더이상 살펴보려 하지 않고 그냥 그것을 통째로 배제해버리는 이런 잘못된 예단은 사회이론의 성찰 수준을 전반적으로 떨어뜨렸다. 이처럼 자의적으로 위축되고 무장해제된 사상을 옹급처방으로 내세운 정책은 소위 거대이론과 거대개념 들이 제기한 문제들이 그것들의 현실적인 사회적 대상과 분리될 수 없다는 점을 제대로 이해하지 못했다. 전체를 파악하겠다는 생각은 본래 사회 현실에서 촉발된다. 자본주의 전체의 부정적인 측면은 그것이 개념적으로 무시되고 우리가 그것을 더이상 주시하지 않기 때문에 현실에서 그 작용을 멈추지 않는 것이다. 영국의 문학이론가 테리 이글턴(Terry Eagleton)의 "전체는 너희들을 잊지 않아"라는 표현은 바로 그것을 조롱하듯 한 말이다.

　거대이론에 대한 포스트모던식의 비판은 당시 많은 맑스주의자들에게 흡사 어깨의 짐을 내려주는 듯한 고마운 사고형태로 받아들여졌다. 그런데 이는 전통적인 의미의 긍정적·변호론적인 생각이 아니라 사회비판――이제는 길바닥으로 쫓겨나서 기존의 이해력을 뛰어넘어야 하는 과제에 직면한――에 대한 자포자기를 의미했다. 그것은 단지 임시방편적인 성격만을 갖는 일종의 회피책에 불과했다. 그래서 비판적 사고는 뛰어넘지 않으면 빠져나올 수 없는 우리 안으로 무참히 갇혀버렸다. 우리가 기존의 맑스주의적 사고를 뛰어넘기 매우 어려운 까닭은, 맑스주의 사고의 그림자도 함께 뛰어넘어야 하기 때문이다. 이 은유적인 말을 달리 표현하면, 맑스주의가 이제 더는 숨길 수 없는 시체를 지하실에 가지고 있다는 뜻이다. 맑스이론과 기존의 노동운동이 수용한 '맑스이론' 사이의 모순은, 20세기 말 맑스이론 자체의 모순과 마찬가지로 그 모순이 너무도 심화되어 이 이론을 되살리는 것, 즉 기존의 방식으로는 이론의 재활성화가 불가능함을 보여준다.

노동운동의 세기는 끝나고

　과거에 너무도 성급하게 사망진단을 받았던 맑스는 끊임없이 되살아나 자리에서 일어나 앉았는데, 이런 그의 부활은 모두 우리가 '노동운동의 세기'라 부를 수 있던 시대적 공간 내에서 이루어진 일이었다. 이제 그 시대는 분명 끝났다. 노동운동의 동기와 그 이론적 성찰, 사회적 행동규범 들은 이제 더이상 옳지 않은 것이 되었다. 노동운동은 자신의 추동력을 잃고 생명이 다해 박제된 표본처럼 되었다. 이제 노동운동의 맑스주의란 그저 따분한 박물관 전시물일 뿐이다. 하지만 그 까닭에 대한 설명은 정작 제대로 이루어지지 않았다. 그래서 과거 추종자들의 성급한 전향은 자기기만으로 보이며 과거의 적에 대한 (자본 진영에서 느끼는—옮긴이) 성급한 승리감은 다소 터무니없어 보인다. 왜냐하면 아직 끝나지 않은 시대에 대한 이런 모호한 종말의 선언에도 불구하고, 노동운동의 시대에 제기된 문제들은 깔끔하게 해소되지 않고 오히려 반대로 더욱 새롭게 알려지지 않은 방식으로 첨예해졌기 때문이다. 그래서 마치 이 지나간 시대는 질적으로 완전히 새로운 세계사적 거대위기, 즉 이론적으로는 그에 상응하는 거대이론을 통해서만, 실천적으로는 그에 상응하는 근본적인 사회적 변혁을 통해서만 그 본질을 파악할 수 있는 그런 거대위기의 배아기에 불과했던 것처럼 보인다. 시장경제 민주주의를 표방하면서 곳곳에 산재한 온갖 종류의 가능한 소품을 모두 끌어모아 치장한 미국식 '실용주의' 신앙에 매달리는 것은, 현 상황을 마치 에이즈를 수녀원에서 쓰는 멜리사 향으로 치료하려 하고, 원자로 폭발을 의용소방대의 소방호스로 진화하려는 것이나 마찬가지로 보인다.

　과학, 정치학, 경영학 등에서 표방된 이 실용주의적인 돌팔이 철학의 핵심개념, 즉 주기도문처럼 굳어진 '근대화'(Modernisierung) 개념은 과거 노동운동의 맑스주의 거대개념과 별 다를 바 없이 내용은 공허하고 신뢰도 가지 않으며 이미 죽어서 박물관에 박제된 것이나 다름없어 보인다. 비판의 종말은 성찰의 종말이기도 하다. 그리고 아무런 성찰 없이 구태를 답습한 포스트모던 자본주의 속에서 '근대화'라는 기도문은, 존재하지도 않는 유령을 찾는 헛된 주문일 뿐이다. 근대화라는 개념은 노동자적 관점이나 계급투쟁과 마찬가지로 틀린 개념이 되었다. 그러나 그것이 전부는 아니다. 이들 개념이 모두 틀린 개념이 되었다는 사실은, 곧 과거의 맑스주의와 자본주의의 세계가 공통된 본질과 역사적 지위를 가지고 있었음을 가리키는 것이기도 하다. 이는 곧 서로 으르렁대는 듯 보이는 둘 사이에 숨겨진 동질성이 있음을 의미하는데, 그 동질성은 이들이 함께 서 있던 지형이 해체되면서 둘의 차이가 점차 사라질 때 비로소 드러난다. 그런 관점에서 본다면 근대화의 온전한 한 계기(契機)인 맑스주의는 아직 죽을 수 없고, 그와 함께 자본주의 역시 꿋꿋하게 살아서 바로 이 근대화를 계속 추진해나갈 것이다. 그럴 경우 그것은 실제로 살아 있지만 육신은 없는 일종의 좀비 같은 삶, 즉 현세와 내세의 중간에서 어정쩡한 형태로 떠도는 허공의 삶이 될 것이다.

이 근대화 개념을 본래 의미에서 모든 사회적·사회분석적·경제비판적 내용을 분리시켜 단순히 기술적인 측면으로만 환원시켜버리는 경우도 마찬가지다. 인터넷과 생명공학에만 매달리면 된다는 생각은 아무런 쓸모가 없다. 왜냐하면 자연과학과 기술은 독자적인 책임하에 혼자서 스스로 발전할 수 있는 것이 아니라 단지 과거의 상태를 넘어서는 사회경제적 발전하에서만 작동하기 때문이다. 현재의 사회질서를 건드리지 않고 시장경제와 민주주의를 사회형태 발전의 최종 형태로 간주하는 기술 일변도의 근대화는 이미 그 자체로서 아무런 의미도 없다.

　이런 생각은 맑스주의 노동운동의 종말이 어떤 식으로 정리되어야 하는지를 암시한다. 점차 그 윤곽이 뚜렷해지는 21세기의 새로운 세계 공황이 기존의 근대화라는 역사적 토대가 더이상 쓸모없게 됐음을 보여준 것이라면, 이는 곧 그동안의 좌파 정당과 노동조합의 맑스주의가—그들의 이론적 성찰도 모두 포함하여—여전히 자본주의 내에서 움직이고 있었다는 것을 말해준다. 이들의 자본주의 비판은 이 생산양식의 논리와 역사 전체에 대한 것이 아니고 단지 자본주의의 일정한, 즉 과도적인 것이면서 결국 극복될 수 있는 발전단계에 국한된 것이었을 뿐이다. 따라서 지난 세기 맑스주의 노동계급의 운동은 결코 자본주의의 저승사자(저 유명한 맑스의 은유)가 아니라, 정반대로 자본주의적 사회화를 끊임없이 추동하는 동력이자 그것의 발전을 돕는 조력자였을 뿐이다. 결국 철학자 에른스트 블로흐(Ernst Bloch)가 말했던 의미에서의 "아직은 아냐!"라고 했던 맑스주의의 모토는 그 의도와는 달리 사실은 자본주의로부터의 해방, 즉 그 억압적인 형태와 근본적 요구로부터의 해방이 아니라 자본주의 내부에서의 긍정적인 인정과 자본주의적 외피 속에서의 지속적인 근대화를 지향하는 것이었다. "아직은 아냐!"라는 말은 자본주의 그 자체의 내적 모순을 보여주었지만 그것의 역사적 한계를 볼 수 있는 시선에까지 이르지는 못했다.

자본주의 성립 과정의 내적 불균등성

　근대 사회제도의 형성 과정이 내부적으로 불균등하게 이루어졌다는 사실은 여러 차원에서 엿볼 수 있다. 맑스가 살았던 시기(1818~83년)인 19세기의 초기 자본주의 생산양식의 발전 수준도 내부적으로 제각기 다른 불균등성을 보였다. 한편으로 자본주의 본래의 논리가 이미 충분히 관철되어 자본주의의 기본적인 특성이 뚜렷하게 나타났고 그에 따라 추상적으로 인식할 수 있는 수준에 도달해 있었던 반면, 다른 한편으로는 특수한 자본주의적 형태들이 전(前)자본주의적 관계들—아직 몰락하는 수준이 제각기 다르고 이행하기에는 시간이 많이 남은—과 다양한 형태로 뒤섞여 있었다. 만일 이처럼 부글부글 들끓으면서 끊임없이 변화하는 사회에 대한 이론적 의식이 아직 이행과정에 있는 그때그때의 상태를 '자본주의 그 자체'와 혼동할 가능성이 있었다면, 피할 수 없는 일상적 요구들에 파묻혀 있는 실천적 의식도 당연히 직접적인 사회적 현상형태—여러가지 점에서 아직 전근대적인 잔재의 찌꺼기가 묻어 있는— 를 자본주의와 동일시했을 것이 틀림없다. 각 시기의 지배적인 이해당사자와 그들의 변호론자들이 자본주의를 이런 방식으로 아직 덜 성숙한 단계의 자본주의와 동일하게 보았던 것과 마찬가지로 (19세기의 가부장적인 자본가는 세계화된 온라인사업을 수행하는 오늘날의 자본가를 상상조차 하지 못했을 것이다), 거꾸로 각 단계마다 그 시대를 뛰어넘고자 했던 진보세력들도 당시의 주어진 상태로부터 벗어나는 것이 곧 자본주의 비판이라 굳세게 믿었을 것이다. 사실은 그것이 단지 자본주의의 지속적인 발전을 위한 일이었을 뿐인데도 말이다.

그러므로 근대화 개념은 오늘날처럼 일차원적이지 않았고 일종의 자본주의 내부의 비판(이는 곧 아직 덜 성숙한 자본주의를 계속 발전시키기 위한 내부의 자기비판이라고도 할 수 있다)과 함께 뒤섞인 것이었다. 이것은 외견상 이해관계의 갈등이 명백하게 드러날 경우 더욱 그러했다. 아직 전근대적인 사고방식과 행동방식에서 벗어나지 못한 18~19세기의 자본가는 계약법상 '자유로운 임노동'을 평등한 관계로 다루어야 함에도 자신이 고용한 임노동자들 위에 가부장적으로 군림하거나 마치 그들을 인격적으로도 예속된 듯 다루는 경향이 많았다. 하지만 한편으로는 임노동자와 국가의 탄압을 받던 그들의 조직은 논리적인 개념과 일치하지 않는 자본주의적 관계의 경험적 현실에서 표면적으로 드러난 인격적인 지배에 대항하여 평등한 법적 계약관계를 주장하기도 했다. 그러나 바로 그 때문에 계급투쟁은 오히려 자본주의를 더욱 공고하게 하는 동력이 되었고, 인격적인 소유주 행세를 하는 자본가에 대한 자본주의 비판은 사실상 자본주의 자신의 순수한 논리, 즉 자신과 대립해서 독립적으로 존재하는 경제적 과정 속에서 하나의 보잘것없는 분자 같은 지위를 가진 추상적 개인들 간의 형식적으로 엄격한 평등을 추구하는 제도의 논리에 따른 것일 뿐이었다.

가부장적인 인격적 지배와 신분제 사회관계의 잔재 이외에도 불균등한 내부 요소들이 상당했다. 예를 들어 전근대적인 문화적 관행들이 그러했고 이런 관행들은 추상적인 영업시간, 추상적인 노동일, 통일된 정치적·경제적 정례기구, 일상생활과 사물의 표준화, 미적 감각의 기능적 단순화 등의 실현에 여러 측면에서 걸림돌이 되었다. 또한 계급투쟁과 그와 결부된 자본주의 비판을 차치하고, 자본주의체제 자체가 아직 충분히 성숙하지 않았기 때문에 상당히 선진화된 나라(가장 선두에 선 영국같이)에서조차 자본주의적 생산양식은 모든 생산부문에 완전히 정착한 상태가 아니었고, 특히 직접적인 영리적 생산영역 외부의 사회적 영역(국가, 가족, 문화생활, 비영리조직 등)들은 아직 자본주의적 필요에 따라 충분히 편성되지도 자본주의적 합리성의 기준에 따라 철저히 변형되지도 못한 상태였다.

19세기의 '따라잡기식 근대화 경주' 흐름과 함께한 노동운동

한편 자본주의적 발전의 불균등성은 외적인 불균등성으로도 나타났다. 아직은 지구의 대부분이 이 생산양식의 논리에서 벗어나 있었고, 영토적 식민지 형태는 나타나지 않은 때였다. 대부분의 식민지 병합은 19세기에야 비로소 이루어졌으며, 일단 정복된 나라와 지역들조차도 그 사회적 재생산 구조에 모국 같은 자본주의적 성격이 충분히 침투해 있지 않은 상태였다. 이들 지역은 원료공급처이자 부차적인 판매지역으로서 일부만 자본주의적 과정에 편입되어 있었다. 또한 광범한 배후지역은 단지 점의 형태로만 정치적·군사적으로 정복되었으며 그곳 주민들의 생활은 여전히 전자본주의적 형태를 그대로 지니고 있었다.

그러나 무엇보다 유럽대륙에서조차도 현격하게 불균등한 발전이 존재했다. 자본주의가 오랜 선행단계를 거쳐서 진행되었음에도 불구하고, 18세기 말까지도 산업화의 단초가 드러나기 시작하던 영국만이 근대적인 의미의 자본주의 국가라고 부를 수 있었고, 대륙의 나머지 국가들은 비교적 낙후된 상태에 머물러 있었다. 유럽대륙도 다시 서부지역(특히 프랑스와 네덜란드)은 중부와 남부에 비해 조금 더 발전되어 있었다. 독일은 아직 하나의 단일한 국가경제와 그에 상응하는 국민국가를 형성하지 못한 상황이었다. 그래서 19세기의 유럽대륙에서는 이미 자본주의적 성격을 조금씩 드러내기 시작하던 나라 사이에, 일종의 순위 경주를 할 때처럼 불균등이 매우 현저하게 나타났다. (영국과 프랑

24

스의 경쟁에서) 최초로 나타난 이런 따라잡기식 근대화는 독일과 이딸리아에서 가장 뒤늦은 형태를 이루며 하나의 패러다임이 되었다. 그 뒤를 아시아의 일본이 따랐고, 대서양 건너편에서는 미국이 독자적인 방식의 산업자본주의적 발전의 길을 밟아나갔다.

19세기 후반에 들어서야 이런 따라잡기식 근대화 경주는 비로소 비교적 소수의 몇몇 나라들에서 싹을 틔웠는데, 이들은 이 근대화 과정에서 세계적 중심을 차지한 후 몇차례 변화와 파괴적인 세계대전을 거치면서 자본주의 세계를 지배하게 되었다. 2차대전 이후 경제개발협력기구(OECD)라는 배타적인 조직을 형성하고, 최근에는 '주요 7개국'(G7)이라는 이름으로 정상회의를 정기적으로 개최하고 삼극체제(유럽연합, 일본, 미국)를 이룬 것이 바로 이 중심 국가들이다. 이 나라들은 19세기에 앵글로색슨-서유럽의 선구적인 근대화 국가들과 이들을 뒤따라 근대화를 추진한 독일, 이딸리아, 일본 등이다.

일차적으로 내부적인 불균등성과 더불어 국민국가와 국민경제의 형성이라는 측면의 외부적인 불균등성이 과거 노동운동의 자본주의 비판에 결정적인 영향력을 발휘했음이 분명하다. 여러 면에서 다른 자본주의 국가들에 비해 발전 수준이 뒤떨어진 경우 노동운동은 이 문제를 자신의 문제로 삼았고, 낙후성이 현격할수록 독특한 성격이 나타났다. 독일의 경우 맑스주의 사민당과 노동조합은 국가 통일을 열렬하게 지지했다. 수상 비스마르크의 비호하에 프로이센 군국주의 국가가 국민국가의 통일을 결국 '위로부터' 완수했고, 시대착오적인 황제통치의 틀 안에서 통일이 이루어졌지만 독일 사민당은 오늘날까지도 여전히 매우 모호한 부르주아적 애국주의를 계속 견지하고 있다. 19세기 근대화를 둘러싼 경쟁관계 속에서 모든 노동자정당은 '자신의' 조국에 대한 국민경제적 관점과 국민국가적 관점을 갖고, 결국 잘 알려져 있다시피 '서로 연대하고 있던' 각국의 노동운동들이 1차대전의 전장에서 서로 적대적인 처지로 만나게 됐다. 논리적으로 볼 때 노동운동이 근대화에 뒤쳐졌다는 생각에 떠밀려 외적 불균등성에 대응하여 국민경제 단위로 경쟁하는 입장으로 돌아서는 것은, 필연적으로 그것이 자본주의제도의 내적 불균등성에도 첨병 역할을 수행하도록 만들었다. 내적 불균등성에 대한 사회적 저항과 외적 불균등성에 대한 국가적 애국주의는 겉으로 보이는 것처럼 결코 그렇게 대립적이지 않다.

알려진 맑스와 숨겨진 맑스

19세기 자본주의의 이런 내적·외적 불균등성의 긴장 안에 맑스이론의 발전사가 자리한다. 맑스 자신도 역시 부르주아 자유주의의 한 이단자로서 이런 긴장으로부터 자유롭지 않았다. 표면적으로 볼 때 당시 자본주의의 내적·외적 모순이 맑스 활동에 미친 영향은 두가지 방식으로 드러났다. 하나는 맑스가 (엥겔스와 더불어) 당시 선도적인 지식인들이 지닌 사회적 의식의 방향이 현격히 전환되는 추세를 대표했다는 것이다. 이 방향 전환이란 구조적으로 낙후된 유럽대륙의 정부 형태들에 대한 비판을 통해 온건한 자유주의적 부르주아의 저항이 이제 막 태동한 프롤레타리아 노동운동으로 전환하는 것을 의미했다. 물론 이 노동운동의 성격이 자본주의 그 자체의 내적 발전동력으로 이해된다면 이런 방향 전환은 결코 특별하거나 역사적으로 하나의 국면을 가르는—맑스를 우상시하는 글에서 늘상 되뇌이듯이—수준의 것은 아니었다. 단지 계급적 관점의 전환에 지나지 않는 이 전환은 운동 주체들의 자의식과는 달리 전적으로 자본주의적 논리 속에 머물러 있었고, 무엇보다 현상을 유지하려고 매달리던 지극히 보수적인 자본가계급에게서는 결코 진보성을 엿볼 수 없다는 환멸에서 비롯된 것이었다.

여기서 나온 이단적인 생각은 기본적으로 한창 커가는 자본주의의 '유산계급'이 마지못해 질질 끌면서 수행하는 통에 사실상 거의 방치되다시피 한, 자본주의의 계속적인 발전을 위해 반드시 필요한 '부르주아적 과제'(부르주아적 법관계의 세분화, 사회적 공간의 동질화, 가족 및 문화적 구조의 근대화 등등)를 이제 막 자라기 시작한 노동운동이 떠맡아야 한다는 생각이었으며, 이것이 바로 맑스를 끊임없이 일깨운 결정적인 동기이기도 했다. 그런 점에서 그의 이론은 노동운동이 자본주의 내에서 자신에 대한 인정투쟁의 가장 핵심적인 동력으로 이미 사용하던 것을 단지 의식화했던 것뿐이었다. 그리고 맑스이론은 바로 이런 동력을 과학적으로 표현했다는 점에 한해서 자본주의의 내적 발전 동력이었던 노동운동의 사회이론 대변인 혹은 대표적인 과학이 될 수 있었다.

맑스이론의 이런 역할은 독일인이던 맑스가 특히 '후진적'인 독일 자본주의의 시각에 서 있었기 때문에 더욱 그러했다. 『자본』 초판 서문에서 그는 이렇게 말한다. "우리는 나머지 서유럽대륙 전체와 꼭 마찬가지로, 자본주의적 생산의 발전이 빚어내는 고통은 물론, 그 발전이 더딘 데에서 비롯되는 고통까지도 함께 겪고 있다. 근대적인 해악과 함께 많은 전통적인 해악들도 우리를 짓누르고 있는데, 이런 전통적인 해악들은 낡은 생산양식의 잔재로부터 계속 만들어지고 있으며 더구나 이런 낡은 생산양식에는 시대착오적인 사회정치적 관계들까지도 함께 붙어 있다. 우리는 살아 있는 것뿐만 아니라 죽은 것으로부터도 고통받고 있는 것이다. 죽은 자가 산 자를 사로잡도다!" 이 글에서 우리는 이단적 사상가 맑스가 자유주의적 진보 개념과 헤겔철학의 역사발전 개념에 얼마나 깊이 사로잡혀 있는지를 분명하게 알 수 있다. 여기서 헤겔철학의 역사발전 개념은 맑스가 순수한 정신사적 개념에서 경제적 생산양식의 역사로 옮겨서 적용했다고 하는 바로 그 개념, 즉 그가 "거꾸로 서 있었을 뿐"이라고 표현했던 바로 그 개념을 의미한다. 이런 관점에서 보면 자본주의는 단지 역사적으로 "필요한 단계"였으며, 그것을 제대로 극복하기 위해서는 생산력 발전의 이름으로 자본주의를 역사적으로 필요한 생산양식으로 일단 도입하여 충분히 성숙한 상태로 발전시킴으로써 제대로 된 자본주의로 만들어야만 했다. 자본주의는 결코 우회할 수 없으며 바로 그런 점에서 맑스는 해당 서문에서 이렇게 말했다. 중요한 것은 "철칙처럼 필연적으로 작용하면서 관철되어 나가는 경향, 바로 그 것이다. 산업 선진국은 산업 후진국에 언젠가 그들이 도달할 미래의 모습을 보여주는 것에 불과하다".

맑스의 이론과 역사철학을 19세기 자본주의 형성과정의 내적·외적 불균등성과 관련지어 본다면, 맑스는 단지 하나의 성찰적인 근대화론자로 간주될 수 있으며, 또한 바로 그런 맥락에서 근대 노동운동의 '이론적 지도자'로 간주될 수 있다. 그렇다면 이제 우리는 맑스의 친숙한 용어들인 '계급투쟁'(Klassenkampfs), '경제적 이해'(ökonomischen Interesses), '노동계급적 관점'(Arbeiterstandpunkts), '역사적 유물론' (historischen Materialismus) 등도 그런 맥락에서 이해해야만 한다. 그렇게 한다면, 맑스이론은 단지 사회적인 관심이 어디에 집중되어 있었는지 그리고 그가 사용하는 특수한 용어와 역사이론의 토대를 통해서만 다른 근대화이론과 구별될 수 있을 것이다. 그런 의미에서 본다면 단지 제각기 서로 다른 다양한 측면의 불균등성하고만 관련된 자본주의 비판 강령은 오늘날 모두 완수된 셈이고, 따라서 그러한 맑스의 역사적 사명도 모두 완료된 것이다.

그러나 맑스이론은 그가 살던 시대의 지평을 훨씬 뛰어넘는 또다른 논의의 갈래를 가진다. 논리적으로나 역사적인 의미에서 단순히 자본주의 비판이라고 부를 수 있는 수준을 넘어선다. 왜냐하면 맑스이론은 가장 기본적인 정치경제적 형태, 즉 모든 사회집단과 계급 및 계층을 포괄하고 자본주의 내부의 온갖 사회적 갈등의 공통된 구조를 이루는 형태를 통해서 자본주의 생산양식을 근본적으로 비판하는 것이기 때문이다. 맑스의 자본주의 비판이 갖는 이러한 측면은 단지 하나의 일정한 양식이나 발전단계 혹은 사회형태의 일정한 발전수준에만 적용되는 것이 아니라, 우연이나 현상이 아닌 사물의 본질 혹은 핵심에 해당한다. 이는 부정적인 성격 혹은 (아마도 내부적으로 교정할 수 있는) 결함이나 결핍과 무관한 **범주적인** 것, 즉 자본주의의 본질을 근본적으로 부정하는 것이다.

이는 단지 (이론적·과학적) 사유의 규정으로 그치지 않고 사회적 재생산과 생활양식의 현실적인 범주들에 대한 것으로 이론(예를 들어 부르주아 경제학)을 통해 개념으로 다시 나타난다. 그래서『자본』의 부제인 '경제학 비판' 역시 두가지 의미로 이해된다. 하나는 경제학에 앞서 그것과 무관하게 이미 존재하는 객관적인 현실관계를 그것의 기본적인 사회경제적 관련형태를 통해 비판한다는 의미이며, 다른 하나는 경제학과 결합한 동시에 경제학에서 비롯되는 것이기도 한, '일상을 지배하는 생각'이나 이데올로기와 과학의 토대를 이루고 있는 **사유형태 및 의식형태**에 대한 비판이라는 의미다.

자본주의의 기본범주를 나열하기란 무척 쉽지만 이들을 근본적으로 비판하기란 대단히 어렵다. 추상화된 '노동'과 경제적 '가치', 사회적 생산물의 표현형태인 '상품', 일반적 화폐형태, '시장'에 의한 매개, 이들 시장을 일정한 화폐단위(통화)를 가진 '국민경제'로 파악하는 것, 그런 표면적인 상품·화폐·시장경제의 전제가 되는 '노동시장', '추상적 공동체'인 국가, 온갖 개인적·사회적 관계에 대한 추상적·일반적 '법률'(성문법) 형태(동시에 사회적 주관성의 형태), '민주주의'의 순수한 국가형태, 불합리한 문화와 상징으로 장식된 국민경제의 형태인 '국가'——자본주의화된 근대사회의 이 모든 기본범주들은 한편으로는 맹목적인 역사적 과정을 통해서 형성되었고 다른 한편으로는 수백년에 걸쳐 당대의 권력자들이 (그들 자신도 전체를 제대로 의식하지 못한채) 대중에게 교육이나 관습을 통해 내면화하도록 강요해서 마치 인간은 결코 극복할 수 없으며 온갖 비판의 대상이 되는 불변의 요소인 듯 보이게 되었다.

물론 이전에 한번도 존재한 적이 없던 자본주의적 사회형태를 원칙적으로 이미 존재하던 인간의 사회적 생활의 자연법칙인 양 만들어버린 것은, 순전히 18세기 후반과 19세기 초반의 부르주아 계몽철학과 이에 속한 경제학이 이룩한 업적이었다. 부르주아 이론은 이렇게 설명한다. 이 항구적인 범주들이 과거에는 단지 불완전한 결함투성이 상태에 있었는데, 이는 거기에 필요한 오성(계몽을 통해 일깨워진 이성)이 아직은 부족했기 때문이다. 그러나 다행히도 이런 이성이 발견된 이후 오류의 역사는 이제 종언을 고하고 인류는 이미 항구적으로 존재하던 보편타당한 사회적 원리(바로 자본주의)를 좇음으로써 오로지 찬란한 미래만을 향하게 되었다.

헤겔은 이런 구조를 매우 정교한 방식으로 변형시켰다. 즉 그는 계몽주의자들이 아직 결함과 오류라고 묘사하는 전근대적인 사회적 상태를 여전히 그 나름의 '필요한 발전단계'로 개념을 바꾸었다. 물론 이는 모두 위대한 근대를 인류의 발전에서 마지막 최고점으로 만들기 위한 의미에서 그렇게 한 것이었다. 헤겔은 프로이센의 입헌군주제가 이 마지막 단계에 도달한 것으로 보았는데, 이는 물론 그가 역사의 최종목표인 근대 혹은 자본주의(그는 물론 이것을 자본주의라 부르기보다 허황된 이름인 '세계정신Weltgeist'이라 불렀다)를 그가 살던 당시의 아직 미성숙한 사회상태와 혼동했기 때문이었다.

이처럼 근대철학과 경제학(나중에는 사회학, 정치학 등의 다양한 학문 분과들도 여기에 포함된다)은 특수한 발전단계인 자본주의의 새로운 사회적 범주들을 인류사 전체에 걸친 경제와 사회생활의 자연적 원리로 만들었다. 그 몰역사적이고 보편사적인 고찰방식에 대한 온갖 비판에도 불구하고, 원시인이 만든 최초의 돌도끼가 자본이었으며 그것이 상품교환 주체들에 의해 시장에서 확실히 하나의 가격을 형성했다는 황당한 얘기가 지금도 여전히 적어도 경제학에서는 의심의 여지가 없는 명확한 사실로서 통용된다. 사실 맑스는 역사철학의 측면에서 볼 때 헤겔의 관점에 머물러 있었다. 그러나 그는 이 황당한 경제학의 시대착오주의를 가볍게 뛰어넘었고 근대자본주의의 각종 범주들을 명시적으로 혹은 묵시적으로 '역사화'했으며 또한 이들 범주를 본질적으로 터무니없고 파괴적이며 궁극적으로는 자기파괴적인 사회의 형태들이라고 규정했다.

그러나 이 급진적인 비판은 자본주의 형성의 내적·외적 불균등성에 대한 분석과 단지 자본주의 '내부에서' 인정투쟁에 몰입해 있던 노동운동에 대한 분석과 뒤섞이고 또한 이것들의 제약을 받았다. 그 때문에 맑스는 한편으로는 그 표현방식에서 또다른 한편으로는 자신의 논의내용에서도 근본적인 범주적 비판과 '실증적인' 서술 사이에서 오락가락했다. 즉 많은 중심개념과 논의 내용이 명백히 서로 모순되었다. 바로 그런 점에서 우리는 '이중적 맑스'를 애기하게 되는데, 이것은 엄밀하게 말해서 그의 이론에 자본주의의 내재적 성격에 대한 실증적 분석과 그 범주들을 뛰어넘는 비판이 함께 들어 있음을 의미한다. 우리는 그것을 '알려진'(외관상 잘 다듬어지고 쉽게 받아들일 수 있는 형태의) 맑스와 '숨겨진'(범주적인 방식으로 생각하고 쉽게 이해하기 어려운 형태의) 맑스로 간주해야 할 것이다. 알려진 맑스는 자본주의의 내재적 발전과 실증적으로 관련되어 있는 반면 숨겨진 맑스는 자본주의의 범주적 비판과 관련된 이론가다.

맑스와 노동운동: 애정 없는 결혼

맑스 자신과 그를 추종하는 노동운동가들을 서로 묶어주는 계기를 찾아내기란 매우 어렵다. 맑스는 일찍이 정치를 자본의 가치증식에 의존하는 그리고 단지 표면적이고 추상적인 사회적 성격의 한 형태로 인식했음에도 불구하고, 노동운동이 바로 자본주의 내부에서 계급적 이해를 대변하기 위해 수행하는 (국가와 관련된) 정치투쟁 과정에서 아직 다듬어지지 않은 채로 자본주의에 길들여진 의식을 훌쩍 뛰어넘는 범주적 비판──맑스 스스로 가끔 하나의 '꿈', '엄청난 목표' 또는 하나의 '위대한 의식'의 행위라고 표현하기도 했던──으로까지 나아갈 수 있으리라 생각했다.

　그러나 노동운동과 대부분의 우직한 노동운동 지도자들은 명시적이든 묵시적이든 이런 범주적 비판을 자신의 힘으로 직접 시작할 수는 없었다. 사람들은 약간의 위선을 떨면서 이 문제를 대개 이론적인 표현방식의 난해함 탓으로 돌려버리거나 '위대한 사상가'에 비해 상대적으로 보잘것없고 돈벌이에 열중하는 노동자들의 평범한 의식은 '복잡한 이론'이나 현실적으로 별 쓸모도 없는 이론에 대한 '골똘한 생각'과 맞지 않다는 점을 의도적으로 강조하기도 했다. 이 때문에 자본주의적 형태에 대한 본질적인 비판과 관련된 맑스의 난해한 설명들은 맑스에 꽤나 우호적인 사람들에게까지도 일종의 '헤겔주의적 잔재'나 '철학적인 궤변'으로 보였다. 그러나 사실 겉으로 보면 실천과 거리가 먼 듯 보이는 근대철학의 추상적인 존재론적·인식론적 추론들(난해한 용어들로 포장되어 있기도 하다)은 바로 자본주의적 사유형태――그것은 또한 자본주의의 사회적 현실형태이기도 하다――에 대한 반성을 숨기고 있다.

　맑스가 노동조합의 단순한 일상적 경제투쟁을 넘어선 노동운동의 정치형태에 대해 스스로 충분히 잘 알고 있었음에도 불구하고 그와는 반대되는 본질적인 형태비판의 수단을(즉 자본주의에 대한 본질적인 비판 이론과 철학적 추론들――옮긴이)(그리고 동시에 모순적인 정치형태 그 자체도) 찾아내려 했던 것과는 달리, 노동운동에는 바로 이 정치형태가 거꾸로 흘깃 보기만 해도 곧 두려움을 안겨주는 이 범주적인 형태비판을 조용히 피해가는 수단――그런 철저한 비판 대신에 자본주의 내에서 그리고 노동시장에서 노동의 주체로서 (궁극적으로 성공적인) 인정을 받고자 하는 투쟁을 목표로 하는――이 되어버렸다. 이처럼 노동운동은 맑스의 의도를 바꿔치기하는 방식으로 속임수를 썼다. 그래서 알려진 맑스는 노동운동의 과학을 대표하게 되고 숨겨진 맑스는 항상 이론적으로 불만을 가진 불평분자이자 뒤에 숨어서 끊임없이 잔소리를 늘어놓는 교사가 되어버렸다. 하지만 이는 바로 자본주의로부터 벗어나는 것이 아니라 오히려 그 내부에서 적극적인 역할을 수행하는 노동운동의 역사적 성격에 대한 맑스 자신의 모순된 고민을 그대로 반영한 것이었다.

매우 이중적인 이런 관계에서 필연적으로 만들어진 긴장은, 결국 이론의 모순적 성격을 하나의 교리로 만들어버리는—정당하다고 생각되는 자신의 세계관에 결코 밝힐 수 없는 치명적인 결함이 있을 때면 언제나 그렇게 되듯이—결과를 가져왔다. 사실 맑스는 심지어 자신은 "맑스주의자가 아니다"라는 말까지 했는데 그가 보기에 당시의 맑스주의자는 아무런 쓸모가 없는 사람들이었던 것이다. 왜냐하면 이론적 모순을 하나의 '이념'으로 이데올로기화 하는 것만이 그의 이론을 노동운동의 필요에 맞게 임의로 고쳐서 수용할 수 있는 유일한 방법이었기 때문이다. 맑스에 대한 이런 이데올로기화는 맑스가 살던 때는 물론 그 이전의 어떤 사상가들에게도 유례가 없던 일이었다. 이 때문에 알려진 맑스는 하나의 교의로까지 치켜세워졌지만 숨겨진 맑스는 폄하되고 평가절하되었다. 그것의 가장 극단적인 예는 '맑스주의' 정당이론가 칼 카우츠키(Karl Kautsky)와 학자인 오스카 넥트(Oskar Negt)에 의해 이루어졌다. 폴란드의 잠언가 스타니스와프 예지 레츠(Stanisław Jerzy Lec)는 "사람들은 맑스를 화석화시켜 기념비로 만들어버렸다"라고 맑스에 대해 표현했는데, 짐작건대 근대 사상가 중 그 같은 대접을 받은 사상가는 결코 없을 것이다.

맑스주의와 20세기의 따라잡기식 근대화 경주

숨겨진 맑스의 이런 화석화는 그가 세상을 떠난 후 한세기 이상 지속되었다. 왜냐하면 '짧은' 20세기 — 시기적으로 1914년에서 1989년까지의 기간으로 규정되는 — 동안 맑스이론의 범주적 비판은 그 균열을 드러내지 않았다. 따라서 사회비판의 새로운 질적 성찰도 나타나지 않았고 오히려 정반대로 다시 한번 성황을 누렸으며 종국에는 자본주의의 새로운 역사적 불균등성의 차원에서 알려진 맑스, 즉 적극적으로 내재화된 근대화 개념의 맑스만 붕괴했기 때문이다. 왜냐하면 20세기는 — 양차 세계대전과 세계대공황(1929~33년)에도 불구하고 — 본질적으로 아직은 자본주의의 위기가 무르익어 이행이 진행되는 세기가 아니라 오히려 '두번째 근대화 경주'라는 물결이 진행되던 세기였기 때문이다. 이제야 비로소 인류의 대다수가 거주하는 거대한 자본주의의 주변부들이 맑스가 이미 오래전에 예언한 바대로 모두 자본주의의 역사 속으로 편입되었다.

이 두번째 근대화 경주는 다시 서로가 상대를 제약하는 두개의 운동으로 나뉘었다. 하나는 동유럽 국가사회주의(대개 국가자본주의라고도 부르는)의 등장인데 이것은 하나의 독자적인 세계체제의 단초가 되었다. 다른 하나는 남반부 식민지 국가들의 민족해방운동이었는데 이들이 식민지에서 벗어나 부르주아-민족국가를 이루게 된 것은 20세기 말이 지나서(최종적으로 홍콩이 중국에로 반환되면서)였다. 이런 20세기의 세계사는 1차대전이 끝날 무렵의 러시아 10월혁명에서 시작하여 2차대전의 와중에 벌어진 중국혁명과 전후의 반식민주의 해방전쟁(알제리, 베트남, 남아프리카)으로 이어졌다.

이미 서방의 사민주의 노동운동을 통해서 약간 변질된데다 부르주아 실증과학과도 일부 뒤섞여버린 알려진 맑스의 내재적 근대화론은 두번째 근대화의 역사적 물결과 함께 새로운 봄을 맞을 수밖에 없었다. 왜냐하면 자본주의의 세계적 지형 속으로 들어오게 된 주변부 지역들이 자신들의 독자적인 문화전통만 고수할 수는 없었기 때문이다. 이들 지역은 자신들의 정당성을 확보하기 위한 배경으로 보편적인 서방이론이 필요했는데, 그 이론은 동시에 자본주의 세계사와 관련하여 역사적으로 자본주의에 대항하는 성격을 가진 보편적 이론이어야만 했다. 특히 선진 자본주의 중심지역에 대항하여 후진 자본주의 주변지역이 경쟁할 수 있는 적절한 수단을 찾아야 했기 때문에 더욱 그러했다.

　그리하여 레닌, 스딸린, 마오 쩌둥 같은 이론가들이 알려진 맑스를 새롭게 조명했는데 이번에는 자본주의 주변부에서의 새로운 역사적인 근대화 경주의 필요에 따라 맑스를 재단했다. 노동운동이 꼭 필요했던 서방과 이들 주변지역은 상황이 달랐다. 이들은 이미 자본주의가 확립된 조건에서 임노동에 대한 인정을 문제삼은 것이 아니라 자본주의적 사회범주 자체를 확립해나가는 것이 문제였고 게다가 19세기의 독일, 이딸리아, 일본 등이 뒤늦은 근대화를 따라잡는 데 필요했던 수준을 뛰어넘어야 했기 때문이다. 왜냐하면 첫째, 이들이 처해 있던 근대자본주의적 발전의 후진성은 초기 유럽국가들 내부에서의 후진성보다 훨씬 격차가 컸다. 둘째, 이들이 수행해야 하는 '근대화 경주'는 유럽의 경우보다 훨씬 짧은 기간 동안에 수행해야 하는 것이었을 뿐만 아니라 따라잡아야 할 대상도 발전 수준에서 과거보다 훨씬 앞선 세계화된 자본이었다. 셋째, 이 근대화 경주를 이미 세계적 수준의 지배권을 확립한 고도로 발전한(또한 고도로 무장한) 자본주의 중심 열강들과의 힘든 경쟁을 거쳐 수행해야 했기 때문이다.

이런 배경하에서 맑스이론은 다시 한번 왜곡과 변형을 겪었다. 범주적 비판의 숨겨진 맑스의 계기들은 현실적 필요와는 거리가 먼 철학적 성찰을 넘어서는 단 한번도 제기된 적이 없었고, 레닌에서 민족해방운동 이론가들에 이르기까지 이들의 논의에서 완전히 자취를 감추게 된다. 노동운동에 대한 사회적 요구는 형식적인 수준에만 머물러 있었고, 실천적인 측면에서는 아직도 지지부진한 산업화를 배경으로 비교적 소규모 집단이나 노동조합 조직에서나 겨우 논의될 뿐이었다. 주변부의 맑스주의 노동자 정당들은 아직 자본주의적 경제형태도 충분히 갖추지 못한 사회를 '사후적으로 통제해나가는' 관료적 기구가 되었다. 이들 정당은 사회 내부의 불안을 수습해야 했을 뿐 아니라 서방의 맑스주의 형제자매 정당들이 당면한, 자본주의가 점차 법치국가와 사회국가로 분화되어가는 상황에도 대응해야 했으며 그 위에 다시 (레닌은 이것을 어느정도 알고 있었던 것 같다) 사회 전체의 추상적 관점에서 스스로가 '부르주아의 역할'까지도 수행해야만 했다. 왜냐하면 주변부 국가들에서는 부르주아 계급이 이들 과제를 수행해나가기에 너무도 취약했기 때문이다. 따라서 이들 주변부 맑스주의와 각 나라(대부분이 식민지에서 독립하면서 새롭게 태어나 완전히 복합적인 성격을 지닌)의 결합은 서방에 비해 훨씬 더 복잡한 성격을 띠었다.

두번째 근대화를 이데올로기적으로 정당화하는 수단으로 변질된 이들 맑스주의는 서방의 노동자 정당들의 맑스주의보다 훨씬 모순적인 형태를 띠었는데, 왜냐하면 이들은 특수하게 뒤엉킨 역사적 배경을 통해서만 설명될 수 있는 일종의 '반자본주의적인 자본주의적 발전'의 혼합물이거나 너무나도 현격한 외적 불균등성의 갈등구조를 통해 맑스이론의 모순이 특히 심각한 형태로 드러날 수밖에 없었기 때문이다. 알려진 맑스의 이런 두번째 해석은 첫번째 해석에 비해 보다 노골적이고 급진적인 것이었다. 그러나 그것은 이 두번째 해석이 숨겨진 맑스의 자본주의에 대한 범주적 비판을 포착하여 역사적 관계의 근원적인 원인에까지 도달했기 때문은 아니었다. 오히려 정반대로 이들 해석이 자본주의 발전의 내적 불균등성의 과도한 부담에 짓눌린 때문이었다. 맑스주의 노동자 정당들은 국가관료로서 과거 서방의 맑스주의 노동자 정당들에 비해 부르주아적 과제를 훨씬 더 충실한 의미에서 수행해야 했을 뿐만 아니라 참으로 역설적이게도 노동자계급을 처음으로 거대한 사회적 규모에서 가치증식과정의 인간재료로 만들어내야만 했다! 겉으로 드러난 맑스주의를 보다 강경한 형태로 바꾼 이 해석을 급진적이라고 표현한 까닭은 그것이 이론적으로나 실천적으로 **급진적인 비판**이라는 의미에서가 아니었다. 오히려 서방의 자본주의 중심 국가들에 대항하는 자본주의 내부의 자기항변이라는 필사적인 **전투적 경쟁심**—그래서 그에 걸맞는 전투성을 보여주는 상징문화에도 온갖 정성을 기울여서 20세기의 혁명전쟁이나 민족해방전쟁을 표시할 때는 노동의 휘장으로 망치와 낫, 전형적인 AK소총을 그려넣었다—이라는 의미에서다.

맑스 근대화이론의 수단과 여기에서 드러난 문제가 어떤 관련을 갖는지를 개념적으로 파악할 수 없었기 때문에, 맑스 해석에서의 이들 간의 차이는 그대로 맑스주의 세계운동의 커다란 분열로 나아가고 말았다. 외견상 동방 및 남반부 지역의 급진성과 서방의 온건한 개혁주의 간의 대립처럼 보이는 이 분열은 실제로는 단지 자본주의 발전의 시간적 불균등성과 완성도의 차이를 반영하는 것에 불과했다. 즉 서방세계가 밟아간 과거의 근대화 발전 경로에서는 이미 완성된 근대국가 내부에서 단지 시민권을 승인받는 것이 중요했지만, 동방과 남반부가 새롭게 밟아가는 두번째 근대화의 경로에서는 근대국가 기구를 국가자본주의적인 산업화의 담당자로 만들기 위해 국가권력을 획득하는 것이 중요했다. 서방의 중심 국가들에서는 이런 상황과 결부된 (국가권력 문제에 집중된) 맑스이론의 급진적 해석이 이데올로기적인 소수파에게만 호소력이 있을 것이 당연했다. 서방에서는 공산주의(국가자본주의적 근대화를 새롭게 추진하는 세력의 상표가 된)가 단지 소련의 한 분파, 즉 소련에서 파견한 일종의 지원군에 머물러 있었고 따라서 역사적으로 단지 보조적인 지위를 벗어나지 못했던 반면, 세계의 거대한 변방 지역들에서는 공산주의가 고유한 자신의 목소리를 내고 있었다. 한편 자본주의적 인적 관리에 다양하게 참여함으로써 배를 잔뜩 불린 서방의 사민주의는 주변부 맑스주의 개발독재의 조악한 형태들에 질려서 자신들의 맑스주의를 점차 완전히 청산하기 시작했고, 2차대전 이후부터 자신들의 주장과 강령에서 계급투쟁과 혁명에 대한 수사를 지워버리고 애매한 케인스주의적 사회국가이론으로 변질되고 말았다. 그리하여 알려진 맑스는 역사에서 낙오한 자들이나 간직하는 것이 되고 말았다.

냉전 시기 맑스주의의 왜곡과 변형

20세기 동안 맑스이론의 운명은 세계화 바람을 배경으로 한 자본주의 내부의 외견상 대립을 면밀히 해독해낼 때에나 비로소 설명될 수 있다. 이 세계화 바람을 통해서 자본주의의 세계사적 운동은 최초로 자신의 논리를 관철시켰을 뿐만 아니라 경험적으로도 세계자본의 형태를 드러내기 시작했는데, 즉 그것은 자본주의적 본질에 따라 혹독한 경쟁과 미증유의 엄청난 규모의 파국이라는 형태를 띠었다. 여기에 다시 여러차례 거대한 개발의 물결이 덮쳤는데 이들 물결은 서로 간의 상쇄작용을 통해서 일시적으로만 안정된 것처럼 보이는 체제와 경쟁구조를 만들어냈다. '(서방) 노동운동의 세기'(대략 1848~1945년)는 '민족주의적 개발혁명의 세기'(1918~89년), 그리고 세계 지배권을 둘러싼 자본주의 중심국들 사이의 내부투쟁——1945년 '팍스아메리카나'의 시작과 함께 최종적인 결말이 났다——과 교차했다.

2차대전 이후 이 전체 과정은 '3개의 세계'라는 정세 속에서 드러났고, 이 정세는 20세기의 후반부 전체를 규정했다. 즉 논란의 여지 없이 미국이 선두에서 주도하는 기존의 자본주의 중심 국가들로 이루어진 '제1세계', 소련이 주도하며 국가자본주의(Staatskapitalismus)라는 별칭을 가진 동방의 공산국가들로 이루어진 '제2세계', 마지막으로 대개 지구의 남반부에 위치하면서 다양한 색깔의 탈식민주의적인 민족해방운동과 개발독재를 취하는 나라들로 이루어진 '제3세계'가 바로 그것이다. 서방과 동방, 즉 제1세계와 제2세계는 냉전을 통해 소위 체제 갈등으로 대립한 반면 제3세계는 두 진영 어디에도 소속되지 않은 느슨한 연대(확실히 국가사회주의Staatssozialismus 진영에 다소 편향된 채로)를 통해 조직되어 있었고 두 체제 진영의 대리전이 벌어지는 무대를 제공했다.

이 기간 내내 변형된 형태로 주변부 지역을 떠돌아다니던 알려진 맑스의 이론은 이제 동서의 양 진영 모두에 의해 거의 형체를 알아볼 수 없을 정도로 망가지고 말았다. 신생 소련이 아직 지적으로나 문화적으로 서방의 정치 및 정신적 역사와 결합되어 있던(짜르 치하에서 서방으로 망명한 사회주의자들을 통하여) 초기에는 '새로운 인간'의 해방된 열정과 유토피아에 대한 꿈이 담긴 '새로운 시대'가 존재했지만 그것은 단지 겉으로만 그렇게 보였을 뿐 곧 쏘비에뜨체제와 잇따라 등장한 온갖 개발독재가 실은 국가자본주의적 근대화의 성격을 띠고 있다는 사실이 폭로되고 만다. 이 국가자본주의 내에는 인간의 사회적 해방이란 아예 존재하지 않는 개념이었고 오히려 국가가 통제하는 형태로 세계시장의 일상에 인간을 하나의 재료로 참여시키는 개념만 존재했다. 그리하여 혁명 이데올로기의 먼지가 채 가라앉기도 전에 초기 자본주의의 이행기에나 존재하던 국가관료주의적인 노동형태, 화폐형태, 시장형태는 물론 근대화 과정에서 발생하는 각종 범죄가 일상적으로 전면에 나타난 것은 전혀 놀라운 일이 아니었다.

역사의 낙오자들이 모인 반대 진영과 냉전을 치르던 서방 진영은 맑스와 그의 이론을 전체주의적인 악의 제국을 대표하는 부정적인 상징을 가리키는 명칭으로 사용한 반면, 동방의 국가자본주의 진영에서는 그것을 산업화를 위한 개발독재체제의 모호한 희망을 담은 합법적인 상징으로 삼았다. 서방 진영은 자신을 속이면서 이 맑스주의적인 동방 진영이 바로 자신의 과거 모습임을—이들 동방 진영이 곧바로 이어진 1970년대 자본주의적 범주뿐 아니라 자본주의적인 생활 및 소비양식까지도 비교적 낮은 수준이기는 해도 국가관료주의의 외피를 두른 채 우스꽝스러울 정도로까지 모방하려 했음에도 불구하고—인식하려 하지 않았다.

알려진 맑스의 두번째 싹, 68운동

가장 전후방 효과가 큰 생산재이자 소비재라 할 수 있는 자동차산업을 중심으로 한 전후의 소위 거대한 포드주의적 호황기였던 서방의 경제기적이 끝날 즈음 알려진 맑스——이미 자신의 역사적 유효성이 종료된——는 다시 세번째 봄을 맞게 되는데, 이번에는 서방의 대규모 청년운동과 학생운동의 모습으로 나타났으며 이들 운동은 동방 진영(프라하의 봄)과 제3세계의 비슷한 사건들과 함께 퍼져나갔다. 그러나 이 세번째 봄은 미풍에 머문 채 문화적이고 상징적인 운동을 통해 단지 사회의 표면만을 건드렸을 뿐이었다. 이 운동에 제3세계 민족혁명의 열정을 불어넣고, 거대한 전략적 구상을 통해 알려진 맑스의 해석을 다시 한번 세계사적인 동력으로 통합하려는 시도는 낭만주의적 혁명이라는 대중문화 속에서 모두 소진되고 말았다. 단지 극소수의 사람들만이 이미 실패한 것으로 판정난 이 전략적 구상을 철저하게 고립된 카미까제(神風)식의 자살적인 전투 행위를 통해서 실현하고자 노력했다(소위 적군파와 같은 방식으로).

이들에게 맑스이론은 선진 자본주의사회가 도달한 발전 수준을 넘어서는 진전된 방향을 위해 모색된 것이 아니라, 개념적으로 아무런 내용도 없는 공허한 형태로 주변부에서 서방세계로 역수입되었다. 하지만 이들 주변부가 추진하던 근대화는 이미 경제적·구조적 실패를 드러내고 있었는데도, 이들은 아직 자신들이 정치적으로나 혁명적으로 궁극적인 승리를 거두고 있다고 생각했다.

68운동은 자본주의 중심부에서 알려진 맑스의 개념적 영역 안에 아직 과거 근대화 기능의 잔재 혹은 그늘로 남아 있던 것들을 뒤이어 진행된 포스트모던 단계에서 자본주의적 개별성을 마지막으로 해방시키는 문화혁명의 신호탄이 되었다. 청년운동과 학생운동은 습관적인 문화비판, 반권위주의, '성적 해방', 특정 주제를 겨냥한 캠페인 등의 유인들을 모두 맑스주의적인 용어로 포장했고 이것들은 고스란히 첨단 경영학 및 마케팅 개념, 즉 소통의 상업화(정보통신혁명—옮긴이)와 노동력의 새로운 자기관리라는 개념으로 바뀌게 된다.

1968년부터 80년대 중반까지의 다양한 저항문화의 물결이 만들어낸 소위 신사회운동이 핵심적인 사회저항운동으로 이해(혹은 오해)되고 있지만 이 운동은 맑스의 경제학 비판과는 거의 아무런 관련이 없다. 물론 미래의 사회적 현실을 설명하는 데 맑스주의적 해석만으로는 분명 부족할 것이다. 그러나 맑스이론의 도움 없이는 비판적 분석의 날은 무딜 수밖에 없으며, 운동은 집중적인 동력을 잃고 자본주의 내에서 하위문화나 주변부 정치의 지위로 전락하여 소멸하고 말 것이다.

맑스주의 종언 이후의 거대한 충격

이 새로운 싹이 시들어버림으로써 알려진 맑스는 이제 영원히 자취를 감출 수 있게 되었다. 그러나 이토록 완벽한 맑스주의 패러다임의 청산이 그것의 가치를 역사적으로나 이론적으로 충분히 반성하는 형태로 이루어지지 않은 탓에 이후의 자본주의 비판은 완전히 길을 잃고 헤맬 수밖에 없었다. 이를 그대로 보여주는 가장 극적인 사건은 1989년—공교롭게도 이 해는 프랑스대혁명 200주년이 되는 해였다—동방의 부패한 국가자본주의 제국이 붕괴하고 조용히 역사의 뒤안길로 사라진 것이었다. 알려진 맑스의 이름을 숱하게 되뇌던 현실사회주의는 말 그대로 그 현실을 상실했다. 그리하여 이제 더는 어떤 장애물도 존재하지 않게 되었다. 여전히 아직 냉전의 시각에서 전혀 예기치 못했던 그리고 이해할 수도 없었던 이 시대적인 전환은 모든 정치적·이론적 진영 전체에 걸쳐 '시장경제와 민주주의'——마치 '서방의 백화점'에서 고객을 집요하게 따라다니는 호객꾼처럼 우리가 어디를 가나 쫓아다니는 하나의 모토가 되어버린——의 최종적인 승리로 선언되었다.

매우 근시안적인 냉전의 시각에서 보면 물론 맑스주의적 대항체제와 자본주의의 역사적 대안은 모두 실패한 것으로 보였다. 그리고 급속하게 소멸해갔던 좌파——바로 알려진 맑스의 내재적인 방식으로 생각했던——의 시각에서 보더라도 이런 평가에 묵묵히 동의할 수밖에 없다. 자본주의를 적극적으로 인정하는, 그에 걸맞는 기괴한 모습을 한 현실주의로 도피해버리거나 혹은 소수의 낙오자들이 내뱉는 서글프고 공허한 맑스주의적 향수로 남는 것이 결국 맑스이론이 맞게 될 최종 운명처럼 보였다. 사태에 대한 전혀 다른 해석, 즉 아직까지 숨겨진 맑스와 그의 급진적인 범주적 비판의 영역이 여전히 남아 있다는 사실은 깡그리 무시되었다.

전혀 다른 이 관점, 즉 아무리 이론적으로 널리 알려진 것조차도 쉽사리 받아들이려 하지 않는 관점에서 본다면, 실패한 것은 역사적 대안이 아니라 오히려 그 반대로 주변부의 근대화를 향한 경쟁이었을 뿐이다. 19세기 자본주의 발전의 외적(국가별) 불균등성에서 촉발된 근대화 경주는 비교적 성공적이었던데 반해 20세기 주변부 국가들이 추진한 근대화 경주는 처음에는 성공하더니 이내 엄청난 노력에도 불구하고 좌초되고 말았다. 그 이유는 자본주의 세계체제 자체의 발전 수준 때문이었다. 세계무역과 금융시장에 의해 세계가 끊임없이 통합되는 상황에서 역사적으로 뒤처진 후진국들은 3차(극소전자)산업혁명이 발발하자 이제는 선진국들을 따라잡을 기력을 잃고 말았다. 왜냐하면 그들은 생산설비 전체를 이 새로운 기술적 조건에 맞출 자본 확보가 불가능했기 때문이다(아니면 외국으로부터 악성채무를 끌어와야만 했다). 그리하여 이들 나라는 세계시장에서 경쟁력을 잃었고 그 연쇄작용으로 수출가격과 수입가격 사이의 격차(교역조건)가 악화되어 충분한 외화를 벌어들일 수 없게 되어 종국에는 국민경제가 파탄을 맞고 말았다.

그러는 동안 시장민주주의 찬양론자와 신자유주의 강경론자들 사이에서도 국민경제의 연쇄적인 파산으로 시작되어 점차 현실화되는 세계공황이 결코 단순한 정치적·이데올로기적·제도적 전환──국가계획경제를 시장경쟁구조로, 비교적 폐쇄적인 경제를 개방경제로, 실패한 일당 개발독재를 민주적 의회제도로 전환하는──을 통해서 막을 수 없다는 것이 점차 분명해졌다. 이 공황은 훨씬 더 심각하게 진행되었다. 소위 경제 기적으로 유명한 동아시아 지역의 신흥공업국들에서 경제공황이 미미하게 발발하자마자 주변부의 사회주의경제는 역사의 뒤안길로 밀려나고 말았다. 그러나 사태는 거기에서 그치지 않았다. 서방 자본주의가 독자적인 회복 노력에 실패한 역사의 낙오자들을 자신들 보호막 아래의 세계체제 속으로 통합시킬 수 없음이 점차 분명해졌다. 자본주의 내부의 불균등성은 **긍정적인** 방향이 아니라 **부정적인** 방향으로 폐기되었다. 세계화된 생산성 및 수익성 기준의 압력 때문에 이제는 이미 인류의 대부분이 더이상 자본주의적 사회형태 내에서는 계속 살아갈 수 없게 되었다. 거기에다 세계공황은 이제 자본주의 중심 국가들에서도──물론 아직까지는 새로운 금융자본주의에 의해 겨우 목숨을 연명하고 있지만, 사실은 바로 이 금융자본주의 자신이 바로 위기적 상황을 반영하는 것이기도 하다——뚜렷한 모습을 드러내고 있다.

현실의 사태가 이런 명백한 진실을 정확하게 알려주면 알려줄수록 그만큼 맑스에 대한 흥미는 더욱 커진다. 그러나 이미 무덤 속에 들어간 맑스의 자본주의 비판을 다시 끄집어내어 그동안 사라져버린 계급투쟁이나 대안적 경제학 개념을 그대로 되살려 반복하는 일은 명백히 구시대 사람들이 하던 짓이지 않은가? 이에 대해 주류 과학과 부르주아 언론이 이미 충분히 파헤쳐져서 더는 실체가 없는 구닥다리 논쟁을 새삼 되살리려 하는 일이라고 비난하는 것도 어느정도는 분명히 맞는 얘기다. 만일 그렇다면 명백하게 현상으로 드러난 공황을 개념적으로 파악하고 역사적·사회적 대안을 논의하고 이어 '대안적 시장경제'만을 무식하게 고집하는 논의도 포함할 가능성은 전혀 없다는 말인가? 사회이론은 급성마비 증세를 보이고 있다. 왜냐하면 150년이 지난 지금까지도 알려진 맑스가 사회 의식으로 지닌 것이 여전히 실증적 근대화이론뿐이기 때문이다.

맑스주의 주문(呪文)

몇몇 맑스주의 잔당들은 대부분 현재의 상태를 변화시키는 것과는 아무런 관련을 맺지 않고 있다. 반대로 오히려 이들은 이미 알려진 맑스의 몰락한 패러다임을 마치 고장난 녹음기마냥 반복해서 되됨으로써 이 마비증세를 더욱 강화하고 그것을 확인시켜 주고 있다.

후진적 개발혁명의 휘장과 슬로건은 이미 포스트모던의 재고품 상자

속으로 들어가고 말았다. '망치와 낫'은 다른 종교적 상징들과 함께 그 역사적인 내용을 지운 취미문화의 액세서리로 등장하며 투자펀드나 렌트카 회사들은 자신들의 '혁명적인' 영업 개념을 위해 낯선 레닌의 초상을 광고에 이용한다. 그러나 맑스주의 잔당들은 여전히 이미 망한 현실사회주의와 자본주의 생산양식 간의 (그들에게는 너무도 당연하게 보이는) 질적 차이점을 줄기차게 중얼거리고 있다. 그러나 사실 그 현실사회주의는 그것이 바로 자본주의였기 때문에 자본주의적 기준에 따라 와해됨으로써 이 둘이 질적으로 동일하다는 것을 현실로 보여주었다.

오늘날 전세계의 좌파 진영에서 두드러지게 나타난 새로운 후퇴전술은 알려진 맑스의 개념(계급투쟁 등)을 케인스주의의 경제적 원리(부분적인 국가 개입과 자본주의를 사회국가 개념으로 보완하는 등)와 결합하려는 시도다. 이런 경향의 선두에 서 있는 프랑스 사회학자 삐에르 부르디외(Pierre Bourdieu)는 신자유주의의 발호에 대항하여 바로 '케인스주의적 문명의 방어'를 외쳤다. 그동안 저임금 노동시장을 창출하는 것에서부터 나토(NATO)의 전쟁 개입에 이르기까지 자본주의가 요구하는 온갖 것들에 동조해온 구좌파의 주류 현실주의자들에 대항하여 개인적인 성실성으로 무장한 부르디외의 이 외침은 지적·사회적 저항 세력에 큰 공감을 불러일으킨 듯 보인다. 그러나 이런 좌파의 입장은 역사적으로 아무런 근거나 실체가 없으며 아무런 사회적 전망도 없다.

부르디외의 주장은 이미 세상과는 동떨어져버린 마지막 '맑스주의 광신자들'의 맑스주의적 주문이라는 판에 박힌 교의에서 벗어난 새로운 것처럼 보일 수 있지만, 사실은 과거의 낡고 진부한 그리고 한때는 서로 대립하던 두 내용을 하나의 이데올로기로 뭉뚱그렸을 뿐이다. 그것은 외관상 계급투쟁에 대한 의례적인 기억과 그에 해당하는 수사들을 아직 가지고 있다는 점에서 알려진 맑스와 관련을 맺는 듯 보이지만 내용적으로는 케인스주의에 대한 아련한 향수 이상의 것은 없다. 그렇기 때문에 '초국가적 금융시장에 대한 정치적 규제'——지나간 시대의 규범, 즉 오래전에 사라져버린 세계에서 존재하던 이념으로, 말하자면 자본주의적 현실 범주를 폐기하지 않고 국가적으로 정치적으로 이를 규제하고 조절하자는 이념——에 대한 실현될 가능성이 없는 거짓 요구가 다시 반복되는 것이다. '재정지출'이라는 케인스주의적 조절장치는 1970년대와 1980년대의 인플레이션으로 날아가버렸고 화폐에 대한 국가단위의 규제는 세계화에 의해 모두 해체되어버렸다. 그러므로 자본주의 내부에서 이 규범은 이제 더이상 유효하지 않다. 다만 이데올로기적 추억으로 남아 바로 그런 의미에서만 이종교배와 마찬가지인 맑스와 케인스 간의 희귀한 동거——'1970년대 맑스주의'라는 조롱거리였으며 그 자체가 하나의 역사적 추억이기도 했다——가 가능했던 것이다. 서방의 케인스주의는 두번째 근대화 경쟁을 시도했던 동방의 국가자본주의와 꼭 마찬가지로 현실적으로 실패한 규범이 되었다.

단지 그동안 발전과 사회의식에 대한 좌표체계가 바뀌었다는 이유만으로 이런 견해는 형식적으로 다시 '극좌'처럼 보일 수 있다. 그러나 반복되는 퇴각을 보여주는 이런 견해 아래에 모여든 좌파들이 내세우는 것은 참된 의미에서 더이상 맑스주의라는 이름과 걸맞지 않았고, 단지 역사의 쓰레기 하치장에서 여기저기 떨어져 나온 부르주아 경제학의 파편들에 지나지 않는다. 이들 견해가 알려진 맑스의 새로운 귀환과 무관함은 부르디외의 전망에서 열정적으로 논쟁되는 새로운 자본주의적 발전동력——과거의 좋은 시절에는 한때 아마도 '반자본주의적'인 성향을 띠고 있었을—이라는 것이 미래에 관한 것이 아니라 점점 사라져가는 자본주의의 전후 호황과 사회국가적 개념의 규제, 그리고 공공써비스의 확장 등 과거에 대한 것뿐이라는 점을 통해서 알 수 있다.

범주적 위기와 근대의 금단 영역

사회의식은 왜 관념의 영역을 가로질러 21세기의 새로운 세계공황이 어쩌면 자본주의의 **범주적 위기**가 될 수 있으리라는 생각으로 나아가지 못하는 것일까? 어떤 실천적 비판에도 쓸모가 없는 먼 미래 혹은 철학의 영역으로 밀려난 숨겨진 맑스는 왜 그리 정당한 평가를 받기 어려운 것일까? 거기에는 여러 이유가 있다. 그리고 이들 이유는 모두 그동안 우리에게 익숙하던 논의나 의식 형태로는 파악할 수 없는 새로운 위기의 깊이와 관련되어 있다.

자본주의 내부에서의 발전 전망이 사라져버렸기 때문에 해방을 지향하는 저항세력은 더이상 근대적 상품생산 체제의 범주 속에서는 만들어질 수 없게 되었다. 그러나 그것은 또한 쉽게 파악할 수 있는 외부의 적('소유계급' '반동세력', 과거 토착세력의 '제국주의' 등)과 이제는 싸울 수 없게 되었을 뿐만 아니라 자신의 (자본주의적으로 구성된) 주체적 형태와 행동형태 역시 해체되어버렸다는 것을 의미한다. 이는 납득하기도 어렵고 그대로 받아들이기도 어려운 일이다.

역사적 발전은 이제 명백히 금단의 영역으로 들어가버렸다. 자본주의는 단지 표면적으로만 금기를 깬 하나의 과정이었다. 이 사회에서는 모든 사람들이 자신을 최대한 발전시킬 수 있도록 허용되어 있다(물론 거기에는 시장에서 매매할 자유가 허용된다는 것이 전제되어 있다). 그러나 겉으로 보기에 모든 자유가 허용된 것처럼 보이는 이 체제는 실은 우리가 전혀 원하지 않는(어느정도 강제가 부여된), 노골적이고 '다른 대안을 용납하지 않는' 가치, 상품, 화폐, 경쟁 등의 형태—이것들은 모두 '노동'의 영리적인 형태와 실체를 기초로 한다—를 동시에 강요하기도 한다. 이 사회형태—그것은 그 사이에 사랑, 스포츠, 종교, 예술 등을 모두 포섭하고 말았다—는 다른 어떤 가치도 자신과 함께 나란히 서도록 허용하지 않았다.

그런데 이 금기는 단지 외부에서 주어진 소명이나 금지로 이루어진 것이 아니라 근대적인 의식형태와 주체형태에 의해 설정된 것이어서, 즉 과거의 어떤 금기보다 더 깊은 뿌리를 가지고 있어서 그만큼 부수기도 어렵다. 돈벌이 체제 그 자체에 문제를 제기하는 사람은 보통 사람들의 일상적인 상식에 비추어 정신병자로 판정받기 십상이다. 알려진 맑스주의의 마지막 구닥다리 잔당들—이들의 대표자들은 이미 자신들의 스승인 맑스의 드러나지 않은 부분의 명제들에 대해 항상 두려움과 방어적인 태도를 취했다—에게도 이런 본질적인 문제제기는 해서는 안 되는 '은밀한 얘기'—물론 그들의 관점에서 보면 터무니없는 협잡이라고 불러야 마땅한 것—로 여겨진다. 자본주의가 스스로 생산력을 추동하여 '돈벌이에 매몰된' 근대적 인간의 주체성의 한계를 뛰어넘을 수 있다는 생각은 완전히 미신으로 치부될 뿐이다.

숨겨진 맑스의 자본주의 생산양식에 대한 범주적 비판을 추론해가기 위한 공간을 만들기 위해서는 먼저 그 앞에 놓인 장애물—즉 사람들이 제기하지 않는 물음과 사람들이 말하지는 않지만 이미 가지고 있는 질문들을 금기시하는 영역—을 뛰어넘어야 함이 분명하다. 즉 지금까지 캐묻지 않고 **침묵했던** 전제들을 공개적인 논의의 대상으로 삼아야 한다. 그것은 바로 숨겨진 맑스의 소위 '난해한 부분'과 '철학적 부분'을 이루는 것으로서, 맑스가 상품생산체제의 선험적인 성격을 '문제 삼은' 최초이자 유일한 근대 이론가라는 것을 의미한다. 반면 경제학과 거기에서 파생된 다른 모든 사회과학(오늘날에는 결국 단순한 경제학의 보조과학이자 보조경찰로 전락했다)은 노동, 가치, 상품, 화폐, 시장, 국가, 정치 등과 같은 자본주의 범주들을 자신의 '과학적' 논의의 대상이 아니라 맹목적인 전제로 삼고 있다. 상품교환의 주체형태, 노동력의 화폐로의 전화, 화폐자본의 잉여가치(이윤)로의 전화 등의 문제에 대해서 이들은 '그것들이 무엇인지' 그리고 '그것들이 왜 그렇게 되는지'가 아니라 단지 그것들의 기능적 성격인 '그것들이 어떻게 진행되는지'의 문제에만 몰두했는데, 이것은 마치 자연과학자가 소위 자연법칙에 대해서 '그 법칙이 어떻게 작동하는지'에 대해서만 연구하는 것과 마찬가지다. 따라서 자본주의를 범주적으로 비판하기 위해 넘어야 할 첫번째 장애물은 이 범주들을 의문의 여지가 없는 자명한 것으로 간주하는 생각으로부터 벗어나 그것들을 명확하게 해명하고 그럼으로써 비로소 그것들을 비판 가능한 것으로 만드는 데 있다.

침묵에 담긴 물신성과 역사의 거대한 도약

문화사회학에서는 추상 형태를 통해 맹목적으로 주어진 전제들을 비판할 수 있도록 문제를 제기하는 방법들을 이미 충분히 개발해두었다. 묵시적인 '침묵의 영역'(마이클 폴라니Michael Polanyi)을 명시적인 논의의 영역으로 옮기는 것, 즉 지금까지 얘기되지 않던 것을 위기나 이행기의 소통 문제로서 논의의 대상으로 만드는 것은 문화사 연구에서 극히 일반적인 일이다. 그러나 여기서는 대부분의 경우 그것이 비판적인 의도보다는 긍정적인 의도로 논의의 대상이 되는데, 즉 체계론적 성찰(니클라스 루만Niklas Luhmann)을 통해서 '복잡한 것을 단순화'하기 위한 목적으로 '자명한 것으로 받아들여지는 배경'의 구조로서 그것을 논의의 대상으로 삼는다. 여기서는 자본주의적 범주들에 대한 침묵이 일종의 안도감——그것의 본질적인 위기의 가능성에 대해서는 전혀 고려하지 않는——으로 나타난다.

그러나 위기적 이행기에 논의의 대상으로 문제를 제기할 경우, 이것은 훨씬 오래된 시기(철학자 칼 야스퍼스Karl Jaspers가 말한 기원전 5세기의 소위 '축의 시대' 같은, 즉 세계질서의 변혁과 함께 인간의 세계와 신의 세계가 최초로 강력한 형태로 분리된 시기)에 대한 성찰 혹은 일상에서 암묵적으로 자명하게 받아들이던 것——사회적인 의식구조의 발전으로 이제는 입에 올리며 문제도 제기하게 된——에 대한 성찰을 불러일으킨다. 그런데 후자의 성찰은 사회철학자 하버마스(Jürgen Habermas)가 '생활세계의 식민지화'라고 지적했던 것과 전반적으로 일치하는 한 그것은 곧바로 자본주의를 긍정해버리게 된다. 왜냐하면 일상과 직업활동 그리고 사회생활과 문화 등에서 자명한 것으로 전제되던 것에서 새롭게 논의의 대상으로 끄집어 올려지는 것이 바로 유일한 최고의 사회형태인 자본주의 자신이기 때문에, 이 문제 제기는 사회해방이라는 관점이 아니라 오히려 반대로 인간을 총체적으로 맹목적인 시장의 구조 속에 밀어넣는 것이 되기 때문이다. 만일 지금까지 논의의 대상이 아니었던 것을 명시적인 논의의 대상으로 끌어내는 것이 해방이라는 관점에서 성과를 거둘 수 있으려면, 비판적인 논의의 시각이 자본주의의 '암묵적인 공준들'을 향하고 있을 때에만—즉 근대화론자들에게 언제나 침묵의 배경이던 범주적 사회형태들을 겨냥하는 숨겨진 맑스를 통해서만—비로소 가능할 것이다.

비판적 논의를 위해 그리고 근대와 결별하고 해방으로 나아가기 위해 필요한 숨겨진 맑스의 중심개념은 '물신성'이다. 맑스는 이 개념을 사용하여 자본주의적 근대의 외견상의 합리성은 **객체화된 허상체계** 내부의 합리성을 나타내는 것일 뿐임을 보여주었다. 즉 그것은 일종의 세속화된 우상숭배로서, 상품생산체제와 그것의 위기를 추상화함으로써 불합리성과 인간과 자연에 대한 파괴적인 결과를 가져온다. 인간은 소위 경제의 자립화, 즉 노동, 가치, 화폐의 물신화를 거치면서 자신의 사회적 성격을 외부의 소외된 힘으로 만나게 된다.

문제는 이 생명도 없는 경제적인 물적 존재의 별로 달갑지 않고 파괴적인 자립화가 자명한 자립성으로 굳어진다는 점이다. 국가와 정치, 그리고 민주주의로까지 확대된 물신적 개념을 통해서 숨겨진 맑스는 인간사에 대한 모든 위대한 발견자들이 했던 것을 그대로 해냈다. 즉 그는 외견상 단순하고 일상적인, 즉 당연하고 '침묵하던 것'을 낯선, 즉 해명의 필요가 있고 바로잡아야만 할 것으로 바꾸었다.

이처럼 숨겨진 맑스는 자신의 또 하나의 분신이자 내적 근대화론자인 알려진 맑스와는 달리 근대를 그 왕좌로부터 역사 속으로 불러냄으로써, 반동적이고 불합리한 근대비판론자들처럼 전근대적인 농업사회의 관계를 정당화하거나 이상적인 것으로 신비화한 것이 아니라 거꾸로 근대를 인류가 극복하지 못한 고통의 역사, 즉 아직도 '끝나지 않은' 영역에 있는 것으로 규정했다.

만일 고전적 맑스가 헤겔의 발전 및 진보를 유물론적으로 전환시킨 관점에서 역사를 하나의 전체로서 고찰한다면, 역사란 '계급투쟁의 역사'가 될 것이다. 그리하면 자본주의의 내재적 발전 과정을 오로지 기존의 역사에 비추어서만 고찰하게 될 것이다. 하지만 그저 근대를 반추하기만 해서는 결코 얻을 수 없는 기존의 모든 사회형태의 공통된 성격을 보다 높은 이론적 추상 수준에서 찾아내기 위해서는 숨겨진 맑스의 물신성 개념에 의존해야만 한다. 이 개념을 사용하면 우리는 아무리 사회적 관계가 제각기 다르다 할지라도 각 사회를 온갖 다양한 형태로 규정되는 제멋대로의 사회가 아니라, 언제나 다양한 물신적 수단(제례의식, 의인화, 일정한 종교적 전통 등)에 의해 통제되는 사회로 고찰할 수 있게 된다. 이를 우리는 '물신적 관계의 역사'라 불러야 할 것이다. 그리고 그에 따라 불합리하게 자립해버린 경제로 이루어진 근대의 상품생산체제는 단지 자신의 맹목적인 운동에 의해 만들어진 최후의 사회적 물신성으로 나타난다.

이 개념을 가지고 문제를 제기하면 무엇보다 21세기 세계공황의 내용에 올바르게 접근할 수 있다. 그럴 경우 맑스가 이 개념을 가지고 명시적으로 얘기했듯이, 자본주의 역사의 종언이 문제라기보다 기존 역사 전체의 극복―소위 신석기 혁명이나 '축의 시대' 혁명과 비견할 만한―이 문제가 된다. 단지 냉전시대가 끝난 것이 아니라 근대화라는 세계사 전체가 끝난 것이며, 근대사라는 특수한 역사가 끝난 것이 아니라 물신적 관계의 세계사 전체가 끝난 것이다.

자본주의적 사회의 메커니즘으로 압축된 개념, 언제나 현실보다는 이데올로기의 형태였던 그 개념은 완전히 붕괴했다. 그래서 도약도 그만큼 더 멀고 두렵게 되었다. 그러나 위기의 구조적 내용을 파악해야 할 필요성은 더욱 절박해졌다. 이제 사회적 의식의 배제(조상숭배의 '보이지 않는 손'에서 시작하여 자본주의 세계시장의 '보이지 않는 손'에 이르기까지)에 사회적 의식이 필요해졌다. 선험적으로 주어진 것이 아니라 맹목적인 수단 대신에 하나의 의식적이고 스스로 결정하는 조직화된 사회적 결정기구가 시장과 국가 너머로부터 등장해야만 한다.

근대의 마지막 몸부림인 포스트모던의 눈속임 포장

사회과학은 세계공황에 대한 숨겨진 맑스의 요구를 결국 진지하게 받아들여 이미 시효가 끝난 근대화 패러다임을 넘어서는 보다 높은 차원의 비판적 반성으로 나아가기보다 무장해제된 상태에서 이 과제를 은근슬쩍 비켜가려 한다. 게다가 그것은 새로운 차원의 반성을 위해 노력하지 않는 것에 더해 자본주의 발전 역사에 대한 기존의 내재적 반성에 대해서도 이미 끝난 근대화 패러다임의 시효를 다시 한번 연장하려 한다. 사회학자 울리히 벡은 이를 '성찰적 근대화'라는 개념으로 정리했다. 그러나 그동안 매우 무분별하게 애호되던 이 개념은 공허한 개념이자 눈속임 포장에 불과하다. 왜냐하면 여기에서 요구되는 반성은 자본주의를 더욱 발전시키기 위한 노력과는 무관한 단지 하나의 순수한 현상학과 관련된 것일 뿐이기 때문이다. 이 현상학에서는 자본주의에 대한 범주적 관련 속에서 사회가 그 어느 때보다도 더 맹목적인 전제로 받아들여지고 있으며, 그 사회는 오로지 개별 현상과 그것의 파괴적인 잘못된 행위에 대해서만 '성찰적'으로 관계하도록 되어 있기 때문이다.

그것이 제안하는 처방이란 '무보수의 시민노동'에서부터 '시민친화적인 행정'에 이르기까지 모두가 참으로 보잘것없는 것들이다. 시장과 국가를 넘어선 새로운 사회형태의 추구가 아니라, 소위 시장과 국가 사이의 빈틈에 자리한 '시민사회'──사실은 생활세계에 대한 자본주의의 식민지화를 통해 벌써 오래전에 와해되어버린──를 위기의 대응수단으로 삼는다. 이는 이미 멸망한 케인스주의적 사회국가를 되살리려는 억지 생각과 마찬가지로 절망적이며 비현실적인 생각이다. 근본적으로 이런 생각은 사회복지 철폐가 야기하는 문제를 개인의 자선과 무비판적인 도덕적 자활에 의해 해결하려는 것에 불과하다.

사람들은 사태를 얼마나 교묘하게 왜곡시키고 회피하고 있는가. 오늘날 '맑스로의 귀환'이라는 얘기가 지금까지 무시되던 근대의 물신성에 대한 급진적인 범주적 비판과 여전히 관련될 수 있음에도, 여전히 맑스로 향하는 길은 어디에도 없다. 그리고 나쁜 유토피아주의라는 의심의 눈초리를 보낼 때에도 숨겨진 맑스는 거기에서 아예 언급조차 되지 않는다. 오히려 정반대로 유토피아주의자들은 자신들의 조상을 모셔둔 신전에 알려진 맑스를 공손하게 모셔놓았을 뿐이다. 유토피아는 근대화의 역사에서 언제나 자본주의의 나쁜 현실과 반대되는 (이데올로기적인) 자본주의의 이상을 향한 열망으로 이해될 수 있었다. 유토피아는 자본주의의 소아병이지 공산주의의 소아병이 아니다.

그렇기 때문에 숨겨진 맑스는 전적으로 비(非)유토피아적이며 반(反)유토피아적이다. 그에게 중요한 것은 지상낙원이나 새로운 인류의 건설이 아니라 자본주의적 인간 착취의 극복과 자본주의가 만들어내는 사회적 파국의 종언이었다. 그 이상도 그 이하도 아니다. 이는 오로지 물신적 관계로서의 기존의 모든 역사를 넘어설 때에나 가능한 일이며 단지 비판에 그치는 것이 아니라 자본주의 그 자체를 향한다. 자본주의 이후에도 여전히 질병과 죽음, 사랑의 고뇌와 더러운 일들이 존재한다. 그러나 추상적 부의 생산이 만들어내는 모순적인 대중의 빈곤과 물신적 관계의 자립적 체제 그리고 교의적인 사회적 형태는 이제 존재하지 않는다. 목표는 위대하다. 솔직히 유토피아적인 열광은 상대적으로 미약하고 전적으로 불필요한 고통으로부터의 해방 이외에는 아무것도 약속하지 않기 때문이다.

그들은
그것이 무엇인지도
모르면서 하고 있다

불합리한 자기목적으로서의 자본주의적 생산양식

1

서론

19~20세기의 맑스주의 문헌과 그 반대 진영의 문헌을 이리저리 솎아 보면 이들이 모두 천편일률적인 환원론에 빠져 있었음을 금방 알 수 있다. 즉 자본주의를 긍정하거나 부정할 때 이들 대부분이 사회적 '계급' 혹은 '계층'이라는 사회학적 범주를 통해서 얘기하면서도 정작 이들 계급의 기초가 되는 사회적 형태는 중립적인 것으로 내버려두었다(혹은 시장과 국가와의 관계에서 이들 사회적 형태를 재분류하고 새롭게 분류하는 문제에만 열을 올렸을 뿐이다). 말하자면 자본주의라는 외피 안에서 사회적 계급의 관계만을 문제로 삼은 것이다. 자본주의가 하나의 계급사회라는 사실에 대해서 맑스주의자들은—언제나 단지 '알려진 맑스'에게만 의존하여—더는 논란의 여지가 없다고 여겼다. 그리고 자본주의의 변호론자들은 사회국가, 노동조건의 개선을 통해 자본주의가 계급사회를 이미 완전히 극복했다는 반론을 펼치며 맑스주의자들의 단언에 대응했다.

이 논쟁에서는 이 사회적 계급이 도대체 어떻게 해서 세상에 나타나게 되었고, 이들 계급의 사회적 성격이 무엇을 통해, 어떤 방식으로 만들어졌으며 또 일상적으로 재생산되는지에 대해서는 그 어떤 문제제기도 진지한 이론적 반성도 결코 없었다. 이런 문제에 무관심한 이유는 간단한 데 있다. 즉 사회학적인 환원론적 고찰방식에서는 사회적 관계가 궁극적으로 순수한 의지관계로 귀착되기 때문이다. 따라서 자본주의가 존립하는 까닭은 그것을 이끌어가는 주체들이 그것을 '원하기' 때문이다. 그리하여 자본주의는 말하자면 자발적인 의지를 가진 자본가들(화폐자본의 사적 소유자와 경영자들) 혹은 자본가계급이라는 사회적 집단과 동일시된다. 자본가 주체들의 이러한 의지는 곧 사회적 다수를 이루는 임노동자들을 자신들에게 종속시키는 것을 의미한다.

따라서 생산수단에 대한 사적 소유는 바로 이런 자본가적 의지의 핵심 제도로 구현된다. 생산수단에 대한 사회적 독점을 통해 자본가들은 생산수단의 처분권에 대한 전권을 행사하게 되고 이것이 곧 하나의 사회적 기준을 이루게 된다. 그래서 지배형태(맑스의 표현에 따르면 '인간에 대한 인간의 지배')는 자본가와 임노동 간의 사회적 지배관계가 만들어지는 사적 소유를 통한 지배로 나타난다. 사회적 관계에 관한 한 이것은 단지 하나의 계급관계일 뿐이다. 이때 주인과 노예라는 인적 예속관계가 사회와 구별되는 유일한 차이점은 오로지 예속관계가 하나의 집단적 성격을 취한다는 점, 즉 개별 임노동자가 개별 인격체인 주인에게(봉건제나 노예제 사회에서처럼) 예속되는 것이 아니라 자본가계급 전체에 예속된다는 점뿐이다.

이런 방식으로 생산양식과 사회구성체의 개념(근대적인 것은 물론 모든 시기의 보편적인 형태를 포함하여)은 사회계급들의 의지관계—하나의 법률적인 형태(사회적 생산수단에 대한 소유권)를 통하여 성문화되고 제도화되는—로 환원되어버림으로써 부정적이고 파괴적인 자본주의의 성격은 지배계급인 자본가계급의 주관적 성격 속에 존재하는 듯 보이게 된다. 그렇게 되면 자본이라는 개념 그 자체도 갑자기 부르주아 경제학에서와 마찬가지로, 맑스주의적인 표현에서도 완전히 평이하고 무해한 것으로 단지 물적 생산수단(기계, 건물 등)의 개념과 같아질 수 있다. 즉 자본 그 자체는 더이상 사회적 관계가 아닌 하나의 단순한 물적 대상으로 바뀌고 반면, 자본이 만들어낸 사회적 관계는 피상적인 사회학적 개념, 즉 계급대립의 모습을 취하게 된다.

여기에서 지배계급인 자본소유자는 예속계급인 임노동자를 자신의 사적 목적에 투입하여 '사용'함으로써 (바로 이런 고찰방식에 따르면 필연적으로 도달하게 되는 결론인) 자신의 개별적인 이해, 즉 그들의 주관적인 계급이해를 추구하게 된다. 임노동자들의 계급이해가 여기에 대립하여 마주서게 된다. 이런 계급대립의 결과는 물론 하나의 이해투쟁, 즉 좋은 의미의 낡은 계급투쟁이다. 맑스주의 노동운동의 이런 핵심 내용은 극히 피상적인 (종종 명시적이기도 한) 자본주의 비판에서 나온 결과물이다. 피상적 자본주의 비판에 따르면 다음과 같이 전개된다. 자본가 주체들을 어떻게 해서든 모든 거래에서 배제하여 구금하거나 혹은——부르주아들의 프랑스혁명에서 물려받은 개념이자 실천방법이기도 한——단두대로 보내고, 그들에게서 그들의 장난감인 자본을 빼앗아, 즉 그들의 재산을 몰수하여 위대한 노동자계급이 물적 자본을 정부 소유로 만들어 자신의 계급적 이익을 위해 운용할 수 있도록 만든다.

이는 또한 매우 논리적이기도 하다. 즉 자본주의가 지배계급의 법률적 처분권과 함께 붕괴해버리면, 바로 한 계급에서 다른 계급으로의 소유권 교체라는 형식적 행위를 통해서 자본주의는 더이상 존립하지 않게 된다. 이토록 감동스러울 정도로 순진하고 우스꽝스러운 맑스주의자들의 발상 중 하나로 엄숙한 '수용증서'가 있는데, 이 증서는 구(舊)

동독정부 초기에 기업들을 인민의 수중으로 넘긴다는(즉 기업들을 '인민소유의' 기업VEB으로 바꾼다는) 내용을 알리는 것이었다.

여기에서 우리는 이런 사상이 역사적 노동운동이 자신들의 계급투쟁—사실상 애초부터 자본주의 내부에서의 인정투쟁에 지나지 않던—을 위해서 정당성의 이데올로기로 사용하던 바로 그 맑스주의의 개념영역과 극히 투명한 방식으로 관련되어 있음을 알게 된다. 그리고 이런 인식방법이 맑스 자신에게서도 끊임없이 반복되었던 방법이라는 점을 부인할 수는 없다. 바로 이런 개념영역의 배경에서 맑스는 알려진 맑스, 즉 단순한 근대화론자로만 나타난다. 시중의 맑스주의에서 유행하는 이런 피상적인 자본주의 개념을 깨부수고 맑스이론의 내부로부터 알려진 맑스에서 숨겨진 맑스로 논의와 비판을 옮겨가기 위해서는 일단 다음의 두가지 문제가 선결과제다.

하나는 자본주의 개념을 사회계급들의 의지관계로 환원하는 문제다. 이는 필연적인 발전단계와 사회구성체의 연속성으로 이루어진 역사발전 과정에서 저 너머의(헤겔에게서 빌려온) '청동기 시대'의 객관성과 최악의 형태로 결합된 것이다. 자본주의를 구성하는 것은 명백히 계급적 이해관계에 따라 움직이는 주관적 의지가 아니라 이 사회적 의지가 뿌리를 내리고 있는 어떤 다른 것, 다시 말해 그 의지를 뛰어넘는 객관성이기 때문이다.

맑스주의는 물론 맑스도 끊임없이 극히 당연한 것으로 얘기하는 자본주의 생산양식의 '합법칙성', 즉 바로 그것의 '자연법칙'의 경우에는 이것이 더욱 분명해진다. 꼼꼼히 읽어보면 여기에서도 자본을 물적인 개념으로 환원하는 경우와 마찬가지로 부르주아 경제학의 사상—이들 경제학은 잘 알려져 있다시피 자본주의의 합법칙성을 소위 사회적 재생산 일반의 자연법칙과 동일시한다——과 이것이 매우 가깝다는 것을 알 수 있다. 설사 이런 '경제적 자연법칙'을 단순한 역사적 법칙, 즉 자본주의 생산양식에만 특수한 법칙으로 국한시켜 인식한다 하더라도 여전히 문제는 남아 있다. 즉 극심한 모순을 가진 자본주의의 재생산 구조와 그것의 운동 및 발전형태들의 객관화된 '자연법칙적' 성격을 사회학적 계급관계와 법률적 의지관계로 환원시켜버리는 문제다. 그동안의 맑스주의는 이런 모순을 매개하고 해소하려 하지 않았으며 무엇보다도 그런 모순을 한번도 인식하지 않았다.

그래서 맑스주의 이론은 한편으로는 '객관적'이고 '경제적'인(어느 정도는 자연과학적인) 사회이론으로, 다른 한편으로는 '주관적'인(정치적·법률적인) 행동이론으로 해체되어갔던 것이 분명하다. 이런 분열은 근대 부르주아 사상 일반의 분열상이 그대로 복제된 것이다. 즉 이들 부르주아 사상은 계몽철학 이후 무수히 많은 변종들로 끊임없이 분열했다. 한편으로는 인간사회가 마치 시계처럼 자동화된 체계법칙에 따라 작동하는 것이라는 방향으로(즉 시장과 인공두뇌적 조절메커니즘——인간을 하나의 벌레 혹은 기계의 한 부속물로 설정하는——이라는 '보이지 않는 손'), 다른 한편으로는 '자유의지'와 '인간의 자율성' '자기 책임' '정치적 자유'(민주주의)의 방향으로 분열해갔다.

맑스주의 노동운동은 부르주아 사상의 이런 딜레마를 깨뜨리지 못한 채 그것과 공존하면서 그것을 (20세기 근대화에 대한 역사적 낙오자의 경우) 자신의 사회주의에 옮겨 심었다. 이 사회주의는 객관화된 자연적인 경제적 법칙(즉 지양되지 못한 상품생산)에 따라 작동했고 그와 함께 프롤레타리아의 계급의지와 그 정당도 국가로 변신했다.

다른 또 하나의 문제는 운동 전체의 목표가 무엇인지에 대한 물음이

제기되면 맑스주의적 논의는 곧바로 블랙홀 속으로 빨려 들어가버린다는 점이다. 사실 대담한 계급투쟁적 사상은 이 물음에 대한 즉각적인 답을 수중에 지니고 있다. 자본주의의 목표는 물론 자본가 주체들에 의한 임노동자 착취다. 이들 자본가는 노동하는 인류를 쥐어짜서 얻어내는 저 유명한 '잉여가치' 때문에 자본주의를 열심히 작동시킨다. 그리고 당연히 여기서도 알려진 맑스가 광범한 영향력을 행사한다. 즉 맑스가 이야기한 미지불노동(unbezahlter Arbeit)은 임노동자들이 현재의 자기 재생산비를 초과하여(이 재생산비를 임노동자들은 화폐임금의 형태로 손에 넣는다) 창출하는 추가적 가치다. 다시 말해 자본소유자가 자신의 치부를 위하여 획득하는 이 미지불노동이라는 바로 그 얘기가 영향력을 발휘한다.

따라서 결론은 용맹스러운 노동자계급이 혁명을 일으킨 다음 착취자들이 탈취해간 잉여가치를 그들에게서 되찾고 자신의 노동일 전체를 자기 것으로 만들어서 미지불노동을 지불노동으로 전환하는 것이다. 물론 맑스주의도 어느 사회에서나 물적 생산수단의 갱신을 위한 재투자와 예비재원의 형성이 필요하다는 점은 인정한다. 이때 개인의 노동소득에서 공제되는 필수 부분은 노동계급 자체의 기구(물론 의심할 나위 없이 그들의 국가로 화한 정당)를 통해서 공동의 효용과 이익을 위한 용도로 사용될 것이다.

그러나 외견상 매우 단순하고 명쾌해 즉각 튀어나오는 이 답은 맑스주의자들의 기만적인 술책에 지나지 않는다. 왜냐하면 이들의 주장에 비추어보면 마치 잉여가치를 취득하는 자본소유자들은 획득한 자신의 이윤을 개인적인 부로 향유하는 것처럼 보이기 때문이다. 그래서 자본관계는 마치 아무런 시간적 개념도 없는 일종의 보편적인 빈부의 관계로만 보인다. 여기서는 잉여가치(화폐형태를 취하고 있는)와 잉여생산물(소재적인 상품의 형태를 취하고 있는)에 대한 맑스의 개념이 사실상 동의어로 사용되고 있다. 그런 한에서는 취득의 봉건적 형태와 자본주의적 형태는 단지 소유방식(하나는 토지소유, 다른 하나는 생산수단에 대한 사적 소유)으로만 구별될 뿐이다.

하지만 고전적 봉건영주는 소재적 잉여생산물을 사실상 현물형태로 소비한다. 물론 이 소비도 언제나 다양한 방식의 재분배와 결합되어 있다. 왜냐하면 영주는 이 현물을 이런저런 방식으로 자신의 가신이나 농노들과 함께 소비할 수도 있기 때문이다. 더구나 전자본주의 시대의 부에 있어서는 지배자의 소비 부분이 단연코 매우 적었다. 반면 자본주의적 현상형태에서는 엄청나게 증가한 부가 생산수단의 소유자에게 철저히 사적인 형태로 귀속되어버린다. 기업가나 경영자는 어마어마한 잉여생산물, 즉 임금의 현재가치를 초과하는 자신의 공장생산물들(구두약, 수류탄, 통닭 혹은 문고본 책자) 모두를 자가 소비할 수 없을 뿐 아니라 이들 생산물을 판매하여 얻은 화폐액으로 사치품들을 강박적으로 구입한 뒤 이 모두를 직접 소비할 수도 없다. 사실 그는 이런 소비를 향유할 시간 자체가 없다. 오히려 그는 경쟁에서 몰락할 위험 때문에 화폐로 재전화된 잉여생산물(즉 잉여가치)을 다시금 확대된 규모의 자본주의적 재생산에 모조리 재투자한다.

따라서 '미지불노동' 가운데 대부분은 우리가 통상 생산된 부를 향유한다고 생각하는 부분에 돌아가지 않는다. 따라서 생산물 가운데 상당부분 역시 소비용도로는 별로 나타나지 않는다. 생산 그 자체를 위한 생산의 확대—즉 불합리한 자기목적—만이 중요한 것이다. 엄밀하게 말해서 숨겨진 맑스가 이런 생산양식의 물신성이라고 이름붙인 그것은 바로 전근대사회에서 이미 우상을 물신적으로 숭배하던 것과 매우 흡사하다. 맑스는 또한 자본주의적 물신성의 특수한 메커니즘에 대해서도 '자동화된 주체'라는 명칭을 붙였다. 이 개념은 『자본』의 앞부분에 등장함에도 다양한 방식으로 자본에 세뇌된 맑스주의자들은 이 희귀한 '이해할 수 없는 개념'에 대한 언급을 피한 채 이것을 매우 생소하게 받아들인다. 그런데 사실 맑스가 이름붙인 이 개념은 모순에 가득찬 자본주의적 사회관계(자본가와 임노동자 간의 계급)와 그 관계를 통해서는 아무리해도 드러나지 않는 착취의 핵심을 가리킨다.

하지만 오히려 자본주의의 계급과 모든 사회적 범주들은 이들보다 상위에 있는 자동화된 주체의 단순한 기능범주들일 뿐이고 따라서 바로 이 주체가 자본주의 비판의 진정한 대상이 되어야만 한다는 얘기가 갑자기 등장했다. 자본소유자와 경영자는 자본주의적 기능의 위계에서 보다 하위 수준에 위치한 임노동자와 마찬가지로, 자본주의적 장치들의 자주적 주체들이 전혀 아니고 자본축적이라는 자기목표를 수행하는 단순한 기능인들일 뿐이라는 것이다. 극단적인 역설로 나아가면, 현실의 지배주체는 결국 생명이 없는 대상물, 즉 자신에게로의 귀환을 통해 사회적 재생산의 정신적 운동주체가 되는 화폐다.

그리하여 더이상 비길 데 없이 어리석은 논리가 나온다. 즉 인간은 자립화된 경제의 단순한 부속물로 전락했고 이 경제의 운동법칙이 모든 것을 지배한다는 것이다. 마치 나그네쥐(Lemminge, 스칸디나비아 반도와 시베리아 툰드라 지역에 서식하는 쥐의 일종으로 개체 수가 너무 불어나면 집단자살을 통해 개체 수를 조절한다—옮긴이)가 자신의 '어두움을 찾는 본능'에 지배당하듯이 말이다. 인간 자신의 사회적 활동은 하나의 맹목적인 관련 체계라는 소외된 외부의 힘으로 인간과 대립한다. 인간 자신의 사회적 성격은 생명이 없는 생산물과 그것의 화폐적 모습 속으로 빨려 들어가버리는 반면, 인간 자신은 비사회적 존재로 익명의 경쟁이라는 형태 속에서 움직이게 된다. 그리고 이 경쟁은 다시 모든 자본주의적 계급과 기능범주들이 공동으로 갖는 관계의 형태가 된다. 즉 임노동자가 단지 자본소유자와 경쟁할 뿐만 아니라, 자본소유자와 임노동자도 각기 그들끼리 경쟁하게 된다. 그리고 모든 생산자의 이해는 종종 소비자— 생산자 자신도 종종 소비자가 된다—의 이해와 대립관계를 갖게 되고, 모든 사람은 임의의 방식으로 자기 자신과 경쟁하게 된다!

자동화된 물적 주체의 터무니없는 이런 지배는 개념적으로 파악하기가 매우 어렵다. 왜냐하면 '화폐'와 '시장'은 이미 노아의 홍수시대 이전부터 존재했던 듯 보이고, 자본주의의 일상적 오성(悟性)은 자신에게 주어진 체제를 언제나 오로지 유통영역, 즉 시장을 통해서만 파악할 수 있기 때문이다. 즉 시장 내지는 분배의 이해관계는 이미 당연히 주어진 것처럼 보이는 범주 속에서 논의되기 때문이다. 맑스주의 노동운동도 결코 이 이상은 생각할 수 없었다. 그러나 사실은, 즉 자동화된 불합리한 주체를 지적한 숨겨진 맑스에게는 전자본주의 사회의 화폐와 시장은 단순히 주변적이고 부차적인 현상에 지나지 않으며 이들 사회에서는 재생산 가운데 대부분이 '현물경제'의 성격으로 파악된다. 전반적인 화폐경제와 시장경제는 화폐가 자본으로서 자기회귀하는 과정을 통해서야 비로소 등장한다. 여기서는 이제 상품을 최종목표로 하는 생산은 의미가 없으며 상품생산은 오로지 화폐의 증식을 최종목표로 하는, 즉 화폐자본 그 자체의 무한한 축적을 최종목표로 하는 수단으로만 기능할 뿐이다.

이런 조건하에서는 더이상 독립적인 생산자들이 시장에서 만나는 일이 있을 수 없고, 단지 다수의 임노동자들은 노동시장에 자신의 노동력을 공급하는 방식을 통해서만 '화폐 및 시장의 주체'가 되는 반면 자본소유자들은 자동화된 주체의 단순한 대리인으로 나타난다. 그래서 맑스에 따르면, 모든 관련자들은 각 경제적 범주의 '배역'을 제각기 맡을 뿐이며 시장은 더이상 자유로운 교환의 영역이 아니라 오로지 잉여가치가 실현되는 영역, 즉 자동화된 주체의 생활 과정(다시 말해 그것의 끊임없는 형태변화 과정)의 한 국면에 지나지 않게 된다.

자본주의의 변호론자들은 이 사회구조의 편집증적인 성격을 정당화하기 위하여 익명의 경쟁을 통해 강제된(바로 그 편집증적 성격과 결부된 것이기도 한다) 생산력의 증가가 자동적으로 복지의 증가로 이어지기도 한다고 되풀이해서 열변을 토한다. 그러나 자본주의의 역사에서 대다수의 사람들이 겪었던 실제 경험은 이와 정반대였다. 상품생산은 그 자체가 궁극적인 목적이 아니라 단지 화폐증식의 수단일 뿐이라, 복지는 이 체제의 목적이 될 수 없고 기껏해야 자본의 일시적인 부산물일 수밖에 없다.

전근대적인 현물경제체제인 농업사회에서는 빈곤이 일차적으로 '자연'의 손에 달려 있었고 생산력이 낮아서 생겨났지만 자본주의에서 빈곤은 이차적인 형태, 즉 순전히 사회적인 구조를 통해 만들어진다. 생산의 목적이 단지 추상적인 화폐액의 극대화이기 때문에 역사상 처음으로 욕망의 충족과는 무관한 생산이 이루어지게 된다. 만일 최소한의 평균이윤율마저 얻기 어렵다면, 멀쩡한 생산수단일지라도 가동되지 않고 놀게 되며 동시에 사람들도 굶주리게 된다. 자동화된 주체의 운동법칙이 원하기만 한다면 엄청나게 증가한 생산력은 곧장 자동차, 고속도로, 로켓 같은 부문으로 흘러들 수 있는 반면에, 많은 사람들은 생계를 잃고 부유한 나라의 어린이들조차 굶주리게 될 것이다.

생산목적과 욕망충족의 관계가 체계적으로 붕괴되는 상황—기묘한 자원배분의 왜곡을 강제하는 것이기도 하다—은 단순히 자본주의적 범주 내부의 권력이나 형태를 변경한다든지 체제의 계급이나 기능주체들 간의 법률적 소유관계를 바꾸는 것만으로는 극복할 수 없다. 오로지 불합리하게 자동화된 주체, 그 자체와 제2의 자연이 된 이 주체의 운동법칙을 지양할 때에나 비로소 극복할 수 있다. 과거 낡은 노동운동의 알려진 맑스주의가 자본주의 주변부의 근대화론과 함께 이미 그 시효를 잃었듯 자본주의에 대한 사회학적으로 축약된 개념들도 이미 생명력을 잃었다. 이제는 오로지 숨겨진 맑스의 전혀 새로운 자본개념—자동화된 주체의 물적 지배에 주목하는 개념으로 익명의 경쟁형태들을 더는 용납하지 않고 그것을 비판하고 극복하려는 실천적 사회운동의 이론형태인—만이 비판이론의 논의 대상이 될 수 있다.

여기 발췌한 맑스 원전들은 기존의 맑스주의 노동운동의 이해를 뛰어넘는 자본개념과 그 역설에 집중되어 있다. 이들 원전은 자본주의가 기능하는 메커니즘의 분석을 포함하지만 꼭 필요한 부분으로만 한정했다. 자본을 '자동화된 주체'로 이해할 때라야 비로소 그 기능이 작동하는 메커니즘을 해명할 수 있다. 이는 곧 맑스의 분석을 단지 객관성의 실증적인 서술로 오해하는 것이 아니라 객관성 그 자체로, 다시 말해 사회적 관계의 왜곡되고 파괴적인 객관화에 대한 본질적인 비판으로 이해하는 것이다.

자본주의적 생산의 자연법칙과 그것의 산물

어떤 학문에서든 언제나 첫 시작이 어려운 법이다. (…) 가치형태는 화폐형태(Geldform)를 완성된 모습으로 가지며 아무 내용이 없고 구조가 매우 단순하다. 그럼에도 인간의 정신(Menschengeist)은 2천년 이상이 지나도록 이것을 해명하는 데 실패했다. 그러나 다른 한편 이보다 훨씬 더 내용이 많고 복잡한 구조로 이루어진 다른 가치형태들을 분석하는 데에는 적어도 웬만큼 성공을 거두었다. 왜 그럴까? 완성된 신체를 연구하는 것이 그 신체의 세포를 연구하는 것보다 더 쉽기 때문이다. 게다가 경제적 형태에 대한 분석에서는 현미경이나 화학적인 시약들이 아무런 도움이 되지 못한다. 이런 것들 대신에 추상화할 수 있는 힘(Abstraktionskraft)이 필요하다. 하지만 부르주아사회에서는 노동생산물의 상품형태 또는 상품의 가치형태가 그 사회의 경제적 세포형태에 해당한다. 잘 모르는 사람에게는 이들 형태에 대한 분석이 지나치게 사소한 것만 문제 삼는 듯이 보일 것이다. 실제로 매우 사소한 것들이 문제가 된다. 그러나 이는 미시적인 해부에서 매우 사소한 것들이 중요하게 다루어지는 것과 마찬가지 이치다.

그러므로 가치형태에 관한 절을 제외하고는 이 책이 어렵다는 비난을 받을 이유가 없다. 물론 새로운 것을 배우려 하고 또 그럼으로써 스스로 생각하고자 하는 그런 독자라면 말이다.

자연과정을 연구하는 물리학자는 연구대상이 가장 전형적인 형태이자 가장 덜 교란된 형태를 유지할 때 그것을 관찰하며 또한 그것이 순수한 형태로 진행될 수 있도록 보장된 조건에서 실험을 실시한다. 내가 이 책에서 연구해야 하는 대상은 자본주의적 생산양식(kapitalistische

Produktionsweise)과 그 양식에 상응하는 생산관계(Produktionsverhält-nisse) 그리고 교환관계(Verkehrsverhältnisse)다. (…)

본질적으로 볼 때 자본주의적 생산의 자연법칙에서 발생하는 사회적 적대관계가 어느정도인지는 그다지 중요한 문제가 아니다. 중요한 것은 바로 이런 법칙 그 자체, 즉 철칙처럼 필연적으로 작용하면서 관철되어 나가는 경향, 바로 그것이다. 산업 선진국은 산업 후진국에 언젠가 그들이 도달할 미래의 모습을 보여주는 것에 불과하다.

(…) 한 사회가 설사 자신의 운동에 대한 자연법칙을 발견했다 하더라도──이 책의 궁극적인 목표도 근대사회의 경제적 운동법칙을 밝혀내는 데 있다──그 사회는 자연적인 발전단계들을 생략하고 건너뛸 수는 없으며 또한 그것을 법령으로 제거할 수도 없다. 단지 그 사회가 할 수 있는 일이라곤 자신의 산고(産苦)를 단축하고 완화하는 것뿐이다.

만일의 오해를 피하기 위해 나는 여기에서 한가지를 덧붙이고자 한다. 나는 자본가와 토지 소유자를 결코 장밋빛으로 묘사하지는 않을 것이다. 그러나 여기에서 이 사람들을 문제로 삼는 것은 단지 그들이 갖가지 경제적 범주들의 인격체라는 점에서만 (…) 그러하다. (…) 나는 다른 누구보다도 경제적 사회구성체(ökonomischen Gesellschaftsforma-tion)의 발전을 하나의 자연사적 과정으로 파악하고 있으며, 각 개인은 그들이 설사 주관적으로는(subjektiv) 사회적 관계에서 벗어나 있다고 할지라도 사회적으로는(sozial) 사회적 관계의 피조물이라고 간주하기 때문에 사회적 관계에 대한 이들 개인의 책임은 적다고 생각하는 입장이다.

경제학의 영역에서 자유로운 과학적 탐구를 가로막는 적들은 다른 학문분야에서도 만나게 되는 그런 적들만이 아니다. 경제학은 그것이

다루는 소재의 독특한 성격 때문에 인간의 가슴에 가장 격렬하고 가장 편협하며 가장 악의에 찬 감정, 즉 사적 이해라는 복수의 여신을 싸움터로 불러냄으로써 자유로운 과학적 탐구를 가로막는다. 예를 들어 영국 국교회는 자신들의 신앙 39개조 가운데 38개조에 대한 공격은 용인할지언정 자신의 화폐 수입 39분의 1에 대한 공격은 용인하지 않는다. (…)

과학적 비판에 근거한 것이라면 어떤 의견도 나는 환영한다. 그러나 내가 한번도 양보한 적이 없는 이른바 여론이라는 것이 지닌 편견에 대해서는 저 위대한 피렌쩨인(단떼Alighieri Dante──옮긴이)의 좌우명이 내 대답을 대신해 줄 수 있을 것이다. "너의 길을 걸어라, 그리고 사람들이 뭐라고 하든 그대로 내버려두어라!"(Segui il tuo corso, e lascia dir genti)

(『자본』 제1권 초판 서문, 1867년)

자본가 자신은 의인화된 자본으로서 한갓 자본의 대리인에 불과하다(왜냐하면 그는 이딸리아식 부기에서 끊임없이 이중적인 모습으로, 즉 자신의 자본에 대한 채무자 등으로 나타나기 때문이다). (…)

따라서 자본은 (…) 의인화된 '노동의 사회적 생산력' 혹은 '사회적 노동의 생산력', 즉 이들 생산력의 물화된 모습이자 대표자로서 (…) 생산적 성격을 갖는다. (…) 그것은 자본가들 상호 간에 그리고 노동자들에게 대해 하나의 강제력으로──따라서 사실상 이들 양자에 대해 자본의 법칙으로──나타난다. **(『경제학 초고』, 1863~67년)**

자본주의적 부의 기본 형태

한눈에도 부르주아적 부는 하나의 거대한 상품집적으로 나타나고 개별 상품은 이 부가 존재하는 기본요소로 나타난다. 그러나 각 상품은 모두 **사용가치**(Gebrauchswert)와 **교환가치**(Tauschwert)라는 두가지 측면으로 나타난다.

영국 경제학자들의 표현에 따르면, 상품은 우선 '생활하는 데 필요〔유용〕하거나 안락을 제공하는 어떤 물적 존재'이며, 인간이 욕망하는 대상이자 넓은 의미에서의 생활수단이다. 사용가치로서 이러한 상품의 현존재(現存在, Dasein)와 그것의 자연적인〔눈으로 확인할 수 있는〕 존재는 일치한다. 예를 들어 밀은 면화, 유리, 종이 등의 사용가치와는 구별되는 하나의 특수한 사용가치다. 사용가치는 사용을 위한 가치만을 가지며 소비 과정에서만 실현된다. 동일한 사용가치는 다양하게 이용될 수 있다. 그렇지만 그런 다양한 용도는 모두 일정한 성질을 가진 물적 존재로서의 그것의 현존재 속에 총괄되어 있다. 나아가 사용가치는 질적뿐만 아니라 양적으로도 규정된다. 다양한 사용가치들은 그것들의 자연적 특성에 따라 다양한 척도, 즉 예를 들어 밀은 셰펠(Scheffel, 곡물의 양을 재는 척도—옮긴이), 종이는 첩(Buch, 책에 해당하는 묶음 단위의 척도—옮긴이), 아마포는 엘레(Elle, 길이를 재는 척도—옮긴이) 등을 갖는다.

부의 사회적 형태가 어떤 것이든 사용가치는 일차적으로 항상 이들 형태와는 무관한 부의 내용을 이룬다. 밀을 맛보는 것으로는 그 밀을 누가—러시아의 농노가, 혹은 프랑스의 분할지농민이, 혹은 영국의 농업자본가가—생산했는지 알 수 없다. 사용가치는 비록 사회적 욕망의 대상이고 따라서 사회적 관련 속에 있지만 어떤 사회적 관계도 나타내지 않는다. 사용가치로서 이 상품이 예를 들어 다이아몬드라고 하자. 다이아몬드 그 자체로는 그것이 상품인지를 감지해낼 수 없다. 다이아몬드가 사용가치로서 미적으로 혹은 기계적으로 창녀의 가슴을 장식하거나 유리세공사의 손에서 사용될 경우 그것은 다이아몬드일 뿐 상품은 아니다. 사용가치가 상품이 되기 위해 필요한 전제로 보이지만, 상품인 것은 사용가치의 규정과 아무런 관련이 없는 듯하다. 이처럼 경제적 형태 규정과 아무런 상관이 없는 사용가치, 즉 사용가치로서의 사용가치는 경제학의 논의영역을 벗어나는 문제다. 사용가치는 그 자신이 형태 규정인 경우에만 경제학의 논의영역에 속한다. 사용가치는 직접적으로 하나의 일정한 경제적 관계[즉 **교환가치**]를 나타내는 소재적인 토대다.

교환가치는 무엇보다도 사용가치들이 서로 교환되는 **양적 비율**로 나타난다. 그 비율에서 교환가치는 동일한 교환크기를 이룬다. 그래서 담배와 서정시라는 서로 다른 사용가치에도 불구하고 프로페르티우스(Propertius, 고대 로마의 서정시인―옮긴이)의 시집 1권과 8온스의 코담배는 교환가치가 같을 수 있다. 하나의 사용가치는 비율만 정확하다면 다른 사용가치와 똑같은 가치를 갖는다. 호화저택 한채의 교환가치는 일정한 수의 구두약으로 표현될 수 있다. 반대로 런던의 구두약 공장주들은 자신들이 생산한 일정 개수의 구두약의 교환가치를 호화저택으로 표현하기도 했다. 그러므로 상품들은 자신들의 자연적인 존재방식과는 무관하게 혹은 자신들의 사용가치가 충족시키는 욕망의 특수한 성질과는 무관하게 일정한 양에 있어서 서로 동등하고, 또한 서로 교환되고, 서로 등가로 간주되고, 따라서 그들의 잡다한 외관에도 불구하고 동일한 단위를 나타낸다. (**『경제학 비판』** 제1권, 1859년 초판)

추상적 노동 — 허깨비 같은 대상성

어떤 물적 존재의 유용성은 그 물적 존재를 사용가치로 만든다. (…) 사용가치는 부의 사회적 형태가 무엇이든 상관없이 그 부의 소재적 내용을 구성한다. 또한 사용가치는 우리가 고찰하게 될 사회형태에서 교환가치의 소재적 담지자가 된다.

교환가치는 우선 양적 관계, 즉 하나의 사용가치가 다른 종류의 사용가치와 교환되는 비율로서 나타나며 (…) 교환가치는 일반적으로 교환가치 그 자체와는 구별되는 다른 어떤 내용물의 표현양식이자 '현상형태'일 수 있다.

2개의 상품, 예를 들어 밀과 철의 경우를 생각해보자. 그들의 교환 비율은 그 크기가 얼마이건 언제나 일정한 양의 밀과 얼마만큼의 철이 등치된다는 등식, 예를 들어 1쿼터의 밀＝a첸트너(Zentner, 100파운드로 50킬로그램을 나타내는 중량 단위 —옮긴이)의 철로 표현될 수 있다. 이 등식은 무엇을 말해주는가? 이것은 2개의 서로 다른 물적 존재, 곧 1쿼터의 밀과 a첸트너의 철에는 양자에 공통된 어떤 것이 같은 크기로 들어 있음을 뜻한다. 따라서 양자는 어떤 제3의 것과 동등한데, 이 제3의 것은 그 자체로서는 전자도 후자도 아닌 어떤 것이다. 그러므로 양자는 모두 교환가치인 한에서는 이 제3의 것으로 환원될 수 있어야 한다.

간단한 기하학적 예를 들어보면 이것은 분명해진다. 온갖 다각형의 면적을 측정하여 서로 비교하기 위해서 우리는 그 다각형을 몇개의 삼각형으로 분해한다. 그리고 삼각형 자신의 면적은 외견상의 모양과는 전혀 다른 표현으로, 즉 밑변 곱하기 높이의 2분의 1로 환원된다. 그와 마찬가지로 상품의 교환가치도 그 양을 표시해줄 수 있는 어떤 공통물로 환원될 수 있어야 한다.

이 공통물은 상품의 기하학적·물리학적·화학적 또는 그밖의 다른 어떤 자연적인 속성일 수 없다. 상품의 물체적 속성은 일반적으로 상품을 유용하게 하고 따라서 상품을 사용가치로 만드는 경우에만 고려된다. 반면 상품들 간의 교환관계는 그 상품들의 사용가치를 사상해버림으로써 비로소 그 성격이 분명하게 드러난다. 교환관계 내에서는 어느 하나의 사용가치란 그저 적당한 비율로 존재하기만 하면 그밖의 다른 사용가치와 똑같은 것으로 간주된다. (…)

사용가치라는 면에서 각 상품은 일단 질적인 차이를 통해서 구별되지만 교환가치라는 측면에서는 오로지 양적인 차이를 통해서만 서로 구별되며, 이 경우 거기에는 사용가치가 전혀 포함되지 않는다.

이제 상품체에서 사용가치를 제외시켜 버리면 거기에 남는 것은 단 하나의 속성, 곧 노동생산물(Arbeitsprodukt)이라는 속성뿐이다. 그러나 이 노동생산물도 이미 우리들에게는 다른 의미로 변화되었다. 노동생산물에서 사용가치를 배제하면, 그 노동생산물을 사용가치로 만드는 물적인 여러 성분이나 형태도 함께 배제된다. 그것은 이미 책상이나 집 또는 실 등과 같은 유용한 물건이 아니다. 노동생산물의 감각적인 성질은 이미 사라져버렸다. 또한 그것은 이미 가구노동이나 건축노동 또는 방적노동 등 일정한 생산적 노동의 산물도 아니다. 노동생산물의 유용한 성격과 더불어 노동생산물로 표현된 노동의 유용한 성격도 사라지고, 그와 함께 이들 노동의 갖가지 구체적인 형태 또한 사라진다. 그것들은 이미 서로 구별되지 않는, 즉 모두가 동등한 인간노동인 추상적 인간노동으로 환원된다.

그러면 이제 이들 노동생산물에 남아 있는 것을 살펴보기로 하자. 이들 노동생산물에 남아 있는 것은 허깨비 같은 동일한 대상성(對象性, Gegenständlichkeit) 곧 무차별한 인간노동의 응결물, 다시 말해 지출된 인간노동의 단순한——그 지출형태와는 무관한——응결물뿐이다. 이들 응결물은 그저 그것들이 생산되는 과정에서 인간의 노동력이 지출되었고 인간의 노동이 거기에 쌓여 있다는 것을 나타낼 뿐이다. 바로 이런 공통된 사회적 실체가 응결되어 있다는 의미에서 이들 응결물은 바로 가치(Werte), 즉 상품가치(Warenwerte)다. (…)

2개의 상품, 즉 한벌의 웃옷과 10엘레의 아마포를 예로 들어보자. (…) 웃옷은 어떤 특수한 욕망을 충족시키는 사용가치다. 그것을 생산하려면 특정한 생산활동이 필요하다. 이 활동은 그 목적·작업방식·대상·수단·결과 등에 따라 규정된다. (…)

웃옷과 아마포가 질적으로 다른 사용가치이듯이, 그것들의 현존재를 매개하는 노동 또한 질적으로 서로 다른 재단노동과 방직노동이다. 만약 이들 물품이 질적으로 서로 다른 사용가치가 아니고 따라서 질적으로 서로 다른 유용노동의 생산물이 아니라면, 그것들은 아예 상품으로 서로 만날 수 없을 것이다. 웃옷과 웃옷이 교환되지 않듯이, 사용가치도 동일한 사용가치가 서로 교환되지는 않는다. (…)

가치로서의 웃옷과 아마포는 모두 동일한 실체를 지닌 물품이고, 동일한 노동의 객관적 표현이다. 그러나 재단노동과 방직노동은 질적으로 다른 노동이다. (…) 또 우리가 눈으로도 쉽게 확인할 수 있듯이, 우리 자본주의사회에서는 노동수요의 방향이 바뀌는 데 따라서 인간노동의 일정 부분이 어떤 때는 재단노동이라는 형태로, 어떤 때는 방직노동이라는 형태로 번갈아가며 공급된다. 물론 이 같은 노동의 형태 변화가 아무런 마찰 없이 진행될 수는 없겠지만, 그것은 어쨌든 그렇게 될 수밖에 없다. 이 생산활동의 규정성(Bestimmtheit), 즉 노동의 유용한 성격을 무시한다면 생산활동에서 남는 것은 그것이 인간노동력의 지출이라는 점뿐이다. 재단노동과 방직노동은 질적으로 서로 다른 생산활동이긴 하지만 모두 인간의 두뇌·근육·신경·손 등의 생산적 지출이고, 이러한 의미에서 양자는 모두 인간노동이다. 이것들은 다만 인간노동력을 지출하는 서로 다른 두 형태일 뿐이다. 물론 여러가지 형태로 노동력이 지출되려면 인간노동력 그 자체가 어느정도 발달해 있어야만 한다. 그러나 상품의 가치는 단지 인간노동을, 즉 인간노동 일반의 지출만을 나타낸다. 부르주아사회에서 장군이나 은행가는 중요한 역할을 하는데 반해 일반시민은 매우 평범한 역할만을 하는데, 이는 인간노동의 경우에도 마찬가지다. 인간노동 일반이란 특별하게 발달하지 않은 보통사람의 육체가 평균적으로 지닌 단순한 노동력의 지출이다. (…)

이리하여 가치로서의 웃옷과 아마포에서는 그 사용가치의 차이가 배제되듯이 이러한 가치로 표현되는 노동에서도 그 유용형태의 차이, 즉 재단노동과 방직노동의 차이는 배제된다. 사용가치로서의 웃옷과 아마포는 목적이 정해진 생산활동과 직물 및 실 사이의 결합물이다. 반면 가치로서의 웃옷과 아마포는 단지 동질의 노동이 응결된 것일 뿐이며, 또한 그것들의 가치에 포함되어 있는 노동도 마찬가지로 직물이나 실에 대한 생산적 행동이 아니라 오로지 인간노동력의 지출로서만 간주된다. 재단노동과 방직노동이 사용가치로서의 웃옷이나 아마포의 형성요소(Bildungselemente)가 되는 것은 재단노동과 방직노동의 질(質)이 서로 다른 데 근거한다. 반면 재단노동과 방직노동이 웃옷과 아마포 가치의 실체가 되는 것은 오로지 재단노동과 방직노동의 특수한 질이 배제되어 양자가 동일한 질, 곧 인간노동이라는 질을 지니고 있다는 데 근거한다. (…)

모든 노동은 한편으로 생리학적 의미에서 인간노동력의 지출이며, 이 동일한 인간노동 또는 추상적 인간노동이라는 속성을 통해서 그것은 상품가치를 형성한다. 또다른 한편으로 모든 노동은 특수한 목적이 정해진 형태로서 인간노동력의 지출이고, 이 구체적인 유용노동이라는 속성을 통해서 그 노동은 사용가치를 생산한다. (『자본』 제1권, 1890년판)

이런 환원론은 하나의 추상화처럼 보이지만 그 추상화는 사회적 생산 과정에서 일상적으로 벌어지고 있다. 모든 상품을 노동시간으로 환원하는 것은 모든 유기체를 기체(氣體)로 환원하는 것보다 더 높은 수준의 추상화는 아니지만 동시에 그보다 덜 현실적인 것도 결코 아니다. 이처럼 시간으로 측정된 노동이 사실상 여러 주체들의 노동으로 나타나는 것이 아니라 오히려 노동하는 여러 개인이 단순한 노동기구로만 나타난다. (『경제학 비판』 제1권, 1859년 초판)

특정 노동에 대한 무차별성은 하나의 사회적 형태로서 이 사회적 형태에서 각 개인은 쉽게 하나의 노동에서 다른 노동으로 이전되며 특정한 종류의 노동은 이들 개인에게 있어서 우연적인 것이며 따라서 무차별하다. 이 경우 노동은 단지 범주에 있어서 뿐 아니라 현실에 있어서도 일반적인 부의 창출수단이 되며 특정 개인과의 관련은 모두 중단된다. 이런 상태가 가장 발전한 것이 부르주아사회의 근대적 현존형태인 연방국가다. 따라서 여기에서는 근대경제학의 출발점이기도 한 '노동'과 '노동 일반'이라는 추상적 범주가 비로소 진짜 현실적인 것으로 나타난

다. (『경제학 비판 요강』 초고, 1857~58년)

다이아몬드의 가치는 벽돌의 가치 이하로 떨어질 수 있다

어떤 사용가치 또는 재화가 가치를 지니는 까닭은 추상적 인간노동이 그 속에 대상화(vergegenständlicht) 또는 체화(materialisiert)되어 있기 때문이다. 그러면 그 가치의 크기는 어떻게 측정되는가? 그것은 거기에 포함된 '가치를 형성하는 실체', 즉 노동의 양으로 측정된다. 노동의 양 그 자체는 노동이 지속된 시간으로 측정되고, 노동시간은 다시 1시간이라든가 하루라든가 하는 일정한 단위를 그 척도로 삼는다.

상품의 가치가 그것을 생산하는 동안에 지출된 노동량에 따라 정해진다면 게으르고 숙련도가 낮은 사람일수록 상품을 생산하는 데 더 많은 시간을 필요로 하기 때문에 그 상품은 그만큼 가치가 더 큰 것처럼 보일 수 있다. 그러나 가치의 실체를 이루는 노동은 동일한 인간노동이며 동일한 인간노동력의 지출이다. 상품세계의 가치로 나타나는 사회의 전체 노동력은 무수히 많은 개별 노동력으로 이루어진 것이지만, 여기에서는 모두 똑같은 인간노동력으로 간주된다. 개별 노동력이 이처럼 모두 동일한 인간노동력으로 간주되기 위해서는 이들 각각이 모두 사회적 평균노동력이라는 성격을 띠고, 또한 바로 그런 사회적 평균노동력으로서 작용하며, 그리하여 어떤 한 상품을 생산하는 데에도 오로지 평균적으로 필요한(또는 사회적으로 필요한) 노동시간만이 소요되어야 한다. 사회적으로 필요한 노동시간이란 주어진 정상적인 사회적 생산조건 아래에서 그 사회의 평균적인 숙련도와 노동강도로써 어떤 사용가치를 생산하는 데 요구되는 노동시간이다. 예를 들어 영국에서는 증기 직기가 도입됨으로써 일정한 양의 실로 베를 짜는 데 소요되는 노동이 이전에 비해 절반가량 줄어들었다. 그리하여 영국의 수직공(手織工)들이 베를 짜는 데 소요되는 시간은 사실상 아무런 변화가 없음에도 이제 그들의 개별 노동시간의 생산물은 사회적 노동시간의 절반에 그치게 되었으며, 따라서 그 가치도 이전 가치의 절반으로 떨어져버렸다. (…)

만약 아주 적은 노동으로 석탄을 다이아몬드로 바꿀 수 있다면 다이아몬드의 가치는 벽돌의 가치 이하로 떨어질 수 있다. 일반적으로 말해서 노동생산력이 높을수록 어떤 물품의 생산에 필요한 노동시간은 그만큼 짧고 또 그 물품에 응결된 노동량도 그만큼 적으며 따라서 그 물품의 가치도 그만큼 적어진다. 거꾸로 노동생산력이 낮을수록 어떤 물품의 생산에 필요한 노동시간은 그만큼 길고 따라서 물품의 가치도 그만큼 커진다. 따라서 한 상품의 가치 크기는 그 상품에 실현된 노동량에 정비례하고 그 노동생산력에 반비례하여 변동한다. (『자본』 제1권, 1890년판)

탁자의 신학적 변덕과 상품생산자의 사회적 상형문자

상품은 언뜻 보면 자명하고 평범해 보인다. 그러나 이를 분석해보면, 그것이 형이상학적인 교활함과 신학적 변덕으로 가득 찬 매우 기묘한 물건임을 알게 된다. 상품이 사용가치인 한에서는, 그것을 분석하는 관점이 그것의 속성을 통해서 인간의 욕망을 충족시킨다는 점에 있든 또는 그런 속성이 인간노동의 산물로서 비로소 얻어진다는 점에 있든 상품에는 신비스러운 점이 전혀 없다. 이미 잘 알려져 있듯 인간은 활동을 통해 자연에서 얻은 소재의 형태를 자기에게 유용한 방식으로 변화시킨다. 예를 들어 목재로 탁자를 만들면 목재의 형태는 변화한다. 그럼에도 탁자는 여전히 목재이고 그저 평범한 감각적 물건일 뿐이다. 그러나 탁자가 상품으로 나타나면 그것은 곧 감각적이면서 동시에 초감각적이기도 한 물건으로 전화한다. 탁자는 자기 다리로 바닥을 딛고 설 뿐아니라 다른 모든 상품에 대해서 거꾸로 서기도 한다. 그리고 그 나무의 머릿속으로부터 탁자가 저절로 춤추기 시작한다는 얘기보다 훨씬 더 놀라운 환상들을 만들어낸다.

따라서 상품의 신비적 성격은 그 사용가치에서 나오는 것이 아니다. 또한 가치를 규정하는 내용에서 나오는 것도 아니다. 왜냐하면 첫째, 여러 유용노동 또는 생산활동이 아무리 서로 다를지라도 그것이 인간 유기체의 기능이라는 것과 이러한 기능이 그 내용과 형태가 무엇이든 모두 본질적으로 인간의 두뇌나 신경·근육·감각기관 들의 지출이라는 것은 생리학적 진리이기 때문이다. 둘째, 가치 크기를 결정하는 기준, 즉 앞서 말한 노동이 지출된 시간 또는 노동량은 명백히 노동의 질과는 구별되는 것이기 때문이다. 어떤 상태의 사회에서도 생활수단의 생산에 소요되는 노동시간은——비록 발전단계의 차이에 따라 똑같지는 않겠지만——인간의 관심사가 될 수밖에 없다. 끝으로, 어떠한 방식으로든 사람들이 다른 사람을 위하여 노동하게 되는 순간부터 그들의 노동은 사회적인 형태를 취하게 된다.

그러면 노동생산물이 상품형태를 취하자마자 갖게 되는 그 수수께끼 같은 성격은 어디에서 나오는 것일까? 그것은 분명히 이 상품형태 자체에서 나온다. 모든 인간의 노동이 동일하다는 사실은 이들 노동에 의한 생산물이 모두 똑같이 가치로 대상화되는 물적 형태를 취하며, 시간의 길이를 기준으로 한 인간노동력 지출의 척도는 노동생산물의 가치크기라는 형태를 취하며, 마지막으로 생산자들의 노동이 사회적 규정성을 확인받는 생산자들 간의 관계는 노동생산물들 간의 사회적 관계라는 형태를 취하게 된다.

따라서 상품형태의 신비성은 단지 다음과 같은 점에 있다. 즉 상품형태는 인간들에게 인간 자신의 노동이 갖는 사회적 성격을 노동생산물 그 자체의 대상적 성격인 양 또는 이 물적 존재들의 천부적인 사회적 속성인 양 보이게 만들며, 따라서 총노동에 대한 생산자들의 사회적 관계도 생산자들 외부에 존재하는 갖가지 대상의 사회적 관계인 양 보이게 만든다. 이러한 착시현상을 통하여 노동생산물은 상품, 즉 감각적이면서 동시에 초감각적이기도 한 물적 존재 혹은 사회적인 물적 존재가 된다. 이는 마치 어떤 사물이 시신경에 주는 빛의 인상을 시신경 자체의 주관적인 자극으로서가 아니라 눈의 외부에 있는 사물의 대상적 형태로서 느끼는 것과 같다. 그러나 우리가 어떤 사물을 볼 때 그것은 실제로 빛이 하나의 물체인 외적 대상으로부터 다른 하나의 물체인 눈에 투여되는 것을 뜻한다. 그것은 물리적인 물체들 사이의 물리적 관계다. 반면 상품형태나 이 상품형태가 나타내는 노동생산물 간의 가치관계는 노동생산물의 물리적인 성질이나 거기에서 생겨나는 물적 관계와는 전혀 상관이 없다. 그것은 인간 자신들의 일정한 사회적 관계일 뿐이며 여기에서 그 관계가 사람들 눈에는 물체와 물체 사이의 관계라는 환상적 형태를 취하게 된다. 따라서 그와 유사한 예를 찾으려면 종교적 세계의 신비경으로 들어가야만 한다. 여기에서는 인간 두뇌의 산물이, 독자적인 생명을 부여받고 그들 간에 또 사람들과의 사이에서 관계를 맺는 자립적인 모습으로 나타난다. 마찬가지로 상품세계에서는 인간 손의 산물이 그렇게 나타난다. 이것을 나는 물신숭배(物神崇拜, Fetischismus)라고 부르는데, 그것은 노동생산물이 상품으로 생산되는 순간 이들에게 달라붙는 것으로서 상품생산과는 불가분의 것이다.

상품세계의 이러한 물신적 성격은, 앞서의 분석에서 이미 보여준 바와 같이, 상품을 생산하는 노동 특유의 사회적 성격으로부터 생겨난다.

일반적으로 사용 대상이 상품으로 되는 것은 바로 이것들이 서로 독립적으로 영위되는 사적 노동의 생산물이기 때문이다. 이 사적 노동의 총합은 사회적 총노동을 이룬다. 생산자들은 자신들의 노동생산물을 교환함으로써 비로소 사회적으로 접촉하기 때문에, 그들의 사적 노동이 지닌 특수한 사회적 성격 역시 이 교환 속에서 비로소 나타나게 된다. 달리 말해서 사적 노동은 교환을 통해 노동생산물들 간에 그리고 그 생산자들 간에 형성되는 관계를 통하여 비로소 사실상 사회적 총노동의 한 부분임을 보여준다. 그러므로 생산자들에게는 그들의 사적 노동의 사회적 관계가 사실 그대로(즉 그들이 노동을 통해서 맺는 사람들 간의 직접적인 사회적인 관계로서가 아니라, 오히려 사람들 간의 물적 관계 또는 물적 존재들 간의 사회적 관계로서) 나타난다.

노동생산물들은 교환을 통하여 비로소 감각적으로 서로 다른 각자의 사용대상성에서 분리되어 사회적으로 동일한 가치대상성을 획득한다. 노동생산물이 이처럼 유용성을 지닌 물체와 가치를 가진 물체로 분화하는 것은 교환이 벌써 충분히 확대되어 중요한 비중을 차지하게 됨으로써 유용성을 지닌 물체가 교환을 위해 생산되고 따라서 이 물건들의 가치적 성격이 생산되는 순간부터 이미 고려되는 그런 경우에만 비로소 실제로 이루어진다. 이 순간부터 생산자들의 사적 노동은 사실상 이중적인 사회적 성격을 부여받는다. 한편으로 그것들은 일정한 유용노동으로서 일정한 사회적 욕망을 충족시켜야 하며, 그리하여 자신을 총노동의 한 부분이자 사회적 분업의 자연발생적 체제의 한 부분으로 입증해야만 한다. 다른 한편으로 그것들은 각기 특수하게 유용한 사적 노동이 다른 종류의 유용한 사적 노동과 교환될 수 있고, 따라서 그것과 동등하다고 인정되는 한에서만 그 각각의 생산자들의 다양한 욕망을 충족시킨다. 서로 완전히 다른 여러 노동의 동등성이란 오직 그것들의 현실적인 비동등성을 사상한 것일 수밖에 없다. 즉 그것들의 공통된 성격인 인간노동력의 지출로서, 다시 말해 추상적 인간노동으로서 갖는 공통된 성격으로 환원되는 것일 수밖에 없다. 사적 생산자들의 머릿속에는 그들의 사적 노동이 지닌 이 이중의 사회적 성격이 실제의 교역이나 생산물 교환에서 나타나는 형태로만 비친다. 즉 사적 노동의 사회적 유용성은 노동생산물이 유용해야 한다는 형태로, 그것도 특히 다른 사람에게 유용해야 한다는 형태로 비치며, 서로 다른 노동의 사회적 동등성은 물적으로 서로 다른 물건인 노동생산물들이 공통의 가치적 성격을 지닌다는 형태로 비친다.

그러므로 사람들이 각자의 노동생산물을 가치를 통해서 서로 관련지을 경우 그것은 그들이 이들 생산물을 똑같은 인간노동의 단순한 물적 외피로 간주하고 있기 때문이 아니다. 오히려 그 반대다. 즉 교환을 수행하는 과정에서 먼저 각기 다른 생산물을 가치로 등치시키는데, 바로 이런 행위를 통해서 그들은 결과적으로 자신들의 서로 다른 노동을 인간노동으로서 서로 등치시키는 것이다. 그들은 그것을 의식하지 못하면서 그렇게 행한다. 가치는 자기 이마에 가치라고 써 붙이고 있지 않다. 가치는 오히려 각 노동생산물을 일종의 사회적인 상형문자로 바꾸어버린다. 그런 다음 뒤늦게야 사람들은 상형문자의 의미를 풀어서 그들 자신의 사회적 산물——왜냐하면 사용대상을 가치로서 규정하는 것은 언어와 마찬가지로 인간의 사회적 산물이기 때문이다——의 비밀을 알아내려고 노력한다. 노동생산물이 가치인 한 그것은 그 생산에 지출된 인간노동의 단순한 물적 표현에 지나지 않는다는 후세의 과학적 발견은 인류의 발전사에서 획기적인 것이기는 하지만, 결코 노동의 사회적 성격이 지닌 대상적 겉모습을 완전히 벗겨낸 것은 아니다. 상품생산이라는 이 특수한 생산형태에만 적용되는 사실, 즉 서로 독립된 여러 사적 노동의 특수한 사회적 성격은 그 노동이 지니는 인간노동으로서의 동질성에 있으며 이 사회적 성격이 노동생산물의 가치적 성격의 형태를 취한다는 사실은, 갖가지 상품생산의 사회적 관계에 파묻혀 있는 사람들에게는 방금 얘기한 과학적 발견 이전이나 이후에나 여전히 궁극적인 진리인 듯 보인다. 이는 과학에 의해 공기가 여러 요소로 분해되더라도 공기 그 자체의 형태는 여전히 하나의 물리적인 형체를 유지하는 것과 같다.

생산물 교환의 당사자들이 가장 먼저 실질적으로 관심을 기울이는 것은 자신의 생산물로 다른 사람의 생산물을 얼마만큼 받는가, 요컨대 어떠한 비율로 생산물들이 교환되는가 하는 문제다. 이 비율이 어느정도 관습적으로 고정되고 나면, 이 비율은 마치 노동생산물의 본성에서 나오는 것처럼 보인다. 예를 들면, 1톤의 철과 2온스의 금이 동등한 가치라고 하는 것이 마치 1파운드의 금과 1파운드의 철이 그것들의 물리적·화학적 속성의 차이에도 불구하고 동등한 무게라고 하는 것과 마찬가지인 듯이 보인다. 실제로 노동생산물의 가치적 성격은 그것이 가치량으로 움직이면서 비로소 확고해진다. 이 가치량은 교환 당사자들의 의지나 예견, 행위와는 상관없이 끊임없이 변동한다. 교환 당사자들 자신의 사회적 운동은 그들이 보기에 자신들이 통제하는 것이 아니라 오히려 그들이 통제를 받는 물적 존재들의 운동이라는 형태를 취한다. (…)

인간생활의 여러 형태에 대한 연구와 과학적 분석은 (…) 현실의 발전과는 거꾸로 된 경로를 밟아간다. 그것은 뒤에서부터, 즉 발전과정이 이미 이룩해놓은 결과들에서부터 시작한다. 노동생산물에 상품이라는 성격을 부여하는 형태〔따라서 상품유통의 전제가 되는 여러 형태〕는 사회생활의 자연적 형태로 고착되는 성격을 취하는데, 이런 고착화는 사람들이 이미 불변의 것으로 간주하는 이 형태의 역사적 성격이 아니라 그 형태의 내용을 미처 해명해내기 전에 이루어진다. 그리하여 가치량의 결정은 오로지 상품가격에 대한 분석을 통해서만 이루어지고, 그 상품의 가치적 성격은 오로지 모든 상품이 똑같이 화폐로 표현되는 방식을 통해서만 확정된다. 그러나 바로 이 상품세계의 완성형태인 화폐형태야말로 사적 노동의 사회적 성격과 개별 노동자의 사회적 관계를 밝혀주는 것이 아니라 오히려 그것을 사실상 은폐하는 것이다. 내가 웃옷이나 구두 등이 아마포와 관계를 맺는 것은 이들이 추상적 인간노동을 일반적으로 구체화한 것이기 때문이라고 말한다면 우리는 이 말이 얼마나 불합리한 것인지 금방 알 수 있다. 그러나 웃옷이나 구두 등의 생산자들이 이 상품들을 일반적 등가물로서의 아마포와―또는 금이나 은을 대신 사용한다 해도 마찬가지다―비교할 때 그들은 사회적 총노동과 자신들의 사적 노동 사이의 관계를 바로 이런 불합리한 형태로 표현하는 것이다.

이런 형태들이 바로 부르주아 경제학의 범주를 이룬다. 그리고 이 형태들이야말로 상품생산이라 하는, 일정한 역사적 성격을 지니는 이 사회적 생산양식의 생산관계에 대해서 사회적 타당성을 갖는 객관적 사유형태라 할 수 있다. 그러므로 상품세계의 모든 신비, 즉 상품생산의 기초 위에서 노동생산물을 둘러싼 모든 마법과 요술은 우리가 다른 생산양식으로 옮아가는 즉시 사라져버린다.

경제학은 로빈슨 크루소우의 이야기를 좋아하니까, 우선 로빈슨을 무인도에 등장시켜보자. 그가 아무리 본래부터 검소한 사람이라 할지라도 최소한의 욕구는 기본적으로 충족시켜야 할 것이므로 도구를 만들고 가구를 제작하고 염소를 길들이고 고기잡이와 사냥을 하는 등 다양한 종류의 유용노동을 하지 않으면 안 될 것이다. 여기서 하느님에 대한 기도 같은 것은 문제 삼을 필요가 없다. 왜냐하면 우리의 로빈슨은 그것을 즐거움 정도로 생각하고 이런 종류의 활동은 일종의 기분전환으로 간주할 것이기 때문이다. 로빈슨은 자신의 생산적 기능이 다양함에도 불구하고 그 기능들이 단지 자신의 다양한 활동형태에 지나지 않으며, 따라서 인간노동의 다양한 방식에 불과하다는 것을 알고 있다. 그는 필요 그 자체의 요구에 따라 자신의 시간을 그 다양한 기능들 사이에 엄밀하게 배분한다. 그의 전체 활동 가운데에서 어떤 부분이 더 많은 비중을 차지하고 어떤 부분이 더 적은 비중을 차지할 것인지는 그가 필요로 하는 유용성을 얻기 위해 극복해야 할 어려움이 얼마나 크고 작은지에 따라 정해진다. 그는 이것을 경험을 통해서 알게 된다. 그리고 우리의 로빈슨은 난파선에서 시계나 장부, 잉크, 펜을 구해와 영국인답게 곧 자기 자신에 관하여 기록하기 시작한다. 그의 재산목록에는 그가 갖고 있는 유용한 물건들과 그것들을 생산하기 위해 필요한 작업, 그리고 마지막으로 이 생산물들을 일정량 생산하기 위해 필요한 평균 노동시간에 관한 일람표가 기록되어 있다. 자신이 직접 창출한 부의 내용을 이루는 이들 여러 물건들과 로빈슨 자신 사이의 모든 관계가 여기에서는 극히 단순하고 명료하기 때문에 비르트(Max Wirth)조차 그닥 머리를 싸매지 않고도 쉽게 이해할 수 있을 정도다. 그럼에도 이 관계에는 가치에 관한 본질적인 규정들이 모두 포함되어 있다.

그러면 이번에는 로빈슨의 밝은 섬에서 어두컴컴한 중세 유럽으로 눈을 돌려보자. 여기에서 우리는 독립된 인간 대신 모든 사람들—농노와 영주, 가신과 제후, 속인과 성직자—이 서로 의존하고 있음을 본다. 인적 의존이 물적 생산의 사회적 관계들뿐 아니라 그 위에 세워진 모든 생활의 영역까지도 규정하고 있다. 그러나 인적 의존관계가 주어진 사회의 토대를 이루고 있다는 바로 그 이유 때문에 노동이나 생산물은 자신들의 실제 모습이 아닌 다른 환상적인 모습을 취할 필요가 없다. 노동이나 생산물은 현물형태의 부역이나 공납으로 사회적인 기구에 편입된다. 여기에서는 상품생산을 기초로 하는 경우처럼 노동의 일반성이 사회적 형태를 이루는 것이 아니라 노동의 특수성, 즉 노동의 현물형태가 곧 노동의 사회적 형태를 이룬다. 상품을 생산하는 노동과 마찬가지로 부역노동도 시간으로 측정되지만 모든 농노는 영주를 위해서 지출하는 것이 바로 자신의 노동력 가운데 일정 부분이라는 점을 알고 있다. 성직자에게 납부해야 하는 '십일세(十一稅)'는 성직자가 내려주는 축복보다 더 명료하다. 그러므로 여기에서는 각자의 역할이 어떻게 평가되든, 그들의 노동에서 사람들 사이의 사회적 관계는 언제나 그들 자신의 인적 관계로 나타나며, 물적 존재들 간의 사회적 관계, 즉 노동생산물 간의 사회적 관계로 위장되어 있지는 않다.

우리는 공동노동, 즉 직접적으로 사회화한 노동을 살펴보기 위해서 모든 문화민족의 역사 초기에 나타나는 것과 같은 노동의 자연발생적인 형태로까지 거슬러 올라갈 필요는 없다. 좀더 가까운 예로, 자신의 필요를 위해 곡물, 가축, 생사, 아마포, 옷 등을 생산하는 어느 농가의 소박한 가부장제적인 농업의 경우를 보기로 하자. 이들 갖가지 물건은 이 가족에게는 그들 가족노동의 갖가지 생산물로 나타날 뿐, 각자 서로 상품으로 만나지는 않는다. (…)

상품생산자 사회의 일반적인 사회적 생산관계는 생산자들의 생산물을 상품으로, 즉 가치로 취급함으로써 그들의 개별적 노동을 동질의 인간노동으로 환원시키는 데 있다. 이런 사회에서는 추상적인 인간을 숭배하는 기독교, 특히 그것이 부르주아적으로 발전한 형태인 프로테스탄트나 이신론(理神論) 따위가 가장 알맞은 종교형태다. 고대 아시아적 생산양식이나 다른 고대 생산양식에서는 생산물의 상품으로의 전화나 그 결과로서 인간의 상품생산자로의 전화가——비록 공동체가 붕괴되어감에 따라 차차 그 중요성이 높아지기는 하지만——별로 중요한 역할을 하지 않는다. 순수한 상업민족은 에피쿠로스의 신이나 폴란드 사회 곳곳에 끼어 사는 유대인들처럼 고대세계에서는 오로지 틈새에만 존재할 뿐이다. 그런 고대사회의 생산조직은 부르주아적 생산조직보다 훨씬 단순하고 투명하지만, 다른 사람과 자신을 묶어주는 자연적인 혈족관계에서 아직 분리되지 않은 개별적 인간의 미성숙에 기초하고 있거나 아니면 직접적인 지배-예속관계에 기초하고 있다. 이런 생산조직은 노동생산력이 아직 낮은 발전단계에 머물러 있고, 따라서 물질적 생활 내의 사회적 관계, 즉 인간들 상호 간의 관계와 인간과 자연 간의 관계 등이 모두 낮은 발전단계에 머물러 있을 경우에만 존재한다. 이런 현실적 제약은 관념적으로 고대의 자연종교나 민중종교에 그대로 반영되어 있다. 현실세계의 종교적 반영은 모름지기 실제의 일상생활 관계가 인간들 상호 간이나 인간과 자연 간의 합리적인 관계를 매일매일 투명하게 나타내게 될 때에야 비로소 소멸될 수 있다. 사회적 생활과정〔즉 물적 생산과정〕의 모습은 그것이 자유롭게 사회화된 인간의 산물로서 인간의 의식적이고 계획적인 통제 아래 놓일 때 비로소 그 신비의 베일을 벗는다. 그러나 그렇게 되려면 사회의 물질적 기초〔즉 일련의 물적 존재조건〕가 필요한데, 이 물적 존재조건은 그 자체 또한 장구하고 고통에 찬 발전사의 한 자연발생적 산물이기도 하다.

경제학은 불완전하게나마 가치와 가치의 크기를 분석하고 이 형태들 속에 숨겨져 있는 내용을 발견했다. 그러나 이 내용이 왜 그런 형태를 취하는지, 즉 왜 노동이 가치로 표시되고 노동생산물의 가치량이 그 노동시간의 길이에 따라 측정되는지에 대해 경제학은 아직 한번도 문제를 제기한 적이 없다. 생산과정이 인간을 지배하고 인간이 아직 생산과정을 지배하지 못한 그러한 사회구성체에 속해 있음을 이마에 써 붙인 정식(定式)들, 바로 그런 정식들은 부르주아 경제학의 시각에서 본다면, 생산적 노동 그 자체와 마찬가지로 너무도 자명한 자연필연성으로 간주된다. 그래서 부르주아 경제학은 사회적 생산조직의 전(前)부르주아적 형태들을 마치 교부(敎父)들이 기독교 이전의 여러 종교들을 다루는 것과 똑같은 방식으로 다룬다.

일부 경제학자들이 상품세계에 부착되어 있는 물신숭배나 노동의 사회적 성격의 겉모습에 얼마나 현혹되고 있는지를 가장 잘 보여주는 것은 교환가치의 형성에 자연이 어떤 역할을 하는지를 둘러싸고 진행되는 지루하고도 따분한 논쟁이다. 교환가치란 어떤 물품의 생산에 사용된 노동을 표현하기 위한 일정한 사회적 방식이기 때문에 그것은 가령 환율의 경우처럼 자연적인 소재를 포함할 여지가 없다.

상품형태는 부르주아적 생산의 가장 일반적이면서도 가장 초기적인 형태이기 때문에 비록 오늘날과 같이 지배적이고 따라서 특징적인 양식은 아닐지라도 일찍부터 나타났으며, 따라서 그 물신적 성격은 비교적 쉽게 파악될 수 있을 것처럼 보인다. 그러나 더욱 구체적인 형태에서는 이 단순해 보이는 겉모습도 사라져버린다. 중금주의(Monetarsystem)의 여러 환상은 어디에서 오는가? 중금주의는 금과 은이 화폐로서 하나의 사회적 생산관계를 표현한다는 것을 알아차리지 못하고 단지 특별한 사회적 속성을 지닌 자연물의 형태일 뿐이라고 생각했다. 그리고 근대 경제학은 거만하게 중금주의를 비웃었지만, 그것도 역시 자본을 취급하자마자 곧바로 자신의 물신숭배를 드러내지 않았는가? 지대는 토지에서 나오는 것이지 사회에서 나오는 것이 아니라는 중농주의적 환상이 소멸한 지는 또 얼마나 오래되었는가?

그러나 앞질러가지 않기 위해, 여기서는 상품형태 자체에 관한 또 하나의 예를 드는 것으로 그치고자 한다. 만약 상품들이 말을 할 수 있다면 이렇게 말할 것이다. 우리의 사용가치는 인간들에게 관심사일지는 몰라도 물적 존재로서는 우리에게 속하지 않는 것이다. 물적 존재로서 우리에게 속하는 것은 우리의 가치다. 상품으로서 우리가 교환되는 것이 이를 증명한다. 우리는 단지 교환가치로서만 서로 관계를 맺는다. 이번에는 경제학자가 상품의 심정을 어떻게 전해주는가를 들어보자.

"가치(교환가치)는 물적 존재의 속성이고, 부(사용가치)는 인간의 속성이다. 이런 의미에서 가치는 필연적으로 교환을 포함하지만 부는 그렇지 않다."

"부(사용가치)는 인간의 속성이고, 가치는 상품의 속성이다. 인간이나 사회는 부유하고, 진주나 다이아몬드는 가치가 있다. (…) 진주나 다이아몬드에는 진주나 다이아몬드로서의 가치가 있는 것이다."

지금까지 어떠한 화학자도 진주나 다이아몬드 속에서 교환가치를 발견한 적이 없다. 이 화학적 실체를 발견한 경제학자들——그들은 자신들이 각별한 비판적 통찰력을 지니고 있다고 주장한다——은 사물의 사용가치는 그 물적 속성과는 무관함에 반해 그 가치는 물적 존재로서 그 사물에 속한다는 사실을 발견한다. 그들에게 이러한 견해를 확인시켜주는 것은 특수한 상황, 즉 물적 존재의 사용가치는 교환 없이, 즉 물적 존재와 인간의 직접적인 관계에 따라 실현되지만, 거꾸로 그 가치는 오직 교환을 통해서만, 즉 하나의 사회적 과정을 통해서만 실현된다는 기묘한 상황이다. 여기에서 야경꾼 씨콜에게 다음과 같이 가르쳐주는 친절한 도그베리(Dogberry, 셰익스피어의 『헛소동』에 나오는 인물로 여기서는 치안판사를 가리킨다——옮긴이)를 떠올리지 않을 사람이 있겠는가? "용모가 좋은 것은 환경의 덕이지만, 읽고 쓸 수 있다는 것은 타고난 자질이다." (『자본』 제1권, 1890년판)

그렇지만 일정한 경제적 관계를 나타내고 또 실제로 그런 관계를 포괄하기도 하는 이런 불합리한 표현은 막상 이런 관계를 일상적인 거래 속에서 실제로 수행해나가는 사람들에게는 아무 문제가 없다. 그리고 그들은 그 속에서 움직이는 데 익숙하기 때문에 거기에 대해 아무런 문제의식이 없다. 그것이 아무리 모순된 것일지라도 그들에게는 전혀 이상하게 느껴지지 않는다. 내적 연관으로부터 소외되어 있고 또 그 자체만 따로 떼어놓고 보더라도 불합리성을 지닌 현상형태들 속에 있으면서도, 그들은 마치 물고기가 물속에 있듯이 편안함을 느낀다. 이는 헤겔이 어떤 수학공식에 대해 한 말이 그대로 적용되는 경우로, 상식적으로 불합리하다고 간주되는 것이 합리적인 것이고, 상식적으로 합리적이라고 간주되는 것이 불합리성 그 자체다. (『자본』 제3권, 1894년판)

화폐의 수수께끼 혹은 웃옷과 아마포의 관계

상품의 가치대상성(Wertgegenständlichkeit), 즉 가치로서의 상품은 어디에서 그것을 포착할 수 있을지 알 수 없다는 점에서 퀴클리 부인 (Mistress Quickly, 셰익스피어의 『헨리 4세』에 나오는 인물로 여기서는 뻔한 상황을 대변한다—옮긴이)과는 다르다. 상품체의 대상성〔즉 상품체로서의 상품〕은 감각적으로 분명하게 포착되는데 반해 가치로서의 상품에는 단 한 조각의 자연소재도 들어 있지 않다. 그래서 하나하나의 상품을 아무리 돌리고 뒤집어보아도 그것을 가치물(價値物, Wertding)로서 포착해낼 수는 없다. 그럼에도 상품은 그것이 인간노동이라는 동일한 사회적 단위의 표현일 때에만 가치가 되며, 따라서 그 가치로서의 성격이 순전히 사회적인 것이라는 점을 상기한다면, 가치로서의 상품(가치대상성)은 오직 상품과 상품의 사회적 관계 속에서만 나타날 수 있다는 사실 또한 자명해진다. 사실 우리도 상품 속에 숨어 있는 가치를 추적하기 위해 상품의 교환가치 또는 교환관계에서 시작했다. 이제 우리는 다시 이러한 가치의 현상형태로 되돌아가야만 한다.

다른 것은 몰라도 상품이 그 사용가치의 다양한 현물형태와는 뚜렷하게 구분되는 그들 공통의 가치형태—화폐형태—를 지니고 있음은 누구나 잘 알고 있다. 그러나 여기에서 수행해야 할 하나의 과제가 우리 앞에 놓여 있다. 그것은 부르주아 경제학에서는 한번도 시도된 바가 없는 것으로, 바로 이 화폐형태의 발생과정을 논증하는 것인데, 이는 곧 눈에 띄지 않는 가장 단순한 형태부터 극도로 현란한 화폐형태에 이르기까지 상품의 가치관계에 함축된 가치표현의 발전과정을 추적하는 일이다. 이 작업을 해냄으로써 우리는 동시에 화폐의 수수께끼도 풀게 될 것이다.

가장 단순한 가치관계는 명백히 한 상품이 다른 종류의 한 상품——그것이 어떤 것이든 간에——과 맺는 가치관계다. 그러므로 두 상품의 가치관계는 한 상품의 가장 단순한 가치표현을 나타내준다. (⋯)

x량의 상품 A＝y량의 상품 B 또는

x량의 상품 A는 y량의 상품 B의 가치를 지닌다.

(20엘레의 아마포＝1벌의 웃옷 또는 20엘레의 아마포는 1벌의 웃옷과 같은 가치를 지닌다.) (⋯)

모든 가치형태의 비밀은 이 단순한 가치형태 속에 숨겨져 있다. 그러므로 이 가치형태의 분석은 처음부터 어려움이 따른다.

여기서 우리가 예를 든 두 종류의 상품인 아마포와 웃옷은 명백히 서로 다른 두가지 역할을 하고 있다. 아마포는 웃옷을 통해서 자신의 가치를 표현하고 웃옷은 이 가치표현의 재료로 사용된다. 전자는 능동적 역할을 하고 후자는 수동적인 역할을 한다. 아마포의 가치는 상대적 가치로 표시된다. 즉 그것은 상대적 가치형태(relative Wertform)로 존재한다. 웃옷은 등가의 역할을 수행하며 따라서 등가형태(Äquivalentform)

로 존재한다.

상대적 가치형태와 등가형태는 서로 의존하면서 서로를 제약하는 불가분의 두 계기(Momente)이지만 동시에 동일한 가치표현의 상호배타적이고 대립적인 극단, 즉 가치표현의 양극이다. 이 양극은 가치표현을 통해 서로 관계를 맺는 두개의 다른 상품으로 늘 나뉜다. 예를 들면 아마포의 가치는 아마포로 표현될 수 없다. 20엘레의 아마포＝20엘레의 아마포라는 것은 가치표현이 아니다. 오히려 이 등식은 20엘레의 아마포가 다름 아닌 20엘레의 아마포, 즉 사용대상으로서의 아마포의 일정량만을 말해줄 뿐이다. 따라서 아마포의 가치는 오직 상대적으로만, 즉 다른 종류의 상품을 통해서만 표현될 수 있다. 그러므로 아마포의 상대적 가치형태는 다른 어떤 상품이 그것에 대해 등가형태로 존재한다는 것을 전제로 한다. 반면 이때 등가물로 등장하는 이 다른 상품은 상대적 가치형태로 함께 존재할 수 없다. 그 상품은 자신의 가치를 표현하지 않는다. 그것은 단지 다른 상품의 가치표현에 재료 역할을 할 뿐이다.

물론 20엘레의 아마포＝1벌의 웃옷, 즉 20엘레의 아마포가 1벌의 웃옷과 같은 가치라는 표현은 역시 1벌의 웃옷＝20엘레의 아마포, 즉 1벌의 웃옷이 20엘레의 아마포와 같은 가치라는 역관계를 내포한다. 그러나 이 경우에도 웃옷의 가치를 상대적으로 표현하려면 등식을 뒤바꿔야만 한다. 또한 그렇게 하면 이제 아마포가 웃옷 대신에 등가물이 된다. 그러므로 동일한 상품이 동일한 가치표현에서 두가지 형태를 동시에 취할 수는 없다. 이 두 형태는 오히려 양극으로 서로를 배제한다.

이제 어떤 한 상품이 상대적 가치형태로 존재하느냐 아니면 이에 대립되는 등가형태로 존재하느냐 하는 문제는 전적으로 가치표현에서 차지하는 그때그때의 우연적인 위치에 달려 있다. 즉 그것이 자신의 가치를 표현하는 상품인지 아니면 남의 가치를 표현해주는 상품인지에 달려 있다. (…)

만일 우리가 모든 상품이 가치의 측면에서는 인간노동의 단순한 응결물이라고 말한다면, 우리의 분석은 상품을 추상적 가치(Wertabstraktion)로 환원시키는 것이지만 그렇다고 해서 그것이 상품에 대해 그 현물형태와는 다른 어떤 가치형태를 부여하는 것은 아니다. 그러나 한 상품과 다른 상품과의 가치관계에서는 사정이 달라진다. 여기에서 상품의 가치성격은 다른 상품과 자신과의 관계에 따라 드러나게 된다. (…)

웃옷은 그것이 가치이기 때문에 아마포와의 가치관계에서 아마포와 질적으로 동일한(즉 같은 성질을 가진) 물건으로 간주된다. 그러므로 여기에서 웃옷은 가치의 모습을 드러내는 물적 존재(즉 가치를 손으로 만질 수 있는 현물형태)로 표현하는 물적 존재의 역할을 한다. 그런데 웃옷이라는 상품체는 단지 하나의 사용가치일 뿐이다. 한벌의 웃옷은 임의의 아마포 한조각과 마찬가지로 스스로 가치를 표현하지는 않는다. 이것은 웃옷이 아마포와의 가치관계 속에 있을 때가 가치관계 속에 있지 않을 때보다 훨씬 중요한 의미를 지닌다는 점을 보여주며, 마치 사람들이 화려한 제복을 입었을 때가 그것을 입지 않았을 때보다 더욱 중요한 의미를 갖는 것과 같다.

웃옷의 생산에서는 실제로 인간의 노동력이 재단노동의 형태로 지출되었다. (…) 이런 측면에서 보면 웃옷은 '가치의 담지자'(Träger von Wert)다. 물론 웃옷의 이러한 속성은 그것이 아무리 닳아서 해어진다 하더라도 실밥 사이로 들여다보이는 것은 아니다. 아마포와의 가치관계에서 웃옷은 다만 이런 측면으로만, 즉 물화된 가치, 다시 말해 가치체로서만 간주된다. 단추를 채운 웃옷의 모양새에도 불구하고 아마포는 그 웃옷 속에서 동족으로서의 아름다운 가치의 혼을 알아차린다. 그러나 웃옷이 아마포의 가치를 표현하려면 아마포의 가치가 웃옷의 형태를 취하지 않으면 안 된다. 비유하자면 A라는 사람이 B라는 사람을 왕으로 모시려면 A에게서 왕은 B라는 육체적 형태를 취한다. 따라서 그에게서 왕이란 왕이 바뀔 때마다 얼굴 모양, 머리카락 등이 함께 바뀌어야만 한다.

그리하여 웃옷이 아마포와 등가를 이루는 가치관계에서 웃옷의 형태는 가치형태로 간주된다. 상품 아마포의 가치가 상품 웃옷의 물체로(즉 한 상품의 가치가 다른 상품의 사용가치로) 표현되는 것이다. 사용가치로서의 아마포는 '웃옷과 같은 것', 따라서 웃옷과 똑같은 것으로 보인다. 그리하여 아마포는 자신의 현물형태와는 다른 가치형태를 획득한다. 아마포의 가치존재는 아마포와 웃옷의 동질성에 따라 나타나는데, 이는 마치 기독교도의 양과 같은 성질이 그와 하나님의 어린 양(예수—옮긴이)과의 동질성을 통해서 나타나는 것과 같다. (…)

그리하여 이 가치관계를 매개로 상품 B의 현물형태는 상품 A의 가치형태가 된다. 바꾸어 말해서 상품 B의 몸체는 상품 A가 지닌 가치의 거울이 된다. 상품 A는 상품 B와의 관계를 가치체로(즉 인간노동의 물상화物象化, Materiatur로) 설정함으로써 사용가치 B를 상품 A 자신의 가치표현의 재료로 삼는다. 따라서 사용가치로서의 상품 B에 표현된 상품 A의 가치는 상대적 가치형태를 취한다. (…)

앞에서 보았듯이, 상품 A(아마포)는 다른 상품 B(웃옷)의 사용가치로 자신의 가치를 표현함으로써 상품 B에 대해 독특한 가치형태, 곧 등가라는 가치형태를 부과한다. (…)

등가형태를 고찰하는 과정에서 알게 되는 첫번째 특성은 사용가치가 자신의 대립물(Gegenteil)인 가치의 현상형태로 된다는 점이다.

상품의 현물형태가 가치형태로 된다. 그러나 어떤 상품 B(웃옷이나 밀 또는 철 등)에서 발생하는 이런 전환은 오직 임의의 다른 한 상품 A(아마포 등)가 상품 B와 가치관계를 맺음으로써만, 즉 오로지 이 가치관계 내에서뿐임을 명심할 필요가 있다. 어떤 상품도 자기 자신에 대해 등가로서 관계를 맺을 수 없고 따라서 자신의 자연적 형상을 자신의 가치표현으로 삼을 수는 없기 때문에, 모든 상품은 다른 상품과 등가로서의 관계를 맺을 수밖에 없으며 다른 상품의 자연적 형상을 자신의 가치형태로 삼아야만 한다. (⋯)

어떤 상품(예를 들어 아마포)의 상대적 가치형태는 자신의 가치존재를 자신의 몸체나 속성과는 완전히 다른 것(예를 들어 웃옷 같은 것)을 통해서 표현하기 때문에, 이 표현은 그 자체가 이미 어떤 사회적 관계를 배후에 숨기고 있음을 암시한다. 등가형태의 경우에는 이것이 반대로 나타난다. 등가형태는 웃옷 같은 어떤 상품체가 있는 그대로의 모습으로 가치를 표현하고, 따라서 본래부터 가치형태를 지니고 있다는 데에서 성립한다. 물론 이것은 웃옷이라는 상품이 아마포라는 상품에 대해 등가의 역할을 하는 가치관계 내에서만 타당하다. 그러나 어떤 물적 존재의 속성은 그것이 다른 물적 존재와 맺는 관계에서 새롭게 생겨나는 것이 아니라, 원래 존재하던 것이 단지 이러한 관계 속에서 그저 드러나는 것일 뿐이기 때문에, 웃옷도 무게를 갖거나 보온작용을 하는 등등의 속성과 마찬가지로 자신의 등가형태[즉 다른 상품과의 직접적 교환가능성이라는 자신의 속성]를 본래부터 지닌 것처럼 보인다. 이것이 바로 등가형태의 수수께끼인데, 부르주아 경제학자들의 비속한 눈에는 이 등가형태가 완전히 발전하여 화폐의 형태를 띠고 나서야 비로소 보이게 된다. 이때 그들은 금이나 은을 그보다 못한 다른 상품과 바꿔치기하면서 한때 상품의 등가 역할을 한 적이 있는 평범한 상품의 목록을 늘어놓음으로써 금이나 은의 신비성을 설명하려고 한다. 이들은 20엘레의 아마포=1벌의 웃옷 같은 가장 단순한 가치표현이 이미 등가형태의 수수께끼를 풀 수 있는 열쇠를 제공하고 있다는 사실을 전혀 깨닫지 못한다. (…)

재단노동에서도 방직노동에서와 마찬가지로 인간의 노동력이 지출된다. 그러므로 양자 모두 인간노동이라는 일반적 속성을 지니며, 따라서 어떤 특정한 경우, 즉 예를 들어 가치생산 같은 경우 양자는 모두 이 관점에서만 고찰될 수 있다. 이것은 전혀 신비로운 일이 아니다. 그러나 상품의 가치표현에서는 사정이 달라진다. 예를 들어 방직노동이 그 방직노동이라는 구체적 형태가 아니라 인간노동이라는 일반적 속성에 따라 아마포의 가치를 형성한다는 점을 표현하기 위해서는 방직노동에 대해 아마포의 등가물을 생산하는 구체적 노동(즉 재단노동)이 추상적 인간노동의 구체적인 실현형태로서 대립되는 것이다.

그리하여 구체적 노동이 그 대립물인 추상적 인간노동의 현상형태로 된다는 점이 바로 등가형태의 두번째 특징을 이룬다.

그런데 재단노동이라는 이 구체적 노동이 이처럼 무차별한 인간노동의 단적인 표현으로 간주되면 그것은 다른 노동(즉 아마포에 들어 있는 노동)과 동일한 형태를 취하는 것이 되며, 이는 결국 상품을 생산하는 다른 모든 노동과 마찬가지로 개별적 노동이긴 하지만 곧바로 사회적인 형태를 취하는 노동이 된다. 바로 그 때문에 이 노동은 다른 상품과 직접 교환될 수 있는 생산물로 표현되는 것이다. 이처럼 개별적 노동이 그 대립물(즉 직접적인 사회적 형태의 노동)이 된다는 점이 등가형태의 세번째 특징이다. (…)

상품 B에 대한 가치관계 속에 표현된 상품 A의 가치표현을 자세히 살펴보면, 이 가치관계 속에서 상품 A의 현물형태는 사용가치의 형상으로서만 의미를 갖고 상품 B의 현물형태는 가치형태나 가치의 형상으로서만 의미를 지닌다는 사실이 드러난다. 그리하여 상품 속에 숨겨져 있는 사용가치와 가치의 내적 대립은 하나의 외적 대립을 통해 표시된다. 이런 외적 대립은 두 상품 간의 관계, 즉 자신의 가치를 표현해야 하는 한쪽 상품은 직접적으로 단지 사용가치로서만 인정되고, 반면 가치표현의 수단이 되는 다른 쪽 상품은 직접적으로 단지 교환가치로서만 의미를 갖는 것으로 나타난다. 따라서 어떤 상품의 단순한 가치형태는 그 상품에 포함된 사용가치와 가치 사이의 대립을 보여주는 단순한 현상형태다. (…)

상품 A의 가치를 다른 상품 B로 표현하는 것은 상품 A의 가치를 단지 상품 A 자신의 사용가치로부터 구분해냄으로써 상품 A를 다른 한 상품과의 교환관계에 놓는 것일 뿐, 상품 A가 아직 다른 모든 상품과 질적인 동일성이나 양적 비율을 갖는다는 것을 표시하는 것은 아니다. 한 상품의 단순한 상대적 가치형태에는 다른 한 상품의 개별적인 등가형태가 대응한다. 따라서 웃옷은 아마포의 상대적 가치표현에서 다만 이 아마포라는 한가지 상품과의 관계 속에서만 등가형태 또는 직접적 교환 가능성의 형태를 띨 뿐이다.

그렇지만 개별적인 가치형태는 저절로 더욱 완전한 형태로 이행한다. 개별적인 가치형태에서는 상품 A의 가치가 다른 종류의 한 상품으로만 표현된다. 그러나 이 제2의 상품이 어떤 종류의 상품이든, 가령 웃옷이든, 철이든, 밀이든 기타 어떤 것이든 그것은 전혀 상관이 없다. 그

102

리하여 상품 A가 다른 여러 종류의 상품과 가치관계에 들어감에 따라 동일한 상품의 여러가지 단순한 가치표현이 생긴다. 상품 A에게 가능한 가치표현의 수는 다만 상품 A와 구별되는 상품 종류의 수에 따라 제한받을 뿐이다. 따라서 상품 A의 개별적인 가치표현은 갖가지 단순한 가치표현으로 무한히 나열될 수 있다. (…)

z량의 상품 A＝u량의 상품 B,
또는　＝v량의 상품 C,
또는　＝w량의 상품 D,
또는　＝x량의 상품 E,
(20엘레의 아마포＝1벌의 웃옷 또는 10파운드의 차 또는 40파운드의 커피 또는 1쿼터의 밀 또는 2온스의 금 또는 1/2톤의 철 등) (…)

한 상품, 예를 들어 아마포의 가치는 이제 상품세계의 무수히 많은 갖가지 다른 요소로 표현된다. 다른 상품체는 어느 것이든 아마포의 가치를 반영하는 거울이 된다. 그리하여 이제 비로소 이 가치는 자신의 참된 모습인 무차별한 인간노동의 응결물로 모습을 드러낸다. 왜냐하면 이 아마포의 가치를 형성하는 노동은 이제야 다른 어떤 인간노동──그것이 어떠한 현물형태를 취하든, 따라서 그것이 웃옷에 대상화되어 있든 아니면 밀이나 철, 금 따위로 대상화되어 있든 관계없이──과도 동일하게 간주되는 노동으로 분명하게 표현되어 있기 때문이다. 그러므로 아마포는 이제 그 가치형태를 통해서 다른 어떤 한 종류의 상품에 대해서뿐만 아니라 상품세계 전체에 대해서 사회적 관계를 맺는다. 아마포는 상품으로서 이 상품세계의 한 시민이다. 동시에 상품가치의 표현이 무한하게 나열될 수 있다는 사실 속에는 상품가치가 그것을 나타내는 사용가치의 특수한 형태와는 무관하다는 사실이 함축되어 있다. (…)

하나의 가치등식이 다른 가치등식과 이어지면서 만들어지는 연쇄는 새로운 가치표현의 재료를 제공하는 새로운 종류의 상품이 등장할 때마다 무한히 연장될 수 있다. 둘째, 이 연쇄는 제각기 따로따로 분리되어 있는 다양한 가치표현을 잡다하게 모자이크해놓은 것이다. 마지막으로 이것은 당연히 그렇게 될 수밖에 없는데, 만일 각 상품의 상대적 가치가 이렇게 전개된 형태로 표현된다면 각 상품의 상대적 가치형태는 다른 모든 상품의 상대적 가치형태와는 다른 가치표현을 무한히 나열한 것이 된다. 전개된 상대적 가치형태의 결함은 그에 대응되는 등가형태에도 반영된다. 여기에서는 개별 상품 종류의 현물형태가 다른 수많은 특수한 등가형태와 나란히 하나의 특수한 등가형태이기 때문에 일반적으로 서로가 서로를 배제하는 제한적인 등가형태만 존재한다. 마찬가지로 각각의 특수한 등가물 상품에 포함된 특정한 종류의 구체적 유용노동도 인간노동의 특수한〔따라서 불완전한〕현상형태에 불과하다. 인간노동은 물론 이 특수한 현상형태들의 전체를 통해서 자신의 완전한〔또는 총체적인〕현상형태를 취하고 있다. 그러나 이 경우 인간노동은 하나의 통일된 현상형태를 취하고 있지는 않다.

하지만 전개된 상대적 가치형태는 단순한 상대적 가치표현 또는 제 1형태의 등식들의 총화로써만 이루어진다. 즉,

20엘레의 아마포＝1벌의 웃옷
20엘레의 아마포＝10파운드의 차 등

그러나 이 등식들은 다음과 같은 역관계의 동일한 등식도 포함하고
있다.

1벌의 웃옷＝20엘레의 아마포
10파운드의 차＝20엘레의 아마포

사실 만일에 어떤 사람이 자신의 아마포를 다른 많은 상품과 교환하
고 따라서 그 아마포의 가치를 일련의 다른 상품으로 표현한다면, 필연
적으로 수많은 다른 상품의 소유자들 또한 자신들의 상품을 아마포와
교환해야 하고 따라서 그들 개별 상품의 가치를 동일한 제3의 상품, 즉
아마포로 표현해야 한다. 그리하여 만일 20엘레의 아마포＝1벌의 웃옷
또는＝10파운드의 차 또는＝기타 등등으로 나열된 표현들을 뒤집어놓
으면, 즉 사실상 이들 나열된 표현 속에 이미 함축되어 있는 역의 관계
를 나타내본다면, 우리는 다음과 같은 형태를 얻게 된다.

1벌의 웃옷
10파운드의 차
40파운드의 커피
1쿼터의 밀 ＝20엘레의 아마포
2온스의 금
1/2톤의 철
x량의 상품 A
등의 상품

(『자본』 제1권, 1890년판)

그것은 마치 사자, 호랑이, 토끼 등과 같은 온갖 실제 동물들—동물의 세계에서 다양한 암수, 종, 속, 무리 등 집단적 형태를 이루고 있는—외에도 하나의 개체지만 동물세계 전체를 나타내는 그런 **동물**이 또 존재하는 것과 같다. 현실적으로 존재하는 온갖 종류의 동일한 사물을 스스로 포괄하는 이런 개체는 동물, 신 등과 마찬가지로 하나의 보편적 존재다. 따라서 다른 상품이 아마포를 가치의 현상형태로 관계함으로써 아마포가 개별적 등가가 되는 것과 마찬가지로, 모든 상품에 대해 가치의 현상형태가 되는 그런 개체는 **일반적 등가물**, 즉 **일반적 가치체**가 된다. (『**자본**』 제1권, 1867년 초판)

상품들은 자신의 가치를 ①단순하게 표현한다. 왜냐하면 그것들은 모두가 하나의 단일상품으로 표현되기 때문이다. 그리고 ②통일적으로 표현한다. 왜냐하면 그것들은 동일한 상품으로 표현되기 때문이다. 상품들의 가치형태는 단순하고 공통적(gemeinschaftlich)이며 그러므로 일반적(allgemein)이다. (…)

새로 얻은 형태(일반적 가치형태—옮긴이)는 상품세계에서 분리된 하나의 단일한 상품 종류〔예를 들어 아마포〕를 통해서 상품세계의 가치를 표현하며, 따라서 모든 상품의 가치를 그 상품이 아마포와 같다는 방식으로 나타낸다. 각 상품의 가치는 아마포와 같은 것으로서 이제는 그 상품 자신의 사용가치로부터 구별될 뿐 아니라 모든 사용가치로부터도 구별되며, 바로 이를 통해서 그 상품과 모든 상품 사이에 공통적인 것으로서 표현된다. 그리하여 이 형태가 비로소 실질적으로 상품들을 가치로 연결시킨다. 바꾸어 말하면 상품들이 서로 교환가치로서 나타나게 만드는 것이다.

앞의 두 형태는 단 하나의 다른 종류의 상품으로(또는 그 상품과 다른 일련의 상품들로) 상품 하나의 가치를 표현한다. 어떤 경우든 개별 상품이 자신에게 가치형태를 부여하는 것은 말하자면 개별 상품의 사적인 일이었으며, 개별 상품은 다른 모든 상품의 도움 없이 이 일을 해낸다. 다른 모든 상품은 그 상품에 대해 등가물이라는 수동적 역할만을 한다. 반면 일반적 가치형태는 상품세계의 공동사업으로만 성립한다. 어떤 상품이 일반적인 가치표현을 획득하는 것은 동시에 다른 모든 상품이 자기의 가치를 동일한 등가물로 표현하고 또 새로 등장하는 상품 역시 이를 그대로 따르도록 되어 있기 때문이다. 이리하여 상품들의 가치대상성은 그것이 순전히 이들 상품의 '사회적 현존재'이기 때문에 오로지 상품들의 전면적인 사회적 관계를 통해서만 표현될 수 있다는 사실, 그래서 결국 상품들의 가치형태는 사회적으로 타당한 형태여야 한다는 사실이 드러나게 된다.

아마포와 같은 것이라는 형태를 통해서 이제 모든 상품은 질적으로 동일한 것(즉 가치 일반으로서뿐 아니라 동시에 양적으로도 비교할 수 있는 가치크기)으로 나타난다. 모든 상품이 각각의 가치크기를 동일한 하나의 재료(예를 들어 아마포)에 비추어봄으로써 이들의 가치크기는 서로 간에 반영된다. 예를 들어 10파운드의 차=20엘레의 아마포이고 40파운드의 커피=20엘레의 아마포라 하자. 그러면 10파운드의 차=40파운드의 커피가 된다. 또는 1파운드의 커피 속에는 1파운드의 차에 들어 있는 가치실체(곧 노동)의 1/4정도가 포함되어 있는 것이다.

상품세계의 일반적인 상대적 가치형태는 상품세계에서 배제된 등가 상품인 아마포에게 일반적 등가물이라는 성격을 부여한다. 이제 아마포의 현물형태는 이 세계의 공통된 가치의 모습이며 따라서 아마포는 다른 모든 상품과 직접 교환될 수 있다. 아마포의 현물형태는 모든 인간노동이 이제는 눈에 보이는 형태로 전화한 것으로, 또한 모든 인간노동이 일반적이고 사회적인 형태로 탈바꿈한 것으로 간주된다. 아마포를 생산하는 방직노동은 사적인 노동인 동시에 일반적인 사회적 형태〔곧 다른 모든 노동과 동일한 형태〕로 존재한다. 일반적 가치형태를 구성하는 무수한 등식은 아마포에 실현되어 있는 노동을 다른 상품에 포함된 각 노동에 차례차례로 등치시키고, 또 그럼으로써 방직노동을 인간노동 일반의 일반적 현상형태로 만든다. 이리하여 상품가치로 대상화된 노동은 단지 자신의 소극적인(negative) 형태, 즉 현실적 노동에서 모든 구체적 형태와 유용한 속성을 제거한 노동으로서의 의미만을 나타내는 것이 아니라 이제 자신의 적극적인(positive) 본성도 뚜렷하게 드러낸다. 즉 이 가치형태는 모든 현실적 노동이 인간노동이라는 공통된 성격〔즉 인간노동력의 지출로 환원된 것임〕을 갖는다는 것을 나타낸다. (…)

일반적 등가형태는 가치 일반의 한 형태다. 그러므로 그것은 아무 상품에나 모두 부여될 수 있다. 다른 한편 한 상품이 일반적 등가형태(제3형태)를 취하는 것은 오직 그 상품이 다른 모든 상품에 의하여 등가물로서 선출되었기 때문이고, 또 반드시 그럴 경우에만 가능하다. 그리고 이 선출이 궁극적으로 한가지 특수한 상품에 한정되는 순간 비로소 상품세계의 통일적인 상대적 가치형태는 객관적으로 고정되고 일반적으로 사회적 타당성을 획득하게 된다.

현물형태와 등가형태가 사회적으로 결합되는 특수한 상품은 이제 화폐상품(Geldware)이 된다. 즉 그것은 화폐로서 기능한다. 상품세계 내부에서 일반적 등가물의 역할을 하는 것이 그 상품의 특수한 사회적 기능이 되고, 따라서 그 상품은 이제 그 역할을 사회적으로 독점하게 된다. 역사적으로 제2형태에서는 아마포의 특수한 등가물로서 등장하고 제3형태에서는 자신들의 상대적 가치를 공통적으로 아마포로 표현한 여러 상품 가운데 하나의 특정한 상품이 선택된 지위를 차지하게 되었는데, 이것이 곧 금이다. (…)

진보가 있었던 것은 단지 직접적인 일반적 교환가능성의 형태 또는 일반적 등가형태가 이제는 사회적 관습에 의하여 금이라는 상품의 특수한 현물형태와 최종적으로 결합되었다는 점뿐이다.

금이 다른 상품에 대해 화폐로서 상대하는 것은 오로지 금이 이미 상품으로서 다른 모든 상품과 상대하고 있었기 때문이다. 다른 모든 상품과 마찬가지로 금 역시 단순한 교환행위에서는 개별적 등가물로 기능했고, 전개된 교환행위에서는 다른 상품 등가물들과 나란히 하나의 특수한 등가물로 기능하고 있었다. 그러다가 금은 점차 때로는 좁은 범위에서 때로는 넓은 범위에서 일반적 등가물로서 기능하게 되었다. 상품 세계의 가치표현에서 금이 지위를 독점하게 되면서 금은 곧 화폐상품이 되고 (…)

가령 아마포 같은 한 상품의 상대적 가치를 이미 화폐상품으로 기능하는 금으로 표현하는 단적인 형태가 가격형태다. 그러므로 아마포의 '가격형태'는 다음과 같다.

20엘레의 아마포＝2온스의 금
또는 2파운드스털링이 2온스짜리 금의 주화 명칭이면,
20엘레의 아마포＝2파운드스털링

이 일반적 등가형태는 자신에게 생명을 불어넣어준 일시적인 사회적 행동과 함께 발생·소멸한다. 즉 일반적 등가형태는 일시적으로 이 상품에 부여되었다가 금방 다시 저 상품에 부여되곤 한다. 그러나 상품교환이 발전함에 따라 그것은 특정한 하나의 상품에 배타적으로 고정된다. 달리 말해서 화폐형태로 응결된다. 그것이 어떤 상품에 고정될 것인지는 처음에는 우연에 의존한다. 그러나 여기에는 대체로 두가지 조건이 결정적으로 작용한다. 첫째, 화폐형태는 외부에서 수입된 물품 가운데 가장 중요한 물품에 부여되는데, 이때 이 물품은 사실상 내부 생산물의 교환가치가 자연발생적으로 형태를 드러낸 것에 지나지 않는다. 둘째, 화폐형태는 내부 생산물 가운데 양도가능한 주요 자산, 예를 들면 가축 같은 것에 부여된다. (…)

상품교환이 그 지역적인 굴레를 타파하고, 따라서 상품가치가 점차로 인간노동 일반의 물상화로까지 확대되어 감에 따라 화폐형태는 일반적 등가물이라는 사회적 기능을 수행하기에 적합하게 태어난 상품, 곧 귀금속으로 옮아간다. (…)

가치의 적절한 현상형태, 또는 추상적이고 동등한 인간노동의 물상화가 될 수 있는 것은 오로지 그 모든 견본이 동일하고 균등한 질을 지닌 물질뿐이다. 다른 한편 가치크기의 차이는 순전히 양적인 것이기 때문에 화폐상품은 순수한 양적 차별이 가능해야 한다. 즉 마음대로 분할할 수 있어야 하고 또 분할된 부분들을 다시 합칠 수 있어야만 한다. 그런데 금과 은에는 본래부터 이러한 속성이 있었다.

화폐상품의 사용가치는 이중화된다. 그것은 상품으로서의 특수한 사용가치, 예를 들어 금의 경우 치아 땜질용이나 사치품의 원료 등으로 사

110

용되는 그런 사용가치 외에도 자신의 특수한 사회적 기능으로부터 비롯된 또 하나의 형태적 사용가치를 부여받는다.

다른 모든 상품은 화폐의 특수한 등가물에 불과한 반면, 화폐는 그것들의 일반적 등가물이므로 그 상품들은 일반적 상품으로서의 화폐에 대해 특수한 상품으로 관계한다.

이미 살펴보았듯이 화폐형태란 다른 모든 상품의 관계가 반사되어 하나의 상품에 고정된 것일 뿐이다. 그렇기 때문에 화폐가 상품이라는 말은 나중에 화폐의 완성된 형태에서 출발하여 화폐를 분석하려는 사람에게나 새삼스러운 얘기다. 교환과정은 어떤 상품을 화폐로 전화시키면서 그 상품에 자신의 가치를 부여하는 것이 아니라 특수한 가치형태를 부여한다. 이 두가지 말을 혼동하게 되면 금과 은의 가치를 가상적인 것으로 간주하는 오류에 빠지게 된다. 화폐가 단순히 표지(Zeichen)만으로도 기능할 수 있다는 점 때문에 화폐는 그저 하나의 표지일 뿐이라고 하는 또 하나의 오류가 생겨났다. 그러나 이 오류 속에는 물품의 화폐형태가 물품 그 자체의 외부에 존재하는 어떤 것[즉 인간관계를 배후에 숨기고 있는 단순한 현상형태]이 아닐까 하는 예감이 놓여 있었다. 이런 의미에서 본다면 모든 상품은 표지일 수 있는데, 왜냐하면 그들 상품은 가치라는 점에서는 그 상품에 지출된 인간노동의 물적 외피에 불과하기 때문이다. 그러나 만일 일정한 생산양식 아래에서 물품들에 부여된 사회적 성격이나 노동의 사회적 성격에 부여된 물적 성격을 단순한 표지라고 얘기한다면, 그것은 곧 이런 성격들을 사람들이 마음대로 지어낸 것이라고 얘기하는 것이나 마찬가지다. 이것은 18세기에 즐겨 쓰인 계몽주의의 수법으로, 아직도 그 발생과정이 해명되지 않은 수수께끼 같은 인간들 간의 사회적 관계에 대해 먼저 일시적으로 그 생경스러움이나마 제거하고자 했던 수법에 속한다.

앞에서도 말했듯이 한 상품의 등가형태는 그 상품의 가치크기의 양적 규정을 포함하고 있지 않다. 그러므로 금이 화폐이고 따라서 다른 모든 상품과 직접 교환될 수 있음을 알았다고 해서 가령 10파운드스털링의 금이 얼마만큼의 가치가 있는지를 알 수 있는 것은 아니다. 다른 모든 상품과 마찬가지로 화폐도 그 자신의 가치크기를 다른 상품을 통해서 오직 상대적으로 표현할 수 있을 뿐이다. 그 자신의 가치는 그것의 생산에 필요한 노동시간에 따라 규정되며, 같은 양의 노동시간이 응결되어 있는 다른 상품의 양으로 표현된다. 이처럼 금의 상대적인 가치크기는 금의 산지에서 직접적인 교환에 따라 확정된다. 금은 화폐로서 유통에 들어올 때 이미 그 가치가 주어진다. (…)

우리는 이미 x량의 상품 A=y량의 상품 B라는 가장 단순한 가치표현에서, 다른 어떤 물품의 가치크기를 표시해주는 물품은 이러한 관계에서 독립된 등가형태를 취하고, 이러한 등가형태는 마치 이 물품의 타고난 사회적 속성인 것처럼 보인다는 점을 알았다. 우리는 이 잘못된 모습이 어떻게 결국 화폐로까지 고정되어가는지를 추적해보았다. 보편적 등가형태가 어떤 특수한 상품의 현물형태에 부여되거나 화폐형태로 응결되고 나면 이제 이 모습은 완성된다. 즉 다른 상품들이 모두 각자의 가치를 어떤 한 상품으로 표시하기 때문에 그 상품이 비로소 화폐처럼 보이는 것이 아니라, 오히려 거꾸로 그 한 상품이 화폐이기 때문에 다른 상품들이 그 상품으로 각자의 가치를 모두 표시하는 것처럼 보인다. 그것이 이루어지는 과정은 그 자신의 결과 속에서 소멸해버리고 아무런 흔적도 남기지 않는다. 상품들은 자신들이 아무 일도 하지 않았는데 자신들의 가치형태가 이미 완성된 모습으로 그들의 외부에서 그들과 함께 존재하는 상품체의 형태를 띠고 스스로 나타나는 것을 보게 된다. 이 물품들, 곧 금과 은은 그것들이 대지의 품에서 나올 때부터 이미 모든 인간노동의 직접적 화신(化身)이다. 그리하여 화폐의 마술이 생긴다. 사회적 생산과정에서 개개인의 행위는 그 구성요소를 이루는 원자와 같은 것일 뿐이며, 따라서 그들 상호 간의 생산관계는 그들의 통제나 의식적인 개별 행동에서 벗어나 있는 물적 형태를 띤다. 이런 사실은 우선 그들의 노동생산물이 대개 상품형태를 취하는 것으로 나타난다. 그러므로 화폐물신(Geldfetisch)의 수수께끼는 단지 인간의 눈을 현혹시키는 상품물신(Warenfetisch)의 수수께끼가 눈에 보이는 형태로 드러난 것일 뿐이다. (『자본』제1권, 1890년 제4판)

자동화된 주체

역사적으로 자본은 어느 곳에서나 처음에는 일단 화폐의 형태로〔상인자본 및 고리대자본이라는 화폐자산의 형태로〕토지소유와 대립한다. 그러나 화폐를 자본의 최초 현상형태로 인식하기 위해서 굳이 자본의 발생사를 돌아볼 필요까지는 없다. 똑같은 역사가 날마다 우리 눈앞에서 전개되고 있기 때문이다. 어떤 새로운 자본도 최초에는 늘 화폐〔일정한 과정을 통하여 자본으로 전화할 화폐〕로 무대에〔상품시장이나 노동시장 또는 화폐시장 등의 시장에〕모습을 드러낸다.

화폐로서의 화폐와 자본으로서의 화폐는 무엇보다도 단지 양자의 유통형태의 차이에 따라 구별된다.

상품유통의 직접적인 형태는 W-G-W로, 그것은 곧 상품의 화폐로의 전화 그리고 화폐의 상품으로의 재전화이며 또한 구매를 위한 판매이기도 하다. 그런데 우리는 이 형태 외에 그것과 구별되는 제2의 독자적인 형태인 G-W-G라는 형태, 즉 화폐의 상품으로의 전화와 상품의 화폐로의 재전화, 또는 판매를 위한 구매를 발견하게 된다. 바로 이 운동을 통해 후자의 유통을 담당하는 화폐는 전화되어 자본이 되며, 이미 그 성격상 자본이다.

유통 G-W-G를 좀더 자세히 살펴보자. 이것은 단순 상품유통과 마찬가지로 대립되는 두단계를 통과한다. 제1단계 G-W〔구매〕에서는 화폐가 상품으로 전화한다. 제2단계 W-G〔판매〕에서는 상품이 화폐로 재전화한다. 그러나 이 두단계의 통일은 화폐를 상품과 교환하고 그 상품을 다시 화폐와 교환하는, 다시 말해 상품을 판매하기 위해 상품을 구매하는 하나의 총운동(Gesamtbewegung)이다. 또는 구매와 판매라는 형태적 차이를 무시한다면 화폐로 상품을 구매하고 상품으로 화폐를 구매하는 총운동이다. 이 모든 과정이 사라지고 남는 결과는 화폐와 화폐의 교환, G-G다. (…)

그런데 만일 이런 우회과정을 거쳐서 동일한 화폐가치를 동일한 화폐가치〔예를 들면 100파운드스털링을 100파운드스털링으로〕와 교환하는 것이 목적이었다면 유통과정 G-W-G는 명백히 아무런 의미도 내용도 없는 일이 될 것이다. 그럴 바에는 차라리 자신의 100파운드스털링을 유통의 위험에 내맡기지 않고 꼭 쥐고 있는 화폐축장자의 방법이 훨씬 더 간단하고 확실할 것이다. 한편 100파운드스털링으로 산 목화를 상인이 110파운드스털링에 팔건 아니면 50파운드스털링만 받고 팔아치우건, 두 경우 모두 그의 화폐는 하나의 특유한 독자적인 운동을 보이는데, 이 운동은 단순 상품유통에서 화폐가 보이는 운동〔예를 들면

114

곡물을 팔아 거기에서 얻은 화폐로 의복을 사는 농민의 손 안에서 이루어지는 운동)과는 완전히 다른 종류의 운동이다. 그래서 우선 순환 G-W-G와 W-G-W 간의 형태적 차이를 한번 살펴볼 필요가 있다. 그러면 이들 형태적 차이의 배후에 숨은 내용적인 차이도 함께 드러날 것이다.

우선 이들 두 형태의 공통점을 살펴보기로 하자.

두 순환은 모두 똑같이 대립적인 두단계 W-G〔판매〕와 G-W〔구매〕로 이루어져 있다. 두단계 모두 상품과 화폐라는 두개의 똑같은 물적 요소가 대립하고 있고 또 구매자와 판매자라는 똑같은 경제적 가면을 쓴 두 사람이 대립하고 있다. 두 순환 모두 똑같은 대립적 단계들이 합쳐진 것이다. 그리고 두 순환 모두 전체과정에는 세명의 당사자가 등장하며, 그중 한 사람은 구매만 하고 다른 한 사람은 판매만 하지만 나머지 제3의 사람은 판매와 구매를 번갈아 행한다.

하지만 두 순환 W-G-W와 G-W-G를 처음부터 구별해주는 것은 동일한 대립적 유통단계들의 순서가 서로 반대로 되어 있다는 점이다. 단순 상품유통은 판매에서 시작되어 구매로 끝나고, 자본으로서의 화폐의 유통은 구매에서 시작되어 판매로 끝난다. 전자에서는 상품이, 후자에서는 화폐가 운동의 출발점이자 종점을 이룬다. 전자에서는 화폐가, 후자에서는 거꾸로 상품이 전과정을 매개한다.

유통 W-G-W에서는 최종적으로 화폐가 상품으로 전화하고 이 상품은 사용가치로서의 역할을 한다. 그리하여 화폐는 결국 지출된다. 이와 반대의 형태인 G-W-G에서는 구매자가 화폐를 지출하는 것이 판매자로서 화폐를 취득하기 위해서다. 그는 상품을 구매하면서 화폐를 유통에 투입하지만, 이는 그 상품을 팔아서 화폐를 다시 유통으로부터 끌어내기 위함이다. 그가 화폐를 내놓는 것은 단지 화폐를 다시 손에 넣으려는 숨겨진 의도에서일 뿐이다. 그러므로 화폐는 단지 선대(先貸)된 (vorgeschossen) 것일 뿐이다.

W-G-W에서는 동일한 화폐가 위치를 두번 바꾼다. 판매자는 구매자에게서 화폐를 받아 다른 판매자에게 그것을 지불한다. 상품과의 교환을 통해 화폐를 취득하는 데서 시작하는 총과정은 상품과의 교환을 통해 화폐를 내주는 것으로 끝난다. G-W-G에서는 그것이 반대로 이루어진다. 여기서는 동일한 화폐가 위치를 두번 바꾸는 것이 아니라 동일한 상품이 위치를 두번 바꾼다. 구매자는 판매자에게서 상품을 받아 그것을 다른 구매자에게 넘긴다. 단순 상품유통에서는 두번에 걸친 화폐의 위치 변경이 결국은 화폐를 어떤 사람의 손에서 다른 사람의 손으로 이행시키지만, 여기서는 두번에 걸친 상품의 위치 변경이 화폐를 그 처음의 출발점으로 되돌려 보낸다.

출발점으로의 화폐의 환류는 상품이 구매된 것보다 더 높은 가격으로 판매되는가의 여부와는 아무 상관이 없다. 그런 문제는 단지 환류되는 화폐액의 크기에만 영향을 미칠 뿐이다. 환류라는 현상 그 자체는 구매된 상품이 다시 판매됨으로써, 즉 G-W-G 순환이 완전히 이루어짐으로써 생겨난다. 요컨대 이것이 바로 자본으로서의 화폐유통과 단순한 화폐로서의 화폐유통 간의 〔감각적으로 파악될 수 있는〕 차이점이다. (…)

순환 W-G-W는 하나의 상품에서 출발하여 다른 한 상품으로 종결되며, 이 후자의 상품은 유통에서 떨어져 나와 소비된다. 그러므로 소비와 욕망 충족, 즉 한마디로 말해서 사용가치가 이 순환의 최종 목적이다. 반면 순환 G-W-G는 화폐에서 출발하여 결국 똑같은 화폐로 돌아온다. 그러므로 이 순환의 동기와 목적은 교환가치 그 자체다.

 단순 상품유통에서는 양쪽 끝이 동일한 경제적 형태를 갖는다. 그 둘은 모두 상품이다. 또한 동일한 가치를 지닌 상품들이다. 그러나 그것들의〔가령 곡물과 의복〕사용가치는 질적으로 다르다. 여기에서는 생산물의 교환〔즉 사회적 노동이 표시되어 있는 다양한 소재의 변환〕이 운동의 내용을 이룬다. 그러나 유통 G-W-G에서는 그렇지 않다. 이 유통은 언뜻 무의미하게 보일 수도 있다. 왜냐하면 동어반복적이기 때문이다. 순환의 양쪽 끝은 모두 똑같은 경제적 형태를 갖는다. 그 둘은 모두 화폐이고, 따라서 질적으로 동일한 사용가치을 지닌다. 왜냐하면 화폐는 바로 상품의 전화된 모습이고 또한 상품의 특수한 사용가치가 소멸해버린 모습이기 때문이다. 우선 100파운드스털링을 면화와 교환하고 다음에 그 면화를 100파운드스털링과 교환하는 것, 다시 말해 우회하여 화폐를 화폐와 교환하는 것, 즉 같은 것을 같은 것과 교환하는 일은 목적이 없고 무의미한 행동처럼 보일 것이다. 어떤 화폐액을 다른 화폐액과 구별하는 일은 오로지 그 액수를 통해서만 가능하다. 따라서 과정 G-W-G도 그 양쪽 끝이 모두 화폐이기 때문에 그 과정의 내용은 이들 양쪽 끝의 질적 차이에 의해서 이루어지는 것이 아니라 양적인 차이에 의해서만 이루어진다. 그래서 마지막에 유통으로부터 회수되는 화폐는 처음 유통에 투입된 것보다 많게 된다. 예를 들어 100파운드스털링을 주고 구매한 면화가 100+10파운드스털링〔즉 110파운드스털링〕으로 다시 판매된다. 그러므로 이 과정의 더욱 정확한 형태는 G-W-G′이고, $G'=G+\Delta G$, 즉 '처음 투하된 화폐액+일정 증가분'이 된다. 이 증가분〔또는 처음의 가치 이상의 초과분〕을 나는 잉여가치(Mehrwert)라고 부른다. 그러므로 처음 투하된 가치는 유통을 통해서 단지 자신을 그대로 보존할 뿐만 아니라 그 유통을 통해서 자신의 가치크기를 변화시키고 잉여가치를 덧붙인다. 다시 말해 스스로 가치를 증식한다(verwerten). 그리하여 이 운동은 이 가치를 자본으로 전화시킨다.

물론 W-G-W에서도 양쪽 끝의 W와 W〔예를 들어 곡물과 의복〕가 양적으로 가치크기가 서로 다른 경우가 있을 수 있다. 농민이 자신의 곡물을 가치보다 비싸게 판다든가 의복을 그 가치보다 싸게 사는 일이 있을 수 있으며 농민이 의복 상인에게 속는 일도 있을 수 있다. 그러나 이처럼 가치크기가 서로 다른 경우는 이 유통형태에서 전적으로 우연적이다. 이 유통형태는 그 양쪽 끝〔곡물과 의복〕이 서로 등가물인 경우에도 결코 과정 G-W-G처럼 무의미해지지 않는다. 여기에서는 오히려 양쪽 끝이 서로 등가인 경우가 정상적인 경우에 해당한다.

구매를 위한 판매의 반복과 갱신은——이 과정 자체가 그러한 것처럼——과정의 외부에 있는 최종 목적〔즉 소비, 다시 말해서 특정 욕망의 충족〕의 범위 내에서만 이루어진다. 반면 판매를 위한 구매에서는 시작과 끝이 모두 같은 것〔즉 화폐이자 교환가치〕이다. 그리고 바로 이 때문에 이미 이 운동은 무한한 것이다. 분명 G는 G+ΔG가 되고 100파운드스털링은 100+10파운드스털링이 되었다. 그러나 단지 질적인 측면에서만 본다면 110파운드스털링은 100파운드스털링과 같은 것, 즉 화폐다. 또 양적인 측면에서 보아도 110파운드스털링은 100파운드스털링과 마찬가지로 하나의 한정된 가치액이다. 만일 110파운드스털링이 화폐로 지출된다면 그것은 자신의 역할에서 벗어나게 될 것이다. 즉 그것은 더이상 자본이기를 그만두게 될 것이다. 만일 유통에서 떨어져 나온다면 그것은 축장화폐로 화석화되고, 지구 최후의 날이 올 때까지도 단한 푼도 늘어나지 않을 것이다. 그러나 일단 가치의 증식을 목표로 하게 되면 증식을 향한 욕구에서는 110파운드스털링의 경우나 100파운드스털링의 경우나 모두 동일하다. 왜냐하면 양자는 모두 교환가치의 한정된 표현이고, 따라서 양자는 모두 양적 확대를 통해 부(富) 그 자체에 접근하고자 하는 동일한 사명을 갖고 있기 때문이다. 물론 처음 투하된 가치 100파운드스털링은 유통을 통해서 부가된 10파운드스털링의 잉여가치와 일시적으로는 구별되지만 이 구별은 곧 없어진다. 과정의 끝부분에서는 원래의 가치 100파운드스털링과 잉여가치 10파운드스털링이 각기 따로 나오지 않는다. 거기에서 나오는 것은 110파운드스털링이라는 하나의 가치이며, 이것은 시작부분에 있는 100파운드스털링과 마찬가지로 가치증식 과정을 시작할 수 있는 바로 그 형태다. 화폐는 운동의 끝부분에서 다시 운동의 시작부분으로 나오는 것이다. 그러므로 판매를 위한 구매가 행해지는 순환 각각의 끝부분은 자연히 새로운 각 순환의 첫부분을 이루게 된다. 단순 상품유통 ─구매를 위한 판매─ 은 사용가치의 취득〔또는 욕망의 충족〕이라는 유통 외부의 최종 목적을 달성하기 위한 수단으로 사용된다. 반면 자본으로서의 화폐유통은 그 자체가 목적(Selbstzweck)인데, 왜냐하면 가치증식이 끊임없이 갱신되는 이 운동 내에서만 존재하기 때문이다. 그러므로 자본운동은 무한히 계속된다.

화폐소유자는 이 운동을 의식적으로 수행하는 담당자로서 자본가가 된다. 그의 몸 또는 그의 주머니가 화폐의 출발점이자 귀착점이다. 그리고 그 유통의 객관적 내용 ─즉 가치의 증식─ 이 곧 그의 주관적 목적이다. 자신의 모든 행동의 동기를 단지 추상적인 부를 보다 많이 벌어들이는 데 두는 한 그는 자본가로 기능하며 또한 인격화된 자본으로, 즉 의지와 의식을 부여받은 자본으로 기능한다. 따라서 사용가치는 결코 자본가의 직접적 목적으로 취급되어서는 안 된다. 그때그때 발생하는 이득 또한 목적이 아니며 다만 이득을 얻기 위한 쉼 없는 운동만이 자본가의 직접적인 목적으로 다루어져야 한다. 이 절대적인 치부의 충동, 그리고 이 열정적인 교환가치의 추구는 자본가에게나 화폐축장자에게나 공통된 것이지만, 화폐축장자가 광적인 자본가에 지나지 않는 데 반해 자본가는 합리적인 화폐축장자다. 화폐축장자는 화폐를 유통에서 구출해냄으로써 지속적인 가치증식을 추구하지만, 좀더 영리한 자본가는 끊임없이 반복하여 화폐를 유통에 투입함으로써 가치의 끊임없는 증식을 달성한다.

상품의 가치가 단순 유통에서 취하는 자립적인 형태〔즉 화폐형태〕는 오로지 상품교환을 매개하기만 하고, 운동의 마지막 결과에서는 사라져버린다. 반면 유통 G-W-G에서는 양쪽〔상품이든 화폐든〕 모두 가치 그 자체의 각각 다른 존재양식으로만 기능한다. 즉 화폐는 가치의 일반적인 존재양식으로, 상품은 가치의 특수한 존재양식〔곧 이른바 위장을 하고 있을 뿐인 존재양식〕으로만 기능한다. 이 운동을 통해서 가치는 소멸하는 법 없이 하나의 형태에서 다른 형태로 끊임없이 이행하여 자동적인 주체로 전화한다. 스스로 증식하는 가치가 생명활동의 순환과정에서 번갈아 취하는 각각의 현상상태를 고정시키면 다음과 같은 두 가지 주장을 얻을 수 있다. 자본은 화폐다. 그리고 자본은 상품이다. 그러나 사실 여기에는 가치가 전체 과정의 주체이며 가치는 이 과정을 통해 화폐와 상품으로 번갈아 형태를 바꾸면서 자신의 크기를 변화시키고 또한 자신의 본래 가치로부터 잉여가치를 만들어냄으로써 스스로를 증식시킨다. 왜냐하면 가치가 잉여가치를 부가하는 운동은 가치 자신의 운동이며 가치의 증식이고 따라서 자기증식이기 때문이다. 가치는 그것이 가치이기 때문에 가치를 낳는다는 신비한 성질이 있다. 그것은 살아 있는 자식을 낳든가 아니면 적어도 황금 알을 낳는다.

이런 과정—가치가 화폐형태와 상품형태를 번갈아 취했다 버렸다 하면서 동시에 그러한 변환과정을 통해 자기를 보존하면서 확대해나가는 과정—전체를 포괄하는 주체로서 가치는 무엇보다도 자기동일성을 확인할 수 있는 하나의 자립적인 형태를 필요로 한다. 그리고 가치는 오로지 화폐를 통해서만 그런 자립적 형태를 갖는다. 그래서 화폐는 모든 가치증식 과정에서 항상 출발점과 종점을 이룬다. 즉 가치가 처음 시작할 때는 100파운드스털링이었다가 최종적으로는 110파운드스털링이 되는 식이다. 그러나 화폐 그 자체는 여기에서 단지 가치의 한 형태로만 간주될 뿐이다. 왜냐하면 가치는 두가지 형태를 갖기 때문이다. 상품형태를 취하지 않고서는 화폐는 자본이 되지 못한다. 그래서 화폐는 여기에서 화폐축장의 경우처럼 상품에 대해 적대적인 태도를 취하지 않는다. (…)

단순 유통에서는 상품의 가치가 기껏해야 상품의 사용가치에 대립하여 화폐라는 자립적 형태를 얻을 뿐이지만, 여기에서는 가치가 과정 전체를 거쳐가며 스스로 운동하는 실체로서 홀연히 나타난다. 이 실체에 대해 상품이나 화폐는 모두 단순한 형태에 지나지 않는다. 또한 그뿐이 아니다. 이제 가치는 상품들 간의 관계를 나타내는 것이 아니라 이른바 자기 자신에 대한 사적 관계 속으로 들어간다. 그것은 본원적 가치로서의 자신과 잉여가치로서의 자신을 서로 구별짓는다. 즉 그것은 아버지 신으로서의 자기와 아들 신으로서의 자기를 구별하는데, 아버지와 아들은 나이가 같고 사실상 한몸을 이루고 있다. 왜냐하면 선대된 100파운드스털링은 오직 10파운드스털링이라는 잉여가치에 의해서만 자본이 되며, 그것이 자본으로 되는 순간, 즉 아들이 태어남으로써 아들에 의해 아버지가 태어나게 되는 순간 양자의 구별은 다시 소멸해버리고 양자는 하나(110파운드스털링)가 되기 때문이다.

그리하여 가치는 과정을 진행하는 가치, 과정을 진행하는 화폐가 되며 그럼으로써 자본이 된다. 그것은 유통에서 나왔다가 다시 유통으로 들어가고, 유통 속에서 자기를 유지하고 배가시키고 증대되어서 유통 밖으로 되돌아 나오는 방식으로 동일한 순환을 끊임없이 되풀이하거나 새롭게 시작한다. G-G′, 화폐를 낳는 화폐, 이것이 자본에 대한 최초의 통역자인 중상주의자들의 입을 통해 나온 자본에 대한 묘사다.

판매를 위한 구매 또는 좀더 정확하게 말해서 보다 비싸게 판매하기 위한 구매, 즉 G-W-G′는 분명히 오로지 자본의 한 종류인 상인자본에만 고유한 형태처럼 보인다. 그러나 산업자본도 상품으로 전화한 다음 상품의 판매에 의해 더 많은 화폐로 재전화하는 화폐다. 구매와 판매의 중간, 즉 유통영역의 외부에서 이루어지는 행위는 이 운동형태를 조금도 변화시키지 않는다. (…)

그래서 사실상 G-W-G′는 유통영역에서 직접 나타나는 모습 그대로의 자본의 일반적 정식이다. (『**자본**』 제1권, 1890년 제4판)

시장에 나와 있는 상품으로서의 노동력

유통과정이 단순 상품교환의 형태를 취하는 경우를 가정해보자. 두 명의 상품소유자가 서로 상품을 구매하고 서로 간의 화폐청구권 차액을 지불날짜에 결제하는 경우가 바로 그것이다. 이 경우 화폐는 계산화폐로서 상품의 가치를 가격으로 나타내는 구실을 하지만 상품 그 자체에 대해 물적 존재로 상대하지는 않는다. 사용가치에 관한 한 두 교환당사자는 분명 모두 이득을 본다. 두 사람 모두 자신에게 사용가치로 쓸모없는 상품을 양도해주고 자신에게 필요한 상품을 손에 넣는다. 게다가 이득은 여기에서 그치지 않는다. 포도주를 팔아 곡물을 산 A는 아마 곡물농사를 짓는 B가 동일한 노동시간에 생산할 수 있는 것보다 더 많은 포도주를 생산할 것이다. 또 곡물농사를 짓는 B는 동일한 노동시간 안에 포도농사를 짓는 A가 생산할 수 있는 것보다 더 많은 곡물을 생산할 것이다. 그러므로 이 두 사람이 교환 없이 각자 스스로 포도주나 곡물을 생산해야 하는 경우에 비해, 동일한 교환가치로 A는 더 많은 곡물을, B는 더 많은 포도주를 손에 넣는다. 그러므로 사용가치에 관한 한 "교환은 쌍방이 모두 이득을 보는 거래다!"라고 말할 수 있을 것이다. 그러나 교환가치에 있어서는 그렇지 않다.

"포도주는 많이 갖고 있지만 곡물을 갖고 있지 않은 사람이 곡물은 많이 갖고 있지만 포도주는 갖고 있지 않은 사람과 거래하여 그들 사이에 50의 가치를 지니는 밀이 50의 가치를 지니는 포도주와 교환된다고 하자. 이 교환은 두 사람 중 어느 누구의 교환가치도 늘려주지 않는다. 왜냐하면 그들은 모두 이 거래를 통해 손에 넣은 가치와 동등한 가치를 이미 교환 이전에도 갖고 있었기 때문이다."(메르시에 드 라 리비에르 「정치사회의 자연적 본질적 질서」, 데르 엮음 『중농학파』 제2부, 544면.)

화폐가 유통수단으로서 상품과 상품 사이에 들어오고 판매와 구매 행위가 감각적으로 분리되더라도 사정은 전혀 변하지 않는다. 상품의 가치는 상품이 유통으로 들어오기 전에 그 가격을 통해서 표시되어 있고 따라서 그것은 유통의 전제이지 결과는 아니다.

추상화시켜 고찰한다면(즉 단순 상품유통의 내재적 법칙에서 비롯되는 것이 아닌 요인들을 무시한다면) 어떤 사용가치가 다른 사용가치와 바뀌었다는 것 외에 단순 상품유통에서 이루어지는 것은 상품의 전형(즉 단순한 형태변화)뿐이다. 동일한 교환가치(즉 대상화한 사회적 노동의 동일한 양)가 동일한 상품소유자의 손에서 처음에는 그 상품의 모습 그대로, 다음에는 이 상품이 전화된 화폐의 모습으로, 마지막에는 이 화폐가 재전화한 상품의 모습으로 나타난다. 이 형태변화는 가치크기에서는 아무런 변화도 포함하지 않는다. (…) 그래서 사용가치에서는 교환당사자 모두가 이득을 볼 수 있을지 모르지만, 교환가치에서는 두 사람이 모두 이득을 볼 수는 없다. 그래서 여기서는 "평등이 있는 곳에 이득은 없다"라는 말이 그대로 적용된다. 물론 상품이 그 가치와는 다른 가격으로 팔릴 수도 있지만, 그러나 이런 경우는 상품교환의 법칙이 훼손된 형태로 나타난다. 순수한 형태의 상품교환은 등가물끼리의 교환이고, 따라서 가치를 늘리는 수단이 아니다.

그러므로 상품유통을 잉여가치의 원천이라고 설명하려는 시도의 배후에는 대개 사용가치와 교환가치의 혼동이 자리를 잡고 있다. (…)

만일 동등한 교환가치의 상품끼리 또는 역시 동등한 교환가치의 상품과 화폐가 교환된다면, 다시 말해서 등가물과 등가물이 교환된다면, 분명히 누구도 자신이 유통에 집어넣은 것보다도 많은 가치를 유통으로부터 빼낼 수는 없을 것이다. 그렇다면 잉여가치는 형성되지 않는다. 그런데 순수한 형태의 상품유통 과정은 언제나 등가물끼리의 교환을 전제로 한다. 그렇지만 현실에서는 모든 사물이 순수한 형태로 진행되는 것이 아니다. 그렇다면 이제 비등가물(非等價物)끼리의 교환을 생각해보자.

어떤 경우든 상품시장에서는 단지 상품소유자와 상품소유자가 만날 뿐이며 이들이 서로에게 미치는 힘은 오직 그들이 가진 상품의 힘뿐이다. 여러 상품들 간의 물질적 차이는 교환의 물질적 동인으로서 상품소유자들을 서로 의존하게 만드는데, 이는 상품소유자들 모두가 자신이 필요로 하는 욕망의 대상은 갖고 있지 않은 반면 타인이 필요로 하는 욕망의 대상은 갖고 있기 때문이다. 사용가치의 이런 물질적 차이 외에 또 다른 상품들 간의 차이로는 상품의 현물형태와 그것의 전화한 형태 사이의 차이 또는 상품과 화폐 간의 차이라는 단 하나의 차이가 있을 뿐이다. 따라서 상품소유자들은 한쪽이 판매자(곧 상품소유자)이고, 다른 한쪽이 구매자(곧 화폐소유자)라는 점으로만 서로 구별될 뿐이다.

그러면 뭔가 설명할 수 없는 특권에 의해서 상품을 그 가치보다 비싸게(예를 들어 그 가치가 100이면 110에, 즉 명목상 10퍼센트 가격을 인상해서) 팔 수 있도록 판매자에게 허락한다고 가정해보자. 다시 말해 판매자는 10이라는 잉여가치를 얻는다. 그러나 그는 판매자가 된 뒤에는 구매자가 된다. 이번에는 제3의 상품소유자가 판매자로서 그를 만나고, 이 상품소유자도 역시 상품을 10퍼센트 비싸게 팔 수 있는 특권을 갖고 있다. 처음 사람은 판매자로서는 10의 이득을 보았지만 그다음 구매자는 10을 손해 보게 된다. 실제로 이러한 과정은 전체적으로 보아, 모든 상품소유자가 서로 자신의 상품을 그 가치보다 10퍼센트 비싸게 팔기 때문에, 결국 그들이 상품을 가치대로 판 것과 똑같은 상황이 되고 만다. 모든 상품의 이런 전반적인 명목적 가격인상은 마치 상품가치가 예를 들어 금 대신에 은으로 평가되는 경우와 동일한 결과를 낳는다. 화폐의 명칭, 즉 상품의 가격은 커질지 모르지만 상품들 간의 가치관계는 변함이 없을 것이다.

이번에는 거꾸로 상품을 그 가치보다 싸게 사는 것이 구매자의 특권이라고 가정해보자. 여기서는 구매자가 다시 판매자가 되는 경우를 생각해 넬 필요조차 없다. 그는 구매자가 되기 전에 이미 판매자였다. 그는 구매자로서 10퍼센트 이익을 보기 전에 이미 판매자로서 10퍼센트를 손해 보았다. 이번에도 역시 모든 것이 원래 그대로다.

요컨대 잉여가치의 형성과 이에 따라 화폐가 자본으로 전화하는 것은 판매자가 상품을 가치보다 비싸게 팔든가 구매자가 상품을 가치보다 싸게 사는 방식으로는 설명될 수 없다. (⋯)

그리하여 아무리 적당히 속여보려 해도 결국은 마찬가지다. 등가물끼리 교환되어도 잉여가치가 생기지 않고 비등가물끼리 교환되어도 잉여가치는 생기지 않는다. (⋯)

지금까지 밝혀진 바대로 잉여가치는 유통에서 발생할 수 없으므로, 그것이 만들어지려면 유통 내에서는 볼 수 없는 무엇인가가 유통의 배후에서 일어나야만 한다. 그러나 잉여가치가 유통에서 발생하는 것이 아니라면 외부의 어디에서 발생할 수 있겠는가? 유통이란 상품소유자들의 모든 상호관계의 총체다. 유통의 외부에서 상품소유자는 오로지 자신의 상품하고만 관계할 뿐이다. 상품가치와 관련하여 이 관계는 그 상품이 일정한 사회적 법칙들에 따라 측정된 상품소유자 자신의 노동량을 포함하고 있다는 데에 국한된다. 이 노동량은 그 상품의 가치크기로 표현되며 가치크기는 계산화폐로 표시된다. 예컨대 그 노동량은 10파운드스털링이라는 가격으로 표시된다. 그러나 그 노동은 그 상품의 가치에 그 가치 이상의 초과분까지를 표시하는 것이 아니다. 즉 11이

126

라는 가격과 같은 크기의 10이라는 가격, 다시 말해서 자신보다 더 큰 가치를 표시할 수 없다. 상품소유자는 자신의 노동으로 가치를 형성할 수는 있지만 스스로 증식하는 가치를 형성할 수는 없다. 그는 새로운 노동을 통해서 기존의 가치에 새로운 가치를 부가함으로써[예를 들어 가죽으로 장화를 만듦으로써] 한 상품의 가치를 증대시킬 수 있다. 이제는 동일한 소재가 더 큰 노동량을 포함하므로 더 큰 가치를 갖는다. 따라서 장화는 가죽보다 큰 가치가 있지만 가죽의 가치는 처음 그대로다. 가죽은 자신의 가치를 증식하지도 않았고 장화가 제조되는 과정에서 잉여가치가 부가된 것도 아니다. 유통영역의 외부에서 상품생산자는 다른 상품소유자와 접촉하지 않은 채로는 가치를 증식시키지도 못하고 따라서 화폐 또는 상품을 자본으로 전화시키지도 못한다.

자본은 유통에서 발생할 수도 없고, 또 마찬가지로 유통에서 발생하지 않을 수도 없다. 자본은 유통에서 발생해야 하는 동시에 유통에서 발생해서는 안 된다. (…)

이리하여 하나의 이중적인 결과가 나왔다.

화폐의 자본으로의 전화는 상품교환에 내재하는 여러 법칙들의 기초 위에서 전개되어야 하며, 따라서 등가물끼리의 교환이 출발점으로 간주된다. 아직 자본가의 애벌레에 불과한 우리의 화폐소유자는 상품을 그 가치대로 구매하고 그 가치대로 판매하며, 나아가 그 과정의 끝부분에서는 그가 투입한 것보다 많은 가치를 회수하지 않으면 안 된다. 애벌레에서 나방으로의 성장은 유통영역에서 일어나야 하며 동시에 유통영역에서 일어나서는 안 된다. 이것이 문제의 조건이다. 여기가 바로 로도스 섬이다. 여기서 한번 뛰어보아라!(『이솝우화』에 실린 이야기다. 어느 허풍선이가 로도스 섬에서 정말 높이 뛴 적이 있다고 자랑을 하자 사람들이 직접 증명해보라며

한 말이다 ─ 옮긴이) (···)

자본으로 전화되어야 할 화폐의 가치변동은 화폐 그 자체에서는 일어나지 않는다. 왜냐하면 화폐는 구매수단으로서든 지불수단으로서든 그것이 구매하거나 지불하는 상품의 가격을 실현할 뿐이며, 자신의 형태 그대로 머물러 있을 경우 가치크기가 변하지 않는 화석으로 굳어버리기 때문이다. 이와 마찬가지로 제2의 유통행위인 상품의 재판매에서도 변동은 일어나지 않는다. 왜냐하면 이 행위는 그저 상품을 현물형태에서 화폐형태로 재전화시킬 뿐이기 때문이다. 그러면 이 변동은 제1의 행위 G─W에 따라서 구매되는 상품에 의해 일어나야 하는데, 그러나 여기에서도 가치의 변동은 발생하지 않는다. 왜냐하면 교환은 등가물끼리 이루어지고 상품은 가치대로 지불되기 때문이다. 그렇다면 이 변동은 상품의 사용가치 자체에서, 다시 말해 상품의 소비에서만 발생할 수 있다. 어떤 상품의 소비에서 가치를 뽑아내려면 우리의 화폐소유자는 운 좋게도 유통영역 내부〔시장〕에서 다음과 같은 특성을 갖는 하나의 상품을 발견해야 한다. 즉 자신의 사용가치가 곧 가치의 원천인 동시에 그것의 현실적 소비가 곧 노동의 대상화이자 가치의 창출이 되는 그런 상품을 발견해야 한다. 그리고 화폐소유자는 시장에서 실제로 바로 그런 특수한 상품을 발견한다. 노동능력(Arbeitsvermögen)이 바로 그것이다.

노동능력 또는 노동력이라고 불리는 것은 인간의 신체, 즉 살아 있는 인격 속에 존재하며 그가 어떤 종류의 사용가치를 생산할 때마다 작동시키는 육체적·정신적 능력의 총체다.

그러나 화폐소유자가 시장에서 상품으로서의 노동력을 발견하기 위해서는 여러 조건이 충족되어야 한다. 상품교환 그 자체는 그것이 상품

128

자신의 본성에서 나온다는 사실 이외에는 어떤 다른 관계에도 의존해 있지 않다. 이런 전제 아래에서 본다면 상품으로서의 노동력은 자신의 소유자, 곧 그것을 자신의 노동력으로 지닌 사람이 그것을 상품으로 팔기 위해 내놓든가 또는 판매하는 경우에만 시장에 나타날 수 있다. 노동력의 소유자가 그것을 상품으로 판매하려면 그는 그것을 자유롭게 처분할 수 있어야 하며, 따라서 자신의 노동능력이나 인격에 대해 자유로운 소유자여야 한다. 노동력의 소유자와 화폐소유자는 시장에서 만나 대등한 상품소유자로서 상호관계를 맺는데, 두 사람은 한편이 구매자이고 다른 한편이 판매자라는 점에서만 구별될 뿐 법률상으로는 동등한 사람들이다. 이런 관계가 지속되려면 노동력의 소유자는 항상 자기 노동력을 일정한 시간 동안만 판매해야 할 필요가 있다. 왜냐하면 만일 그가 노동력을 일괄해서 한꺼번에 판매해버린다면 그는 그 자신을 판매한 것이 되어 자기를 자유인에서 노예로, 상품소유자에서 상품으로 전화한 것이 되기 때문이다. 그는 인격체로서 자신의 노동력을 늘 자신의 소유물이자 자신의 상품으로 취급해야 한다. 그럴 수 있으려면 그는 반드시 자신의 노동력을 항상 일시적으로만(곧 일정 기간 동안만) 구매자에게 그 처분과 소비를 맡기고, 따라서 노동력을 양도하기만 할 뿐 그 소유권은 포기하지 않아야만 한다.

화폐소유자가 노동력을 시장에서 상품으로 발견하기 위한 제2의 본질적인 조건은 노동력의 소유자가 자기 노동을 대상화시킨 상품을 판매할 수 없고 그 대신 자신의 살아 있는 육체 안에만 존재하는 자신의 노동력 그 자체를 상품으로 팔기 위해 내놓아야 한다는 것이다.

누구든 자신의 노동력이 아닌 다른 상품을 판매하려면 당연히 생산수단(예를 들어 원료나 작업도구 등)을 소유해야 한다. 그는 가죽 없이 장화를 만들 수 없다. 그는 또한 생활수단도 필요로 한다. 그 누구도〔심지어 공상가조차도〕미래의 생산물, 즉 아직 생산이 완결되지 않은 사용가치로는 생활할 수 없다. 또한 인간은 지구의 무대 위에 등장한 첫날부터 그랬듯이, 생산 여부와 상관없이 계속해서 날마다 소비를 해야만 한다. 생산물이 상품으로 생산되려면 그것들은 생산된 뒤에 판매되어야 하며 그렇게 판매된 뒤에야 비로소 생산자들의 욕망을 충족시킬 수 있다. 그래서 생산기간에는 판매에 필요한 시간이 추가되어야 한다.

그리하여 화폐를 자본으로 전화하려면 화폐소유자는 상품시장에서 자유로운 노동자를 발견해야 된다. 이때 자유롭다는 것에는 이중적인 의미가 있는데, 즉 한편으로는 그 노동자가 자유로운 인격체로서 자신의 노동력을 자신의 상품으로 마음대로 처분한다는 의미이며, 다른 한편으로는 달리 판매할 상품이 없을 뿐 아니라 자기 노동력의 실현에 필요한 모든 물적 조건과도 분리되어 있다는 의미다.

노동시장을 상품시장의 한 특수한 부분으로 보는 화폐소유자는 이 자유로운 노동자가 유통영역에서 화폐소유자와 대면하려는 이유에 대해 관심이 없다. 그리고 당분간은 우리에게도 마찬가지다. 화폐소유자가 실천적으로 사실에 집착하듯이, 우리는 이론적으로 사실에 집착한다. 그러나 한가지는 분명하다. 자연이 한편으로 화폐소유자 또는 상품소유자를 만들어내고 다른 한편으로 자신의 노동력만을 소유한 자를 만들어내는 것은 아니라는 점이다. 이 관계는 결코 자연사적인 것도 아니며 또 역사적으로 모든 시대에 공통되는 사회적 관계도 아니다. 그것은 분명히 선행한 역사적 발전의 결과이며, 많은 경제적 변혁의 산물이자 일련의 낡은 사회적 생산의 구성체들이 몰락하면서 만들어낸 산물이다.

우리가 앞서 고찰한 경제적 범주들 역시 역사적 흔적을 지닌다. 생산물의 상품으로서의 현존재 속에는 일정한 역사적 조건들이 내포되어 있다. 상품이 되려면 생산물이 생산자들 자신을 위한 직접적인 생활수단으로 생산되어서는 안 된다. 나아가 모든 생산물 또는 적어도 그 대다수가 어떠한 조건에서 상품의 형태를 취하는지를 탐구해보면, 이것이 단지 하나의 완전히 특수한 생산양식, 즉 자본주의적 생산양식 위에서만 발생한다는 점을 알게 된다. 그러나 이러한 연구는 상품의 분석과는 거리가 멀다. 거의 대부분의 상품 물량이 직접적인 자기수요를 위한 것이라서 상품으로 전화되지 않는 경우에도, 또 사회적 생산과정이 그 전체 범위나 수준에서 아직 완전히 교환가치의 지배를 받기에는 먼 경우에도 상품생산과 상품유통은 발생할 수 있다. 생산물이 상품으로 나타나는 것은 사회 내 분업이 상당히 발달하여 원래 직접적 물물교환으로 시작된 사용가치와 교환가치 간의 분리가 이미 충분히 실현되었다는 조건이 필요하다. 그러나 이런 발전단계는 역사적으로 매우 다양한 경제적 사회구성체에 공통된 것이다.

또 우리가 만일 화폐에 대해 고찰한다면 이것은 상품교환의 일정한 수준을 전제로 한다. 갖가지 특수한 화폐형태〔즉 단순한 상품등가물·유통수단·지불수단·축장화폐·세계화폐 등〕는 각 기능 범주의 차이와 상대적 중요성에 따라 사회적 생산과정의 여러 단계를 표시한다. 그럼에도 이들 모든 형태는 경험적으로 보아 상품유통이 비교적 덜 발달된 경우에도 충분히 형성될 수 있다. 그러나 자본의 경우는 그렇지 않다. 상품유통과 화폐유통이 이루어지고 있다고 해서 자본이 존재할 수 있는 역사적 조건들이 만들어진 것은 결코 아니다. 자본은 생산수단과 생활수단의 소유자가 시장에서 자신의 노동력을 판매하는 자유로운 노동자를 발견할 때에만 비로소 발생하며, 이것이야말로 세계사적인 역사적 조건을 이룬다. 따라서 자본은 처음부터 사회적 생산과정의 한 시대를 알린다.

이제 이 독특한 상품인 노동력을 좀더 자세히 살펴보도록 하자. 다른 모든 상품과 마찬가지로 이 상품도 가치를 지니고 있다. 이 가치는 어떻게 정해지는 것일까?

노동력의 가치도 다른 모든 상품과 마찬가지로 이 특수한 물품의 생산〔그리고 재생산〕에 필요한 노동시간에 의해 정해진다. 가치라는 점에서 노동력은 거기에 대상화되어 있는 사회적 평균노동의 일정량만을 나타낸다. 노동력은 살아 있는 개인의 능력으로만 존재한다. 따라서 노동력의 생산은 이 개인의 존재를 전제로 한다. 개인의 존재가 주어져 있다면 노동력의 생산은 그 개인의 유지와 재생산을 통해서 이루어진다. 자신을 유지하기 위해서 살아 있는 개인은 일정량의 생활수단을 필요로 한다. 그러므로 노동력의 생산에 필요한 노동시간은 이 생활수단의 생산에 필요한 노동시간으로 귀착된다. 바꿔 말하면, 노동력의 가치는 그 소유자의 유지를 위해 필요한 생활수단의 가치다. 노동력은 그것을 사용함으로써만 실현되며 따라서 노동을 통해서만 스스로를 입증한다. 그러나 그것을 입증하기 위한 노동에서는 인간의 근육이나 신경, 두뇌 등의 일정량이 지출되고 그것은 다시 보충되지 않으면 안 된다. 이 지출의 증가는 수입의 증가를 필요로 한다. 오늘의 노동을 마친 노동력의 소유자는 내일도 동일한 조건의 힘과 건강을 유지한 채 같은 과정을 반복할 수 있어야만 한다. 따라서 생활수단의 총액은 노동하는 개인이 정상적인 생활상태를 유지하기에 충분한 것이어야 한다. 음식물이나 의복·난방·주거 등 자연적 욕망은 각 나라의 기후라든가 그밖의 자연적 특성에 따라 다르다. 한편 이른바 필수적인 욕망의 범위와 그런 욕망의 충족 방식은 하나의 역사적 산물이고 따라서 대개 그 나라의 문화적 수준에 의해—특히 자유로운 노동자계급이 어떤 조건 아래에서 형성되었는 지, 즉 어떤 습관이나 생활요구를 가지고 형성되었는지에 의해—정해 질 것이다. 그러므로 노동력의 가치를 결정하는 데에는 다른 상품의 경 우와 달리 역사적·도덕적 요소가 포함된다. 그러나 일정한 시기나 일정 한 국가에는 필수적인 생활수단의 평균 범위가 주어져 있다.

노동력의 소유자는 죽기 마련이다. 그러므로 그가 계속해서 시장에 출현하려면〔즉 화폐의 자본으로의 전화가 계속해서 이루어지려면〕"모 든 살아 있는 개체가 생식을 통해서 영속하듯이"(윌리엄 페티William Petty) 노동력의 판매자도 생식을 통해 영속하지 않으면 안 된다. 소진 되고 죽음으로써 시장에서 방출된 노동력은 최소한 같은 수의 새로운 노동력에 의해 지속적으로 보충되어야 한다. 따라서 노동력의 생산에 필요한 생활수단의 총액에는 보충 인원〔곧 노동자의 자녀들〕의 생활수 단이 포함되어야 하며, 그래야만 이 독특한 상품소유자의 종족은 상품 시장에서 영속적으로 출현할 수 있게 된다.

일반적인 인간의 본성을 변화시켜 일정한 노동부문에서 숙련과 기 능을 습득하게 함으로써 양질의 특수한 노동력을 만들어내기 위해서는 일정한 교육훈련이 필요하고 여기에는 얼마간의 상품액이 소요된다. 노동력이 얼마나 복잡한 성질을 띠고 있는지에 따라서 그 교육훈련비 용도 달라진다. 이 교육훈련비용은 보통 노동력의 경우 그 액수가 매우 적긴 하지만 그래도 노동력의 생산을 위해 지출되는 가치 속에 함께 포 함된다.

노동력의 가치는 일정 총액의 생활수단의 가치로 귀착된다. 따라서 노동력의 가치는 이 생활수단의 가치, 즉 이 생활수단의 생산에 필요한 노동시간의 크기에 따라 변동한다.

생활수단 가운데 어떤 것들, 예를 들어 음식물이나 연료 따위는 매일 새로 소비되며 따라서 매일 새로 보충되어야 한다. 그러나 의복이나 가구 등과 같은 다른 생활수단은 비교적 오랜 기간에 걸쳐 소비되며 따라서 오랜 기간이 지나고 나서야 보충된다. 어떤 종류의 상품은 매일, 또 어떤 종류의 상품은 매주 또는 매분기에 걸쳐 구매되고 지불되어야 한다. 그러나 이 지출의 총액이 예를 들어 1년 동안에 어떻게 배분되든 그것은 매일의 평균수입에 의해 충당되어야 한다. 노동력의 생산에 매일 필요한 상품의 양이 A이고, 매주 필요한 상품의 양은 B이며, 매분기에 필요한 상품의 양은 C라면, 이들 상품의 하루 평균량$= \dfrac{365A+52B+4C+기타}{365}$일 것이다. 하루 동안에 필요한 이 평균상품량이 6시간의 사회적 노동에 해당된다면 매일의 노동력에는 반나절의 사회적 평균노동이 대상화되어 있는 셈이고, 이는 곧 하루 동안의 노동력 생산에 절반의 노동일이 필요하다는 것을 뜻한다. 매일매일의 노동력 생산에 필요한 이 노동량은 노동력의 하루가치[즉 날마다 재생산되는 노동력의 가치]를 이룬다. 또 반나절의 사회적 평균노동이 3실링(shilling, 옛 화폐제도에서 1실링은 12펜스에 해당했고 20실링은 1파운드스털링에 해당했다―옮긴이) 또는 1탈러(Taler)의 금의 양으로 표시된다면 1탈러는 노동력의 하루가치에 상당하는 가격이다. 만일 노동력의 소유자가 노동력을 매일 1탈러에 팔려고 내놓는다면 노동력의 판매가격은 노동력의 가치와 같을 것이며, 우리가 전제한 바와 같이 자신이 보유한 탈러를 자본으로 전화시키고자 열망하는 화폐소유자는 이 가치를 지불할 것이다.

노동력 가치의 마지막 한계[또는 그 최저한도]는 노동력의 담당자

134

[즉 인간]가 자신의 생활과정을 갱신하기 위해서 매일 공급받지 않으면 안 되는 상품량의 가치[즉 육체적으로 필수불가결한 생활수단의 가치]다. 만일 노동력의 가격이 이 최저한도까지 하락한다면 노동력의 가격은 그 가치 이하로 하락한 것이다. 왜냐하면 이것으로는 노동력이 비정상적으로 쇠약해진 형태로만 유지되고 전개되기 때문이다. 그러나 모든 상품의 가치는 그 상품을 정상적인 품질로 공급하는 데 필요한 노동시간에 따라 정해진다. (…)

이 특수한 상품[노동력]의 독특한 성질에는 구매자와 판매자가 계약을 체결하더라도 이 상품의 사용가치가 현실적으로 구매자의 손에 곧바로 옮겨지지 않는다는 성질도 포함된다. 노동력의 가치는 다른 모든 상품과 마찬가지로 유통에 들어가기 전에 이미 결정되어 있는데, 이는 노동력의 생산에 일정한 사회적 노동이 지출되었기 때문이다. 그러나 그것의 사용가치는 그다음에 이루어지는 힘의 발현을 통해서 비로소 성립한다. 그러므로 힘의 양도와 그 현실적 발현[곧 그 사용가치로서의 현존재]은 서로 시간적으로 분리된다. 그런데 이러한 상품의 경우, 즉 판매에 의한 사용가치의 형식적 양도와 구매자에 대한 그것의 현실적 인도가 시간적으로 분리되어 있는 상품의 경우, 구매자의 화폐는 대개 지불수단으로서 기능한다. 자본주의 생산양식 아래에 있는 나라들에서는 노동력이 구매계약에서 정해진 기간 동안 이미 기능을 발휘한 뒤에야[가령 매주 말] 비로소 지불이 이루어진다. 그러므로 노동자는 늘 자본가에게 노동력의 사용가치를 미리 꾸어주는 셈이다. 노동자는 노동력의 가격에 대해 지불을 받기 전에 그것을 구매자로 하여금 소비하게 하며, 따라서 노동자는 자본가에게 항상 신용대부를 해주는 셈이다. 이 신용대부가 결코 공허한 망상이 아니라는 것은 자본가가 파산할 때 신용대부된 임금의 손실이 종종 발생한다는 사실을 통해서 뿐 아니라 좀 더 지속적인 방법으로 이루어지는 다른 많은 경우들을 통해서도 알 수 있다. 그러나 화폐가 구매수단으로 기능하든 지불수단으로 기능하든 그것은 상품교환 그 자체의 성질을 조금도 변화시키지 않는다. 노동력의 가격은 가옥의 임대가격과 마찬가지로 뒷날에야 비로소 실현되기는 하지만 계약에서 이미 사전에 확정되어 있다. 노동력은 비록 뒷날에야 그 가격을 지불받기는 하지만 판매는 벌써 이루어진 것이다. 그러나 이 관계를 순수하게 파악하기 위해서는 당분간 노동력의 소유자가 노동력을 판매하는 동시에 곧 계약으로 약정된 가격을 받는다고 전제해야 편리하다.

이제 우리는 노동력이라는 이 독특한 상품의 소유자에게 화폐소유자가 지불하는 가치가 어떻게 정해지는지를 알았다. 화폐소유자가 교환을 통해서 받게 되는 사용가치는 노동력이 현실적으로 사용됨으로써 〔즉 노동력의 소비과정을 통해서〕 비로소 나타난다. 원료 등과 같이 이 과정에 필요한 모든 물품을 화폐소유자는 상품시장에서 구매하며 그것들에 대해서는 가격을 모두 지불한다. 노동력의 소비과정은 동시에 상품의 생산과정이기도 하며 또한 잉여가치의 생산과정이기도 하다. 노동력의 소비는 다른 모든 상품의 소비와 마찬가지로 시장〔유통영역〕의 외부에서 이루어진다. 그러면 이제 우리는 모든 것이 드러나 있고 누구에게나 쉽게 눈에 띄는 이 소란스러운 유통영역을 벗어나 화폐소유자와 노동력의 소유자가 함께 들어가는 비밀스러운 생산의 장소〔출입구에 '관계자 외 출입금지'라는 팻말이 붙은 그 장소〕로 이 두 사람의 뒤를 따라가보도록 하자. 이곳에서는 자본이 어떻게 생산하는지에 대한 것뿐 아니라, 자본 그 자체가 어떻게 만들어지는지에 대한 것도 함께 밝혀질 것이다. 화폐증식(Plusmacherei)의 비밀이 마침내 드러나게 되는 것이다. (『자본』 제1권, 1890년 제4판)

자본의 살아 있는 증식 소재, 노동력의 소비

이제 장차 자본가가 되려는 사람에 대한 논의로 되돌아가보자. 우리가 그를 떠난 것은 그가 상품시장에서 노동과정에 필요한 모든 요소, 물적 요소인 생산수단과 인적 요소인 노동력을 구입하고 난 이후였다. 그는 빈틈없는 전문가다운 안목을 가지고 방적업이나 제화업 등과 같은 자신의 특수한 사업에 필요한 생산수단과 노동력을 선택했다. 이제 자본가는 자신이 구매한 상품인 노동력의 소비에 착수한다. 즉 그는 노동력의 소유자인 노동자로 하여금 노동을 통해서 생산수단을 소비하게 한다. (…)

그런데 노동과정은 그것이 자본가에 의한 노동력의 소비과정으로 수행될 때에는 두가지 독특한 현상을 드러낸다.

첫째, 노동자는 그의 노동이 귀속된 자본가의 통제 아래 노동한다. 자본가는 노동이 질서정연하게 진행되고 생산수단이 합목적적으로 사용되어 원료가 조금도 낭비되는 일이 없도록 감시하며, 또 노동수단들이 소중하게 취급되어 작업에서 사용상 불가피한 경우를 제외하고는 그것이 함부로 손상되지 않도록 감시한다.

둘째, 생산물은 자본가의 소유물이지 직접생산자인 노동자의 소유물이 아니다. 자본가는 예를 들어 노동력의 하루가치를 지불한다. 이리하여 노동력의 사용은 다른 모든 상품〔예를 들어 그가 하루 동안 돈을 주고 빌린 말)의 사용과 마찬가지로 그날 하루 동안은 그에게 속한다. 상품의 사용은 상품의 구매자에게 귀속한다. 그리고 노동력의 소유자는 사실상 자신의 노동을 제공함으로써만 자신이 판매한 사용가치를 건네준다. 그가 자본가의 작업장에 들어가는 순간부터 그의 노동력의 사용가치〔노동력의 사용, 즉 노동〕는 자본가에게 속하게 된다. 자본가는 노동력을 구매함으로써 살아 있는 효모로서의 노동을, 역시 자신에게 귀속된 생산물의 죽은 요소에 합체시킨다. 그의 처지에서 보면 노동과정이란 자기가 구매한 상품인 노동력의 소비일 뿐이지만, 그러나 그는 이런 노동력에 생산수단을 부가함으로써만 노동력을 소비할 수 있다. 노동과정은 자본가가 구매한〔따라서 그에게 속한〕여러 물품 사이의 한 과정이다. 그러므로 이 과정의 생산물은 그의 포도주 창고에서 발효중인 생산물과 똑같이 그에게 귀속된다. (…)

생산물, 즉 자본가의 소유물은 실·장화 등과 같은 하나의 사용가치다. 그렇지만 비록 예를 들어 장화가 어느정도 사회적 진보의 기초를 이루는 물건이고, 또 우리의 자본가가 단호한 진보주의자라 할지라도 자본가는 장화 그 자체를 위해서 장화를 생산하지는 않는다. 상품생산에서 사용가치는 그 자체 때문에 애호를 받는 물적 존재는 결코 아니다. 상품생산에서 일반적으로 사용가치는 그것이 오로지 교환가치의 물적 토대, 곧 그 담당자이기 때문에 생산된다. 그런데 우리의 자본가는 두가지 목적을 갖고 있다. 첫째, 그는 교환가치를 갖는 사용가치, 즉 판매하기로 되어 있는 물품〔상품〕을 생산하려고 한다. 둘째, 그는 생산을 위해서 필요한 상품의 가치 총액, 즉 그가 상품시장에서 상당한 화폐를 투하하여 구입한 생산수단과 노동력의 가치 총액보다 큰 가치를 갖는 상품을 생산하고자 한다. 그는 사용가치뿐 아니라 상품을, 즉 사용가치 외에도 가치를 생산하려 하며, 나아가서 가치 외에 잉여가치까지도 함께 생산하려 한다. (…)

그래서 우리는 이제 생산과정을 가치형성과정의 측면에서 살펴보고자 한다.

주지하듯 각 상품의 가치는 그 상품의 사용가치를 통해 물화된 노동량에 따라, 즉 그 상품을 생산하는 데 사회적으로 필요한 노동시간에 따라 결정된다. 이는 노동과정의 성과로서 우리 자본가의 손에 들어온 생산물의 경우에도 마찬가지다. 그러므로 먼저 이 생산물에 대상화되어 있는 노동이 계산되어야만 한다.

이런 생산물이 실이라고 가정해보자.

실을 생산하는 데에는 우선 그 원료[예를 들어 10파운드의 면화]가 필요하다. 면화의 가치는 새삼스럽게 조사하지 않아도 좋다. 왜냐하면 자본가는 그것을 시장에서 그 가치인 10실링으로 구매했기 때문이다. 면화의 생산에 필요한 노동은 면화의 가격에 이미 일반적인 사회적 노동으로 표시되어 있다. 나아가 면화를 가공하는 데 소모되는 방추의 양—이것이 사용된 다른 모든 노동수단을 대표한다고 하자—은 2실링의 가치를 지녔다고 가정하자. 12실링의 금의 양이 24노동시(勞動時, Arbeitsstunde: 노동량의 단위로, 시간으로 표시되는 것을 가리킨다—옮긴이) 또는 2노동일(勞動日, Arbeitstag: 역시 노동량의 단위로, 하루를 나타내며 마찬가지 방법으로 노동주나 노동월, 노동년이 있을 수 있다. 여기에서 맑스는 하루의 노동량을 12시간으로 가정한다—옮긴이)의 생산물이라면 실에는 우선 2노동일이 대상화되어 있다고 할 수 있다. (…)

노동력의 판매에서는 노동력의 하루가치가 3실링이고 이 3실링에는 6노동시가 체화되어 있다고[따라서 이만큼의 노동량이 노동자의 하루

동안의 평균적인 생활수단을 생산하는 데 필요하다고) 가정하고 있었다. 이제 우리의 방적공이 1노동시 동안에 1과 2/3파운드의 면화를 1과 2/3파운드의 실로 전화시킨다면, 6시간 동안 그는 10파운드의 면화를 10파운드의 실로 전화시킨다. 따라서 10파운드의 면화는 방적과정이 진행되는 동안 6노동시를 흡수한다. 이 노동시간은 3실링의 화폐량으로 표시된다. 그리하여 이 면화에는 방적을 통해 3실링의 가치가 부가된다.

이제 10파운드의 실이라는 생산물의 총가치를 살펴보자. 10파운드의 실에는 2와 1/2의 노동일이 대상화되어 있다. 즉 면화와 방추에 2노동일이 포함되어 있었고, 방적과정 동안에 1/2노동일이 흡수되고 있다. 이 노동시간은 15실링의 화폐량으로 표시된다. 그러므로 10파운드의 실의 가치에 해당하는 가격은 15실링이며, 1파운드의 실의 가격은 1실링 6펜스다. (…)

생산물의 가치가 투하된 자본의 가치와 동등한 것이다. 투하된 가치는 증식되지 않고 아무런 잉여가치도 낳지 못했으며, 따라서 화폐는 자본으로 전화하지 못했다. 10파운드의 실의 가격은 15실링이고, 이 15실링은 상품시장에서 이 생산물의 형성요소들, 즉 노동과정의 요소들에 (…) 지출되었다. 늘어난 실의 가치는 아무런 쓸모가 없었다. 왜냐하면 실의 가치는 이전에 면화·방추·노동력에 배분된 각 가치의 합계에 불과한 것이어서, 기존의 여러 가치의 이러한 단순한 합계에서는 아무런 잉여가치도 발생할 수 없기 때문이다. (…)

이 문제를 좀더 자세히 살펴보자. 노동력의 하루가치는 3실링인데, 그것은 노동력 자체에 1/2노동일이 대상화되기 때문이다. 즉 노동력의 생산을 위해 날마다 필요한 생활수단을 생산하는 데 1/2노동일이 소비되기 때문이다. 하지만 노동력 안에 포함되어 있는 과거 노동과 노동력이 수행할 수 있는 살아 있는 노동, 즉 노동력의 하루하루의 유지비와 노동력의 하루하루의 지출은 그 크기가 서로 완전히 다르다. 전자는 노동력의 교환가치를 규정하고, 후자는 노동력의 사용가치를 형성한다. 노동자의 생활을 24시간 동안 유지하는 데 1/2노동일이 필요하다는 사실은 노동자가 하루종일 일하는 것에 아무런 영향을 미치지 않는다. 그러므로 노동력의 가치와 노동과정에서의 노동력의 가치증식은 서로 그 크기가 전혀 다르다. 자본가는 노동력을 구매할 때 이런 가치크기의 차이를 이미 염두에 두고 있었다. 가치를 형성하기 위해서는 노동이 유용한 형태로 지출되어야 하기 때문에, 실이나 장화를 만드는 노동력의 유용성은 불가결한 하나의 조건에 불과하다. 그런데 결정적인 것은 이 상품의 특수한 사용가치인데, 그것은 곧 가치의 원천이면서 동시에 자신이 지니고 있는 것보다 더 많은 가치의 원천이 되기도 한다는 바로 그 성질이다. 이것이야말로 자본가가 이 상품으로부터 기대하는 특수한 봉사다. 그리고 그는 이 거래에서 영원불멸한 상품교환의 법칙에 따라 행동한다. 사실상 노동력의 판매자는 다른 모든 상품의 판매자가 그렇게 하듯이 노동력의 교환가치를 실현하고 노동력의 사용가치를 양도한다. 그는 후자를 주지 않고서는 전자를 가질 수 없다. 노동력의 사용가치(즉 노동 그 자체)는 판매된 기름의 사용가치가 기름 상인에게 속하지 않는 것과 마찬가지로 노동력의 판매자에게 속하지 않는다. 화폐소유자는 이미 노동력의 하루가치를 지불했다. 그러므로 하루 동안의 노동력의 사용(하루 동안의 노동)은 그에게 속한다. 노동력은 하루종일 사용되고 노동할 수 있지만 그 노동력을 유지하는 데에는 매일 1/2 노동일밖에 필요하지 않다고 하는 사실, 따라서 노동력의 사용이 하루에 창조하는 가치가 노동력 자체가 지닌 하루가치의 2배라는 사실은 구매자에게는 특별한 행운이지만, 판매자에게도 부당한 일은 결코 아니다.

우리의 자본가는 자신을 즐겁게 만드는 이런 사정을 예전부터 알고 있었다. 그러므로 노동자는 작업장에서 6시간이 아닌 12시간의 노동과정에 필요한 생산수단을 보게 된다. 10파운드의 면화가 6노동시를 흡수하여 10파운드의 실로 전화된다면, 20파운드의 면화는 12노동시를 흡수하여 20파운드의 실로 전화될 것이다. 이 연장된 노동과정의 생산물을 살펴보자. 20파운드의 실 속에는 5노동일이 대상화되어 있는데, 그중 4노동일은 소모된 면화와 방추량을 통해서 대상화된 것이고 1노동일은 방적과정 동안에 면화에 의해 흡수된 것이다. 5노동일에 대한 금〔화폐〕의 양은 30실링, 곧 1파운드스털링 10실링이다. 즉 이것이 20파운드 실의 가격이다. 1파운드의 실의 가격은 종전과 같이 1실링 6펜스다. 그런데 생산과정에서 투입된 상품들의 가치 총액은 27실링이었다. 실의 가치는 30실링이다. 생산물의 가치는 그것의 생산에 투하된 가치보다도 1/9만큼 증가했다. 즉 27실링이 30실링으로 전화했다. 그것은 3실링의 잉여가치를 낳은 것이다. 마침내 요술은 성공했다. 화폐는 자본으로 전화한 것이다.

문제의 조건은 모두 해결되고, 상품교환의 법칙은 조금도 침해되지 않았다. 등가물이 등가물과 교환되었기 때문이다. 자본가는 구매자로서 면화와 방추 그리고 노동력이라는 각 상품에 대해 그 가치대로 지불했다. 그래서 그는 다른 모든 상품구매자가 행하는 일을 행했을 뿐이다. 그는 이들 상품의 사용가치를 소비했다. 노동력의 소비과정은 동시에 상품의 생산과정이어서, 30실링의 가치가 있는 20파운드의 실을 생산물로 산출했다. 자본가는 시장으로 돌아와서, 이전에는 상품을 샀지만 이제는 상품을 판다. 그는 1파운드의 실을 1실링 6펜스로, 다시 말하면 그 가치 이상도 이하도 아닌 제값으로 팔았다. 그런데도 그는 본래 유통에 투입했던 것보다 3실링 더 많은 가치를 유통으로부터 끌어낸다. 이 전체 과정, 즉 화폐의 자본으로의 전화는 유통영역에서 일어나는 것인 동시에 또한 유통영역에서 일어나는 것이 아니다. 그것이 유통영역에서 이루어진다고 얘기하는 까닭은 그것이 상품시장에서 노동력의 구매를 통해서 이루어지고 있기 때문이다. 반면 그것이 유통영역에서 이루어지지 않는다고 하는 까닭은 그 유통이 단지 생산영역에서 이루어지는 가치증식과정을 준비하는 것에 지나지 않기 때문이다. (…)

이제 가치형성과정과 가치증식과정을 비교해보면, 가치증식과정은 어느 일정한 점을 넘어서 연장된 가치형성과정에 지나지 않는다. 만약 자본에 의해 지불된 노동력의 가치가 새로운 등가물에 의해 보전되는 점까지만 후자가 계속된다면 그것은 단순한 가치형성과정이다. 가치형성과정이 이 점을 넘어서 계속된다면 그것은 가치증식과정이 된다. (…)

노동과정과 가치형성과정의 통일로서의 생산과정은 상품의 생산과정이다. 노동과정과 가치증식과정의 통일로서의 생산과정은 자본주의적 생산과정이며 상품생산의 자본주의적 형태다. (『자본』 제1권, 1890년 제4판)

기계의 주검, 가치의 윤회, 노동력의 천부적인 재능

노동과정에 투입된 각 요소는 생산물의 가치 형성에서 제각기 다른 역할을 수행한다.

자신의 노동이 지닌 특수한 내용과 목적 그리고 기술적 성격을 논외로 할 때, 노동자는 일정량의 노동을 부가함으로써 노동대상에 새로운 가치를 부가한다. 한편 우리는 소비된 생산수단의 가치를 생산물 가치의 구성부분으로〔예를 들어 면화와 방추의 가치를 실의 가치 속에서〕다시 만나게 된다. 즉 생산수단의 가치는 생산물로 이전되어 보존된다. 이 이전은 생산수단이 생산물로 전화하는 동안에〔즉 노동과정 속에서〕이루어진다. 그것은 노동에 의해서 매개된다. 그러나 어떻게?

노동자가 같은 시간에 이중으로 노동함으로써 그렇게 되는 것은 아니다. 즉 한편으로는 자신의 노동을 통해 면화에 가치를 부가하기 위하여 노동하고, 다른 한편으로는 면화의 원래 가치를 보존하기 위하여 또는 같은 말이지만 자신이 가공하는 면화와 자신의 노동수단인 방추의 가치를 생산물인 실로 이전하기 위하여 노동하는 것은 아니다. 오히려 그는 새로운 가치를 부가함으로써 원래의 가치를 보존한다. 그러나 노동대상에 새로운 가치를 부가하는 것과 생산물 속에 원래의 가치를 보존하는 것은 노동자가 같은 시간에 단 한번밖에 노동하지 않으면서도 동시에 이루어내는 완전히 다른 두 결과이므로 이러한 결과의 양면성은 명확히 오직 그의 노동 자체의 양면성을 통해서만 설명될 수 있다. 그의 노동은 동일한 시점에서 한편의 속성으로는 가치를 창조하고, 다른 한편의 속성으로는 가치를 보존 또는 이전해야 하는 것이다.

노동자는 노동시간, 즉 가치를 어떻게 부가하는가? 그는 언제나 자신의 특유한 생산적 노동방식의 형태를 통해서만 그렇게 한다. 즉 방적공은 실을 방적함으로써만, 직물공은 베를 직조함으로써만, 또 야금공은 철을 단련시킴으로써만 각기 노동시간을 부가한다. 그러나 그들이 노동〔새로운 가치〕을 부가하는 바로 그 형태──목적에 따라 제각각의 형태를 갖는 방적이나 직조 또는 철 단련——를 통해서 면화와 방추·실과 직기·철과 모루 같은 생산수단은 하나의 생산물(즉 하나의 새로운 사용가치)의 형성요소가 된다. 생산수단 사용가치의 원래 형태는 소멸되지만, 그것은 단지 새로운 사용가치 형태로 나타나기 위하여 없어지는 것일 뿐이다. 그런데 가치형성과정의 고찰에서 분명하게 드러났듯이 어떤 사용가치가 새로운 사용가치의 생산을 위하여 합목적적으로 소비되는 한, 소비된 사용가치의 생산에 필요한 노동시간은 새로운 사용가치의 생산에 필요한 노동시간의 일부분을 이루는 것으로, 그것은 곧 소비된 생산수단에서 새로운 생산물로 이전되는 노동시간이다. 그러므로 노동자가 소비된 생산수단의 가치를 보존하고 또 그것을 가치의 한 구성부분으로 생산물에 이전하는 것은 그가 노동 일반을 부가하는 과정을 통해서가 아니라 이 부가된 노동의 특수한 유용성, 즉 그 특수한 생산형태를 통해서다. 이 같은 합목적적인 생산활동(즉 방적과 직조 및 철 단련 노동)은 단지 접촉하는 것만으로도 생산수단을 죽음에서 소생시키고 그것들에 활기를 불어넣어 노동과정의 요소들로 만들며 그것들과 결합하여 생산물이 된다.

노동자가 행하는 특수한 생산적 노동이 방적이 아니라면 그는 면화를 실로 만들지 않을 것이며, 면화와 방추의 가치를 실로 이전시키지도 않을 것이다. 반면 이 노동자가 직업을 바꾸어 가구를 만드는 가구공이 될 경우에도 그는 여전히 1노동일의 노동을 통하여 그의 재료에 가치를 부가할 것이다. 그러므로 그가 자신의 노동을 통하여 가치를 부가할 경우 그의 노동은 방적노동이나 가구 제작노동이라는 의미를 갖는 것이 아니라 추상적·사회적 노동이라는 의미를 갖는 것이며, 또 그가 일정량의 가치를 부가하는 것도 그의 노동이 어떤 특수한 사용가치를 갖기 때문이 아니라 그것이 일정한 시간을 소요하기 때문이다. 그리하여 방적공의 노동이 면화와 방추의 가치에 새로운 가치를 부가하는 것은 그것이 가진 추상적·일반적 속성을 통해서이며(즉 인간노동력의 지출이라는 의미를 통해서이며), 그 노동이 이들 생산수단의 가치를 생산물로 이전시키고 그것들의 가치를 생산물 속에 보존하는 것은 그 노동이 가진 방적과정으로서의 구체적이고 특수한 사용가치적 성격을 통해서다. 그리하여 동일한 시점에서 노동의 결과는 양면성을 띠게 된다. (…)

　가치는 가치 표지를 통해 단순히 상징적으로만 표시될 경우를 제외하곤 언제나 하나의 사용가치(즉 하나의 물품) 속에만 존재한다. (인간 자신도 노동력의 단순한 현존재로 본다면 하나의 자연대상이며, 비록 생명이 있고 자의식이 있다고 해도 분명 하나의 물적 존재다. 그리고 노동 그 자체는 어떤 힘의 물적인 발현이다.) 따라서 사용가치가 없어지면 가치도 없어진다. 그런데 생산수단은 사용가치를 잃는다고 해서 동시에 그 가치까지 잃는 것은 아니다. 왜냐하면 생산수단이 노동과정을 통하여 그 사용가치의 원래 모습을 잃는 것은 생산물을 통해서 그것이 다른 사용가치의 모습을 획득하기 위한 것일 뿐이기 때문이다. 그러나 가치에서 그것이 무엇인가의 사용가치 속에 존재한다는 것은 중요하지만, 그것이 어떤 사용가치 속에 존재하는가는 상품의 전형(轉形)에서 볼 수 있듯이 별로 중요하지 않다. 이를 토대로 우리는 노동과정에서 가치가 생산수단으로부터 생산물로 이전되는 것은 다만 생산수단이 그 자립적인 사용가치와 더불어 그 교환가치까지도 잃어버리는 경우에만 그러하다는 점을 알 수 있다. 생산수단은 그것이 생산수단으로 잃어버린 가치만을 생산물에 인도할 뿐이다. 그러나 노동과정의 각 물적 요소들은 이 점에서 제각기 다른 방식으로 이를 수행한다.

기관에 열을 가하는 데 사용되는 석탄은 차축에 바르는 기름과 마찬가지로 흔적도 없이 소멸한다. 염료와 그밖의 보조자재도 소멸하지만, 그러나 그것들은 생산물의 속성 속에 나타난다. 원료는 생산물의 실체를 형성하지만 그 형태는 변한다. 따라서 원료와 보조자재는 그것들이 노동과정에 사용가치로서 들어갈 때 지니고 있던 자립적인 모습을 잃어버린다. 하지만 노동수단의 경우는 이들과 다르다. 공구와 기계, 공장 건물 그리고 용기 등이 노동과정에서 사용되는 방식은 그것들이 단지 최초의 모습을 유지하며 내일도 어제와 똑같은 형태로 노동과정에 들어가는 형태를 통해서뿐이다. 그것들은 생존해 있는 동안에도(즉 노동과정 속에 있는 동안에도) 생산물에 대해 자신의 자립적인 모습을 유지하지만, 죽은 뒤에도 여전히 그러하다. 기계, 도구, 작업용 건물 등의 시체는 그것들의 도움을 받아 만들어진 생산물들과는 계속 분리되어 존재한다. 이제 이러한 노동수단이 일정한 역할을 한 모든 기간, 즉 그것이 작업장에 들어갔던 날부터 헛간으로 추방된 날까지를 살펴보면, 이 기간 동안 그것의 사용가치는 노동에 의해 모두 소비되었고 따라서 그 교환가치는 남김없이 생산물로 이전되었다. 예를 들어 어떤 방적기가 10년으로 수명을 다했다면, 10년 동안의 노동과정을 통해서 그 기계의 총가치는 10년 동안의 생산물로 이전되었음을 뜻한다. 따라서 어느 한 노동수단의 생존기간 속에는 이 노동수단을 사용하면서 끊임없이 반복되는 여러 노동과정이 포함되어 있다. 그리고 이런 노동수단의 경우는 인간의 경우와 매우 흡사하다. 인간은 누구나 매일 24시간씩 죽어간다. 그러나 어떤 사람을 보고 그가 이미 며칠을 죽어갔는지를 정확히 알 수 있는 경우는 결코 없다. 그렇지만 이것이 생명보험회사가 인간의 평균수명으로부터 매우 확실한 (그리고 훨씬 중요한 일이지만) 수익률을 산출해내는 데 장애가 되지는 않는다. 노동수단의 경우도 마찬가지다. 사람들은 경험을 통해서 어떤 노동수단(예를 들어 어떤 종류의 기계)이 평균적으로 얼마나 오래 가는지를 알고 있다. 노동과정에서 기계의 사용가치가 6일밖에 지속되지 않는다고 가정해보자. 그렇다면 이 기계는 평균 잡아 각 노동일마다 그 사용가치의 1/6을 잃게 되며, 따라서 날마다 자기 가치의 1/6을 생산물에 인도한다. 모든 노동수단의 마모, 즉 예를 들어 매일매일의 사용가치 상실과 그에 맞추어 이루어지는 생산물로의 매일매일의 가치 인도는 이런 방식으로 계산된다.

이리하여 생산수단은 노동과정에서 자신의 사용가치를 소멸시키면서 잃는 것보다 더 큰 가치를 생산물에 인도하지는 않음을 확실히 알 수 있다. 만약 생산수단이 상실할 아무런 가치도 갖고 있지 않다면(즉 그것이 인간노동의 산물이 아니라면), 그것은 생산물에 아무런 가치도 인도하지 않을 것이다. 그 생산수단은 교환가치를 형성하는 데는 아무런 역할을 하지 않고 단지 사용가치를 형성하는 데만 도움을 줄 것이다. 인간의 관여 없이 천연적으로 존재하는 생산수단(예컨대 토지, 바람, 물, 광맥 속의 철, 원시림의 수목 등)의 경우가 모두 그러하다.

여기에서 우리는 또 하나의 흥미로운 현상을 만난다. 예를 들어 어떤 기계가 1000파운드스털링의 가치가 있고 1000일 만에 마모되어버린다고 하자. 이 경우 기계 가치의 1/1000이 매일 기계에서 생산물로 이전된다. 생명력이 점차 줄어들긴 하지만 기계는 전체가 계속하여 노동과정에서 기능을 수행한다. 따라서 노동과정의 어떤 요소(즉 어떤 생산수단)는 노동과정에는 전체가 투입되지만 가치증식과정에는 일부만 투입된다는 것을 알 수 있다. 여기에서 노동과정과 가치증식과정의 차이는 이들 과정의 물적 요소들을 통해 반영되고, 그런 반영은 같은 생산수단이 동일한 생산과정에서 노동과정의 한 요소로는 전체로 계산되고, 가치형성의 한 요소로는 일부만 계산되는 방식을 통해 이루어진다.

한편 그와 반대로 다른 생산수단의 경우 노동과정에는 일부만 투입되지만 가치증식과정에는 전체가 투입되는 수도 있다. 면화를 방적할 때 실이 되지 못해 폐기되는 폐면이 날마다 115파운드 가운데 15파운드씩 생긴다고 하자. 그런데도 만약 이 15파운드의 폐기물이 표준적이고 면화의 평균 가공과 불가분의 것이라면 실의 요소가 되지 못한 15파운드 면화의 가치도 실의 실체가 된 100파운드 면화의 가치와 똑같이 실의 가치에 포함될 것이다. 100파운드의 실을 만들려면 15파운드 면화의 사용가치가 폐기물이 될 수밖에 없다. 따라서 이 면화의 폐기물화는 실의 생산조건 가운데 하나가 된다. 바로 그렇기 때문에 그것은 자신의 가치를 실에 이전한다. 이것은 적어도 어떤 폐기물이 다시 새로운 생산수단이 되거나 따라서 새로운 자립적 사용가치를 형성하지 않는 한 노동과정의 모든 폐기물에 똑같이 적용된다. 그 예외적인 경우로 우리는 맨체스터의 대규모 기계공장에서 육중한 기계를 거치며 대팻밥처럼 떨어져나온 산더미 같은 쇠 부스러기가 저녁이 되면 커다란 차에 실려 공장에서 제철소로 운반되는 모습을 볼 수 있는데, 이 쇠 부스러기는 뒷날 다시 대량의 철이 되어 제철소에서 공장으로 되돌아온다.

노동과정에 있는 동안 생산수단은 원래의 사용가치 모습에서 가치를 상실하는 경우에만 생산물의 새로운 모습에 가치를 이전한다. 그것이 노동과정에서 상실할 수 있는 가치의 최대량은 명백히 그것이 노동과정에 투입될 때 갖고 있던 원래의 가치크기[즉 그 자신의 생산에 필요한 노동시간]에 따라 제한된다. 그러므로 생산수단은 그것이 노동과정에서 얼마나 유용하게 사용되느냐와는 무관하게, 자신이 지닌 가치보다 더 많은 가치를 생산물에 부가할 수는 없다. (…)

생산노동이 생산수단을 새로운 생산물의 형성요소로 변화시킴으로써 생산수단의 가치에는 일종의 윤회가 발생한다. 생산수단의 가치는 소비된 육체에서 새로이 형성된 육체로 옮겨간다. 그러나 이 윤회는 이른바 현실 노동의 배후에서 이루어진다. 노동자는 원래의 가치를 보존하지 않고서는 새로운 노동을 부가하거나 새로운 가치를 창조할 수 없다. 왜냐하면 그는 노동을 반드시 특정의 유용한 형태로 부가해야 하기 때문이다. 그리고 이를 위해서는 여러 생산물을 하나의 새로운 생산물의 생산수단으로 삼아 그것들의 가치를 그 새로운 생산물에 이전해야만 한다. 그러므로 가치를 부가함으로써 가치를 보존하는 것은 활동하고 있는 노동력(즉 살아 있는 노동)의 천부적인 자질이며, 그것은 또한 노동자에게 아무런 부담도 주지 않으면서 자본가에게 현재의 자본 가치를 유지하게 하는 크나큰 이득을 안겨주는 천부적인 자질이기도 하다. 경기가 좋을 동안에는 자본가는 이익의 증식에 몰두한 나머지 노동이 가져다주는 이 무상(無償)의 선물을 간과하게 된다. 노동과정의 강제적인 중단, 즉 공황은 그로 하여금 이것이 얼마나 중요한 것인지를 절감하게 만든다.

무릇 생산수단에서 소비되는 것은 그것의 사용가치이며 이런 소비를 통해서 노동은 생산물을 만들어낸다. 생산수단의 가치는 실제로는 소비되는 것이 아니며, 따라서 재생산될 수도 없다. 생산수단의 가치는 그대로 보존되지만, 그런 보존은 노동과정에서 가치 그 자체에 조작이 가해지기 때문이 아니라 본래 그 속에 존재하던 사용가치가 소실되면서 단지 다른 사용가치가 됨으로써만 소실되기 때문이다. 그러므로 생산수단의 가치는 단지 생산물의 가치 속에 재현(再現)되는 것이지 정확히 말해 재생산되는 것은 아니다. 생산되는 것은 원래의 교환가치가 재현하는 바로 그 새로운 사용가치다.

　노동과정의 주관적 요소, 즉 활동하고 있는 노동력의 경우에는 사정이 다르다. 노동이 자신의 합목적적인 형태를 통해 생산수단의 가치를 생산물로 이전시켜 보존하는 동안 노동이 수행하는 운동의 각 순간은 모두 추가적인 가치〔즉 새로운 가치〕를 만드는 순간들이다. 가령 노동자가 자신의 노동력 가치의 등가를 생산한 시점〔예를 들어 6시간의 노동에 의해 3실링의 가치를 부가한 시점〕에서 생산과정이 중단된다고 하자. 이 가치는 생산물가치 가운데, 생산수단의 가치로 이루어진 구성 부분을 넘는 초과분을 이룬다. 이 가치는 이 과정의 내부에서 발생한 유일한 원가치(原價値, Originalwert)이며 생산물가치 가운데 이 과정에 의해 생산된 유일한 가치 부분이다. 물론 그것은 자본가가 노동력을 구매할 때 투하한 화폐〔그리하여 노동자가 자신의 생활수단으로 지출한 화폐〕를 보전하는 것에 지나지 않는다. 지출된 3실링과의 관계에서 본다면 새로운 가치 3실링은 다만 재생산된 것에 지나지 않는다. 그러나 그것은 생산수단의 가치처럼 단지 외견상 재생산된 것처럼 보일 뿐 아니라 실제로도 재생산된다. 어떤 가치의 다른 가치에 의한 보전이 여기서는 새로운 가치의 창출에 따라 이루어진다.

　그러나 이미 우리가 알고 있듯이 노동과정은 노동력 가치의 등가가 재생산되어 노동대상에 부가되는 시점을 넘어서도 계속 진행된다. 이 시점까지는 6시간으로 충분하지만 이 과정은 여기에서 그치지 않고 예를 들어 12시간까지 계속된다. 그 결과 노동력의 활동을 통해서 노동력 자신의 가치가 재생산될 뿐 아니라, 더 나아가 일정한 초과가치가 생산된다. 이 잉여가치는 생산물가치 가운데 소비된 생산물 형성요소들〔즉 생산수단과 노동력]의 가치를 넘는 초과분을 이룬다.

우리는 생산물가치의 형성에서 노동과정의 여러 요소가 연출하는 다양한 역할을 서술함으로써 사실상 자본의 가치증식과정에서 자본의 각 구성요소들이 수행하는 기능의 특징을 살펴보았다. 생산물의 총가치 가운데 이 생산물을 형성하는 데 사용된 요소들의 가치 총액을 넘는 초과분은 처음에 투하된 자본가치를 넘는 증식된 자본의 초과분이다. 생산수단과 노동력은 처음의 자본가치가 그 화폐형태를 벗어버리고 노동과정의 요소로 전화하면서 취하는 존재형태에 불과하다.

따라서 생산수단[즉 원료나 보조재료 또는 노동수단]으로 전화하는 자본 부분은 생산과정에서 그 가치크기가 변하지 않는다. 그러므로 나는 이것을 불변자본 부분 또는 더 간단하게 줄여서 불변자본(konstantes Kapital)이라고 부른다.

반면 자본 가운데 노동력으로 전화한 부분은 생산과정에서 그 가치가 변한다. 이 부분은 자신의 등가와 그것을 넘는 초과분[잉여가치]을 재생산하는데, 이 잉여가치도 변동할 수 있어서 커질 수도 있고 작아질 수도 있다. 자본 가운데 이 부분은 하나의 불변적인 크기에서 가변적인 크기로 끊임없이 전화한다. 그래서 나는 이것을 가변자본 부분 또는 더 간단하게 줄여서 가변자본(variables Kapital)이라고 부른다. 노동과정의 관점에서는 객관적 요소와 주관적인 요소로[즉 생산수단과 노동력으로] 구별되는 자본의 구성부분이 가치증식과정의 관점에서는 불변자본과 가변자본으로 구별된다.

(…) 상품의 가치는 그 상품에 포함된 노동량에 따라 결정되지만, 이 양은 다시 사회적으로 정해진다. 만일 그 상품의 생산에 사회적으로 필요한 노동시간이 변한다면 (…) 그 변화는 종래의 상품에도 영향을 끼

152

치게 될 것인데, 이때 이 종래의 상품은 어디까지나 그 상품의 사회적인 성격을 반영하는 하나의 견본으로만 간주되며, 또 그 가치는 언제나 사회적으로 필요한〔따라서 언제나 현재의 사회적 조건에서 필요한〕 노동에 의하여 계산된다.

원료의 가치와 마찬가지로 이미 생산과정에서 쓰이고 있는 노동수단 〔즉 기계 따위〕의 가치와 그것들이 생산물에 인도하는 가치부분 또한 변동할 수 있다. 가령 새로운 것이 발명됨으로써 같은 종류의 기계가 보다 적은 노동 지출을 통해서 재생산된다면 종전의 기계는 많건 적건 그 가치가 감소하며, 따라서 그에 비례하여 보다 적은 가치를 생산물에 이전한다. 그러나 이 경우에도 가치변동은 그 기계가 생산수단으로 기능하는 생산과정의 외부에서 발생한다. 이 과정에서 그 기계는 결코 그것이 이 과정과는 무관하게 갖고 있는 것보다 더 많은 가치를 인도하지는 않는다.

생산수단의 가치변동이, 생산수단이 이미 과정에 들어와버린 뒤에 발생했든 아니면 그전에 발생했든 그것과는 상관없이, 그것이 불변자본이라는 성격에는 아무런 영향을 끼치지 않는 것과 마찬가지로 불변자본과 가변자본 사이의 비율 변동 역시 그것들의 기능적인 차이에는 아무런 영향을 끼치지 않는다. 가령 종전에는 10명의 노동자가 아주 적은 가치를 지닌 10개의 도구를 사용하여 비교적 적은 양의 원료를 가공했는데 이제는 노동과정의 여러 기술적인 조건들이 개선되어 1명의 노동자가 1대의 비싼 기계로 100배의 원료를 가공한다고 해보자. 이런 경우 불변자본, 즉 사용된 생산수단의 가치크기는 크게 증가하고 노동력에 투하된 가변자본 부분은 크게 감소한다. 그러나 이 변동은 불변자본과 가변자본 사이의 양적 비율〔즉 총자본이 불변자본과 가변자본으로 분할되는 비율)을 변화시킬 뿐이며, 불변자본과 가변자본 사이의 차이에는 아무런 영향을 끼치지 않는다. (『자본』 제1권, 1890년 제4판)

기계의 물질적 마모는 이중적이다. 한편으로는 화폐가 유통되면서 마모되듯이 그것을 사용함으로써 마모가 이루어지기도 하고, 또다른 한편으로는 사용하지 않는 칼이 칼집 속에서 녹이 슬듯이 사용하지 않은 채 마모가 이루어지기도 한다. 이 둘은 모두 자연력에 의한 기계의 소모다. 전자의 마모는 어느정도 기계의 사용에 정비례하며, 후자의 마모는 어느정도까지는 기계의 사용에 반비례한다.

그러나 기계는 물질적 마모 외에 이른바 도덕적 마모도 겪는다. 즉 자신과 똑같은 구조의 기계가 더 싼 값에 재생산될 수 있거나, 또는 자신보다 우수한 기계가 경쟁자로 나타나면 기계는 교환가치를 상실하게 된다. 어느 경우든, 그 기계가 아무리 아직 새것이고 잘 가동되고 있다 할지라도, 이미 그 가치는 사실상 그 기계에 투입된 노동시간에 의해서가 아니라 그것의 재생산 또는 좀더 우수한 기계의 재생산에 필요한 노동시간에 의해 정해진다. 따라서 기계의 가치는 어느정도 하락한다. 기계의 총가치가 재생산되는 기간이 짧을수록 도덕적 마모의 위험은 줄어들고, 노동일이 길수록 그 재생산기간은 그만큼 짧아진다. 어떤 생산부문에 처음으로 기계가 도입될 때에는 이 기계를 더욱 저렴하게 재생산하기 위한 새로운 방법과 개량이 잇달아 나타나며, 그런 방법과 개량은 기계의 각 부분이나 장치뿐 아니라 기계의 모든 구조에서 이루어진다. (『자본』 제1권, 1890년 제4판)

상대적 부의 동어반복: 자본의 물적 형태와 유동적인 힘

투하자본 C가 생산과정에서 산출한 잉여가치[즉 투하된 자본가치 C의 가치 증식분]는 생산물가치 가운데 그 생산요소의 가치 총액을 넘는 초과분으로 표시된다.

자본 C는 두 부분으로 나뉜다. 곧 생산수단에 지출된 화폐액 c와 노동력에 지출된 다른 화폐액 v로 나뉜다. c는 불변자본으로 전화한 가치 부분을 표시하고 v는 가변자본으로 전화된 가치 부분을 표시한다. 이리하여 시작은 C=c+v로, 즉 예를 들어 투하자본 500파운드스털링=410파운드스털링[c]+90파운드스털링[v]으로 이루어진다. 생산과정의 끝에서는 상품이 나오는데, m을 잉여가치라고 한다면 그 가치는 (c+v)+m이 된다. 즉 예를 들어 (410파운드스털링[c]+90파운드스털링[v])+90파운드스털링[m]이 된다. 최초의 자본 C는 C′로 되었다. 즉 500파운드스털링에서 590파운드스털링이 된 것이다. 이 양자의 차액은 m으로, 즉 90파운드스털링의 잉여가치다. 생산요소의 가치는 투하자본의 가치와 같으므로, 생산물가치 가운데 그 생산요소의 가치를 넘는 초과분이 투하자본의 증식분과 같다[또는 생산된 잉여가치와 같다]는 말은 사실 동어반복이다.

그렇지만 이 동어반복은 좀더 상세히 규정될 필요가 있다. 생산물가치와 비교되는 것은 그 형성에 소비된 생산요소의 가치다. 그런데 이미 보았듯이, 사용된 불변자본 가운데 노동수단으로 이루어진 부분은 단지 그 가치의 일부분만을 생산물에 이전할 뿐이며 다른 부분은 원래의 존재형태를 계속 유지한다. 후자는 가치형성에서 아무런 역할도 하지 않으므로 여기에서는 사상해도 좋다. 물론 그것을 계산에 넣는다고 하더라도 아무런 변화가 없을 것이다. (…) 그러므로 우리가 가치생산에 투하된 불변자본을 말할 때, 그것이 문맥상 특별히 반대의 의미를 띠는 것이 아닌 한 우리는 그것을 언제나 생산 중에 소비된 생산수단의 가치로만 생각한다. (…)

사실 우리가 이미 알고 있듯이 잉여가치는 오로지 v〔즉 노동력으로 전화한 자본 부분〕에서 일어나는 가치변화의 결과일 뿐이며 (…) 그러나 총자본 중 가변적 구성 부분이 증가함에 따라 투하된 총자본 역시 증가한다는 사실 때문에 현실의 가치변화 및 가치변화의 비율은 모호해진다. 총투하자본은 500이었는데 이제는 590이 되었다. 그러므로 과정을 순수하게 분석하기 위해서는 생산물가치 중 불변자본가치가 재현된 것에 지나지 않는 부분을 완전히 사상할〔즉 불변자본 c=0으로 놓을〕필요가 있다. (…)

불변자본을 0으로 놓는 것은 얼핏 보면 이상해 보인다. 그러나 그것은 일상적으로 벌어지고 있는 일이다. 예를 들면 영국이 면공업에서 거두는 이익을 계산해보려는 사람은 제일 먼저 미국과 인도, 이집트 등에 지불된 면화 가격을 공제한다. 즉 그는 생산물가치 중에서 재현되기만 한 자본가치를 0으로 계산하는 것이다.

물론 가변자본〔즉 잉여가치의 직접적 원천이며 그 가치의 변동이 잉여가치로 표시되는 자본 부분〕에 대한 잉여가치의 비율뿐 아니라 총투하자본에 대한 잉여가치의 비율도 경제적으로 매우 중요한 의미가 있다. 그래서 우리는 이 비율을 제3권에서 상세히 논할 것이다. 자본의 일부분을 노동력으로 전화시켜 가치를 증식시키기 위해서는 자본의 다른 한 부분이 생산수단으로 전화해야 한다. 가변자본이 기능하기 위해서는 불변자본이 노동과정의 정해진 기술적 성격에 맞추어 적당한 비율로 함께 투하되지 않으면 안 된다. 그러나 화학적인 처리를 위해 증류기나 그밖의 다른 용기가 필요하다고 해서 그것 때문에 분석과정에서 증류기를 반드시 포함시켜야 하는 것은 아니다. 가치창출과 가치변동을 순수한 형태로 고찰할 때, 생산수단[즉 불변자본의 물적 형태]은 단지 가치를 형성하는 유동적인 힘을 고정시켜주는 소재의 역할을 수행할 뿐이다. 그러므로 이 소재의 성질이 면화든 철이든 그것은 아무래도 상관이 없다. 또 이 소재의 가치도 역시 아무 상관이 없다. 다만 이 소재의 양은 생산과정에서 지출된 노동량을 흡수하는 데 충분할 만큼 존재해야만 한다. 그 정도의 양만 주어진다면 해당 가치가 어떻게 변동하든, 또 그것이 토지나 바다처럼 무가치하든 아니든, 가치창출과 가치변동의 과정은 그것에서 아무런 영향을 받지 않는다.

이런 의미에서 우리는 일단 불변자본 부분을 0으로 잡는다. 따라서 투하된 자본은 c+v에서 v로, 또 생산물가치[(c+v)+m]는 가치생산물[v+m]로 축약된다. 가치생산물[=180파운드스털링]이 주어져 있고 이 가치생산물이 생산과정 전체 기간 동안 움직인 노동을 나타낸다면, 잉여가치[=90파운드스털링]를 계산하기 위해서는 여기에서 가변자본의 가치[=90파운드스털링]를 공제해야 한다. 이때 90파운드스털링[=m]이라는 수는 생산된 잉여가치의 절대적 크기를 나타낸다. 그러나 그 비례적 크기, 즉 가변자본이 증식된 비율은 가변자본에 대한 잉여가치의 비율에 의하여[즉 m/v으로] 분명하게 규정된다. 위의 예에서 그것은 90/90=100퍼센트다. 이 가변자본의 가치증식 비율[혹은 잉여가치의 비율적 크기]을 나는 잉여가치율(Rate des Mehrwert)이라고 부른다.

이미 보았듯이 노동자는 노동과정의 일부분 동안 단지 자신의 노동력 가치[즉 자신의 필요생활수단의 가치]만을 생산한다. (…) 그러나 전체 노동일 가운데 노동력의 하루가치〔말하자면 3실링〕를 생산하는 부분에서는 그는 자본가가 이미 지불한 노동력 가치의 등가만을 생산할 뿐이어서〔즉 새로 창출된 가치가 단지 투하된 가변적 자본가치만을 보전할 뿐이어서〕 이 가치생산은 단순재생산으로 나타난다. 그래서 나는 노동일 가운데 이 재생산이 이루어지는 부분을 필요노동시간이라 부르고, 이 시간에 지출되는 노동을 필요노동(notwendige Arbeit)이라 부른다. (…)

노동과정의 두번째 기간, 즉 노동자가 필요노동의 한계를 넘어서 땀을 흘리는 기간은 그에게는 노동〔곧 노동력의 지출〕을 필요로 한다는 점에서는 차이가 없으면서도 그를 위해서는 아무런 가치도 형성하지 않는다. (…) 노동일 가운데 이 부분을 나는 잉여노동시간(Surplusarbeitszeit)이라 부르고, 또 거기에 지출된 노동을 잉여노동(Mehrarbeit)이라 부른다. 일반적으로 가치를 올바르게 인식하려면 가치를 단순한 노동시간의 응결이나 단지 대상화된 노동으로만 파악하는 것이 결정적으로 중요한 것과 마찬가지로, 잉여가치의 인식에서도 그것을 단순한 잉여노동시간의 응결이나 단지 대상화된 잉여노동으로만 파악하는 것이 결정적으로 중요하다. (…)

생산물 가운데 잉여가치를 표시하는 부분을 (…) 우리는 잉여생산물(Mehrprodukt)이라고 일컫는다. 잉여가치율이 자본 총액에 대해서가 아니라 자본의 가변적인 부분에 대한 잉여가치의 비율에 따라 규정되듯이, 잉여생산물의 비율도 총생산물의 나머지 부분에 대한 비율이 아니라 필요노동을 표시하는 생산물 부분에 대한 잉여생산물의 비율에 따라 규정된다. 잉여가치의 생산이 자본주의적 생산의 명시적인 목적이듯이, 부의 크기를 나타내는 지표도 생산물의 절대적 크기가 아니라

잉여생산물의 상대적 크기에 의해서 계산된다. (『자본』제1권, 1890년 제4판)

우리의 가정에 따르면 생산물가치는 (410파운드스털링[c]+90파운드스털링[v])+90파운드스털링[m]이며 투하자본은 500파운드스털링이었다. 잉여가치=90이고 투하자본=500이므로 보통의 계산방법으로는 잉여가치율(사람들이 보통 이윤율[Profitrate]과 혼동하는 것)=18퍼센트로 산출되므로, 이 비율이 낮다는 것이 케리(Henry Charles Carey) 같은 조화론자들을 감동시킬 수도 있다. 그러나 실제 잉여가치율은 m/C 또는 m/c+v이 아니라 m/v이고 따라서 90/500이 아니라 90/90[=100퍼센트]이며 겉보기의 착취도보다 5배 이상 크다. (…)

리카도 (…) 또한 다른 경제학자들과 마찬가지로 잉여가치를 그 자체로서[즉 이윤이나 지대 등과 같은 그것의 특수한 형태들에서 독립시켜] 연구한 적이 없었다. 따라서 그는 잉여가치율에 관한 법칙을 이윤율의 법칙과 같은 것으로 혼동하고 있다. 이미 말했듯이 이윤율은 총투하자본에 대한 잉여가치의 비율이지만, 잉여가치율은 이 자본 가운데 가변 부분에 대한 잉여가치의 비율이다. 500파운드스털링의 어떤 자본(C)이 원료나 노동수단 등을 모두 합한 400파운드스털링(c)과 100파운드스털링의 임금으로 나뉘고 잉여가치는 100파운드스털링이라고 하자. 그렇게 되면 잉여가치율은 m/v=100파운드스털링/100파운드스털링=100퍼센트다. 그러나 이윤율은 m/C=100파운드스털링/500파운드스털링=20퍼센트다. 게다가 이윤율이 잉여가치율에는 아무런 영향을 끼치지 않는 요인에 의해 영향을 받을 수 있다는 것은 분명한 사실이다. (『자본』제1권, 1890년 제4판)

축적할지어다! 축적할지어다! 경쟁의 강제법칙과 가치증식의 광신자

사회적 분업은 독립된 상품생산자들을 서로 대립시키는데, 이 상품 생산자들은 경쟁이라는 권위〔즉 그들 상호 이해관계의 압박이 주는 강제〕이외에는 아무런 권위도 인정하지 않으며 이것은 마치 동물의 세계에서 만인에 대한 만인의 투쟁이 모든 종의 생존조건을 이루는 것과 같다. (『자본』제1권, 1890년 제4판)

어떤 상품이 그 시장가치대로 판매되기 위해서는〔즉 그 속에 포함된 사회적 필요노동에 비례해서 판매되기 위해서는〕이 상품 종류의 총량을 생산하는 데 사용되는 사회적 노동의 총량이 그 상품에 대한 사회적 필요〔즉 지불능력이 있는 사회적 필요〕의 양과 일치해야만 한다. 경쟁, 그리고 수요와 공급 간 비율의 변동과 일치하는 시장가격의 변동은 끊임없이 그 상품 종류의 생산에 사용된 노동총량을 이 필요량과 같은 수준으로 일치시키려고 한다. (…)

반면에 수요와 공급의 고찰에서는 공급은 일정 상품 종류의 판매자나 생산자가 공급하는 총량과 같고, 수요는 그 상품의 구매자나 소비자 (개별 소비자이든 생산적 소비자이든)의 수요 총량과 일치한다. 그리고 이들 총량은 각기 하나의 단위로, 즉 각기 하나의 통합세력으로 서로 작용한다. 여기에서 각 개인은 하나의 사회적 힘의 일부로만, 즉 전체의 한 원소로만 작용하고 바로 이런 형태 속에서 경쟁은 생산과 소비의 사회적 성격을 드러내게 된다.

경쟁력이 일시적으로 약해진 쪽에서는 개인들이 자신의 경쟁자 집단을 무시하고 독립적으로 행동하고 때로는 종종 이들에 대항하는 행동을 함으로써 서로(경쟁자 집단과 그 개인) 간의 의존성을 느끼게 되는 반면, 경쟁력이 강해진 쪽에서는 언제나 이들 개인이 하나의 단위로 단결하여 상대편에게 대항한다. 만일 어떤 상품의 수요가 공급보다 더 크다면 어떤 구매자는 (일정한 범위 내에서) 다른 구매자보다 더 비싼 가격을 제시할 것이고 그 결과 그 상품은 구매자 모두에게 시장가치 이상으로 가격이 상승할 것이다. 반면 다른 한편으로 판매자들은 모두가 단결하여 높은 시장가격에 상품을 판매하려고 노력할 것이다. 거꾸로 공급이 수요보다 더 클 경우에는 판매자 중 어떤 한 사람이 좀더 낮은 가격으로 상품을 공급하기 시작하면 다른 판매자도 이에 따를 수밖에 없게 되는 반면, 구매자들은 모두가 단결하여 시장가격을 가능한 한 시장가치 이하로 떨어뜨리려고 노력할 것이다. 공동보조의 측면이 개인들의 관심을 얻는 것은 단지 그들이 서로 경쟁하는 것보다 더 유리한 경우에만 그러하다. 이러한 공동보조는 경쟁에서 그들의 세력이 약화되면 곧 중단되는데, 즉 이 경우에는 각자가 가능한 한 자신만이 더 많은 이익을 거머쥐려고 노력하게 된다. 또한 만일에 어떤 사람이 어떤 상품을 좀더 값싸게 생산할 수 있어서 기존의 시장가격이나 시장가치 이하로 판매함으로써 자신의 공급량을 더욱 늘리고 더 큰 시장점유율을 차지할 수 있다면, 그는 그것을 실행에 옮길 것이고 그 결과 점차 다른 사람들도 어쩔 수 없이 보다 값싼 생산방법을 도입하게 되어 결국 사회적 필요노동의 기준을 낮추는 행동이 시작될 것이다. 경쟁자 중 어느 한쪽이 우세해지면 그 쪽에 속한 개인은 이익을 얻게 된다. 이것은 마치 그들이 공동으로 독점을 행사하는 듯 보인다. 만일 경쟁에서 한쪽의 세력이 약해지면, 거기에 속한 각 개인은 그 속에서 자신이 좀더 강한 위치(예를 들어 더 적은 생산비용으로 작업을 하게 되는 그런 위치)에 서기 위해서, 혹은 최소한 손해를 모면하기 위해서 노력하게 되고, 이럴 경우 그는 자신의 동료들을 짓밟게 되는데, 사실 이런 그의 행동은 그 피해 당사자는 물론 그의 같은 편 동료 모두에게 영향을 미치게 되는데도 그는 그런 짓을 자행하게 된다. (『자본』 제3권, 1894년판)

살아 있는 노동의 투하량이 서로 다른 자본들이 각기 다른 크기의 잉여가치를 생산한다는 사실은, 적어도 어느정도까지는 노동착취도 혹은 잉여가치율이 동일하다는 것을 전제하거나 또는 이 비율 간의 차이가 있더라도 그런 차이가 실제의 혹은 심리적인(관습적인) 상쇄요인에 의해 평준화된다고 간주되는 것을 전제한다. 이것은 노동자들 간의 경쟁을 전제로 하며 노동자들이 한 생산영역에서 다른 생산영역으로 끊임없이 옮겨다님으로써 그런 평준화가 이루어지는 것을 전제로 한다. (『자본』 제3권, 1894년판)

시급(時給)의 경우 거의 예외없이 같은 작업에는 같은 임금을 주는 것이 일반적이다. 한편 성과급의 경우에는 노동시간의 가격이 일정한 생산물의 양으로 계산되기 때문에 일급과 주급이 노동자들의 개인적인 차이(즉 일정한 시간 동안 어떤 사람은 최소량의 생산물만, 어떤 사람은 평균량을, 또 어떤 사람은 평균량 이상을 공급한다)에 따라 달라지게 된다. (…)
그렇지만 성과급은 개인별 차이의 여지를 제공하기 때문에 한편으로는 노동자들의 개별적인 속성(즉 자유로움과 자립성, 자발성)을 발달시

162

키고, 다른 한편으로는 노동자들 사이의 경쟁을 발전시키는 경향이 있다. (『자본』제1권, 1890년 제4판)

잉여가치 가운데 일부는 자본가가 수입으로 소비하며 나머지 부분은 자본으로 사용되거나 축적된다.

잉여가치의 양이 주어져 있다면 이 부분 가운데 어느 한 부분이 적어지면 다른 한 부분은 그만큼 커질 것이다. 다른 조건이 불변이라면 이 분할이 이루어지는 비율은 축적의 크기를 결정한다. 그러나 이 분할을 수행하는 사람은 잉여가치의 소유자, 즉 자본가다. 그러므로 이 분할은 자본가의 의지행위다. 그가 거두어들인 공물 가운데 그가 축적하는 부분에 대해 사람들은 그가 그것을 절약한다고 말한다. 왜냐하면 그가 그것을 소비해버리지 않기 — 이는 곧 자본가로서의 기능, 다시 말해서 자신을 부유하게 만드는 기능이다 — 때문이다. (…)

그러나 또한 그런 점에 있어서는 사용가치와 향락이 아니라 교환가치와 그 증식이 자본가의 추진력에 있어 동기가 된다. 가치증식의 광신자인 자본가는 가차없이 인류에게 생산을 위한 생산(따라서 사회적 생산력의 발전)을 강요할 뿐 아니라, (…) 오로지 인격화된 자본으로 존재할 때만 자본가는 존중을 받는다. 이런 존재로서 그는 화폐축장자와 똑같이 절대적으로 부유해지고자 하는 욕망을 품는다. 그렇지만 화폐축장자에게는 개인적 광기로 나타나던 이것이 자본가에게는 사회적 메커니즘의 작용으로 나타나는데, 이 메커니즘 속에서 그는 하나의 톱니바퀴에 지나지 않는다. 더구나 자본주의적 생산의 발전은 필연적으로 한 기업에 투하되는 자본을 끊임없이 증대시키고, 또 경쟁은 자본주의적 생산양식의 갖가지 내재적 법칙을 개별 자본가들에게 외적인 강제법칙으로 강요한다. 경쟁은 자본가에게 자본을 유지하기 위해서는 그것을 끊임없이 증대시키도록 강제하고, 그는 오로지 누진적인 축적을 통해서만 자본을 증대시킬 수 있다.

그러므로 자본가의 모든 일거수일투족이 자본가를 통해서 의지와 의식을 부여받는 자본의 기능에 지나지 않는 한, 자본가 자신의 사적 소비는 자본의 축적에 대한 도둑질로 간주된다. (…)

자본주의 생산양식의 역사적 초창기 —— 자본가적인 벼락부자들은 모두 개별적으로 이 역사적 단계를 거친다 —— 에는 치부의 충동과 탐욕이 절대적인 열정으로 지배한다. (…) 일정한 발전단계에 다다르면, 부의 과시인 동시에 신용의 수단이 되는 관례적인 수준의 낭비는 '불행한' 자본가에게 사업상 필요해진다. 사치는 자본의 교제비(交際費) 가운데 일부가 된다. (…) 그러므로 자본가의 낭비는 방종한 봉건영주의 낭비처럼 악의 없는 성격을 띠기는커녕 오히려 그 배후에 언제나 극히 불순한 탐욕과 극히 소심한 타산이 잠재해 있다. 그럼에도 불구하고 그의 낭비는 그의 축적과 함께 증대하며, 하나가 다른 하나를 중단시킬 필요가 없다. 그럼으로써 개별자본가의 가슴속에는 축적의 충동과 향락의 충동이 파우스트의 갈등처럼 동시에 전개된다. (…)

축적할지어다, 축적할지어다! 이것이 모세와 예언자들의 말이다 (…) 그러니까 절약하라, 절약하라! 다시 말해서 잉여가치나 잉여생산물 가운데 되도록 많은 부분을 자본으로 재전환하라! 축적을 위한 축적, 생산을 위한 생산, 이 정식 속에서 고전파경제학은 부르주아시대의 역사적 사명을 말했다. 고전파경제학은 부를 낳는 고통에 관해서는 한순간도 잘못 생각하지 않았지만, 그러나 역사적 필연을 한탄한들 무슨 소용이 있겠는가? 고전파경제학에서 프롤레타리아가 단지 잉여가치를 생산하기 위한 기계로서만 간주될 뿐이라면, 자본가도 역시 이 잉여가치를 잉여자본으로 전화시키기 위한 기계로만 간주될 뿐이다. (『**자본**』제1권, 1890년 제4판)

　자본의 일반적 정식은 G-W-G′다. 즉 일정량의 가치가 유통과정에 투입되고 그로부터 더 큰 가치가 추출된다. 더 많은 양의 가치가 창출되는 이 과정이 자본주의적 생산이며 이 가치를 실현하는 과정은 자본의 유통이다. 자본가는 자신을 위해서, 즉 사용가치나 소비를 위해서 상품을 생산하는 것이 아니다. 자본가가 정말 관심을 쏟는 생산물은 사실 손으로 만져지는 생산물 그 자체가 아니라 그것의 생산에 소모된 자본가치를 넘어서는 이 생산물의 가치초과분이다. (…)

　우리가 결코 잊어서는 안 되는 사실은 이 잉여가치의 생산—그리고 이 가운데 일부가 자본으로 환원되는 것(즉 축적)은 이 잉여가치 생산의 불가결한 부분을 이룬다—이야말로 자본주의적 생산의 직접적인 목적이며 또 결정적인 동기라는 점이다. 따라서 우리는 이것을 결코 그것의 참된 형태가 아닌 것(즉 자본가를 위한 소비수단의 제작이나 자본가의 소비를 그 직접적인 목적으로 하는 생산)으로 표현해서는 안 된다. (『**자본**』제3권, 1894년판)

소외된 본질과 두뇌기관

노동사회의 비판과 위기

2

서론

적어도 노동의 비판과 관련된 맑스는 확실히 다른 의미의 맑스, 즉 숨겨진 맑스, 다시 말해 범주적 의미에서 근본적으로 비판적인 맑스였다. 이 점에서 맑스는 많은 부분에서 적극적인 맑스주의 노동운동과 양립 가능해 보인다. 넓은 범위에서 그의 논의는 노동을 당연한 것으로서 영원한 자연필연성으로 해석할 수 있게 했으며, 나아가 노동을 인간의 초역사적 본성으로서 해석할 수 있게 만들었다. 그래서 맑스는 자본(자본가계급)에 의해 단지 외적인 강제로 형태 지워지는 인간의 전제조건으로만 나타나는 역사적 노동운동과 노동을 구별했다. 물론 맑스는 노동조합이나 사회민주적·공산주의적 노동자당이 노동과 관련된 그림이나 상징에 흔히 매료되었듯이, 노동이나 힘겨운 손을 결코 찬양하지 않았고 청교도적인 직업적 윤리나 노동을 통한 '가치창조'에도 결코 매료되지 않았다. 이것은 우연이 아니다. 왜냐하면 맑스의 여러 텍스트에서 노동은 손을 통해 어떤 부정적인 것으로 전화되었기 때문이다. 자본주의적 노동에 대한 비판은 그래서 다음과 같이 정식화된다. 즉 동일한 노동개념이 자본주의에 대항하는 초역사적이고 적극적인 인간존재의 논거로는 신빙성이 없다는 것이다.

문제는 노동개념의 추상적 성격 속에 있다. 노동 자체, 노동 일반, 인간적 에너지의 추상적 지출로서의 노동 등과 같은 개념은 익명의 시장을 위한 근대자본주의 상품생산 체계의 활동형태로서의 의미만을 만든다. 그리고 여기서 중요한 점은 맑스가 스스로 이미 상품 분석에서 보여주었듯이, 단지 사고적·언어적 의미에서의 추상이 아니라, 사회적 '현실추상'이라는 것이다. 즉 경영학적 계산과 화폐증식이라는 논리의 명령하에서 생산된 인간은 실질적인 소재적·감각적 내용은 물론 인간적인 의식과 무의식, 사회적·물적 생활조건을 위한 인간의 끊임없는 활동이 만들어내는 결과를 모두 도외시한다. 인간적인 에너지가 돈으로 전화되고 돈이 더 많은 돈을 만드는 것만이 자기목적이 되고 당연지사가 된다. 다양한 (그리고 심지어는 파괴적인) 현실의 내용이 추상적이고 공허하게 동일시되는 것은 화폐의 자기목적으로서의 맹목성 때문인데, 그래서 추상적 노동은 자본의 생산과정에서 전혀 중요하지 않은 것으로 나타난다. 그리하여 기업 컨설턴트는 상징적으로 또 마지못해 이러한 추상적 맹목성에 대해 모순적인 격언을 빌려 분명하게 말한다. "성공하기 위해서 당신은 무관한 모든 것을 믿어야 한다."

　맑스는 자본주의적 생산의 추상적-맹목적 성격을 '추상노동'의 개념을 통해 부정적으로 파악함으로써 적극적인 노동개념 일반에 대한 판단도 내렸는데, 왜냐하면 추상화된 '노동'은 결국 아무것도 의미하지 않기 때문이다. 고용된 노동자의 임금노동은 이런 (추상적) 노동의 개념에 해당되고 따라서 그런 상태에서는 아무것도 창조할 수 없다. 또 이 개념은 자본가의 활동이나 경영 활동 자체도 포괄하며, 자본주의적 기능 위계에 속한 모든 계급과 집단에도 적용된다. 원래 의미에서 자본소유자는 물론 단순한 관리자나 '기능자본가'도 아무 일도 하지 않는 것은 아니며, 임금노동자가 직간접적으로 가치증식과정인 상품생산에 관계하는 방식으로 추상노동의 성격을 갖는 것과 마찬가지로 인간적인 에너지를 지출한다. 경쟁형태 역시 추상노동의 형태를 이루는데, 모든 기능적 위치의 차이, 모든 급료와 개인적 부 또는 빈곤의 차이에도 불구하고 자본주의적으로 규정된 모든 인간들 사이의 포괄적이고 공통된 관련 체계를 이룬다.

맑스는 이런 동일성을 비록 사회적으로 대립된 형태 속에서나마 언제나 반복해서 언급했다. 그리고 맑스가 진단한 이런 대립은 맑스주의 노동운동의 입을 통해 노동과 '비노동'의 대립으로 나타날 경우에도 내적 공통성으로 표현되었다. 왜냐하면 맑스는 비노동을 다시는 영원한 노동의 세계로 가지고 들어가지 않았으며, 자본가와 임노동자에게 공통으로 관계되는 '자동적 주체'의 체계를 극복하려고 했기 때문이다. 만일 추상노동의 형태뿐 아니라 경쟁의 형태가 자본주의 자체의 포괄적 활동형태라면, 더이상 '노동의 입장'으로부터는 자본에 반대하는 추상적 대립이 구성될 수 없다. 노동과 자본은 단지 동일하게 비합리적인 물신관계의 두가지 서로 다른 응집상태일 뿐이기 때문에 이런 입장은 환상에 불과하다. 즉 하나는 유동적인 형태(노동)이고 다른 하나는 응고된 형태(화폐)일 뿐이다.

바로 이 점에서 '이중적 맑스'는 특별한 의미를 띠게 되는데, 여기서 가치비판가와 물신비판가는 맑스주의 노동운동과 절대 양립할 수 없는 것으로 드러나기 때문이다. 즉 적극적이고 초역사적인 노동개념으로는 자본주의 연옥에서 귀결되는 계급투쟁의 동기가 의문시된다. 응고된 화폐형태 속에서 포괄되는 공통의 관련 체계에, 즉 바로 추상노동의 공통성에 비판의 초점이 맞추어져야 하기 때문이다. 맑스는 이와 관련된

170

구절에서 자본의 대표자를 단지 화폐의 (적대적인) '대리인'으로만 표현하지 않고, 단순한 기능인 혹은 자본의 '장교나 부사관'으로서 폄하했다. 그리고 이를 통해 임금노동의 범위는 사회학적 의미에서 유동적인 것이 된다.

맑스주의 노동운동의 마지막 모히칸에게, 노동의 철저한 부정은 맑스 이론의 새로운 해석 중 가장 받아들이기 어려운 부분일 것이다. 왜냐하면 적극적으로 강조된 노동개념과 결부된 맑스주의이론이야말로 그의 내적 핵심에 해당하는 것이기 때문이다. 즉 노동운동은 비록 '가변자본의 대리인'일지라도 자본의 살아 있고 유동적인 응집상태와 열정적으로 동일시되어왔기 때문이다. 이런 삶의 허구 없이는 노동운동은 자신의 존재이유를 찾을 수 없었다. 따라서 전혀 낯선 맑스— 한 세기 동안의 노동운동과는 전혀 무관해 보이는—를 보여주는 그런 부정적인 구절들을 찾아내기 위하여, 맑스의 신뢰할 만한 대부분의 텍스트 뭉치에서 이 노동개념을 가차없이 잘라내려 한다면, 맑스주의 노동운동의 몰락에 불안해하는 좌파 잔당들은 '노동'이라는 주제를 목청껏 외치면서 이를 문헌적인 신성모독이라며 탄핵할 것이다.

그러나 '노동의 친구' 맑스는 여전히 역사적인 관심인 반면, 이제까지 숨겨져 있던 맑스의 노동비판의 계기를 생생하게 되살려내는 것은 바로 21세기 초엽 우리의 현실이다. 왜냐하면 맑스가 추상노동의 성격이 자본주의적 사회화의 포괄적이고 공통적 형태라고 말했던 모든 명제들이 이제 실제로 들어맞고 있기 때문이다. 헨리 포드(Henry Ford) 이래 2차 산업혁명 속에서 경영은 모든 신분적 성격을 상실했고 노동계급의 육체는 단순한 기능적 위계의 일부가 된 반면, 유연화된 임노동자는 오늘날 3차 산업혁명의 와중에서 자기 노동력의 고용주로 변화했다.

세계적 기업의 경영자나 인터넷자본주의의 창립 세대는 더이상 배불뚝이 자본가가 아니며, 철저히 훈련받고 열정적으로 일에 탐닉하는 '그들' 자본의 기능직 로봇이다. 오히려 주요 기업의 임노동자는 '아웃소싱'을 통해 강제로 유연화된 희생자일 뿐 아니라 초라한 인적 자본과 재고목록을 가진 광범한 영세자영업자들과도 비교된다. '나'는 하나의 경영학이다. 1990년대말 독일 금속노동자들이 '우리는 자본이다'라는 구호를 외치며 프랑크푸르트의 금융가로 이사했을 때, 그들은 이것으로 노동과 자본 간 계급투쟁의 부정적 종말을 승인했다. 자본의 다양한 기능적 범주 사이의 경쟁은 기업과 국가 사이의 경쟁(입장-논쟁), 자동화된 개인들 사이의(또한 임금노동자 내부의) 경쟁 뒤로 물러나게 됐다.

야생동물이 자신의 자연적 환경으로부터 쫓겨나듯이 이들 개인이 오늘날 겉보기엔 완전히 자본주의적 기능으로부터 멀어졌다 하더라도, 맑스가 소외를 추상노동의 본질적 특징으로 분석했듯이 이들은 진실로 인간의 깊은 소외를 스스로 부정할 수는 없다. 이런 소외는 자본주의에서 예속 및 모욕당하는 수많은 사람들의 외면적 가난(화폐결핍)이나 육체적 비참함으로 환원할 수 없다. 포스트모던 세대의 지극히 경제중심주의적인 사고는 바로 발전의 정점에서, 즉 '새로운 시장'에서 쏘프트웨어 벤처회사들이 우후죽순처럼 돋아나는 과정에서 모든 기능을 자신에게 환원시키는 경향(불과 수십년 전만 하더라도 불가능했던)을 가져왔다. '컴퓨터 노예'들은—스스로는 보고 싶어하지 않았음에도 불구하고—경제에 편집광으로 몰입하는 고통과 자신의 생산물에 대한 소아병적인 고통을 대부분 직시하지 않을 수 없게 되었다.

그러나 숨겨진 '또다른' 맑스는 추상노동에 기초한 사회적 형태의 객관적인 내적 한계에 대한 자신의 예측을 통해 다시 한번 자신의 이론적

172

승리를 확인했다. 2차대전 이후 '노동사회의 위기'(한나 아렌트Hannah Arendt)가 다가올 것이라는 막연한 느낌은 이제 오늘날 명백한 현실이 되었을 뿐 아니라, 그 위기는 이미 오래전부터 맑스가 예측했고 개념적으로 분석했던 것이었다. 맑스이론의 이런 놀라운 성과는 자본주의 생산양식이 보여주는 내적인 자기모순의 논리적 귀결에서 비롯한다. 즉 한편으로는 인간의 에너지를 자기목적으로서 지출하고, 다른 한편으로는 익명의 경쟁을 통해 자본의 생산과정에서(과학을 사용하는 방법으로) 노동을 점점 더 대규모의 과잉상태로 만든다. 이런 모순은 자본주의적 위기의 심대한 기초가 되며 따라서 맑스 공황이론의 전제가 된다. 그리고 이것은 또한 맑스가 설명하는 명백히 불길한 단어인 '붕괴'에 해당하는 내용이다. 즉 '노동실체'를 갈망하는 자본이 끊임없이 감내해야만 하는 주기적인 구조의 균열 말이다. 왜냐하면 자본은 자신의 고유한 조건 위에서 더이상 풍부한 노동대중을 수익성 있게 소비할 수 없고, 마침내 출구 없는 상황에 이르게 되었기 때문이다.

맑스가 추론한 상황이 마이크로일렉트로닉스(ME) 혁명 이후로 명확해졌다. 이를 증명하는 증거 또한 어디에서나 찾을 수 있다. '생산력 과학'의 최신 발전단계에 이르러 처음으로 저렴해진 생산물과 그에 따른 상품시장의 확대를 통해 흡수할 수 있는 수익보다 더 많은 노동이 영속적으로 남아돌게 되었다. 지식사회의 자영업자는 자신이 원하는 만큼 충분히 유연해질 수밖에 없을 것이다─그들은 자본주의 내에서 영구히 사라져 가는 노동주체의 절망으로부터 벗어날 수 없을 것이다. 맑스에게 이것은 노동 광신적인 행동과 추동력이 가져온 의미의 상실과 공동의 위험일 뿐 아니라, 그것의 명백한 종말이다. 현실화된 지식사회는 더이상 자본주의적으로 존립할 수 없다. 왜냐하면 그것은 더이상 양적인 토대, 즉 추상적인 사회적 노동에는 기초할 수 없기 때문이다. 노동사회의 한계는 자본주의의 한계와 같다. 소외된 노동은 스스로 와해된다.

소외된 노동

우리는 국민경제학자(Nationalökonom)의 이론처럼 허구적인 원시상태를 전제하지는 말자. 그런 원시상태로는 아무것도 설명할 수 없다. 국민경제학자는 문제를 잿빛의, 안개가 자욱한 먼 곳으로 밀어놓을 뿐이다. 국민경제학자는 분업과 교환 사이의 필연적인 관계처럼 연역해야 할 문제를 사태나 사건이라는 형식으로 가정한다. 마찬가지로 신학자도 타락을 통해 죄의 기원을 설명하면서 자신이 해명해야 할 것을 단지 하나의 사실로, 역사의 형식으로 가정한다.

우리는 국민경제학적인 현재의 사실에서 시작해보자. 노동자는 부를 더 많이 생산할수록, 그의 생산이 힘과 규모에서 증대될수록 더 가난해진다. 상품을 더 많이 창조할수록 자신은 더 값싼 상품이 된다. 사물세계의 가치증식과 인간세계의 가치절하는 정비례한다. 노동은 단지 상품만을 생산하는 것이 아니라 노동 스스로와 노동자를 하나의 상품으로 생산하며, 이 역시 대개는 정비례 관계를 보인다.

또한 이러한 사실은 다음을 표현할 뿐이다: 노동이 생산하는 대상, 즉 노동생산물은 낯선 존재로, 생산자로부터 독립된 힘으로서 노동과 대립한다. 노동생산물은 하나의 대상 속에 고정된, 사물화된 노동으로 이는 곧 노동의 대상화다. 국민경제학적 상태에서 이러한 노동의 현실화는 노동자의 탈현실화로, 대상화는 대상의 상실과 예속으로, 자기화는 소외 및 외화로 나타난다.

우선, 노동의 현실화는 탈현실화의 정도가 심각해 노동자가 굶어 죽을 지경이다. 대상화는 주로 대상의 상실로 나타나서, 노동자는 필수적인 생활대상뿐만 아니라 노동대상까지도 빼앗긴다. 그래서 노동 자체는 노동자가 오직 최대의 노력을 기울이며 단지 아주 가끔씩만 그 노력을 중단할 때에나 내 것으로 만들 수 있는 대상이 된다. 대상의 자기화는 매우 심각한 소외로 나타나기 때문에 노동자는 대상을 더 많이 생산할수록 더 적게 갖게 되며 나아가 그의 생산물과 자본의 지배하에 놓이게 된다.

노동자가 그의 **노동생산물**에 대해 **낯선** 대상으로서 관계할 수밖에 없다는 법칙 속에 이 모든 결론이 들어 있다. 그러므로 이 전제에 따른다면 다음은 분명하다: 노동자가 더 많이 노동할수록 그가 창조한 낯선 대상적 세계는 더욱 강력해지고 그 자신, 즉 그의 내적 세계는 더욱 가난해지며, 그 자신의 것으로 귀속되는 것은 더욱 적어진다. 이는 종교에서도 마찬가지다. 인간이 신에게 바치는 것이 많아질수록 그에게 남는 것은 더욱 줄어들게 된다. 노동자는 자신의 생명을 대상 속으로 불어넣는다. 그러나 그 생명은 이제 더이상 그에게 속하는 것이 아니라 대상에 속한다. 그러므로 이런 활동이 커지면 커질수록 노동자는 점점 더 대상을 가질 수 없게 된다. 그의 노동생산물이 그 자신은 아니기 때문에 이 생산물이 커질수록 그 자신은 더욱 작아진다. 그의 생산물 속에서 노동자의 **외화**(Entäußerung)가 지닌 의미는 다음과 같다. 그의 노동이 하나의 대상, 하나의 **외적** 실존이 될 뿐만 아니라 그의 노동이 **그의** 외부에, 그로부터 독립해 낯설게 실존하며 그에게 대립하는 자립적 힘이 된다는 것이다. 다시 말해 그가 대상에게 부여했던 생명이 그에게 적대적이고 낯설게 대립한다는 것이다.

이제 **대상화**, 즉 노동자의 생산과 그 생산 속에서의 소외, 대상의 상실, 노동생산물의 상실을 보다 자세히 고찰해보자. 노동자는 **자연** 없이는, 다시 말해 **감각적인 외부세계** 없이는 아무것도 창조할 수 없다. 자연

176

은 노동자의 노동이 현실화되는 소재로서, 노동은 이 소재에 의거해 활동하고 그것을 매개로 생산한다. 그러나 자연은 노동이 자신을 실행할 대상들 없이는 생활할 수 없다는 의미에서 노동에 **생활수단**을 제공하듯, 한편으로는 더 좁은 의미에서의 **생활수단**, 즉 **노동자** 자신의 육체적 생존의 수단도 제공한다.

그러므로 노동자가 그의 노동을 통하여 외부세계인 감각적 자연을 **자기화할수록**, 그는 다음의 두 측면에서 **생활수단**과 점차로 멀어지게 된다. 우선 감각적 외부세계가 그의 노동에 속하는 대상, 즉 노동의 **생활수단**이기를 점점 그만둘 것이고 다음으로 직접적 의미에서의 **생활수단**, 즉 노동자의 육체적 생존을 위한 수단이기를 그만둔다는 측면에서 그러하다.

노동자는 이러한 이중의 측면에서 대상의 노예가 되는데, 첫째로 그가 **노동의 대상**을, 즉 **노동**을 얻는다는 측면에서, 그리고 둘째로 그가 생존수단을 얻는다는 측면에서 그렇게 된다. 다시 말해 첫째로 그가 **노동자**로서, 둘째로 **육체적 주체**로서 생존할 수 있다는 측면에서 그렇게 된다. 이러한 노예상태의 요점은 그가 **노동자**로서만 스스로를 **육체적 주체**로서 유지할 수 있으며, **육체적 주체**로서만 노동자라는 것이다.

(자신의 대상 속에서의 노동자의 소외는 국민경제학적 법칙에 따르면 다음과 같이 표현된다. 즉 노동자가 더 많은 가치를 생산할수록 그는 더 무가치해지고 값어치 없어지며, 그의 대상이 문명화될수록 그는 더 미개해지고, 노동이 강력해질수록 그는 더 무력해지며, 노동이 똑똑해질수록 노동자는 더 아둔해져 자연의 노예가 된다.)

국민경제학은 노동자(노동)와 생산 사이의 직접적 관계를 고찰하지 않음으로써 노동의 본질 내부에 있는 소외를 숨긴다. 당연하다. 노동은 부자를 위해서는 기적을 생산하지만 노동자를 위해서는 가난을 생산한다. 노동은 궁전을 생산하지만 노동자를 위해서는 움막을 생산한다. 노동은 미를 생산하지만 노동자를 위해서는 불구(不具)를 생산한다. 노동은 노동을 기계로 대체하지만 노동자의 일부를 야만적인 노동에 던져버리며, 또 다른 기계의 일부로 만든다. 노동은 정신을 생산하지만, 노동자를 위해서는 정신박약과 백치병을 생산한다.

생산물에 대한 노동의 직접적 관계는 자신의 생산의 대상에 대한 노동자의 관계다. 생산의 대상에 대한, 그리고 생산 자체에 대한 자산가의 관계는 이러한 첫번째 관계의 귀결일 뿐이다. 그리고 그것을 확증한다(…) 그러므로 우리가 노동의 본질적인 관계란 어떤 것인가를 묻는다면, 그것은 곧 생산에 대한 노동자의 관계를 묻는 것이다.

우리는 지금까지 노동자의 소외와 외화를 하나의 측면, 즉 자신의 노동생산물에 대한 노동자의 관계라는 측면에서만 고찰해왔다. 그러나 소외는 생산의 결과에서뿐만 아니라 생산의 행위에서도, 즉 생산활동 자체의 내부에서도 발생한다. 만약 노동자가 생산행위 자체에서 스스로를 소외시키지 않는다면, 어떻게 그의 활동의 생산물과 낯설게 대립할 수 있을까: 생산물은 분명 활동의, 생산의 개괄일 뿐이다. 따라서 노동생산물이 외화라면 생산 자체는 활동적 외화, 활동의 외화, 외화의 활동이어야 한다. 노동 대상의 소외 속에는 단지 노동활동 자체 속에서의 소외와 외화가 개괄되어 있을 뿐이다.

그렇다면 노동의 외화는 어디에 있는가?

첫째, 노동이 노동자에게 외적이며 따라서 그의 본질에 속하지 않는다는 사실, 그래서 노동자는 그의 노동 속에서 자신을 긍정하는 것이 아니라 부정하며, 행복을 느끼는 것이 아니라 불행을 느끼며, 자유로운 육체적·정신적 에너지를 발전시키는 것이 아니라 고행으로 그의 육체를 쇠약하게 만들고 그의 정신을 파멸시킨다는 사실에 있다. 그러므로 노동자는 노동 밖에서 비로소 스스로를 자신과 함께 느끼며, 노동 속에서는 스스로를 자신과 분리되어 있다고 느낀다. 노동자는 노동을 하지 않을 때에는 집에 있는 듯 편안함을 느끼고, 노동할 때는 편안함을 못 느낀다. 따라서 그의 노동은 자발적인 것이 아니라 강요된 것, **강제노동**이다. 그러므로 그의 노동은 어떤 욕구의 충족이 아니라 노동 밖에 있는 욕구를 충족시키기 위한 하나의 **수단**일 뿐이다. 그의 노동의 낯섦은 어떤 육체적 혹은 여타의 강제가 없다면 그 즉시 노동이 흑사병처럼 기피된다는 점에서 분명히 드러난다. 외적 노동, 즉 그 속에서 인간이 외화되는 노동은 자기희생의 노동, 고행의 노동이다. 마침내 노동자에 대한 노동의 외적 성격은 노동이 노동자의 것이 아니라 다른 누군가의 것, 즉 노동이 노동자에게 속하지 않는다는 사실, 노동자가 노동 속에서 자신이 아닌 다른 사람에게 속한다는 사실에서 나타난다. 종교에서 인간 환상의 자기활동, 인간 두뇌의 자기활동, 인간 심장의 자기활동이 개인으로부터 독립되어, 즉 신적인 혹은 악마적인 낯선 활동으로서 개인에게 영향을 미치듯 노동자의 활동은 자신의 자기활동이 아니다. 그것은 다른 누군가에게 속하며, 그 자신의 상실이다.

결론적으로 인간(노동자)은 그의 동물적인 기능인 먹고 마시고 번식하는 일 등에서만, 기껏해야 머물러 살며 차려입는 일에서나 겨우 자신이 자유롭게 활동한다고 느끼고, 그의 인간적인 기능들에서는 동물로서의 자신을 느낄 뿐이다. 동물적인 것이 인간적인 것으로, 인간적인 것이 동물적인 것으로 된다.

먹고 마시고 번식하는 일도 물론 인간적인 기능들이다. 그러나 이를 인간 활동의 여타 영역과 분리해 최종적이고도 유일한 궁극의 목표로 만드는 추상 속에서 본다면 동물적인 것이 된다.

우리는 실천적·인간적 활동의 소외 행위, 즉 노동을 두가지 측면에서 고찰했다. ① 낯선 대상으로서 그리고 노동자를 지배하는 강력한 대상으로서의 **노동생산물**에 대한 노동자의 관계. 동시에 이 관계는 감각적 외부 세계에 대한, 즉 낯설고 적대적으로 대립하는 세계로서의 자연대상들에 대한 관계다. ② **노동** 내부에서의, **생산행위**에 대한 노동의 관계. 이 관계는 낯설고 그에게 속하지 않는 활동으로서의 노동자 고유의 활동, 고통인 활동, 무기력한 힘, 거세로서의 번식에 대한 노동자의 관계다. 즉 이 관계는 그 자신에 반항하고, 그로부터 독립적이고, 그에게 속하지 않는 활동으로서의 노동자 자신에게 **고유한 육체적·정신적 에너지**와 그 개인의 생활——생활이란 활동이기에——에 대한 노동자의 관계다. 앞서의 것이 **사물의 소외**였듯이, 이것은 **자기소외**다.

이제 우리는 지금까지의 두가지 측면으로부터 소외된 노동의 세번째 측면을 이끌어내야 한다.

인간은 하나의 유(類)적 존재로, 이는 그가 실천적으로 그리고 이론적으로 유를, 다른 사물의 유와 마찬가지로 자기 자신의 유를 자신의 대상으로 삼는다는 점에서뿐만 아니라, 또한——그리고 이것은 동일한 사태의 다른 표현이지만——그가 현재의 살아 있는 유로서 자기 자신과 관계한다는 점, **보편적**이기에 자유로운 존재로서 자기 자신과 관계한다는 점에서도 그러하다.

동물에게나 인간에게나 유적 생활은 우선 육체적으로 (동물과 마찬가지로) 비유기적 자연에 의해 생활한다는 점에 그 본질을 두고 있다. 인간은 동물보다 더 보편적이며, 그가 생활하는 비유기적 자연의 범위도 더 보편적이다. 식물, 동물, 광물, 공기, 빛 등은 한편으로는 자연과학의 대상으로서 다른 한편으로는 예술의 대상 ─ 인간이 향유하고 소화하기 위해 우선적으로 준비해두어야 하는 인간의 정신적 비유기적 자연, 정신적 생활수단 ─ 으로서 이론적으로 인간 의식의 한 부분을 이루듯 그것들은 실천적으로도 인간생활과 활동의 한 부분을 이룬다. 먹거리, 난방, 의복, 주거 등 어떤 형식으로 나타나든 간에, 인간은 오직 이러한 자연생산물들에 의해서만 육체적으로 생활한다. 자연 전체가 ① 직접적 생활수단인 한에서 ② 인간 생존활동의 대상 및 도구인 한에서, 자연 전체를 자신의 **비유기적** 신체로 만드는 바로 그런 보편성 속에서 인간의 보편성은 구체적으로 나타난다. 자연은 인간의 **비유기적 몸**이다. 즉 자연이 인간적인 신체 자체가 아닌 한에서 그렇다. 인간이 자연에 의해 **생활**한다는 것은 다음을 의미한다: 자연은 인간이 죽지 않으려면 그것과의 지속적인 과정 속에 있어야 하는 인간의 **몸**이다. 인간의 육체적·정신적 생활이 자연과 연결되어 있음은 자연이 자기 자신과 연계되어 있다는 것 이외에 어떤 의미도 없는데, 왜냐하면 인간은 자연의 일부이기 때문이다.

소외된 노동은 인간에게서 ① 자연을 ② 그 자신을, 즉 그의 고유한 능동적 기능인 그의 생존활동을 소외시킴으로서, 인간에게서 유를 소외시킨다. 소외된 노동은 인간의 **유적** 생활을 개인적 생활의 수단으로 만든다. 우선, 소외된 노동은 유적 생활과 개인적 생활을 소외시키고, 다음으로 유적 생활을 추상 속에서, 마침내 추상되고 소외된 형식 속에서 개인적 생활의 목적으로 만들어버린다.

왜냐하면 우선, 인간에게 노동, **생존활동**, **생산적 활동** 자체가 어떤 욕구, 즉 육체적 실존을 유지하려는 욕구의 충족을 위한 **수단**으로서만 나타나기 때문이다. 그러나 생산적 활동은 유적 생활이다. 그것은 생활을 산출하는 활동이다. 생존활동의 방식 속에는 어떤 종의 성격 전체, 유적 성격이 놓여 있으며, 자유로운 의식 활동은 인간의 유적 성격이다. 생활 자체는 오직 **생활수단**으로서만 나타난다.

동물은 자신의 생존활동과 직접적으로 하나다. 동물은 자신의 생존활동과 구별되지 않는다. 동물은 자신의 **생존활동**이다. 인간은 자신의 생존활동 자체를 자신의 의지와 의식의 대상으로 삼는다. 인간은 의식적 생존활동을 가진다. 인간이 직접적으로 그것과 하나 되는 규정은 없다. 의식적 생존활동은 인간을 동물적 생존활동과 직접적으로 구별 짓는다. 이를 통해 인간은 유적 존재가 된다. 즉 인간이 유적 존재이기 때문에 그는 의식적 존재이며, 자신의 생활이 그에게는 대상이다. 그렇기 때문에 그의 활동은 자유로운 활동이 된다. 소외된 노동은 이 관계를 전도시켜 급기야 인간은 자신의 생존활동, 자신의 **본질**을 단순히 자신의 **생존**을 위한 수단으로 만들어버리는데, 이는 바로 인간이 의식적인 존재이기 때문이다.

대상적 세계의 실천적 산출, 비유기적 자연의 **가공**은 인간이 의식적인 유적 존재라는 사실, 즉 유에 대해 자신의 고유한 본질로서 관계하고 혹은 자신에 대해 유적 존재로서 관계하는 그러한 존재라는 사실을 증명한다. 동물도 생산하기는 한다. 꿀벌이나 해리, 개미 등 동물도 둥지나 집을 짓는다. 그러나 동물은 자기와 새끼들에게 직접적으로 필요한 것만을 생산한다. 동물은 배타적으로 생산하는 반면 인간은 보편적으로 생산한다. 동물은 직접적인 육체적 욕구의 지배하에서만 생산하는 반면, 인간 자신은 육체적 욕구로부터 자유롭게 생산하며 그러한 욕구로부터의 자유 속에서만 비로소 진정으로 생산한다. 동물은 자신만을 생산하는 반면, 인간은 자연 전체를 재생산한다. 동물의 생산물은 직접적으로 그 동물의 육체에 귀속하는 반면, 인간은 자유롭게 자신의 생산물과 마주 선다. 동물은 자신이 속한 종의 척도와 욕구에 따라서만 형상을 만들지만, 인간은 모든 종의 척도에 따라서 생산할 줄 알고, 언제 어디서나 대상의 내재적 척도를 맞출 줄 안다. 즉 인간은 미의 법칙에 따라 형상을 만들 수 있다.

따라서 인간은 대상적 세계의 가공 속에서 비로소 현실적으로 자신을 유적 존재로서 증명한다. 이 생산은 그의 활동적인 유적 생활이다. 이 생산에 의해 자연은 인간의 작품으로서 그리고 인간의 현실로서 나타난다. 따라서 노동의 대상은 인간의 유적 생활의 대상화다. 인간이 의식에서처럼 지적으로 뿐만 아니라 활동적·현실적으로도 자신을 이중화하고, 따라서 자신이 창조한 세계 속에서 스스로를 바라보기 때문이다. 따라서 소외된 노동은 인간으로부터 생산의 대상을 빼앗음으로써 그의 유적 생활, 그의 현실적인 유적 대상성을 빼앗고, 동물에 대한 그의 장점을 단점으로 바꿔 그의 비유기적 몸, 즉 자연이 그로부터 떨어져 나가게 만든다.

또한 소외된 노동은 자기활동, 자유로운 활동을 수단으로 격하시킴으로써 인간의 유적 생활을 그의 육체적 실존을 위한 수단으로 만들어버린다.

따라서 인간이 자신의 유에 대한 의식은 소외를 통해 유적 생활이 인간의 수단이 되는 쪽으로 전화된다.

소외된 노동은 그러므로:

③ 인간의 유적 본질을, 자연뿐만 아니라 인간의 정신적인 유적 능력을 인간에게 낯선 본질로, 인간의 개인적 실존의 수단으로 만들어버린다. 소

외된 노동은 인간에게 자신의 몸도, 그 외부의 자연도, 정신적 본질도, 인간적 본질도 소외시킨다.

④ 인간이 자신의 노동생산물, 자신의 생존활동, 자신의 유적 본질로부터 소외되는 직접적 귀결은 **인간으로부터의 인간의 소외**다. 인간이 자기 자신과 대립한다면, 그는 **다른** 인간과 대립하는 것이다. 자신의 노동과 노동생산물 그리고 스스로에 대한 인간관계에서 타당한 것은 다른 인간에 대한, 다른 인간의 노동 및 그 대상에 대한 인간관계에서도 유효하다.

결국 인간이 자신의 유적 본질로부터 소외되어 있다는 말은 한 인간이 다른 인간으로부터, 그리고 그들 각자가 인간적 본질로부터 소외되어 있음을 뜻한다.

인간의 소외 또는 일반적으로 인간이 자신과 맺고 있는 모든 관계는 한 인간이 다른 인간과 맺고 있는 관계 속에서 비로소 현실화되고 표현된다.

그러므로 각자 모든 인간은 소외된 노동의 관계 속에서, 그 자신이 노동자로서 처한 관계와 척도에 따라 다른 인간을 관찰한다.

우리는 노동자의 소외와 노동생산의 소외라는 국민경제학적 사실로부터 출발했다. 우리는 이 사실의 개념을 **소외된, 외화된 노동**이라고 말했다. 이 개념을 분석했기에 단순히 국민경제학적 사실을 분석했을 뿐이다.

이제 나아가 소외된, 외화된 노동의 개념이 현실 속에서 어떻게 표명되고 서술되어야 하는지를 살펴보기로 하자. 노동생산물이 나에게 낯설게 존재하고 나에게 낯선 힘으로 대립한다면, 그것은 누구에게 속하는 것인가?

나의 활동이 나에게 속하지 않고 낯설고 강요된 활동이라면, 그것은 누구에게 속하는 것인가?

나 이외의 **또다른** 존재에 속하는가. 이 존재는 누구인가?

신들일까? 이집트, 인도, 멕시코의 사원 건축에서처럼 당연하게도 고대의 주요 생산은 신들에 대한 봉사로 나타났고, 그 생산물은 신들에게 귀속되었다. 그러나 신들만이 노동의 주인이었던 것은 결코 아니다. 자연도 아니었다. 인간이 자신의 노동으로 자연을 정복할수록, 그리고 신들의 불가사의가 산업의 기적으로 무용지물이 될수록, 인간이 이러한 힘에 굴복하고 생산의 즐거움과 생산물의 향유를 포기해야 한다는 것은 얼마나 모순되는 일인지.

노동과 노동생산물에 속하면서, 노동이 봉사하는, 그리고 노동생산물을 향유할 그러한 **낯선** 본질은 오직 인간 자신일 수밖에 없다.

(…) 노동에 대한 노동자의 관계는 노동에 대한 자본가(이 노동의 주인들을 그 어떤 이름으로 부르더라도)의 관계를 낳는다. 그러므로 사적 소유란 외화된 노동의, 자연과 자신에 대한 노동자의 외적인 관계의 생산물이자 결과이며 필연적 귀결이다.

그러므로 사적 소유는 외화된 노동, 다시 말해 외화된 인간, 소외된 노동, 소외된 생활, 소외된 인간의 개념으로부터 분석을 통해 주어진다.

우리는 물론 **외화된 노동**(외화된 생활)의 개념을 사적 소유의 운동의 결과로 국민경제학에서 획득했다. 그렇지만 이 개념을 분석하면, 사적 소유가 외화된 노동의 근거 및 원인으로 나타날 때 사적 소유란 오히려 외화된 노동의 귀결임이 명백해지는데, 이것은 신들이 원래 원인이 아니라 잘못된 인간 오성의 영향인 것과 마찬가지다. 후에 이 관계는 상호작용으로 바뀐다.

사적 소유의 발전의 최후 정점에서 비로소 사적 소유의 이러한 비밀, 즉 한편으로 사적 소유는 외화된 노동의 **생산물**이며, 다른 한편으로는 노동이 외화되는 매개이고 이러한 외화의 **실현**이라는 사실이 다시금 나타난다. (…)

국민경제학은 생산 본래의 영혼인 노동에서 출발하지만, 그럼에도 불구하고 노동에는 아무것도 주지 않고 사적 소유에 모든 것을 바친다. 프루동(Pierre-Joseph Proudhon)은 이 모순으로부터 노동을 옹호하고 사적 소유에는 반하는 결론을 이끌어냈다. 그러나 우리는 이 외면적인 모순이 **소외된 노동** 스스로에 대한 모순이며, 국민경제학이 단지 소외된 노동의 법칙들만을 진술했을 뿐임을 보게 된다.

따라서 우리는 또한 **임금**과 사적 소유가 동일한 것임을 보게 된다. 왜냐하면 노동생산물 및 노동대상이 노동 자체에 급료를 지불할 경우, 임금은 노동 소외의 필연적 귀결이기 때문이며(…)

따라서 임금의 **강제적 인상**(그러한 인상이 이례적으로 단지 강제했을 때나 유지될 수 있다는 점을 비롯해 다른 모든 어려움을 도외시하더라도)은 **노예에게 지급되는 좀더 나은 급료**밖에 안 될 것이고, 노동자에게나 노동에 인간적인 정의와 존엄을 확보해줄 수도 없을 것이다.

프루동이 요구한 대로의 **급료의 평등**조차도 단지 자신의 노동에 대한 현재의 노동자의 관계를 노동에 대한 만인의 관계로 전환시킬 뿐이다. 그 경우 사회는 추상적 자본가로 파악된다.

임금은 소외된 노동의 직접적 결과이고, 소외된 노동은 사적 소유의 직접적 원인이다. 따라서 하나가 붕괴하면 다른 하나도 붕괴할 수밖에 없다. (…)

우선, 노동자의 경우에 **외화 및 소외의 활동**으로 나타나는 모든 것이 비노동자의 경우에는 **외화 및 소외의 상태**로 나타난다는 점을 주지해야 한다.

둘째로, 생산과 생산물에 대한 노동자의 **현실적·실천적 태도**(감정 상태로서의)가 그에게 대립하는 비노동자에게는 **이론적 태도**로서 나타난다는 점이다.

셋째는, 노동자가 자신에 반하여 행하는 모든 것을 비노동자는 노동자에 반해 행하지만, 비노동자가 노동자에 반해 행하는 모든 것을 비노동자는 자신에 반해 행하지 않는다.

(…) 따라서 자본이란 완전히 상실된 인간이라는 사실이 노동자에게는 주관적으로 존재한다. 이것은 노동이란 완전히 상실된 인간이라는 사실이 자본에게 객관적으로 존재하는 것과 같다. 그러나 **노동자는 살아 있는, 그래서 궁핍한 자본**이어야 하는 불행을 가지고 있는데, 이 자본은 그것이 노동하지 않는 순간에는 언제든 그 이자를, 그리고 그와 함께 그 존재를 상실한다. 자본으로서 노동자의 가치는 수요와 공급에 따라 움직이며, 또한 그의 **현존재**, 그의 **생활**은 다른 모든 상품과 마찬가지로 **상품의 공급**으로서 **육체적으로** 인식되었으며 인식되고 있다. 노동자는 자본을 생산하고 자본은 노동자를 생산한다. 즉 노동자는 그 자신을 생산한다. 그러므로 **노동자**로서의 인간, **상품**으로서의 인간은 이 전체 운동의 산물이다. **노동자**일 수밖에 없는 인간 그리고 노동자로서의 인간에게 그의 인간적 속성들은 오직 그에게 **낯선** 자본을 위해서 존재하는 곳에서만 현존한다. 그러나 양자는 서로 낯설고, 따라서 아무 상관없는 외적이고 우연적인 관계에 있기 때문에, 이 낯섦은 또한 **현실적인** 것으로서 나타난다. 따라서 자본이 더는 노동자를 위해 존재하지 않겠다고 생각하자마자──필연적으로든 자의적으로든──노동자 또한 더는 스스

로를 위해 존재할 수 없게 된다. 그는 어떤 노동도, 따라서 어떤 임금도 가질 수 없다. 그리고 그는 **인간으로서**가 아니라 **노동자로서** 현존재를 가지고 있기 때문에, 자신을 매장하거나 굶어 죽게 내버려둘 수밖에 없다. 노동자가 노동자로서 존재함은 오직 그가 **스스로** 자본으로서 존재할 때뿐이다. 그리고 노동자가 자본으로서 존재함은 오직 **자본**이 **그를** 위해 존재할 때뿐이다. 자본의 현존재는 **그의** 현존재, 그의 **생활**이다. 이는 자본이 그의 생활의 내용을 스스로 아무 상관없는 방식으로 규정하는 것과 마찬가지다. 따라서 국민경제학은 일자리를 얻지 못한 노동자, 즉 이러한 노동관계 밖에 있는 노동인(Arbeitsmenschen)을 알지 못한다. 소매치기, 사기꾼, 거지, 일자리가 없거나 가난하고 굶주리는 불량한 노동인 등은 **국민경제학자에게**는 보이지 않고 다른 사람들, 즉 의사, 재판관, 장례업자, 단속경찰 등의 눈에만 보이는 **모습**이고, 국민경제학의 영역 밖의 유령들이다. 따라서 노동자의 욕구는 국민경제학에게는 오직 **노동하는 동안만** 노동자의 생계를 유지시켜 **노동의 종족**이 멸종하지 않게끔 해주는 욕구에 불과할 뿐이다. 따라서 임금은 다른 모든 생산도구들을 수선하는 유지비라든가 자본 일반이 이자와 함께 재생산되기 위해 필요한 **자본의 소비**, 그리고 바퀴를 돌리기 위해 사용되는 기름 등과 완전히 같은 의미를 가진다. (…)

생산은 인간을 **상품**으로서, **인간상품**으로서, 즉 상품이라는 규정 속에 있는 인간으로서 생산할 뿐만 아니라, 이러한 규정에 조응하여 인간을 **정신적으로**나 육체적으로도 **인간성을 잃은** 존재로서 생산한다. 노동자와 자본가의 부도덕, 불구성, 우둔함. 생산물은 **자기 의식적이고 자기 활동적인** 상품, (…) 인간상품이다. (…) 스미스(Adam Smith)와 세이(Jean-Baptiste Say)에 비해 리카도(David Ricardo)와 밀(John Stuart Mill) 등

188

이 이룩한 위대한 진보는 인간의 현존재―상품의 더 크거나 더 작은 인간생산성―를 아무래도 상관없는 것, 심지어는 유해한 것으로 설명한 데 있다. 자본이 얼마만큼의 노동자를 부양하는가가 아니라 얼마만큼의 이자를 가져오는가, 즉 연간 절약의 총액이 생산의 진정한 목적일 것이다. (…) 인간활동이 노동으로서, 따라서 자신에게 완전히 낯선, 인간 및 자연에 그리고 의식 및 생활표명에도 낯선 활동으로서 생산된다는 사실, 인간이 단순히 노동인으로서 그래서 매일매일 그의 충만한 무(無, Nichts)로부터 절대적 무로 전락할 수 있는, 그의 사회적인 그래서 그의 현실적인 비현존재로 전락할 수 있는 인간으로서 추상적으로 실존한다는 사실―다른 한편 인간 활동의 대상이 자본으로 생산된다는 사실, 요컨대 자본 속에서 대상의 모든 자연적·사회적 규정성은 해소되고, 사적 소유가 그 자연적·사회적 질을 (…) 상실하고―또한 그 속에서 동일한 자본은 극히 다양한 종류의 자연적·사회적 현존재 속에서 여전히 동일물로서 존재하며 자신의 현실적 내용에 대해 아무래도 상관이 없게 되는 그러한 자본으로서 생산된다는 사실―이러한 대립이 극단적으로 추동되면 그것은 필연적으로 이 관계 전체의 극단, 정점, 몰락을 낳게 된다.

　(…) 부동산과 반대로 공업 등에는 공업이 농업을 위해 만들어냈던 결정방식과 대립이 표현되어 있을 뿐이다. 이 구별이 노동의 특별한 방식으로서, 하나의 본질적이고 중대한 그리고 생활을 포괄하는 구별로서 존재하는 것은 오직 다음의 경우에 한해서다. 공업(도시생활)이 토지소유(귀족적 봉건생활)에 대립하여 형성되는 한에서만, 그리고 자신의 대립물의 봉건적 성격을 자체 안에 독점, 춘프트(Zunft, 동직조합), 길드(Gilde, 동업조합), 동업단체라는 형식으로 지니고 있는 한에서만, 이 규정들의 내부에서 노동이 아직 외견상 사회적인 의미, 즉 현실적 공동체의

의미를 지니는 한에서만, 노동이 아직 그 내용에 **상관없는** 상태로 그리고 스스로 완전한 존재, 즉 모든 다른 존재를 추상한 존재로 나아가지 못한 한에서만, 그러므로 **자유방임된** 자본으로까지 나아가지 못한 한에서만 그러하다. (⋯)

그러나 노동의 필연적인 발전은 해방되고, 그 자체로 스스로를 위해 구성된 공업과 해방된 **자본**이 된다. (⋯)

사적 소유의 관계는 노동, 자본 그리고 양자의 연관이다.

이러한 연관이 거쳐야 하는 운동은 다음과 같다.

첫째: 양자의 **직접적 혹은 매개된** 통일.

자본과 노동은 처음에는 아직 통일되어 있다. 그다음에는 비록 분리되고 서로 소원해지더라도, **적극적** 조건으로서 서로를 고양시키고 촉진한다.

양자의 대립. 서로 배척하며, 노동자는 자본가를, 그리고 그 역으로 〔자본가는 노동자를〕 자신의 비현존재로 인식한다. 각자는 상대방으로부터 그 현존재를 빼앗으려 한다.

각자의 스스로에 대한 대립. 자본=축적된 노동=노동. 자본 자체는 자신과 그 이자로 나뉘고, 후자는 다시 이자와 이득으로 나뉜다. 자본가는 가차없이 제물로 희생된다. 자본가는 노동자계급으로 전락하고, 노동자는―그러나 오직 예외적으로만―자본가가 된다. 자본의 계기, 자본의 비용으로서의 노동. 따라서 임금은 자본의 희생.

노동은 자신과 임금으로 나뉜다. 노동자 자신은 하나의 자본, 상품.

상호 간의 적대적 대립. (⋯)

사적 소유의 **주체적 본질**, 즉 대자적으로 존재하는 활동으로서, 주체로

190

서, 인격으로서 사적 소유는 노동이다. 노동을 자신의 원리로 승인한(애덤 스미스) 국민경제학이 더이상은 사적 소유를 단지 인간 밖의 어떤 상태로 인식하지 않았다는 사실—이러한 국민경제학이 사적 소유의 현실적인 에너지 및 운동의 산물로서(국민경제학은 의식 속에서 형성된 사적 소유의 자립적 운동이요, 그 자체로 근대 공업이다) 동시에 근대 공업의 산물로서 관찰되어야 하고, 다른 한편 국민경제학이 이러한 공업의 에너지 및 발전을 촉진시키고 찬미하고 의식의 힘으로 만들었다는 사실은 이해할 만하다. (…) 엥겔스는 (…) 적절하게도 애덤 스미스를 국민경제학의 루터라고 불렀다. 루터가 신앙을 종교라는 외적 세계의 본질로 인식하여 가톨릭적 사교(邪敎)에 대항했듯이, 또한 그가 신앙심을 인간의 내적 본질로 만들면서 외적 신앙심을 지양했듯이, 그가 사제를 평신도의 마음속으로 옮겨놓음으로써 평신도 밖에 존재하는 사제를 부정했던 것처럼, 인간 밖에 존재하고 인간으로부터 독립된—그리하여 어떤 외적 방식으로만 유지하고 고수할 수 있는—부는 지양된다. 즉 사적 소유가 인간 자신 속으로 체화되고 인간 자신에게 그 본질로서 인식됨으로써 이러한 부의 외적이고 무사상(無思想)적인 대상성은 지양된다. 그러나 그 때문에 인간 자신은 루터에게서 종교의 규정 속에 놓여졌듯이 사적 소유의 규정 속에 놓여진다. 따라서 노동을 자신의 원리로 삼고 있는 국민경제학은 인간에 대한 인정이라는 가상 아래 오히려 인간에 대한 부정을 한결같이 수행하고 있을 뿐이다. 왜냐하면 인간 스스로가 더이상 사적 소유라는 외적 본질에 대한 외적 긴장 속에 서 있지 않고, 오히려 인간 스스로가 사적 소유의 이러한 긴장된 본질로 되고 있기 때문이다. 이전에는 자기 외적 존재, 인간의 실질적 외화였던 것이 이제는 단지 외화의 행위, 즉 양도가 되었다. 그리하여 만약 저 국민경제학이 인간, 인간의 자립성, 자기 활동성 등에 대한 승인이라는 가상 아래서 시작한다면, 그리고 국민경제학이 사적 소유를 인간 자신의 본질 속에 옮겨놓은 것처럼 **자신 밖에 존재하는 본질로서의 사적 소유**에 대한 지역적·국민적 등의 **규정**들을 통해 더이상 국민경제학이 제약될 수 없다면, 그리하여 이 규정들을 유일한 정치, 보편성, 제한과 속박으로서 대체하기 위해 세계주의적이고 보편적인 에너지, 모든 제한과 속박을 던져버린 에너지를 발전시킨다면 ── 국민경제학은 이후의 발전과정에서 이러한 **외면상의 신성함**을 벗어던지고 완전한 냉소주의의 모습으로 등장할 수밖에 없다. 그리고 국민경제학은 스스로가 이러한 학설을 혼란스럽게 만든 모든 외견상의 모순에도 무관심한 채, 더욱 **일면적으로**, 따라서 더욱 **날카롭고 일관되게 노동**을 부의 유일한 본질로서 발전시키고, 이 학설의 귀결을 그 원래의 견해와는 반대로 오히려 **인간적대적인** 것으로서 증명함으로써, 그리고 마침내 최후 형태인, 개인적이고 자연적인, 노동의 운동으로부터 독립적으로 존재하는, 사적 소유의 현존재와 부의 원천에 대해 ── 지대, 즉 이미 완전히 국민경제학적으로 되어버렸고 따라서 국민경제학에 반해 저항할 능력이 없는 봉건적 소유의 표현에 ── 최후의 일격을 가한다. (…) 국민경제학의 냉소주의는 스미스로부터 세이를 거쳐 리카도와 밀 등에 이르기까지, **공업의 결과들**이 리카도와 밀 등의 눈앞에 스미스의 시대보다 더 발전되고 더 모순에 찬 모습으로 등장하는 한, 상대적으로 커졌을 뿐만 아니라 보다 적극적으로 국민경제학은 인간에 반하는 소외 속으로 끊임없이 의식적으로 선행자들보다 더 멀리 걸어들어 간다. 하지만 그것은 단지 국민경제학이라는 학문이 보다 일관되고 보다 진실하게 전개되기 때문이다. 국민경제학이 활동적인 모습 속에 있는 사적 소유를 주체로 만들기 때문에, 따라서 동시에 인간을 본질로, 그리고 동시에 비본질로서의 인간을 본질로 만들기 때문에, 현실의 모순은 국민경제학이 원리로서 인식했던 모순에 찬 본질과 완전히 조응한다. 공업의 분열된 현실은 국민경제학에게 스스로의 분열된 원리를 확증해줄 뿐 결코 반박하지 못한다. 국민경제학의 원리는 바로 이러한 분열의 원리다. (『경제학 철학 초고』, 1844년)

유산계급과 프롤레타리아계급은 동일한 인간적 자기소외를 표현한다. 그러나 유산계급은 이러한 자기소외에서 행복을 느끼고 보장받으며, 소외를 자신의 고유한 권력으로 보고, 그 속에서 인간적 존재의 가상(Schein)을 가진다. 반면 프롤레타리아계급은 소외 속에서 아무것도 느낄 수 없으며, 비인간적 존재의 무력함과 현실을 본다. (『신성가족 혹은 비판적 비판에 대한 비판』, 프리드리히 엥겔스 공저, 1845년)

물적 존재는 자본을 통해 노동과정의 대상적 계기로 작용하고, 이때의 자본은 곧 이 물적 존재의 인격화된 화신이라 할 수 있다. 자본은 곧 노동에 대립하는 자립적 존재다. 이들 물적 존재가 이런 소외된 형태(자본으로 인격화된 형태)로서 노동과 대립하기를 그만둔다면 이런 작동도 중단하게 될 것이다. 자본가로서 자본가는 고유한 의지를 가진 자본의 화신이며, 노동에 대립하여 노동을 재능 있게 창조하는 인격이다. 호지스킨(Thomas Hodgskin)은 이것을 착취계급의 속임수와 이해가 숨어 있는 순수한 주관적 기만으로 파악했다. 호지스킨은 실제 관계 자체에서 이런 생각을 도출해낸 까닭에 후자(노동)를 전자(자본)의 표현으로 보지 않았고, 오히려 그 반대로 보았다. (『잉여가치론』, 1861~63년)

우리는 임금으로 (…) 무엇을 확정하는가? 노동자의 생활이다. 나아가 그것으로 우리는 노동자가 자본의 노예라는 사실, 노동자가 하나의 상품이며 그 높고 낮은 정도가 그리고 상승 및 하락이 경쟁 및 수요와 공급에 의존하는 교환가치라는 사실을 확인할 수 있다. 또한 우리는 그것으로 노동자의 활동이 그의 인간적 생활의 자유로운 외화가 아니라 오히려 능력의 에누리, 자본에 달려 있는 능력의 일면적인 에누리라는 사실, 한마디로 '노동'이라는 사실을 확인할 수 있다. 우리는 다음과 같은 사실을 잊고 있다. 즉 '노동'은 사적 소유, 그 자신의 창조적 원천으로서의 사적 소유의 살아 있는 토대다. 사적 소유는 **대상화된** 노동 이외에 아무것도 아니다. 사적 소유에 대해 우리가 최후의 일격을 가하고자 한다면, **현실적 상태**로서 사적 소유, **활동**으로서 사적 소유, **노동**으로서 사적 소유를 공격해야 한다. 사적 소유 없이 자유로운, 인간적인, 사회적 노동에 관해 말하는 것은 대단한 오해다. '노동'은 그 본질에 따르면 부자유하고 비인간적이고 비사회적인 활동이며, 사적 소유에 의존하고 사적 소유를 창출하는 활동이다. 따라서 사적 소유의 지양은 '노동'의 지양으로 파악될 때만, 즉 한 범주를 다른 범주로 잘못 바꾸는 것이 아니라 노동 자체를 통해서 자연스럽게 가능하게 되는 지양, 사회의 물질적 활동을 통해서 가능하게 되는 지양으로 파악될 때만 현실이 된다. 따라서 '노동의 조직'은 모순이다. 노동이 포함할 수 있는 **최상**의 조직은 모든 과거의 표면상의 '사회'조직이 해소된 현재의 조직이고 자유 경쟁이다. (「**프리드리히 리스트의 책 『경제학의 국민적 체계』에 관하여**」, 1845년)

생산적 노동자라는 불운

질에 대한 고려 없이 노동 자체의 양을 가치 척도로 받아들인다면, 이것은 단순한 노동이 산업의 핵심이 된다는 사실을 전제하는 것이다. 또한 인간이 기계나 외적 분업 아래 종속되어 노동은 차별성을 잃게 된다는 사실, 인간이 노동에 대해 사라진다는 사실, 시계추가 복수의 기관차의 속도를 측정하듯 복수의 노동자의 성과를 측정하는 관계에서 정확한 척도가 된다는 사실을 전제한다. 그래서 더는 한사람의 한시간이 다른 사람의 한시간과 같다고 말할 필요가 없으며, 오히려 한시간 동안 한 사람이 한시간 동안 다른 사람에 비해 얼마나 가치가 있었는가를 말해야 한다. 시간이 모든 것이며 인간은 더이상 아무것도 아니고 기껏해야 시간의 육화일 뿐이다. 여기서 질은 더이상 문제가 되지 않는다. 양만이 모든 것을 결정한다. 즉 시간 대 시간, 날짜 대 날짜. 그러나 프루동의 작품인 이러한 노동의 양화가 영원한 정의는 결코 아니다. 이것은 단지 근대산업의 결과다.

기계를 쓰는 공장에서는 한 노동자의 노동이 다른 노동자의 노동과 더는 구별되지 않는다. 노동자는 노동에 지출하는 시간의 양을 통해서만 서로 구별될 수 있다. 그럼에도 불구하고 노동에 지출된 시간이 한편으로 육체 상태나 나이, 성별 등 순수 물질적 조건에 의존하고 다른 한편으로 참을성이나 냉정함, 근면 등 도덕적이고 순수 부정적 상황에 의존하는 한, 이런 양적인 차이는 어떤 시점에서 보면 질적인 차이로 나타날 수도 있다. 마침내 노동자의 노동에서 질적인 차이가 있다면, 이것은 전문적인 차이와는 거리가 먼, 기껏해야 가장 나쁜 질에서의 차이일 것이다. 이것은 마지막 심급에서 근대산업의 구체적 상태다. (『**철학의 빈곤**』,

자본주의적 생산은 상품의 생산이기도 하지만 본질적으로는 잉여가치의 생산이다. 노동자는 자신을 위해서가 아니라 자본을 위해서 생산한다. 그러므로 그가 단지 생산한다는 사실만으로는 이제 더이상 충분하지 않다. 그는 잉여가치를 생산해야만 한다. 자본가를 위하여 잉여가치를 생산하는 노동자, 즉 자본의 자기증식에 이바지하는 노동자만이 생산적이다. 물적 생산 이외의 영역에서 예를 하나 들어본다면, 교사는 단지 어린아이의 두뇌에 작용을 가할 뿐 아니라 기업가를 부유하게 하는 데도 매진할 때에만 비로소 생산적 노동자가 된다. 이 기업가가 자신의 자본을 소시지공장이 아니라 교육공장에 투자했다고 해서 이 관계가 조금이라도 변하는 것은 아니다. 따라서 생산적 노동자의 개념은 활동과 유용성 간의 관계 그리고 노동자와 노동생산물 간의 관계를 포함할 뿐 아니라, 노동자가 자본의 직접적 가치증식 수단임을 각인하는 역사적으로 성립된 하나의 특수한 사회적 생산관계도 포함한다. 따라서 생산적 노동자가 된다는 것은 결코 행운이 아니며 오히려 지독한 불운이다. (『**자본**』 제1권, 1890년 제4판)

노동의 살아 있는 괴물로서의 자본

사실상 자본의 생산과정에서 (…) 노동은 총체성 ─ 노동들의 결합 ─ 인데, 이것의 개별적인 구성 부분들은 서로 낯설기 때문에, 총체성으로서의 총노동은 개별 노동자의 **작업**이 아니라 상이한 노동자들의 공동작업이며, 그것도 이들이 서로 결합자로서 관계하는 것이 아니라 결합되어 있는 한에서만 그러하다. 이 노동은 결합 속에서 타인의 의지와 타인의 지능에 봉사하고, 이에 의해 지도되는 것으로 나타난다 — 그것의 살아 있는 **통일**을 자신 밖에 가질 뿐 아니라 그것의 물적 통일도 기계류의 대상적 통일, 즉 고정자본에 복속하는 것으로 나타난다. 고정자본은 살아 있는 괴물로서 과학적 사고를 객체화했으며 사실상 총괄자이지 개별 노동자에게 결코 도구로서 관계하지 않는다. 오히려 개별 노동자는 살아 있는 개별적 정확성, 고정자본의 살아 있는 고립된 부속물로 존재한다.

그러므로 결합된 노동은 이중적 측면에서 **즉자적인** 결합이다. 협동하는 개인들의 관계도 아니고, 이들의 특수하거나 개별화된 기능이나 노동도구에 대한 총괄로서의 결합이 아니다. 따라서 노동자가 자신의 생산물을 타인의 생산물로 관계하는 것처럼, 그는 노동의 결합을 비록 자신에게 속하고 동시에 자신의 삶의 표현임에도 불구하고 낯선 활동, 강요된 활동으로 관계한다. (…)

노동생산물과 마찬가지로 노동 자체도 특수한, 개별화된 노동자의 노동으로 부정된다. 부정된 개별화된 노동은 이제 사실상 가정된 공동노동 또는 결합된 노동이다. 그러나 이렇게 정립된 **공동노동 또는 결합된 노동**은 — 활동으로서뿐 아니라 객체라는 휴지(休止) 형태에서도 — 동시에 직접적으로 실제로 존재하는 개별 노동에게 다른 것으로 — 타인의 객체성(타인 소유)으로뿐 아니라 타인의 주체성(자본의 주체성)으로 — 정립되어 있다. 요컨대 자본은 노동뿐 아니라 이것의 생산물도 부정된 개별화된 노동으로, 따라서 개별화된 노동자의 부정된 소유로 대표한다. 따라서 자본은 사회적 노동의 실존 — 주체 및 객체로서의 이 노동의 결합—이지만, 이러한 실존은 (…) 노동의 실재적인 계기들에 대해서 자립적으로 (…)—요컨대 스스로 이들 곁에 있는 **특수한 실존**으로—존재한다. 따라서 자본 자신은 총괄적 주체이자 타인 노동의 소유자로 나타나며, 그의 관계 자체는 임노동의 관계와 마찬가지로 완전한 모순의 관계다. (…) 하나의 **노동자**로서 개인의 처지는 이러한 벌거숭이 상태〔불모 상태〕에서는 그 자체가 **역사적 생산물**이다. (…)

노동자들의 연합—노동생산성의 기본 조건으로서의 협업과 분업—은 노동의 강도를 규정하고, 따라서 노동의 외연적 실현 정도를 규정하는 노동의 모든 생산력과 마찬가지로 **자본의 생산력**으로 나타나게 된다. 따라서 노동의 집단력, 사회적 노동으로서의 노동의 성격은 **자본의 집단력**이다. 과학도 마찬가지다. 공용의 분할이자 그것에 조응하는 교환으로 나타나는 분업도 마찬가지다. 생산의 모든 사회적 잠재력은 자본의 생산력이고, 따라서 자본 스스로가 잠재력의 주체로 나타나게 된다. 공장에서 볼 수 있는 노동자들의 연합은 노동자가 아니라 자본에 의해서 정립되어 있다. 노동자들의 결합은 노동자들의 현존이 아니라 자본의 현존이다. 개별적인 노동자에 대해 결합은 우연히 나타난다. 그는 다른 노동자들과 자신의 결합 및 다른 노동자들과의 협업에 대해 **낯선 것**, 즉 자본의 작용방식으로 관계한다. (…)

생산과정 자체에서 소비되는 자본 또는 고정자본은 엄격한 의미에서 **생산수단**이다. 더 넓은 의미에서 전체 생산과정과 이것의 각 계기는 유통의 각 계기와 마찬가지로—소재적으로 고찰되는 한에서—가치만이 자기목적으로 존재하는 자본을 위한 생산수단이 될 뿐이다. (…) 노동수단이 자본에 의해 직접적으로, 역사적으로 자본의 증식과정에 수용되는 것과 마찬가지로 노동수단이 문자 그대로 노동수단으로 남아 있는 한에서, 그것은 이제 자신의 소재적 측면에서 노동의 수단으로 나타날 뿐 아니라 동시에 자본의 총과정에 의해 규정된 자본의 특수한 현존 방식으로서도──**고정자본**으로서도──나타남으로써 형식적인 변화만을 겪을 뿐이다. 그러나 자본의 생산과정에 수용되면 노동수단은 상이한 형태 변환을 거치는데, 이것의 마지막이 **기계**이거나 또는 차라리 자동장치에 의해, 자동으로 운동하는 동력에 의해 움직이는 **자동기계류 체계**(기계류의 체계: **자동적** 체계는 가장 완벽하고 적합한 기계류 형태이고 기계류를 비로소 하나의 체계로 전환시킨다)다. 이 자동장치가 다수의 기계적이고 지적인 기관들로 구성되어 있어서 노동자들 자신은 그것의 의식적 관절로 규정되어 있을 뿐이다.

노동수단은 기계에서, 그리고 자동적 체계로서의 기계에서는 더욱, 그것의 사용가치에서 볼 때, 즉 소재적 현존에서 볼 때 고정자본과 자본 일체에 적합한 실존으로 전환되어 있고, 노동수단이 직접적인 노동수단으로서 자본의 생산과정에 수용된 형태는 자본 자신에 의해 정립되고 자본에 조응하는 형태로 지양되어 있다. 기계는 어떤 관계에서도 개별적인 노동자의 노동수단으로 나타나지 않는다. 기계의 종차(種差)는 노동수단과 마찬가지로 노동자의 활동을 대상에게 매개해주지 않는다. 오히려 노동자의 활동이 기계의 노동을, 원재료에 대한 기계의 작용을 매개하는 데──감독하고 기계 고장을 방지하는 데──지나지 않도록 정립되어 있다. 부속기관으로서의 노동자가 숙련과 활동으로 스스로 활력을 불어넣고, 그 사용이 곧 노동자의 기교에 좌우되는 도구와는 다르다. 노동자를 대신해서 숙련과 힘을 가지는 기계는 스스로가 기계에서 작용하는 역학법칙들로 자기 자신의 혼을 가지며, 지속적인 자기운동을 위해서 노동자가 식량을 소비하듯이 석탄, 기름 등 도구재료를 소비하는 명인(名人)이다. (…)

노동자의 활동은 활동의 단순한 추상으로 국한되어 모든 측면에서 기계류의 운동에 의해 규정되고 규율되지 그 반대는 아니다. 기계류의 죽은 관절들로 하여금 그것들의 구성에 따라 자동장치로서 합목적적으로 작용하도록 강제하는 과학은 노동자의 의식 속에 존재하는 것이 아니라 기계를 통해서 노동자에게 낯선 권력으로서, 기계 자신의 권력으로서 작용한다. 자본의 개념에서 대상화된 노동에 의한 살아 있는 노동의 포섭(Aneignung)——대자적으로 존재하는 가치에 의한, 가치증식하는 힘이나 활동의 포섭——은 기계류에 입각한 생산에서는 생산과정의 소재적 요소들과 소재적 운동에서 볼 때도 생산과정 자체의 성격으로 정립된다. 생산과정은 노동이 노동과정을 지배하는 통일체로서 노동과정을 총괄한다는 의미에서의 노동과정이기를 그만두었다. 오히려 노동은 기계적 체계의 수많은 점들에서 개별적인 살아 있는 노동자들에게서 의식적 기관으로 나타날 뿐이다. 노동은 분산되어, 기계류 자체의 통일은 살아 있는 노동자들에 실존하는 것이 아니라 노동자의 개별적인, 사소한 행위에 비해 강력한 유기체로서 노동자에게 맞서 나타나는 살아 있는(활동적인) 기계류에 실존한다.

기계류에서 대상화된 노동은 노동과정 자체에서 살아 있는 노동에 대해 이것을 지배하는 권력으로서 맞서는데, 이 권력은 그 형태에서 볼 때 살아 있는 노동의 포섭으로서의 자본이다. 노동과정을 자본증식과정의 단순한 계기로 수용하는 것은 소재적 측면에서 볼 때도 노동수단이 기계류로 전환되고 살아 있는 노동이 단순히 이 기계류의 살아 있는 부속물로 전환됨으로써 기계류의 활동수단으로 정립하는 일이다. (…) 가치증식하는 활동을 점취하는 가치로서의 자본의 관계가 기계류에 실존하는 고정자본에서는 동시에 자본의 사용가치와 노동능력의 사용가치 사이의 관계로 정립되어 있다. 나아가 기계류에 대상화된 가치는 하나의 전제로 나타나는 반면, 개별적인 노동능력의 가치증식하는 힘은 무한히 작은 것으로 소멸한다. (…) 생산물이 생산되는 형태에서 그리고 생산물이 생산되는 관계들에서 이미 생산물은 가치의 담지자로서 생산될 뿐이고, 생산물의 사용가치는 가치를 위한 조건으로서 생산될 뿐이라는 것이 정립되어 있다. (…) 그리하여 지식과 숙련의 축적, 사회적 두뇌의 일반적 생산력의 축적은 노동에 맞서서 자본에 흡수되어 있고, 따라서 자본의 속성, 더 정확하게는 자본이 본래적인 생산수단으로서 생산과정에 들어오는 한에서 **고정자본**의 속성으로서 나타난다. (…) 지식은 기계류에서 노동자의 밖에 있는 낯선 것으로 나타난다. 그리고 살아 있는 노동은 자립적으로 작용하는 대상화된 노동에게 포섭되어 있다. 노동자는 자신의 행동이 〔자본의〕 욕구들에 의해 조건지어지지 않는 한에서 불필요한 것으로 나타난다. (…)

부의 척도로서의 노동시간은 부 자체를 빈곤에 입각한 것으로 정립하고, 가처분시간을 잉여노동시간과의 대립 속에서, 그리고 이 대립에 의해서만 실존하는 것으로 정립한다. 또는 개인의 전체 시간을 노동시간으로 정립해 개인을 단순한 노동자로 격하시키고 노동에 포섭해 가장 발전된 기계류가 지금은 노동자로 하여금 야만인이 한 것이나 노동자 자신이 가장 단순하고 가장 조야한 공구들을 가지고 수행했던 것보다 더 오래 노동하도록 강요한다. (**『경제학 비판 요강』 초고, 1857~58년**)

자본의 장교와 하사관

이제 임노동자들의 협업이 늘어나자 자본의 지휘는 노동과정 자체의 수행을 위한 필요조건〔즉 하나의 현실적인 생산조건〕으로 나아간다. 이제 생산현장에서 자본이 내리는 명령은 전장에서 장군이 내리는 명령처럼 반드시 필요한 것이 되었다. (…)

임노동자의 협업은 전적으로 그들을 한꺼번에 사용하는 자본에 의해 수행된다. 노동자들의 각 기능을 결합해 하나의 총생산단위로 통합해내는 일은 모두 그들의 외부에서〔즉 그들은 자본에 의해 모이고 뭉친다〕 이루어진다. 그러므로 그 노동들 간의 관계는 관념적으로는 자본가의 계획으로서, 실제적으로는 자본가의 권위로서〔즉 그들의 행위를 자신의 목적에 종속시키려는 타인의 의지의 힘으로서〕 그들과 마주 서 있다.

그러므로 자본가의 지휘는 내용상으로 보면 이중적인데, 그 까닭은 그의 지휘를 받는 생산과정 자체가 한편으로는 생산물의 생산을 위한 사회적 노동과정이고, 다른 한편으로는 자본의 가치증식과정이라는 이중성을 갖기 때문이다. 그러나 이 지휘는 또 형태상으로 보면 전제주의적이다. 협업의 규모가 점점 커질수록 이 전제주의는 그 특유의 형태들을 발전시켜나간다. (…)

군대가 장교와 하사관을 필요로 하듯 동일한 자본의 지휘 아래 함께 일하는 노동자집단은 노동과정에서 자본의 이름으로 지휘하는 산업장교(지배인Dirigenten, managers)와 산업하사관(직공장Arbeitsaufseher, foremen, overlookers, contre-maîtres)을 필요로 한다. 감독이라는 노동이 그들의 배타적 기능으로 고정된다. (…)

독립된 인간으로서의 노동자들은 개개인이 동일한 자본과 관계를 맺으면서도 서로 간에는 아무런 관계를 맺지 않는다. 그들의 협업은 노동과정에 들어가면서부터 비로소 시작되지만 노동과정에서 그들은 더이상 자기 자신의 소유자가 아니다. 노동과정에 들어감과 동시에 그들은 자본과 합쳐진다. 협업자로서, 즉 움직이는 유기체의 한 부분으로서 그들 자신은 단지 자본의 한 특수한 존재양식에 지나지 않는다. (『자본』 제1권, 1890년 제4판)

　자본가가 자본의 인격체로서 직접적 생산과정에서 갖는 권위와 그가 생산의 지휘자이자 지배자로서 수행하는 사회적 기능은 노예와 농노 등에 의한 생산을 기초로 하는 권위와는 본질적으로 다르다.
　자본주의적 생산의 기초 위에서 생산의 사회적 성격은 직접적 생산자인 대중에 대해서 엄격히 규제적인 권위의 형태〔그리고 완전히 위계로 편제된 노동과정의 사회적 메커니즘의 형태〕를 띠고 그들을 만난다. 그러나 이 권위의 담지자는 단지 노동에 대립하는 노동조건의 인격체로서만 이런 권위를 지니며, 이전의 생산형태에서처럼 정치적 또는 신정적(神政的) 지배자로서의 권위는 없다. 이 권위의 담지자들〔즉 서로 상품소유자로서 만날 뿐인 자본가들 자신〕 사이에서는 가장 완벽한 무정부 상태가 지배하고, 이 상태 속에서 생산의 사회적 관련은 오직 개인적 자의를 압도하는 자연법칙으로만 그 힘을 발휘한다. (『자본』 제3권, 1894년판)

　주식회사──신용제도와 함께 발달한다──는 일반적으로 이 관리노동을 점점 더 자본(자기자본이든 차입자본이든)의 소유와 분리된 기능으로 만드는 경향이 있다. 이는 부르주아사회가 발달함에 따라 봉건시대에는 토지소유의 부속물이었던 사법기능과 행정기능이 토지소유와 분리되어버린 것과 같다. 그러나 한편으로 자본의 단순한 소유주인 화폐자본가에 대해서 기능하는 자본가가 대립하고, 신용의 발달과 더불어 이 화폐자본이 스스로 하나의 사회적 성격을 취하면서 은행으로 집중되어 이제는 직접적인 소유주들로부터가 아니라 바로 이 은행들로부터 대부됨으로써, 그리고 또다른 한편으로 차입된 것이든 그렇지 않든 어떤 명목의 자본도 소유하지 않은 단순한 관리자가 기능하는 자본가가 직접 수행해야 할 모든 실질적인 기능들을 대행하게 됨으로써, 이제 기능인만 남게 되고 자본가는 별 쓸모없는 사람으로 생산과정에서 사라지게 되었다. (『**자본**』 제3권, 1894년판)

자본은 생산과정에서 노동의 감독자, 노동의 지휘자(산업 지휘자)로 나타나며, 노동과정 자체에서 그러한 역할을 수행한다. 그러나 이런 기능이 자본주의적 생산의 특별한 형태로부터 나온다면, 그래서 **자신의** 노동으로서 노동에 대한, 자신의 도구로서 노동자에 대한 자본의 지배로부터, **사회적 통일성**으로서, 즉 노동의 사회적 형태의 주체로서 노동에 대한 권력으로 인격화된 자본의 본성으로부터 나타난다면, 이러한 착취와 결부된 노동(관리자에게 위임될 수 있는 노동)은 물론 생산물의 가치 속에 임금노동자의 노동과 마찬가지로 들어간다. 이것은 **노예제**에서 **노예감시자의 노동**이 노동자 자체의 노동으로서 지불되어야 하는 것과 마찬가지다. (…)

감독하는 지위, 감독의 노동은 이제 마찬가지로 시장에서 팔려야 하고 상대적으로 값싸게 생산되며 따라서 모든 다른 노동능력과 같이 팔린다. 자본주의적 생산 자체는 감독의 노동이 자본소유(자신의 자본이든 남의 자본이든 관계없이)와 분리되어 거리를 돌아다니게 만든다. 감독의 노동은 철저히 쓸모없어지고, 자본에 의해서 행사된다. 감독의 노동은 사실상 이미 존재한 것이고, 자본으로부터 분리된 것이다. (『잉여가치론』, 1861~63년)

노동에 의한 지구 파괴

자본주의적 생산은 그것의 중심 대도시에 인구를 계속 집적시켜감에 따라, 한편으로는 사회의 역사적 동력을 쌓아나가고, 다른 한편으로는 토지와 인간 사이의 물질대사, 즉 인간이 식품과 의류의 형태로 소비하는 토양성분이 토지로 되돌아가는 것, 다시 말해 토지의 생산력을 지속시키는 항구적인 자연조건을 교란시킨다. 또한 그럼으로써 도시노동자의 육체 건강과 농촌노동자의 정신생활을 파괴한다. 그러나 동시에 그 물질대사의 순수한 자연발생적 상태를 파괴하여 그것을 사회적 생산의 규제법칙으로[그리고 인간의 전인적 발전에 적합한 형태로] 체계화시켜 다시 만들어낸다. 매뉴팩처(manufacture)에서와 마찬가지로 농업에서도 생산과정의 자본주의적 전환은 곧바로 생산자들의 수난사로 나타나고, 노동수단은 노동자에 대한 억압수단이자 착취수단이면서 동시에 궁핍화수단으로 나타나며, 노동과정의 사회적 결합은 노동자의 개인적 활기와 자유 및 자립성에 대한 조직적 억압으로 나타난다. (…) 도시공업에서와 마찬가지로 근대농업에서도 노동생산력의 상승과 노동의 유동성 증가는 노동력 그 자체를 황폐화시키고 질병 속으로 몰아넣음으로써 얻어진다. 그리고 자본주의적 농업의 모든 진보는 노동자와 토지를 약탈하기 위한 기술의 진보이고, 주어진 임대기간 동안 토지의 수확을 높이는 모든 진보 또한 토지생산력의 지속적인 원천을 파괴하는 진보이기도 하다. 예를 들어 미국처럼 한 나라의 발전이 대공업을 출발점으로 할 경우, 이런 파괴과정은 그만큼 더 급속해진다. 그러므로 자본주의적 생산은 모든 부의 원천인 토지와 노동자를 동시에 파괴함으로써만 사회적 생산과정의 기술과 결합을 발전시킬 수 있다. (『**자본**』 제1권, 1890년 제4판)

과학적 담지자의 권력과 교환가치의 붕괴

자본의 완전한 발전은 노동수단이 형식적으로 **고정자본**으로 규정되어 있을 뿐 아니라 자신의 직접적인 형태에서도 지양되고, **고정자본**이 생산과정 내에서 기계류로서 노동에 맞서서 등장하자마자 비로소 이루어진다——또는 자본은 비로소 자신에게 적합한 생산방식을 정립했다. 그러나 전체 생산과정은 노동자의 직접적인 숙련성 아래 포섭된 것으로서가 아니라 과학의 기술적 응용으로서 (등장한다)——따라서 생산에 과학적 성격을 부여하는 것이 자본의 경향이며, 직접적인 노동은 이 과정 속 단순한 하나의 계기로 전락한다. 가치의 자본으로의 전화에서와 마찬가지로 자본에 대한 보다 자세한 설명에서도 자본이 한편으로는 생산력——이 생산력 중에는 과학도 포함된다——의 일정한 주어진 역사적 발전을 전제로 하고, 다른 한편으로는 이 발전을 추동하고 강제한다는 것이 밝혀진다. (…)

그러나 자본이 기계류와 철도 등 고정자본의 다른 소재적 현존 형태들로 (…) 비로소 생산과정 내에서의 사용가치로서의 자신에 적합한 형체를 스스로에게 제공한다 하더라도, (…) 그 기계류로서의 존립이 자본으로서의 존립과 결코 동일한 것이 아니며, 또한 (…) 그것으로부터 기계류가 고정자본의 사용가치에 상응한 형태가 되는 것도 결코 아니다. 금이 더이상 화폐이기를 그만둔다고 해서 금으로서의 사용가치를 지니지 않는 것이 아니듯 기계류가 고정자본의 사용가치에 가장 잘 조응하는 형태라는 점으로부터 자본의 사회적 관계 아래로의 포섭이 기계류 사용을 위해 가장 적절하고 가장 좋은 사회적 생산관계라는 결론이 도출된 것은 결코 아니다.

노동시간—단순한 노동량—이 자본에 의해서 유일한 가치 규정적 요소로 정립되는 데 비례해서, 생산—사용가치의 창출—의 규정적인 원칙으로서의 직접적인 노동과 그것의 양은 사라지고, 양적으로 더 작은 비율로 낮아질 뿐 아니라 질적으로도, 비록 필수적이지만, 한편으로는 일반적인 과학적 노동, 자연과학의 기술적 응용에 비해서 부차적인 계기로 나타날 뿐 아니라 총생산에서의 사회적 구조로부터 유래하는—(비록 역사적 산물이지만) 사회적 노동의 천부적 재질로 현상하는—일반적 생산력에 비해서도 부차적인 계기로 나타난다. 그리하여 자본은 생산을 지배하는 형태로서의 자기 자신의 해체에 종사한다. (…)

고정자본은 기계류가 가장 적합한 형태인 생산수단이라는 자신의 규정에서 두 측면에서만 가치를 생산한다. 즉 생산물의 가치를 증대시킨다. ① 그것이 **가치**를 가지는 한에서, 즉 스스로 노동의 생산물, 대상화된 형태의 일정한 노동량인 한에서 ② 그것이 노동의 생산력을 증대시킴으로써, 노동으로 하여금 살아 있는 노동능력의 생계에 필요한 생산물의 더 많은 양을 더 짧은 시간에 창출할 수 있도록 함으로써, 필요노동에 대한 잉여노동의 비율을 증가시키는 한에서 (⋯) 이 과정에 의해서 일정한 대상의 생산을 위해 필요한 노동의 양은 실제로 최소한으로 감축되지만, 그것은 다만 최대한의 노동이 그러한 대상들의 최대한에서 가치증식되기 위해서일 뿐이다. 여기에서 자본이 ─ 전적으로 의도하지는 않았지만 ─ 인간노동, 힘의 지출을 최소한으로 감축하기 때문에 첫번째 측면이 중요하다. (⋯)

이전에는 노동자가 수행했던 노동을 기계가 수행하도록 하는 것은 과학에서 직접 발생하는 분석과 역학법칙 및 화학법칙 들의 응용이다. 그렇지만 이 경로를 통한 기계류의 발전은 대공업이 이미 더 높은 단계에 도달했고 전체 과학이 자본에 복무하도록 잡혀 있으며, 다른 한편으로 기존의 기계류 자신이 이미 대량의 자원을 제공하자마자 비로소 시작된다. 그러면 발명은 사업이 되고, 직접적인 생산 자체에 과학을 응용하는 일이 과학에게 규정이 되고 과학을 유인하는 관점이 된다. 그러나 이는 기계류가 대규모로 등장했던 경로가 아니며, 기계류가 세부적으로 진전되는 경로는 더더욱 아니다. 이 경로는 분석이다 ─ 이미 노동자의 작업이 점점 기계작업으로 전환되어 일정한 시점에서는 메커니즘이 노동자를 대신하게 되는 분업에 의해서(힘의 경제에 관하여). 요컨대 여기서는 일정한 노동방식이 노동자로부터 기계형태의 자본으로 직접적으로 이전되어 나타나고, 이러한 전위에 의해 노동자 자신의 노동능력은 가치를 잃는다. 따라서 기계류에 대한 노동자들의 투쟁. 살아 있는 노동의 활동이었던 것이 기계의 활동이 된다. 그리하여 자본에 의한 노동의 포섭, 살아 있는 노동을 흡수하는 자본이 ─ "마치 몸속에 사랑을

208

가지고 있다는 듯이"──조야한 감각으로 노동자에게 맞선다. (…)

　살아 있는 노동과 대상화된 노동의 교환, 즉 자본과 임노동의 대립형태로의 사회적 노동의 정립은──가치관계와 가치에 입각한 생산의 마지막 발전이다. 이것의 전제는 부를 생산하는 결정적인 요소로서 직접적인 노동시간의 양, 이용된 노동의 양이며 앞으로도 그러하다. 그러나 대공업이 발전함에 따라 실제적 부의 창조는 노동시간 및 이용된 노동량보다는 노동시간 동안에 운동되고 다시 그 자신의 생산에 소요되는 직접적인 노동시간과 비례관계에 있지 않은 작동인자들의 권력──이들의 강력한 효율성──에 의존하고, 오히려 과학의 일반적 상태와 기술의 진보 또는 이 과학을 생산에 응용하는 정도에 좌우된다. (이 과학, 특히 자연과학의 발전 및 그것과 더불어 진행되는 다른 과학들의 발전 자체는 다시 물질적 생산의 발전에 비례한다.) 예를 들어 농업은 물질적 소재대사가 사회 전체를 위해서 어떻게 가장 유리하게 규율될 수 있는지에 관한 과학의 단순한 응용이 된다.

　실제적 부는 오히려 이용된 노동시간과 그 생산물 사이의 엄청난 불비례에서뿐 아니라, 순수한 추상으로 축소된 노동과 그것이 감시하는 생산과정의 강권 사이의 질적인 불비례에서도 표명되며──그리고 대공업이 이를 폭로한다──노동은 이제 생산과정에 포함된 것으로 나타나지 않고, 오히려 인간이 생산과정 자체에 감시자와 규율자로서 관계한다(기계류에 적용되는 것은 인간활동의 결합과 인간교류의 발전에도 마찬가지로 적용된다). 수정된 자연대상을 대상과 자신 사이에 매개고리로 삽입하는 것은 더이상 노동자가 아니다. 노동자는 그가 산업적 과정으로 변환시키는 자연과정을 자신의 제어하에 놓인 무기적 자연과 자신 사이에 수단으로 삽입한다. 그는 생산과정의 주 행위자가 아니라 생산과정 옆에 선다.

이러한 변환에서 생산과 부의 커다란 지주로 나타나는 것은 인간 스스로 수행하는 직접적 노동도, 그가 노동하는 시간도 아닌 그 자신의 일반적인 생산력의 포섭, 자연에 대한 이해, 사회적 형체로서의 그의 현존에 의한 자연지배 ─ 한마디로 말해 사회적 개인의 발전이다. 타인의 노동시간을 훔쳐 부의 기초로 삼는 현재의 방식은 새롭게 발전된, 대공업 자체에 의해 창출된 방식에 비하면 보잘것없게 보인다. 직접적인 형태의 노동이 부의 위대한 원천이기를 그만두자마자, 노동시간이 부의 척도이고, 따라서 교환가치가 사용가치[그것의 척도]이기를 중지하고 그만두어야 한다. 대중의 잉여노동이 일반적 부의 발전을 위한 조건이기를 그만두었듯이, 소수의 비노동도 인간 두뇌의 일반적 힘의 발전을 위한 조건이기를 그만둔다. 이에 따라 교환가치에 입각한 생산은 붕괴되고 직접적인 물질적 생산과정 자체는 곤궁성과 대립성의 형태를 벗는다. 개성의 자유로운 발전, 따라서 잉여노동을 적립하기 위한 필요노동시간의 단축이 아니라 사회의 필요노동시간을 최소한으로 단축·일체, 그리고 여기에는 모든 개인을 위해 자유롭게 된 시간과 창출된 수단에 의한 개인의 예술적·과학적 교양 등이 조응한다.

자본 자신은 노동시간을 최소한으로 단축하기 위해 (노력하는) 반면, 다른 한편으로는 노동을 부의 유일한 척도이자 원천으로 정립함으로써 모순이 나타난다. 자본은 노동시간을 잉여노동의 형태로 증대시키기 위해서 필요노동의 형태를 감소시킨다. 따라서 갈수록 잉여노동시간은 필요노동시간을 위한 조건 ─ 생사의 문제 ─ 으로 정립한다. 요컨대 자본은 한 측면에서 보면 부의 창출을 그것에 이용된 노동시간에 대해 (상대적으로) 독립시키기 위해 사회적 결합 및 사회적 교류뿐 아니라 과학과 자연의 모든 힘을 소생시킨다. 다른 측면에서 보면 자본은 이렇게 창출된 방대한 사회적인 힘을 노동시간으로 측정하고자 하며, 이미 창출된 가치를 가치로 유지하기 위해 필요한 한계 안에 이 힘을 묶어두고자 한다. 생산력과 사회적 관계들——양자는 사회적 개인의 발전에 있어 상이한 측면들——이 자본에게는 수단으로만 나타나며, 자본을 위해서는 그것의 협소한 기초에서 출발해서 생산하기 위한 수단일 뿐이다. 그러나 사실 그것들은 이 기초를 공중에서 폭파하기 위한 물질적 조건들이다. "12시간의 노동이 아니라 6시간의 노동이 행해질 때, 한 민족은 진실로 부유하다. 부는 잉여노동시간의 지휘가 아니라 **각 개인과 전체 사회**를 위해서 직접적 생산에서 사용되는 시간 이외의 가처분 시간이다." (『지불과 상환』 *The Source and Remedy* 등 1821, 6면.)

자연은 기계, 기관차, 철도, 전보, 자동방직기 등을 제작하지 않는다. 이들은 인간 산업의 산물이다. 자연을 지배하는 인간 의지의 기관이거나 자연에서 인간 의지의 활동기관으로 전환된 자연적 재료다. 그것들은 인간의 손으로 **창출된 인간 두뇌의 기관들이다. 대상화된 지력이다.** 고정자본의 발전이란 일반적인 사회적 지식의 어느정도까지 **직접적인 생산력**이 되었고, 따라서 사회적 생활과정 자체의 조건들이 어느정도까지 일반적 지성의 통제 아래 놓였으며, 이 지성에 따라 개조되는지를 가리킨다. 사회적 생산력이 지식의 형태뿐 아니라 사회적 실천의 기관들, 현실적 생활과정의 직접적인 기관들로서 어느정도까지 생산되었는지를 가리킨다. (…)

사회 일체와 사회의 각 구성원을 위한 필요노동시간 이외의 **가처분시간**(즉 개별자, 따라서 또한 사회의 완전한 생산력 발전을 위한 공간)의 **창출**, 비노동시간의 이러한 창출이 자본의 관점에서는 선행하는 모든 단계들에서와 마찬가지로 소수를 위한 비노동시간, 자유시간으로 나타난다. 자본은 자신의 부가 직접적으로 잉여노동시간을 취득하는 데 있기 때문에, 자신의 목적이 사용가치가 아니라 **직접적으로 가치**이므로, 예술과 과학에 모든 수단을 통해서 대중의 잉여노동시간을 증대시킨다. (…)

그러나 자본의 경향은 언제나 한편으로는 가처분시간을 창출하고, 다른 한편으로는 이를 잉여노동으로 전환시킨다. 자본이 전자에 제대로 성공하면 과잉생산에 시달리고, 그러면 잉여노동이 자본에 의해서 증식될 수 없기 때문에 필요노동이 중단된다. (…)

대공업의 발전과 더불어 대공업이 기초하는 토대인 타인의 노동시간에 대한 취득이 부를 구성하거나 창출하기를 그만두는 것과 마찬가지로, 이 발전과 더불어 **직접적인 노동**은 한 측면에서 보면 더욱 감독하고 규율하는 활동으로 전환됨으로써 생산의 그런 토대이기를 그만둔다. 그러나 또한 생산물이 분산된 직접적 노동의 생산물이기를 그만두고, 오히려 사회적 활동의 결합이 생산자로 나타나기 때문이기도 하다. (『**경제학 비판 요강**』초고, 1857~58년)

212

허구적 주권이 만든
거짓 현상

민족, 국가, 법률, 정치 및 민주주의에 대한 비판

3

서론

오늘날 맑스주의와 맑스이론 자체는 본질적으로 국가와 재정분배를 위한 사회국가적 네트워크, 경제과정에 대한 국가의 규제 그리고 사회의 일반관리자로서의 국가 등에 관한 문제에 있어서 이미 역사적으로 좌초된 원리로 간주된다. 우리는 거기서 단지 미숙하게 행동하는 개인들과 그들을 대표하는 억압적인 관료제적 행정기구, 강제수용소의 공포와 전체주의의 보편화라는 폐해만을 본다. 즉 '시장경제와 민주주의'는 근본적으로 허용될 수도 존재할 수도 없었다. 그런 점에서 맑스를 정당화 이데올로기로 삼아 낙후된 근대화를 만회하려는 사회가 과거에는 철저히 국가권위적이었으며 아직도 그 잔재가 남아 있다는 말은 아마 사실일 것이다.

그리고 이런 관료적 국가권위주의는 비단 맑스주의가 단지 세계시장의 주변부와 얽혀 역사적 낙오자가 된 조건에서 겪은 왜곡된 경험을 탓할 수만은 없으며, 오히려 그것은 자본주의적으로 발전한 서구국가들에 존재했던 맑스주의 노동운동과 정당 및 노조의 특징이기도 했다. 유럽의 사회민주주의는 자신의 온갖 변화에도 불구하고 오늘날까지도 철저히 국가권위적인 세력으로 남아 있다. '노동국가'라는 이데올로기적 환상에서부터 자본주의적 억압사회의 억압적 자치까지, 또한 초기의 강령적 선언에서부터 2차대전 후 케인스적 관료개입국가 및 사회국가로의 변형에까지, 맑스주의와 그의 서구적 후계자들은 20세기 말까지도 자유주의적 '시장자유'에 철저히 반대했고 국가지향성을 결코 부정한 적이 없다.

우리가 이러한 국가지향성으로부터 맑스를 방면하고자 한다면, 이는 사실을 곡해하는 일이다. 우리는 다음과 같이 맑스이론의 전형적인 구절들을 충분히 인용할 수 있다. 즉 소위 노동계급은 소위 자본가계급에 의한 (사회경제적) 억압으로부터 해방되기 위해 '국가권력'을 장악해야 한다. 그리고 사회주의는 '노동의무'를 갖는 '노동국가'가 되어야 한다. 사회주의와 함께 '민족'과 '민주주의'가 진정으로 만들어지는데 이러한 모든 것을 위한 길은 '정치적으로' 이루어져야 한다. 이 구절들은 모두 공공연하게 알려진 맑스다. 즉 한 세기 이상 지속되어온 노동운동에서 일관되게 주장되어온 맑스다. 그리고 이 알려진 맑스는 근본적으로 역사적인 비동시성(당시 '백성'의 지위에 있던 노동자계급과 독일의 특수한 사회적 상태)에 의해 규정되었고, 그것은 정치나 국가, 민족이나 민주주의의 관점에서도 마찬가지다.

한편으로 그것은 영국과 프랑스에 비하면 이중으로 후진국이던 독일의 상황과 관련된다. 우선 독일은 소국들로 분열되어 있었고 아직 자본주의 국가로 성장하지 못한 상태였다. 그리고 여전히 군주적-절대주의적 '신의 자비'에 의해 규제되었으며 자본주의 공화국으로 진보하지 못했다. 맑스는 근대 부르주아 사상과 의견을 달리하는 후예로서 계몽적-자유주의적인 그리고 결정론적 진보 개념에 빠져 있었기 때문에, 그는 무엇보다도 경제적·문화적 관점에서뿐 아니라 정치적 관점에서도 아직 충족되지 못한 '자본주의적 과제', 즉 민족국가의 통일과 시민공화국의 수립을 완수해야 한다고 생각했다. 맑스는 비열하고 위선적인 비겁함 때문에 웃음거리가 된 독일 부르주아에 대해 이런 역사적 과제를 수행할 능력이 없다고 간주해버리고는 불운하게도 노동계급에 이런 과제를 완수할 사명을 부여하는 무리수를 두게 되었다. 역사의 체크리스트 위에 한번 기록된 것은 질서 있게 완수되어야 하고 해결되어야만 했다. 원래는 자본주의사회에서 극복해야 할 범주로 도입되었다가 나중에 정확히 폐지될 수 있도록 만들어진 역사결정론에서 비롯된 이 모순적인 사고형태는 얼마 후 레닌에 의해 20세기 낙후된 근대화로부터의 탈출이라는 모순된 노력을 위해 정치적으로(그리고 단축된 '정치적' 이해에서 출발하여) 도구화되었다. 비판적 의식이 자본주의적 사회화라는 이런 범주에 포박당하는 경우가 있을 수 있음을 맑스는 의식하지 못했거나—혹은 인정하려 하지 않았다.

다른 한편으로 독일에서는 물론이고 여타 발전된 서구 국가에서도 비로소 형성되어 폭넓게 퍼지던 공장프롤레타리아(Fabrikproletariat)는 여러 면에서 아무 권리가 없는 대중이었고, 또 부르주아적 의미에서도 결코 법적 주체나 행위능력의 주체가 될 수 없었고, 부르주아 공화정의 정치생활로부터 완전히 배제된 이들이었다. 선거권은 여성들은 물론 남성 '무소유자'에게도 배제되었고, 심지어 그들의 최소한의 투표권조차 (예를 들어 과세등급에 따른 차별선거를 통해서) 제한되었다. 이런 상황에서 국가와 공화국은 순수한 계급국가로 나타날 수밖에 없었다. 즉 소유계급의 배타적인 업무만 처리하는 기구로 기능했다. 그래서 어쩔 수 없이 임노동자라는 현존재의 한계 내에서(더욱이 이러한 현존재의 완성과 완결로 인해서), 임노동자의 완전한 부르주아적인 법적 주

216

체성과 공민권을 원리상 우선 남성적인 것으로 추구하고 만들고자 하는 고유한 동인이 작동하게 된다. 그래서 자본주의에서 노동운동의 인정투쟁은 필연적으로 정치적인 형태를 띠게 된다. 이러한 투쟁의 깃발은 민주주의 개념을 강조하며, 계급투쟁의 운동형태는 '정치투쟁'을 강조한다. 이러한 까닭에 사회민주주의는 정당, 즉 자본주의적 사회화의 '철창' 속에서 근대적 정당의 전형으로 등장한다. 그리고 맑스는 이런 동인을 인정할 수밖에 없었고, 자신의 이론을 정식화하는 데 어떤 식으로든 융합할 수밖에 없었다. 비록 이러한 정치투쟁은 자본주의와 임노동으로부터가 아니라 오히려 더욱 깊이 인도된 곳에, 즉 사회적 형태 위의 인간, 자본주의라는 범주와 차원 위에서의 인간과 더욱 냉철하게 관련되어 있지만 말이다.

그리하여 다른 모든 문제와 마찬가지로 국가, 민족, 정치 그리고 민주주의의 문제에 있어서 맑스이론의 급진적이고 비판적인 핵심은 은폐되었다. 우리가 의식적으로 인지할 수 있는 것은 단지 맑스가 국가를 '부르주아의 업무집행위원회'라고 말한 국가이론에 관한 계급사회학적 정식화였다. 이런 정식화는 지난 세기에 노동운동이 주장하던 것이나 부르주아 민주주의의 발전이 종말을 고한 시점의 정치적 상태와 일치하지는 않는다. 그래서 '노동'과 함께 또한 민주적 국가 자체의 법적 형태나 현상을 근본적으로 비판하기 위해서는 '또다른' 맑스의 생각이 보다 중요해진다. 이미 이론적 작업 초기부터 맑스는 완전히 실현된 민주주의와 보편적 법치의 특징에 대해 문제를 제기했었다. 그리고 거기에서 사회계급 간의 표면적인 대립이라는 의미를 통해서는 규정될 수 없는 법적 형태와 국가 사이의 모순을 발견했다.

이 문제 제기가 얼핏 보기에는 거리가 멀어 보이는 종교 비판 문제에서 비롯된 단서와 관련이 있다는 사실은 오늘날 우리들에게는 낯선 내용이다. 그러나 맑스는 자본주의 사회가 일종의 세속적 종교인 화폐지상주의의 형이상학을 표현한다고(이런 의미에서 이미 그의 동시대인인 하인리히 하이네Heinrich Heine를 언급했다) 보았고 더불어 이른바 '헤겔좌파'가 주도한 1848년 이전 독일에서의 철학 및 사회비판의 논의에도 참여했다. 이때 맑스는 철학적 관점에서 종교 비판을 자신과 사회에 관한 인간의 '잘못된' 상상의 관념으로서, 종교적 의식의 극복을 통해 지양되어야 할 관념으로 간주했다. 사회정치적 관점에서 이러한 개념은 기독교적 국가종교의 종말, 또 교회와 국가의 분리, 종교의 자유 등을 요구한다.

이 논의에서 맑스의 독창적인 움직임은 그가 문제설정을 뒤집어 기존 사회질서로 환원시키고 그리하여 전체 논의의 '종교적 베일'을 걷어냈다는 데 있다. 인간적인 사회를 만들기 위해 종교적 의식을 '의식 내부에서' 극복하는 대신에, 맑스는 반대로 종교적 의식을 없애기 위해 기존 사회를 극복하고자 했다. 그러나 좀더 고찰해보면 이 사회에서는 정치적인 개혁이나 해방이 치유 불가능한 모순으로 고통을 주고, 현실의 문제는 해결되기보다는 단순히 '개인의 문제로 되고' 있음을 보게 된다. 종교의 자유 및 국가종교의 종말과 함께 종교적 의식은 사라진 것이 아니라 단지 사적이고 국가 밖의 일로 전화되었을 뿐이며, 오히려 사회문제 및 경제문제와 관련을 맺게 되었다. 무엇보다 순수한 민주주의에서 사적 소유가 재산에 따른 차등선거권 자체를 폐지하는 데 더이상 정치적 역할을 하지 않게 됨에 따라, 이 사적 소유는 사회적으로 완전히 부정적인 방향으로 발전하게 된다.

그래서 맑스는 인간과 인간사회 일반의 분열을 한편으로 '관념적인'

국가 영역에서, 다른 한편으로 추상적인 노동과 금전적 이익 그리고 경제적인 경쟁 등 '더러운' 사회경제적 · 사적 · 부르주아적 영역에서 문제를 제기했다. 이런 의미에서 '부르주아사회'는 특정한 계급, 즉 부유한 부르주아가 지배하는(국가 내에서도) 사회가 아니라, 모든 개인이 독립적으로 경제적 재생산을 수행하는 영역이면서 또한 모든 개인이 추상적인 국가와 대립하기도 하는 영역이다. 국민으로서 모든 개인이 '주권자'의 지위에 있으면서, 동시에 바로 그 개인이 사회적('부르주아적') 측면에서 길바닥에 나앉은 거지신세가 될 수 있는 그런 순수한 민주주의의 상태를 맑스는 인간의 공동체적 본질에 대한 조롱이라고 생각했다.

따라서 민주주의의 가장 높고 순수한 형태를 나타내는 국가는 화폐의 맹목적 운동에 의해 조종되는 개인들이 그 어떤 공동체적 내용도 공유하지 못한다는 모순적 사실의 다른 측면일 뿐이다. 개인들은 모두 자본주의적 가치증식 과정에 내던져 있으면서 동시에 그 사회적 실천 속에서만 법적 개인으로 행동할 수 있다. 그러나 법적 개인은 '상품의 대리인'일 뿐이며, 여기서 사람들은 서로에 대해 독립된 경제적 범주의 단순한 대리인으로 행동해야 하고 따라서 어떠한 공동체적 본질도 형성할 수 없다. 왜냐하면 개인들은 국민으로서 현실의 일상생활에서는 공동체의 구성원이지만, 물질적 생산에서는 비록 생산수단이 오래전부터 이미 사회적 성격을 가지고 있음에도 불구하고 공동체적 본질과는 정반대의 상태에 처한다.

사회경제적 불행의 해결책을 법치화와 국가 그리고 민주주의에서 찾으려는 시도와 달리, 숨겨진 맑스는 이들 속에서 불행, 그 자체의 핵심만을 본다. 그리고 바로 이로써 맑스는 오늘날 극히 현실적인 이론이 된다. 자유주의는 시장 자체와 시장의 표면적인 자유를 옹호하기 위해 국가의 외면적이고 관료적인 사회 행정을 언제나 비판하는 반면, 맑스의 급진적 국가 비판은 시장을 단지 동일한 동전의 뒷면으로 이해한다. 국가 권위는 단지 시장 권위에 조응할 뿐이며, 정치적 독재는 단지 경제적 독재에 조응하는 형태다. 이들 관계의 두 측면에서 개인들은 자유로울 수 없다. 왜냐하면 개인들은 한편으로는 관료제에, 다른 한편으로는 익명의 경쟁이라는 힘에 맡겨지기 때문이다. 시장과 국가, 정치와 경제는 단지 개인들이 '경제인'이자 '정치인'으로, 또한 '시민'이자 '공민' (citoyen)으로 분열되어 스스로 모순에 빠지고 마는 모순적·비합리적·정신분열적인 사회관계의 두 측면을 형성할 뿐이다. 이것들은 각기 독자적인 역할을 수행하는 것이 아니라, 단지 두 측면을 모두 지양해야 하는—맑스가 추상노동의 비판에서 파악한 '구체적·사회적 개인들'의 모든 연합을 통해서—같은 종류의 심각한 결함일 뿐이다.

정치투쟁으로서의 계급투쟁, 그리고 그 자체로서의 계급투쟁은 임노동자들의 경쟁을 부분적으로 상쇄할 수 있고, 그래서 자본주의를 극복하는 대신 자본주의를 바로 국가-정치의 영역에서 완성한다. 그러면서 계급투쟁은 자본의 다양한 사회적 기능범주들을 추상적으로 '자유로운' 국가시민으로서 통제하며, 그리하여 경쟁과 추상노동, 법치와 민주적 국민의 동일하고 포괄적이며 공통된 형태를 배제한다. 계급투쟁은 자본주의가 아니라 자신을 지양한다. 그러나 그렇게 되면 이제 이들 공통의 사회적 형태 연관들의 결함과 비합리성 그리고 부정적 성격 등은 더욱 현저하게 나타나게 된다.

20세기 말 더는 그 누구도 실질적으로 정치나 정치가를 믿으려 하지 않았다. 그러나 국가 및 정치 영역의 마비된 기능에 반해 다시 한번 소환된 (익명의 경쟁으로 이루어진) 시장은 결코 인간적이고도 공동체적인 본질을 만들어낼 수 없으며, 단 한번도 추상적인 공동체 본질을 만든 적이 없다. 따라서 그 추상적인 국가 영역을 따로 분리할 필요가 생겼다. 그리하여 분열된, 사회적-비사회적인, 비현실적-관념적인, 더럽고-일상적인 형태 연관들과 함께 그 형태 연관 속에 포함된 개인들은 야만스러워지기 시작했다. 경쟁의 현실은 민주적 국민이라는 추상적 관념을 없애버렸다.

정치와 민주화에 고착화된 좌파는 완성된 자본주의의 현실을 더는 비판적으로 파악할 수 없었다. 분열된 두 측면과 그 범주들을 지양하는 대신, 분리된 정치 영역의 지양할 수 없는 범주는 똑같이 경영학적 상품경제의 정치화 혹은 민주화라는 형태 속에서 부르주아 시장사회의 지양될 수 없는 범주로 옮겨져야 한다. 이들 환상은 조롱의 대상이 되고 이룰 수 없는 것이 된다. 인간의 해방은 이제 단지 추상적 국민에 반하는 것에서만 찾을 수 있으며, 또한 정치적·민주적 환상을 넘어선 곳에서 그리고 노동과 경쟁을 넘어선 곳에서 비로소 찾을 수 있다.

이른바 근대라는 상품생산체제를 넘어서는 이런 해방에 한가지 장애물은 '민족' 개념의 논의다. 민족은 결코 초역사적으로 주어진 개념이 아니라 근대자본주의의 발명품이며, 무엇보다도 국가 및 정치 영역의 외투 혹은 문화적 상징의 신화에 의해 매개된 가면을 나타낼 뿐이다. 민족은 추상적이며 허구적일 뿐 아니라, 동시에 공동체가 경쟁에 반대해서가 아니라 경쟁 속에서 국외자를 배제함으로써 이루어지기 때문에, 구체적이고 만질 수 있는 채색된 옷가지로 나타난다.

이 점에서 알려진 맑스와 숨겨진 맑스 사이의 대립은 다시 한번 극단적으로 나타나는데, 특히 독일에서는 더욱 두드러진다. 역사결정론이라는 의미에서 맑스는 독일의 민족주의화를 옹호했으며 노동운동에서 민족정신을 받아들였다. 사회민주적 애국주의의 승인이 곧바로 1차대전의 전쟁터를 불러온 사실은 이미 초창기 노동운동의 국민적 규정을 보여준다. 그에 비해 또다른 급진적인 맑스는 민족의 성격을 처음부터 간파했으며, 특히 심각한 민족적 도취에 대해서는 공격했다.

맑스는 아주 일찍부터 19세기 독일이 후진적 근대화의 도상에서 독일 민족을 선조들의 혈연공동체나 문화공동체로 신비화시킨 일을 비롯해 특히 '독일 이데올로기'를 공격했다. 즉 당시 독일은 표면상의 화폐나 교환가치의 독자적인 논리가 아니라, 사회적 대립을 넘어 순수하게 기술적인 생산력을 가진 '좋은' 자본이 작동되어야 한다고 주장했기 때문이다. 그리고 이 주장은 점차로 심화되어 결국 나치-이데올로기의 본질로 구조화된다. 독일 '국민경제학'의 아버지 프리드리히 리스트(Friedrich List)에 대한 논박에서(이 글은 1970년대에 발견되었으나 아직까지 출판되지 않았다) 맑스는 이런 특별히 독일적인 '반자본주의적 국면과 함께 자본주의를 관철하려는' 모든 기본요소들을 날카롭게 지목했으며, 그것으로 '민족사회주의'와 밀접히 연관된 이데올로기에 대한 초기 비판을 정식화했다. 민족사회주의란 반드시 민족성의 자격으로 비자본주의적일 수 있는 자본주의, 무엇보다 내부로부터 인종적·민족적 '국민공동체'를 구성하기 위해 외부를 향해 경쟁을 맹세하는 그런 자본주의다.

일반적으로는 민족성에 대한 그리고 특수하게는 독일 이데올로기에 대한 맑스의 논박은 오늘날 현실에서 다시금 그 중요성이 부각되고 있다. 우리는 세계적인 정치위기에 대한 반동으로 인종적-민족적 억압과 독일에서는 구동독의 네오나치 집단뿐 아니라 독일 이데올로기라는 새로운 형태의 유령이 되살아나는 것을 경험하고 있다.

222

속물들은 '국민'을 부풀린다

독일 부르주아는 경찰과 화폐가 등장하자 즉각 엉뚱한 기사제를 도입하려고 했던 비극적 모습의 기사다. (…) 독일 부르주아는 산업적인 부가 증대하자 죽음에 임박해서는 자신이 지지하던 **관념론**이 커다란 장애였음을 깨닫게 되었다. 이러한 '**정신**'의 민족이 옥양목과 편물용 실, 자동방적기, 기계의 유물론 속에서, 공장노예들의 마을에서, 그리고 공장주들의 빵빵한 가죽지갑 속에서 인류 최고의 재부를 찾기 위해 어떻게 다가갔는가? 보잘것없고 더러운 편협성 뒤에 숨은 아주 겁 많은 영혼에 사로잡힌 독일 부르주아의 비참할 만큼 공허하고 감정적인 관념론은 스스로 자신의 비밀을 배신해야만 하는 시대에 이르게 되었다. 그러나 독일 부르주아는 아주 독일적이고 열광적인 방식으로 다시 한번 관념론을 배신했다. 관념적-기독교적 수치라며 배신했다. 부를 추구하면서도 부를 부정했다. 정신없는 유물론을 매우 관념적으로 변장시켰고, 그런 다음 유물론을 붙잡으려 했다. 리스트체계(Listschen Systems)를 아우르는 이론적 부분은 관념적 문장으로 서 있는 경제학이 산업적 유물론으로 변장한 형태다. 리스트는 사실만을 주장하나 이를 관념적으로 표현한다. (…)

독일 부르주아는 산업적으로 존재하는 곳에서 스스로 종교적이었다. 그는 좋지 못한 교환가치에 관해 말하기를 꺼렸지만 빈둥거리며 생산력에 관해 말했고, 경쟁에 관해 말하기를 꺼렸지만 민족적 생산력의 민족적 결합에 관해서는 말했으며, 사적 이해에 관해 말하기를 꺼렸지만 민족적 이해에 관해서는 말했다. 우리가 공개적이고 고전적인 철면피한 태도를 고찰한다면, 그리고 이와 함께 영국과 프랑스의 부르주아가

적어도 국민경제학의 과학적 대변자들의 지배 초기에는 부를 신으로 숭배했고, 이 몰록(고대 쎔족이 섬기던 신으로 제물로 어린아이를 태워 바쳤다—옮긴이)을 위해 모든 것을 과학 안에서 희생시켰던 사실을 상기한다면, 그리고 그에 반해 경제학 속에서 정당한 사람들의 부를 경멸하고 더 높은 목적을 운운하는 리스트의 관념화되고 상투화되고 과장된 방식을 고찰한다면, 우리는 오늘날까지도 더이상 부를 위한 낱은 없었고 그래서 '역시 비극적임'을 발견할 수밖에 없다.

리스트는 언제나 희생을 말한다. 그는 언제나 그 핵심으로 보호관세와 '독일' 공장이 반복되는 답답하고 장황한 열정을 지속적으로 부풀리고 있지만 결국 흙탕물은 모래톱에 쌓이게 마련이다. 그는 줄곧 감각적-초감각적이다.

따라서 부유해질 독일의 관념화된 속물들은 당연히, 결국은 스스로에 의해 죽게 될 새로운 부의 이론을 미리 창조해야 한다. 프랑스와 영국의 시민들은 사람들이 이제까지 부라고 부른 것에서 **실제** 생활이 현실적으로 파괴되는 폭풍우가 다가오는 것을 보았지만, 아직 이런 사악한 부를 보지 못한 독일 시민들은 그것에 대해 새로운 '정신적인' 해석을 추구했다. 독일 시민들은 자신이 부유해질 거라는 사실을 스스로와 세계 앞에 정당화하기 위해 '관념화된' 경제학을 창조했다. 그러나 이것은 영국과 프랑스의 경제학과 아무런 공통점도 없었다. 독일 시민들은 과도하게 열광적이고 위선적-관념적인 국민경제학을 창조하면서 자신의 부를 창조하기 시작했다. (⋯)

시민들은 (⋯) 화폐를 창출할 것이다. 그러나 시민들은 동시에 독일 시민들이 이제까지 가지고 있던 관념론과 자신들의 고유한 양심과 타협해야 한다. 시민들은 비정신적이고 물질적인 재화를 추구하는 것이 아니라 정신적인 본질, 즉 사악하고 유한한 교환가치 대신에 무한한 생산력을 추구하는 것임을 증명해야 한다. (…)

결국 모든 독일 시민들과 마찬가지로 리스트의 이론은 독일 시민들의 착취 욕망을 옹호하기 위해 그 도피처로 '사회주의적' 문장에 호소할 수밖에 없었고 또 결국 반박될 속임수에 매달릴 수밖에 없었다. (…)

리스트는 '물질적 재화'와 '교환가치'가 동시에 발생한다는 경제적 선입견에 무척 사로잡혀 있었다. 교환가치는 그러나 '물질적 재화'의 특수한 본성과 완전히 독립적이다. 교환가치는 물질적 재화의 양과 독립적이듯이, 질과도 독립적이다. 교환가치는 물질적 재화의 양이 증가하면 인간적 욕구와 이전과 같은 관계가 지속될지라도 떨어지게 된다. 교환가치는 질과 아무런 관계가 없다. 지식 같은 유용한 사물은 교환가치가 없다. 리스트는 물질적 재화의 교환가치로의 전화는 기존 사회질서, 즉 사적 소유가 발전한 사회의 결과라는 사실을 알았어야 했다. 교환가치의 지양은 사적 소유와 사적 영리의 지양이다. 그에 반해 리스트는 너무나 쉽게 다음과 같은 사실을 시인했다. 즉 우리는 교환가치의 이론으로 '가치와 자본, 이윤과 임금, 지대 등을 확정하고, 그 구성부분들 속에서 이론을 해소시킨다. 그리고 우리는 이때 국가 간의 정치적 관계를 고려하지 않은 채 상승 및 하강 시 영향을 줄 수도 있는 현상에 관해 생각한다'.(…)

'생산력의 이론'과 '국가 간의 정치적 관계'에 대한 고려 없이 이 모든 것을 확정할 수 있는가? 이것으로 우리는 무엇을 확정하는가? 실재 (…) 따라서 임금이 가치이론에 따라 '확정'될 수 있다면? 그것으로 인간 자신이 교환가치라는 사실, 대다수의 국가들은 '국가 간의 정치적 관계'에 대한 고려 없이도 규정될 수 있는 **상품**이라는 사실, 대다수의 국가들이 '정치적 관계'에 대한 고려 없이도 받아들인다는 것은 순수한 환상이라는 사실, 현실 속에서 이러한 더러운 유물론으로 떨어지는 이론은 그리고 대다수의 국가를 '상품' 및 '교환가치'로 만들어 모조리 교환가치의 물질적 관계 속으로 던져버리는 이론은 비열한 속임수이고 관념적 변호라는 사실을 확정한다면? 그 이론을 다른 나라에 대해서는 사악한 '교환가치의 유물론'으로 경멸하면서, 명목상 단지 '생산력'의 문제로 간주한다면? 나아가 자본 및 지대 등의 관계가 국가 간 '정치적 관계'에 대한 고려 없이도 다음의 사실을 '확정'할 수 있다면? 즉 이것은 산업자본가나 지대수취자가 '정치적 관계'나 '생산력'에 대한 고려 없이 이윤과 교환가치를 통해서 자신의 행동과 현실적 생활 속에서 규정될 수 있다는 사실과 다름을 증명하며, 그들의 문명과 생산력에 관한 수다는 단지 편협하고 이기적인 경향의 변호에 불과하다는 사실을 증명한다.

부르주아는 말한다. 교환가치의 이론은 당연히 어떤 지장도 받지 않으며, 대다수 국가는 단지 '교환가치'여야 하고, 하나의 '상품', 즉 스스로 사람들에게 가져가 팔리는 것이 아니라 스스로 팔아야 하는 상품으로 머물러야 한다. 우리 프롤레타리아에 대해서 그리고 우리의 상호관계에 대해서 우리는 교환가치로서 관찰되며, 일반적 **상거래** 법칙이 적용된다. 그러나 다른 나라에 대해서는 이런 법칙이 깨진다. 우리는 국가로서 다른 나라에 대해서는 일반적 상거래 법칙을 적용할 수 없다. 대다수 국가는 '국가 간 정치적 관계에 대한 고려 없이' 상거래 법칙에 귀속되기 때문에, 모든 문장은 결코 다른 의미를 가질 수 없다. 즉 우리 독일 부르주아는 독일 프롤레타리아가 우리에게 착취되는 방식처럼 영국 부르주아에 의해 착취되기를 원치 않는다. 우리는 우리 스스로가 포기한 교환가치의 동일한 법칙을 포기하고 싶지 않다. 우리는 외부를 향해서는 우리가 내부적으로 인정한 경제적 법칙을 더는 인정하고 싶지 않다. 따라서 독일 속물들은 무엇을 원하는가? 그는 내부로부터는 **부르주아**, 착취자이기를 원하지만, 외부로부터는 착취당하기를 원치 않는다. 그는 외부를 향해서는 국가를 위해 떠벌린다. 나는 나의 민족적 존엄성에 반하는 경쟁의 법칙에 종속되지 않으며, 국가로서 나는 상거래를 초월한 존재다.

노동자의 민족성은 프랑스도 영국도 독일도 아닌, 오직 **노동**과 **자유로운 노예제**, 자기상거래일 뿐이다. 노동자의 정부는 프랑스도 영국도 독일도 아닌, 오직 **자본**이다. 노동자의 고향 공기는 프랑스도 영국도 독일의 공기도 아닌, 오직 **공장의 공기**일 뿐이다. 노동자에게 속한 대지는 프랑스도 영국도 독일의 대지도 아닌, 오직 **지구 위 몇발자국**일 뿐이다.

그들에 따르면 화폐는 산업의 조국이다. 독일의 속물들은 경쟁과 교환가치, 상거래의 법칙이 조국의 차단목이 지닌 권한을 잃게 만들기를 원하는가? 독일의 속물들은 **자신의 이해**, 자신의 계급이해에 안주했을 때, 부르주아사회의 권력을 인정할 것인가? 독일의 속물들은 다른 사람들이 **희생**될 때 더욱이 자국 내에서 희생될 때 권력을 희생할 수 있을까? 속물들은 내부적으로 존재하고 행동할 때, 외부를 향해서는 다른 존재로 나타나 행동할 수 있을까? 속물들은 **원인**을 존재하게 만들면서 그 **결과**를 지양할 수 있을까? 우리는 속물들에게 다음을 증명하고자 한다. 즉 자기상거래(selbstverschacherung)가 내부적으로는 자신의 필연적인 결과지만 외부를 향해서는 투기가 될 수도 있다는 사실, 내부적으로는 자신의 권력인 경쟁이 외부를 향해서는 자신의 전능한 권력을 방해할 수도 있다는 사실, 내부적으로는 부르주아사회에 귀속한 국가존재이지만 그것이 외부를 향해서는 부르주아사회의 행동 앞에 보호받지 못할 수도 있다는 사실 등 (…)

교환가치의 이론 옆에, 그것과 **분리된** 생산력 이론의 학파가 어떤 '**과학적 교육**'도 주지 못한다면, 그것은 그러한 분리가 의도적인 추상이고, 불가능하며 또한 일반적인 상투어 곁에 머물러야 한다는 사실과 관계가 있다. (…)

생산력은 교환가치를 무한히 초월한 존재로 나타난다. 생산력은 내적 존재의 자리를 요구하고, 교환가치는 과거의 형상을 나타낸다. 생산력은 무한한 것으로서 교환가치는 유한한 것으로서 나타나며, 전자는 비물질적인 것으로서 후자는 물질적인 것으로서 나타난다. 모든 이러한 대립을 우리는 리스트에게서 발견한다. 따라서 교환가치의 물질적 세계 속에서 생산력의 초월적 의미세계가 등장한다. 국가가 교환가치를 위해서 희생된다는 공통성이 분명하다면, 그에 반해 생산력은 당연히 정신적 존재—유령—나 순수한 인격화, 신성으로 나타나고, 그래서 독일 민족에게 우리는 유령을 위해 사악한 교환가치를 희생하라고 요구할 수 있을까? 교환가치나 화폐는 언제나 외적 목적처럼 보이지만, 생산력은 나의 본성으로부터 스스로 나오는 자기목적이다. 내가 교환가치에 대해 희생하는 것은 나에게는 **외적인 어떤 것**이다. 내가 생산력에서 얻는 것은 나의 자기획득이다. 따라서 우리는 몇마디 말로 납득되며 관념화된 독일인으로서 과장된 말 뒤에 놓인 더러운 현실과 관련해본다면, 그러한 사실은 그리 슬퍼할 만한 것도 아니다.

생산력을 미화시키는 신비스러운 미광(微光)을 없애기 위해서 우리는 단지 최고의 통계를 소개하면 된다. 즉 수력, 화력, 인력, 마력 등을 열거할 수 있을 것이다. 이들은 모두 '생산력'이다. 생산력이 말과 증기와 물과 함께 '력'으로서 역할을 맡는다는 사실은 인간에 대한 위대한 인정이 아닌가? (「프리드리히 리스트의 책 『경제학의 국민적 체계』에 관하여」, 1845년)

부르주아로서 인간, 그의 이중생활과 정치적 사자 가죽: 환상적 공동체로서의 국가

문제는 이것이다. 완전한 정치적 해방은 종교와 어떤 관계에 있는가? 완전한 정치적 해방을 이룬 나라에서조차 종교의 **존재**뿐 아니라 종교의 **생생하고 생명력 있는** 상황이 발견된다면, 이것은 종교의 존재가 국가의 완성과 모순되지 않는다는 증거가 될 것이다. 그러나 종교의 존재는 결핍의 존재이기 때문에, 이러한 결핍의 원천은 국가 자체의 본질 속에서만 찾을 수 있다. 종교는 우리에게 더이상 **토대**로서가 아니라 세계적 제한성의 **현상**으로서만 해당된다. 그 때문에 우리는 자유로운 국가시민의 종교적 편견을 세계적 편견으로부터 설명한다. 우리는 세계적 한계를 지양하려면 종교적 제한성을 지양해야 한다고 주장하지 않는다. 세계적 한계를 지양한다면 종교적 제한성도 지양될 것이라고 주장한다. 우리는 세계의 문제를 신학적 문제로 바꾸지 않는다. 신학적 문제를 세계의 문제로 바꾼다. 역사가 미신으로부터 벗어난 지 충분히 오랜 시간이 지난 터라 우리는 미신을 역사에서 해소했다. **종교에 대한 정치적 해방의 관계 문제**는 우리에게 인간적 해방에 대한 **정치적 해방의 관계 문제**가 되었다. 우리는 종교적 약점에서 본 정치적 국가를 그것의 세계적 구성에서 비판하면서, 정치적 국가의 종교적 약점을 비판한다. (…)

종교로부터의 **정치적** 해방은 종교로부터의 완성된, 모순 없는 해방이 아니다. 정치적 해방이 완성된, 모순 없는 방식의 인간적 해방이 아니기 때문이다.

정치적 해방의 경계는 마찬가지로, 인간이 **현실적으로** 자유롭지 않더라도 **국가**는 한계로부터 자유로울 수 있고, 인간이 **자유로운 인간**이 되지 않더라도 국가는 **자유로운 국가**가 될 수 있다는 사실에서처럼 나타난다. (…)

여기서 다음과 같은 사실이 도출된다. 인간은 국가라는 **매개**를 통해서 해방되며, 제한으로부터 **정치적으로** 해방된다. 동시에 인간은 자신과 스스로 모순 속에 있으며, **추상적이고 제한된** 그리고 부분적인 방식으로 이러한 제한 위로 고양된다. 나아가 다음과 같은 사실도 도출된다. 인간은 비록 **필연적인** 매개를 통해 해방되나, **정치적으로** 해방되면서 동시에 **매개를 통해 우회로 위로** 해방된다. 마침내 다음과 같은 사실이 도출된다. 인간은 비록 국가의 중재를 통해서 무신론자로서 선언하지만, 여전히 종교에 빠져 있다. 인간은 우회로 위에 있기 때문이고, 매개를 통해서만 인정되기 때문이다. 종교는 바로 우회로 위에서의 인간에 대한 인정이다. **중재**를 통해서다. 국가는 인간과 인간의 자유 사이의 중재다. 그리스도는 인간이 자신의 전체 신성, 자신의 전체 **종교적 편견**을 짊어지게 한 중재이듯이, 국가는 인간이 자신의 전체 무신성, 자신의 전체 **인간적인 공평무사함**을 이전시킨 중재다.

인간이 종교 위로 **정치적으로** 고양됨은 정치적 고양 일반의 모든 결핍과 모든 장점을 분리한다. 예를 들어 국가는 국가로서 **사적 소유**를 파기한다. 사람들은 능동적·수동적 피선거권을 위해 세금을 지양하자마

230

자 사적 소유가 지양되었다고 정치적으로 설명한다. 해밀턴(Alexander Hamilton)은 이러한 사실을 정치적인 입장에서 다음과 같이 대단히 정확하게 해석했다. "아주 커다란 덩어리가 소유자와 화폐적 부에 대해 승리를 쟁취했다." 비소유자가 소유자의 입법기관이 된다면, 사적 소유는 관념적으로 지양될 것인가? 세금은 사적 소유를 인정하기 위한 마지막 정치적 형태다.

그러나 사적 소유의 정치적 파기와 함께 사적 소유는 지양될 뿐 아니라 오히려 전제된다. 국가가 출신, 신분, 교육, 직업 등을 비정치적 차이로 설명한다면, 국가가 국민을 구성하는 모든 이들 간의 이러한 차이를 고려하지 않고 국민주권의 동등한 참여자로 선언한다면, 국가가 현실적 인민생활의 모든 요소들을 국가의 입장에서 다룬다면, 국가는 출신, 신분, 교육, 직업 등의 차이를 자신의 방식대로 지양할 것이다. 그럼에도 불구하고 국가는 사적 소유, 교육, 직업을 자신의 방식대로 용인한다. 즉 사적 소유로서 교육으로서 직업으로서 적용하게 하고, 자신의 특수한 본질을 관철시킨다. 국가는 이러한 구체적인 차이를 지양하는 것이 아니라 오히려 자신의 전제 아래 존재하게 하고, 정치적 국가로서 지각하고, 자신의 일반성을 이러한 자신의 요소들에 대한 반대 안에서만 유효하게끔 한다. (…) 국가는 특수한 요소들 위에서만 일반성으로서 구성된다.

완성된 정치적 국가는 자신의 본질에 따라 자신의 물질적 생활에 반하게 되는 인간의 유적 생활이다. 이러한 이기적 생활의 모든 전제는 부르주아사회에서의 국가영역 밖에, 그러나 부르주아사회의 특징으로서 존재한다. 정치적 국가가 자신의 진정한 교육에 도달하는 곳에서, 인간은 사고와 의식뿐 아니라 현실을 안내한다. 이러한 현실은 이중적 생활로서 천상의 생활과 현세의 생활, 즉 국가가 공동조직으로서 간주하는 정치적 공동체에서의 생활과 다른 인간을 수단으로 관찰하고 스스로 수단으로 경시하는 그리고 낯선 권력의 노리갯감으로 만드는 사적 인간으로서 활동하는 부르주아사회에서의 생활을 포함한다. 정치적 국가는 하늘이 지상에 대해 그러하듯이, 부르주아사회에 대해 유심론적으로 대응한다. 정치적 국가는 부르주아사회에 대해 동일한 대립 속에 있으며, 종교가 속된 세계의 한계를 극복하는 동일한 방식으로, 부르주아사회를 극복한다. 즉 정치적 국가는 부르주아사회를 결국 다시 인정하고, 형성하고, 스스로 부르주아사회에 의해 결정될 수밖에 없게 된다. 인간은 다음 현실, 즉 부르주아사회에서는 세속적 존재다. 인간이 스스로를 그리고 다른 사람을 현실적 개인으로 간주하는 부르주아사회에서, 인간은 허구적 현상이다. 그에 비해 인간이 유적 존재로 간주되는 국가에서, 인간은 가정된 주권의 상상적 일원으로 현실의 개인적 삶을 버리고 비현실적 일반성을 채운다.

인간이 자신의 국가시민성이라는 **특수한** 종교를 신봉하는 한편 다른 사람은 공동체의 구성원으로 판단하는 데서 오는 갈등은 **정치적 국가**와 **부르주아사회** 사이의 세계적 분열로 환원된다. 부르주아로서 인간에게 '국가에서의 생활은 단지 본질과 규범에 반대되는 가상이거나 일시적 예외에 불과하다'. (…) 종교적 인간과 국가시민 사이의 차이는 상인과 국가시민 사이의, 일용노동자와 국가시민 사이의, 지주와 국가시민 사이의, 살아 있는 개인과 국가시민 사이의 차이다. 종교적 인간이 정치적 인간에 대해 발견하는 모순은 부르주아가 공민에 대해, 부르주아사회의 성원이 자신의 **정치적인 사자 가죽**에 대해 발견하는 모순과 같다. (…)

정치적 해방은 물론 위대한 진보다. 정치적 해방은 인간적 해방 일반의 최종 형태는 아니지만, 이제까지의 세계질서 내에서는 인간적 해방의 최종 형태다. 이것은 이렇게 이해되어야 한다: 우리는 여기서 실제적·실천적 해방에 관해 말하는 것이다.

인간은 공법에서 사법으로 추방되면서 종교로부터 **정치적으로** 해방되었다. 종교는 더이상 인간이 ─ 비록 제한된 방식으로, 특수한 형태하에서 그리고 특수한 영역에서만 ─ 유적 존재로서 다른 사람들과 공동체 안에서 관계하는 **국가**의 정신이 아니고, 이기주의의 영역인 **부르주아사회**의 정신이 되었다. 이제 종교는 **공동체**의 본질이 아니라 **차이**의 본질이다. 종교는 인간을 자신의 **공동체**로부터, 스스로와 다른 사람으로부터 분리하는 표현이 된다 ─ 종교는 원래 무엇이었던가. 종교는 특수한 전도, 개인적 변덕이나 고의의 추상적 신봉에 불과하다. 예를 들어 북아메리카에서의 종교의 무한한 분열은 이미 **외적으로** 순수한 개인적 용건의 형태를 제공한다. 종교는 수많은 사적 이해 아래서 만나게 되고 공동체로서의 공동체로부터 추방된다. 그러나 우리는 정치적 해방의 한계에 관해 속지 말아야 한다. **공적 인간**과 **사적 인간**으로의 분열, 국가로부터 부르주아사회로의 종교의 전위, 이것은 하나의 단계가 아니라 정치적 해방의 완성이다. 즉 인간의 **현실적** 종교성은 지양하려고 하는 만큼 지양할 수 없다. (…)

물론, 정치적 국가로서의 정치적 국가가 부르주아사회로부터 격렬하게 태어난 시대에, 또한 인간의 자기해방이 정치적 자기해방의 형태하에서 완성되는 시대에, 국가는 **종교의 지양과 폐지**를 위해 계속 나아갈 수 있고 나아가야 한다. 그러나 국가는 단지 사적 소유를 최대한 막을 수 있는 만큼, 또 몰수와 진보적 조세를 위한 만큼씩만 생활의 지양과 단두대를 위해 나아갈 뿐이다. 자신의 특수한 자기감정의 계기 속에서 정치적 생활은 자신의 전제인 부르주아사회와 그 요소들을 압도하려고 하며, 인간의 현실적이고 모순 없는 유적 생활로서 구성하려고 한다. 정치적 생활은 이것을 자신의 고유한 생활조건에 대한 **강제적 모순**을 통해서만이 성취할 수 있다. 따라서 그것은 **영원한 것**을 위한 혁명으로 설명된다. 그래서 정치적 드라마는 전쟁이 평화와 함께 끝나듯이 종교와 사유재산 그리고 부르주아사회의 모든 요소들을 되살리는 데서 필연적으로 끝난다.

기독교를 자신의 토대로 그리고 국가종교로 인정하며, 다른 종교에 대해 배타적으로 관계하는 이른바 **기독교 국가**는 완성된 기독교 국가가 아니라, 오히려 **무신론적** 국가이며 민주적 국가이고, 종교가 부르주아사회의 여타 요소들 밑으로 추방되는 그런 국가다. 여전히 신학인으로 기독교의 신앙고백을 공식적인 방식으로 이행하며, 여전히 감히 **국가로서** 선언하지 못하는 국가는 세계적이고 인간적인 형태 속에서 그리고 국가라는 자신의 **현실** 속에서 인간적 기초를 표현할 수는 없다. 이른바 기독교 국가는 그저 **비국가**일 뿐이다. 왜냐하면 종교로서 기독교가 아니라 기독교 종교의 **인간적 배후**만이 현실적으로 인간적 창조를 실현할 수 있기 때문이다.

이른바 기독교 국가는 국가를 기독교적으로 부정하지만, 결코 기독교를 국가적으로 현실화하지 못한다. 기독교를 여전히 종교의 형태로 알고 있는 국가는 국가의 형태 속에서 기독교를 알지 못한다. 왜냐하면 국가는 여전히 종교에 대해 종교적으로 관계하기 때문이다. 즉 국가는 종교의 인간적 토대를 **현실적으로 실현**할 수 없기 때문이다. 국가는 여전히 이러한 인간적인 핵심의 **비현실**, 즉 **상상**의 모습 위에서 선동하기 때문이다. 이른바 기독교 국가는 **불완전한** 국가이며, 기독교 종교는 그 국가의 **보족**(補足)과 **정당화**로서 간주된다. 따라서 종교는 그 국가에 필연적인 수단이며, 국가는 위선의 국가다. **완성된 국가**가 국가의 일반적 존재 속에 놓인 한계 때문에 종교를 자신의 **전제** 아래 인정할 것인지 혹은 **완성된 국가**가 자신의 **특수한 존재** 속에 놓인 한계 때문에 **불충분한** 국가로서 종교를 자신의 **토대**를 위해 설명할 것인지 여부는 큰 차이가 있다. 결국 종교는 **불완전한 정치**가 된다. 첫번째 경우에 불완전함 자체는 종교에서의 완성된 **정치**로 나타난다. 이른바 기독교 국가는 **국가로서** 보완을 위해 기독교 종교를 필요로 한다. 현실적 국가인 민주적 국가는 자신의 정치적 보완을 위한 종교를 필요로 하지 않는다. 민주적 국가는 오히려 종교로부터 추상한다. 왜냐하면 그 국가 안에서 종교의 인간적 토대가 세계적인 방식으로 실현되기 때문이다. 그에 반해 이른바 기독교 국가는 종교에 대해서는 정치적으로 관계하고 정치에 대해서는 종교적으로 관계한다. 기독교 국가가 국가형태를 가상으로 낮춘다면, 그만큼 종교를 가상으로 낮추게 된다. (…) 이른바 기독교 국가에서는 **소외**란 정당해도 인간은 정당하지 않다. 유일하게 정당한 인간인 왕은 특별히 다른 존재로, 이때 왕은 여전히 종교적이지만 어쨌든 하늘과 신과 직접 관계하는 존재다. 여기서 지배적인 관계는 여전히 종교적인 관계다. 종교적 정신 역시 아직은 현실적으로 세속화되지 않았다.

그러나 종교적 정신이 **현실적으로** 세속화되지 않을 수 있겠는가? 인간 정신의 발전단계의 **세속적** 형태로서 종교적 정신은 그 자체로 무엇인가? 인간 정신의 발전단계—그 정신의 종교적 표현이 국가다—가 **세속적** 형태 속에서 나타나고 구성된다면, 종교적 정신도 세속화될 수 있다. 이것은 **민주적 국가**에서 일어난다. 기독교가 아니라 기독교의 인**간적 토대**가 이러한 국가의 토대다. 종교는 국가 구성원의 이념적·비세속적 의식에 머문다. 왜냐하면 종교는 의식 속에서 관철되는 **인간적 발**

전단계의 이념적 형태이기 때문이다.

정치적 국가의 구성원은 개인적 생활과 유적 생활 사이의, 부르주아 사회의 생활과 정치적 생활 사이의 이중성으로 인해 종교적이다. 인간은 국가생활을 넘어 자신의 현실적 개인성에 대해 진정한 생활로서 관계하면서 종교적이다. 이 지점에서 종교가 부르주아사회의 정신인 한, 인간의 인간으로부터의 분리와 거리의 표현인 한에서 종교적이다. 정치적 민주주의는 기독교적이다. 그 안에서 인간은, 한 인간뿐 아니라 모든 인간은 **주권자**이며 최상의 존재로서 속하지만, 자신의 미개하고 비사회적인 현상 속에 있는 인간, 우연적 존재 속에 있는 인간, 예를 들어 일상 속에서 우왕좌왕하는 인간 또한 우리 사회의 전체 조직을 통해 변질되고 스스로를 잃고 외화되어 비인간적 관계와 요소의 지배하에 놓이게 된 인간, 한마디로 여전히 **현실적으로** 유적 존재가 아닌 인간이기도 하다. 허상과 꿈, 기독교의 계명, 인간의 주권 그러나 소외된 존재, 현실적 인간과 구별되는 존재는 민주주의 속에서 지각할 수 있는 현실이고 현재이며 세속적인 원리다. (…)

그러므로 우리는 다음과 같이 결론지을 수 있다. 종교로부터의 정치적 해방은 비록 어떤 특권적인 종교도 없지만 종교를 유지시킨다. 특정 종교의 신봉자가 자신의 국가시민성과 함께 발견하는 모순은 단지 **정치적 국가와 부르주아사회** 사이의 일반적이고 세속적인 모순의 일부일 뿐이다. 기독교 국가의 완성은 국가로서 고백된 국가, 그 구성원의 종교로부터 추상된 국가다. 종교로부터 국가의 해방은 종교로부터 현실적 인간의 해방이 아니다. (「**유대인 문제**」, 1844년)

이러한 사회적 행위의 자기결정, 즉 통제를 강화하고 우리의 기대를 좌절시키고 우리의 이해를 파괴하는 객관적인 폭력에 대한 우리의 고유한 생산물을 공고히 하는 일은 이제까지의 역사적 발전에서의 주요 계기 중 하나이며, 특수한 이해와 공동체적 이해 간의 모순으로부터 국가로서의 공동체적 이해는 현실적인 개별 이해와 공동 이해로부터 분리되며 동시에 환상적 공동체로서 독립적인 모습을 취한다. (…)

개인이 단지 특수한 것, 그를 위해 공동체적 이해와 동시에 발생하지 않는 것을 추구하기 때문에, 이것은 그에게 '낯선 것'으로서 그리고 그와 '독립된 것'으로서, 스스로 다시 특수하고 고유한 '일반' 이해로서 작용하거나 혹은 개인은 마치 민주주의에서와 같이 이러한 갈등 속에서 움직여야 한다. 한편 이러한 독립적이고 현실적으로 공통적이고 환상적인 공동체적 이해에 대립되는 특수 이해의 실천적 투쟁은 국가로서의 환상적 '일반' 이해를 통해서 구체적으로 방해받고 억제된다. 분업 속에서 조건지어지는 다양한 개인들의 공동작업을 통해서 형성되는 사회적 권력, 즉 몇배로 곱해지는 생산력이 이들 개인에게 나타난다. 왜냐하면 공동작업 자체는 임의적인 것이 아니라 자연적인 것이고, 고유하고 통합된 권력으로서가 아니라 어디에서 와서 어디로 가는지 그가 알 수 없는 외부에 서 있는 낯선 폭력으로 나타나기 때문이다. (『독일 이데올로기』, 1846년)

이러한 대중들 혹은 이러한 대중은 나타날 뿐 아니라 실제로 도처에서 '원자로 분해된 군중'으로서 존재한다. 그리고 군중은 원자적 상태로서 그의 정치적-신분적 활동 속에 나타나고 또 행동하지 않으면 안 된다. 사적 신분, 즉 부르주아사회는 '그것이 이미 존재하는 것으로서' 여기에 나타날 수 없다. 그렇다면 이미 존재하는 것은 무엇인가? 사적 신분, 즉 국가로부터의 분리와 대립이다. '정치적 의미와 활동'을 얻기 위해서 그 것은 오히려 그것이 이미 존재하고 있는 것 그대로, 즉 **사적 신분**을 포기해야 한다. 이러한 포기에 의해서만 그것은 비로소 그의 '**정치적 의미와 활동**'을 얻게 된다. 이 정치적 행위는 하나의 완전한 실체 변화다. 이러한 행위를 통해서 부르주아사회는 부르주아사회로서의, 즉 사적 신분으로서의 자신과의 인연을 완전히 끊고, 사적 신분으로서의 그의 본질의 현실적 부르주아적 실존과는 아무런 공통점도 갖지 않을 뿐 아니라 그것에 직접 대립까지 하는 그의 본질의 한부분을 타당하게 만들 수밖에 없다.

이 지점에서 **보편적 법**이 개인에게 등장하게 된다. 부르주아사회와 국가는 분리되어 있다. 그러므로 공민과 시민, 즉 부르주아사회의 구성원도 분리되어 있다. 따라서 개인은 자기 스스로 **본질적 분할**에 착수해야 한다. **현실적 시민**으로서 그는 이중의 조직 속에, 즉 **관료적 조직**과——피안적 국가의 외적·형식적 규정, 즉 개인과 그의 자립적 현실과 관계없는 통치권의 외적·형식적 규정——**사회적 조직**, 부르주아사회의 조직 속에 자신이 있음을 알게 된다. 그러나 부르주아사회의 조직에서 그는 **사적 개인**으로서 국가 밖에 위치한다. 부르주아사회의 조직은 정치적 국가 그 자체와 관계없다. 전자는 국가조직이며, 개인은 이 국가조직에 항상 **질료**를 대준다. 후자는 **부르주아조직**이며, 이것의 질료는 국가가 아니다. 전자에서는 국가가 개인에 대해 형식적 대립의 태도를 취하며, 후자에서는 개인이 스스로 국가에 대해 질료적 대립의 태도를 취한다. 그러므로 **현실적 공민**으로서의 태도를 취하기 위해서, 정치적 의미와 활동을 획득하기 위해서, 개인은 그의 시민적 현실 밖으로 나와 시민적 현실을 추상화하고, 이러한 전체 조직으로부터 그의 개별성 속으로 물러나

238

야 한다. 그가 공민으로서 존재할 수 있는 유일한 실존은 그의 순수하고 적나라한 **개별성**뿐이다. 왜냐하면 통치자로서 국가의 실존은 개인 없이도 이미 완결되어 있고, 부르주아사회 내에서 개인의 실존은 국가 없이도 이미 완결되어 있기 때문이다. 이러한 **배타적으로 현존하는 공동체**와의 모순 속에서만, 즉 오직 개체로서만 그는 **공민**일 수 있다. 공민으로서 그의 실존은 **공동체적** 실존 밖에 놓인 실존, 즉 순수한 **개별성**으로 존재하는 실존이다. '**권력**'으로서의 '**입법권**'이 비로소 **조직**, 즉 개인으로서 그의 실존이 획득해야 하는 **공동체**인 것이다. '**입법권**'에 참여하기 이전에는 부르주아사회, 즉 사적 신분은 **국가조직**으로서 실존하지 않는다. 그리고 이 사적 신분이 이 같은 국가조직이라는 실존을 얻기 위해서는, 그의 **현실적 조직**, 즉 현실적 부르주아 생활은 **현존하지 않는 것으로** 정립되어야 한다. 왜냐하면 바로 입법권의 신분제적·의회적 요소는 **부르주아사회**, 즉 **사적** 신분을 **현존하지 않는 것**으로 정립하는 사명을 가졌기 때문이다. 부르주아사회와 정치적 국가 간 분리는 필연적으로 **정치적** 시민, 즉 공민이 부르주아사회, 즉 그 자신의 현실적·경험적 실재로부터 분리된 것으로서 나타난다. 왜냐하면 국가관념론자로서 그는 **전혀 다른 본질**, 즉 그의 현실과는 상이하고 구별되고 반대되는 본질이기 때문이다. 여기서 부르주아사회는 그 자신 내부에서 국가와 부르주아사회의 관계를 성취한다. 이 관계는 다른 경우에 이미 **관료제로서** 존재했었다. 신분제적 요소에서 보편성은 현실적으로 **스스로를** 위해, 그것의 **즉자적인 것**이 된다. 즉 **특수한** 것에 대한 **대립물**이 된다. 시민은 정치적 의미와 활동을 얻기 위해 부르주아사회, 즉 **사적** 신분을 **스스로** 포기해야 한다. 왜냐하면 바로 이 신분이야말로 개인과 **정치적 국가** 사이에 서 있는 것이기 때문이다. (…)

우선 헤겔은 '국가의 구성원이 되는 것을 **추상적 규정**'이라고 부른다. 비록 그것 자체는 이념, 즉 헤겔 자신의 전개 의도에 따르면 법적 개인의, 국가 구성원의 가장 **구체적인** 사회적 규정일지라도, 따라서 '국가의 구성원이라고 하는 규정'에 만족하면서 개개인을 이 규정 안에서 파악하는 것은 바로 '추상을 고집하는 피상적 사고인 것'처럼 보이지는 않는다. 그러나 '국가의 구성원이라고 하는 규정'이 '**추상적**' 규정인 것은 이러한 사고 때문이 아니라 오히려 헤겔의 전개방식과 근대의 현실적 상황 탓이다. 근대의 현실적 상황은 현실적 생활과 국가 생활의 분리를 전제하고 국가의 성질을 현실적 국가 구성원의 '추상적 규정'으로 만든다.

헤겔에 의하면 보편적 국가 업무에 대한 심의와 결의에 모두가 직접 참여하는 것은 '민주적 요소를 아무런 이성적 형식도 갖지 않고서, 오직 이 이성적 형식에 의해서만 존재하는 국가유기체 안에' 받아들이는 일이다. 이것은 민주적 요소가 단지 **현실적** 요소로서만 국가의 형식주의에 지나지 않는 국가유기체 안에 받아들여질 수 있음을 의미한다. 오히려 민주적 요소는 **전체의** 국가유기체 안에 자신의 **이성적** 형식을 부여하는 현실적 요소여야 한다. 만일 이와 달리 민주적 요소가 국가유기체 혹은 국가형식주의 안에 '**특수한 요소**'로서 나타난다면, 이 현존재의 '이성적 형식'이란 훈육과 조정, 민주적 요소가 자기 본질의 독특한 성격을 숨김 없이 드러내지 못하는 형식을 의미한다. 다시 말해 민주적 요소는 단지 **형식적** 원리로서만 국가유기체 안에 유입된다.

우리는 앞서 헤겔이 단지 **국가형식주의**를 전개했을 뿐이라고 지적했다. 본래 헤겔에게 **실질적** 원리란 이념, 주체로서 행세하는 국가의 추상적 사고형태, 수동적 계기든 **실질적** 계기든 어떤 계기도 자신 안에 포함하지 않는 절대적 이념이다. 이러한 이념의 추상화와 대비되어, 현실적이고 경험적인 국가형식주의의 규정이 **내용**으로서 나타나고, 이런 까닭으로 **현실적인** 내용이 무형식적이고 비유기적인 소재(여기서는 현실적 인간, 현실적 사회 등)로서 나타난다. (…)

　헤겔은 스스로에게 딜레마를 제기한다. 즉 부르주아사회(다수자, 대중)는 대의원을 통해 보편적 국가 업무에 대한 심의와 의결에 참여하거나 만인이 개인으로서 이것을 행한다. 헤겔은 추후에 이를 서술하려고 했는데 결코 본질의 대립이 아니라 오히려 **실존**의, 더욱이 가장 외면적인 실존의 대립, 즉 수의 대립으로 보았다. 헤겔 자신이 이 수──구성원들의 다수──를 늘 '외면적인 것'이라고 불렀던 이유는 만인의 직접 참여를 반대하는 가장 좋은 이유로 남았다. 부르주아사회가 대의원을 통해 입법권에 참여하든 아니면 '만인이 개개인으로서' 직접 참여하든, 어쨌든 부르주아사회가 입법권에 참여해야 하는지의 **물음**은 **정치적 국가의 추상** 내부 또는 추상적인 정치적 국가 내부에서의 물음이다. 즉 이것은 추상적인 정치적 물음이다. (『**헤겔 국법론 비판**』, 1843년)

이른바 인권은 시민적·이기적 인간의 권리, 인간과 공동체로부터 분리된 인간의 권리에 불과하다

　종교와 인권의 양립 불가능성이 인권 개념 속에 전혀 자리 잡지 못한 나머지 **종교적일 수 있는 권리**, 임의의 방식으로 종교적일 수 있는 권리, 자신의 특수한 종교의 의식을 실행할 수 있는 권리가 오히려 인권의 하나로 열거되었다. 신앙의 특권이 하나의 보편적 인권이라는 것이다.

인권은 그 자체로서는 공민권과 구별된다. 공민과 구별되는 인간은 누구인가? 부르주아사회의 구성원 이외의 어느 누구도 아니다. 무슨 근거에서 부르주아사회의 구성원이 '인간', 인간 자체이며, 무슨 이유로 부르주아사회 구성원의 권리가 인권이라 불리는가? 이러한 사실을 무엇으로 설명할 것인가? 부르주아사회에 대한 정치적 국가의 관계, 정치적 해방의 본질로 설명할 수 있다.

무엇보다 먼저 우리는 공민권과 구별되는 이른바 인권이란 부르주아사회 구성원의 권리, 다시 말해 인간들과 공동체로부터 분리된 이기적 인간들의 권리일 뿐이라는 사실을 확인하게 된다. 가장 철저한 헌법인 1793년 헌법은 이렇게 말한다.

인간 및 공민의 권리선언
제2조. "이러한 권리 등(불가침의 천부인권)은 평등, 자유, 안전, 소유다."

그러면 자유의 요점은 어디에 있는가?

제6조. "자유란 타인의 권리를 침해하지 않는 한 모든 것을 할 수 있는 능력이다." 또는 1791년의 인권선언에 따르면, "자유란 다른 어느 누구를 침해하지 않는 한 무엇이든 할 수 있는 능력으로 이루어진다."

따라서 자유는 타인을 침해하지 않는 한 무엇이든지 행하고 추진할 수 있는 권리다. 두 농경지 간의 경계가 울타리 말뚝에 의해 결정되듯이 각자가 타인을 **침해하지 않는** 가운데 운신할 수 있는 범위는 법률에 규정되어 있다. 외따로 고립된 채 자기 자신과 관계하는 개별자 혹은 개인으로서의 인간의 자유가 다루어진다. (…)

그러나 자유라는 인권은 인간과 인간의 결속에 기초하는 것이 아니라 오히려 인간과 인간의 구별에 기초한다. 자유는 이 구별의 **권리**이며, **제약된**, 자기 자신에게 한정된 개인의 권리다.

자유라는 인권의 실천적 유용화가 곧 **사적 소유**라는 인권이다.

사적 소유라는 인권의 기초는 어디에 있는가?

(1793년 헌법) 제16조. "사적 소유의 권리는 각자의 재화와 수입, 각자의 노동과 근면의 과실을 자기 의지대로 향유하고 처분할 수 있는 모든 시민의 권리다."

사적 소유라는 인권은 타인과의 관계는 일체 단절한 가운데 사회와도 무관하게 자신이 재산을 마음대로 향유하고 처분할 수 있는 권리, 즉 자기만의 이용 권리다. 앞서의 개인적 자유와 함께 그 자유의 이러한 유용이 부르주아사회의 기반을 형성한다. 부르주아사회에서 만인은 타인에게서 자신의 자유의 **실현**을 발견하는 것이 아니라, 오히려 자신의 자유의 **제약**을 발견한다. 그러나 부르주아사회는 무엇보다 다음과 같이 인권을 선언한다.

"각자의 재화와 수입, 각자의 노동과 근면의 과실을 자기 의지대로 향유하고 처분할 수 있다."

여전히 다른 인권, 즉 평등과 안전이 남아 있다.

여기서 평등은 비정치적인 의미의 것으로서, 앞서 기술한 바로 그 자유의 평등, 즉 누구나 동등하게 자기의존적 개별자 혹은 개인으로서 간주된다는 의미에서의 평등이다. 1795년 헌법은 이 평등개념을 그 의미에 적합하게 다음과 같이 규정하고 있다.

(1795년 헌법) 제3조. "평등이란 동일한 법률이 보호와 처벌에서 만인에게 공평한 효력을 갖는다는 데 있다."

그러면 안전은?

(1793년 헌법) 제8조. "안전이란 사회가 개별 구성원 모두의 인격과 권리와 재산을 보호함을 그 요체로 한다."

안전은 부르주아사회 최고의 사회적 개념으로서, 바로 전체 사회는 오직 구성원 개개인의 인격과 권리와 재산을 지켜주기 위해 존재함을 의미하는 **경찰개념**이다. 헤겔도 이러한 의미에서 부르주아사회를 '비상국가와 오성국가'라고 부른 바 있다.

안전개념을 통해 부르주아사회는 자신의 이기주의를 넘어서지 못한다. 오히려 안전은 그 이기주의의 **안정화**다.

그러므로 이른바 인권 중 그 어느 것도 이기적 인간, 부르주아사회의 구성원으로서의 인간, 즉 자기에 매몰되고 자신의 사적 이익과 사적 의지에 매몰되어 공동체로부터 분리된 개인을 초극하지 못한다. 인권 속

244

에서는 인간이 유적 존재로서 파악되기는커녕, 오히려 유적 생활 그 자체, 곧 사회가 개인의 외부에 있는 영역, 개인의 본원적 자립성에 대한 제약으로 나타난다. 자연적 필연성, 욕구와 사적 이익, 각자의 재산 보전과 각자의 이기적 인격만이 개인들을 하나로 묶는 유일한 끈이다.

따라서 이제 막 해방을 이루어 다양한 민족구성원 간의 모든 장벽을 허물어뜨리고 하나의 정치적 공동체의 기반을 닦기 시작한 민족이 이웃과 공동체로부터 분리된 이기적 개인의 권리를 장엄하게 선언했다는 점(1791년의 선언), 그것도 가장 영웅적 희생만이 민족을 구할 수 있고 따라서 그 희생이 절대적으로 요구되는 순간에, 그리고 부르주아사회의 모든 이익의 희생이 의사일정에 오르고 이기주의가 범죄로 처단되어야 할 순간에 그러한 권리선언이 반복되었다는 점은 그야말로 수수께끼가 아닐 수 없다(1793년의 인권선언 등). 더욱이 공민과 **정치적 공동체**가 정치적 해방으로부터 소위 인권이라는 것을 수호하기 위한 **수단**으로 전락하고, 그 결과 공민이 이기적 인간의 시녀로 선언되고, 인간이 공동존재로 행동하는 영역이 부분존재로 행동하는 영역으로 격하되고, 마침내 공민으로서의 인간이 아니라 부르주아로서의 인간이 **본연의** **참된** 인간으로서 간주된다는 사실을 볼 때, 그 수수께끼는 한층 어려워진다.

"모든 정치적 결사의 목표는 불가침한 천부인권의 수호에 있다." (1791년 권리선언, 제2조) "정부는 각 사람으로 하여금 자신의 불가침한 천부인권을 누릴 수 있도록 보장하기 위해 설립된다."(1793년 선언, 제1조)

따라서 정치적 생활의 열정이 아직 생기를 잃지 않고 상황의 노도를 타고 그 정점에까지 치달은 순간에, 이미 정치적 생활은 그 자신이 한낱 수단에 불과하며 그 목적은 부르주아사회의 생활임을 선언한 것이다. 정치적 생활의 혁명적 실천이 그 이론과 노골적인 모순관계에 빠진 것이다. 예를 들어 안전이 인권으로 선언되는 동안에 서신의 비밀보장에 대한 침해가 공개적으로 의사일정에 올려졌다. 무제한의 언론자유(1793년 헌법, 제122조)가 인권의 논리적 귀결로서, 즉 개인적 자유의 논리적 귀결로 보증되는 동안에 "공공의 자유를 침해하는 경우에는 언론자유가 허용될 수 없다"(로베스삐에르 2세 『프랑스 혁명의회사』, 28권, 159면)라는 이유로 언론자유가 완전히 침해된다. 따라서 이것은 자유라는 인권은 그것이 **정치적** 생활과 갈등을 빚는 순간 권리이기를 포기함을 뜻한다. 하지만 이론에 따르면 정치적 생활은 인권, 즉 개별 인간이 지닌 권리의 보증인이며, 따라서 자신의 **목적**인 인권과 모순을 낳는 순간 그 정치적 생활은 포기되어야 한다. 그러나 실천은 예외일 뿐이고 이론은 규칙이다. 그러나 우리가 혁명적 실천 자체를 그 관계의 올바른 정립으로 고찰하고자 할 경우, 왜 정치적 해방의 의식 속에서는 그 관계가 물구나무를 서 있으며, 목적이 수단으로 나타나고 수단이 목적으로 나타나는가 하는 수수께끼는 여전히 풀어야 할 과제로 남는다. 정치적 해방 의식의 이러한 착시현상은 비록 그것이 심리적 수수께끼고 이론적 수수께끼라 할지라도 여전히 똑같은 수수께끼일 것이다.

이 수수께끼는 간단히 풀린다.

정치적 해방이란 곧 민중으로부터 소외된 국가체제 곧 지배체제가 기초한 낡은 사회의 해체다. 정치적 혁명은 부르주아사회의 혁명이다. 낡은 사회의 성격은 무엇이었는가? 한마디로 말한다면 **봉건성**이다. 낡은 사회는 **직접정치적** 성격을 갖고 있었다. 그래서 예를 들어 재산이나 가족 혹은 노동의 종류와 방식 등과 같은 시민적 생활의 요인들이 영주권, 신분, 조합이라는 형식 속에서 국가적 생활의 요인들로 고양되어 있었다. 이러한 형식을 취하는 시민적 생활의 요인들이 **국가 전체**에 대한 개개인의 관계, 다시 말해 그의 **정치적 관계**, 즉 사회의 여타 구성부분들로부터 그가 분리되고 배제되는 관계를 규정했다. 왜냐하면 그 같은 인민생활의 조직은 재산 또는 노동을 사회적 요소로 끌어올린 것이 아니라, 오히려 국가 전체로부터의 **분리**를 완성하고 그것들을 사회 속의 **특수한 사회**로 구성했기 때문이다. 그런 가운데서도 부르주아사회의 생활의 기능과 조건은 비록 봉건성이라는 의미에서지만 여전히 정치적이었다. 즉 이 생활의 기능과 조건은 개인을 국가 전체로부터 차단시켰으며, 개인이 속한 조합이 국가 전체에 대해 갖는 **특수한** 관계를 개인 자신이 인민생활에 대해 갖는 보편적 관계로 전화시켰으며, 그 개인의 특정한 시민적 활동과 상황을 그의 일반 활동과 상황으로 전화시켰다. 이러한 조직의 결과, 국가 및 국가의 의식과 의지와 활동 그리고 일반적 국가권력 등은 언제나 민중으로부터 유리된 지배자와 그 종복의 **특수한** 임무로 나타날 수밖에 없었다.

이러한 지배권력을 뒤엎고 국가의 임무를 민중의 임무로 끌어올린 정치적 혁명, 즉 **보편적** 임무로서의 정치적 국가, 현실적 국가로서의 정치적 국가를 구성한 정치적 혁명이 모든 신분, 단체, 동업조합 그리고 자신의 공동체로부터의 인민대중의 분리는 필연적으로 각종 특권들을 허물어뜨렸다. 이와 함께 정치적 혁명은 **부르주아사회의 정치적 성격**을 그것의 단순한 구성요소들로 **분해시켰다**. 즉 부르주아사회를 한편으로는 개인들로, 다른 한편으로는 이들 개인 생활의 내용과 시민적 상황을 형성하는 **물질적, 정신적** 요소들로 분해시켰다. 그 혁명은 산산히 분해되고 찢겨져 봉건사회의 다양한 막다른 골목 속에 산재되어 있던 정치적 정신을 쇠사슬에서 풀어주었다. 즉 그 혁명은 도처에 흩어져 있던 정치적 정신을 결집시키고, 시민적 생활과 혼재된 상태로부터 정치적 정신을 해방시켜 그 정신을 공동체의 영역, 다시 말해 시민적 생활의 저 특수한 요소들로부터 관념적으로 독립된 **보편적인** 인민대중의 임무 영역으로 구성시켰다. **특정한** 생활 활동과 특정한 생활 상황은 몰락해 한낱 개인적 의미밖에 갖지 못했다. 이제는 그것들이 국가 전체에 대한 개인의 일반적 관계를 형성하지 않는다. 오히려 공적 임무 자체가 각 개인의 임무가 되고, 정치적 기능이 각 개인의 일반적 기능이 되었다.

그러나 국가관념론의 완성은 동시에 부르주아사회 유물론의 완성이었다. 정치적 질곡의 타파는 동시에 부르주아사회의 이기적 정신을 제어했던 연대의 타파였다. 정치적 해방은 동시에 정치로부터, 즉 보편적 내용이라는 가상 그 자체로부터 부르주아사회의 해방이었다.

봉건사회는 해체되어 자신의 근거, 즉 **인간**에게 되돌아갔다. 그러나 그 인간은 현실적으로 봉건사회의 근거였던 인간, 즉 **이기적** 인간이었다.

이제 그 인간, 이 부르주아사회의 구성원이 **정치적** 국가의 기초이자 전제다. 그리고 이러한 기초이자 전제로서의 인간이 정치적 국가에 의해 인권 속에서 승인된다.

그러나 이기적 인간의 자유와 이 자유의 승인은 차라리 그 이기적 인간의 생활 내용을 형성하는 정신적·물질적 요소들의 **고삐 풀린** 운동의 승인이다. 따라서 인간은 종교로부터 해방된 것이 아니라, 종교의 자유를 얻은 것이다. 소유로부터 해방된 것이 아니라 소유의 자유를 얻은 것이다. 그리고 영리의 이기주의로부터 해방된 것이 아니라 영리의 자유를 얻은 것이다.

정치적 국가의 구성과 부르주아사회가 독립적 개인들로 해체된 것—특권이 신분 속의 인간 및 동업조합 속의 인간들의 관계였듯이 **법률**은 이 독립적 개인들의 관계다—은 하나의 **동일한 행동** 속에서 완수되었다. 부르주아사회의 구성원으로서의 인간, 즉 **비정치적** 인간은 그러나 필연적으로 **자연적** 인간으로 나타난다. 인권은 **자연권**으로 나타난다. 왜냐하면 **자기의식적** 활동은 **정치적** 행동에 집중되기 때문이다. 이기적 인간은 해체된 사회의 **수동적** 결과 내지 그저 주어진 결과요, **직접적 확실성**의 대상이요, 따라서 **자연적** 대상이다. 정치적 **혁명**은 시민생활을 그 구성요소로 해체시켰지만, 구성요소 자체를 **혁명화하고** 비판의 대상으로 삼지는 못했다. 정치적 혁명은 자신의 존립 기반, 더이상 근거로 삼을 수 없는 전제, 따라서 자신의 **자연적 기초**를 대하듯이 부르주아사회, 즉 욕구, 노동, 사적 이익, 사적 권리의 세계를 대한다. 마지막으로 부르주아사회의 구성원으로서의 인간은 이기적 인간, 공민과 구별되는 인간으로 간주된다. 그 인간이야말로 가장 감각적이고 개인적이고 **친숙한**, 존재방식 속의 인간이기 때문이다. 이에 반해 **정치적** 인간은 **추상화된 인위적** 인간, 이타적이고 **도덕적** 인격으로서의 인간일 뿐이다. 현실적 인간은 오직 이기적 개인의 형태 속에서만 승인되고, **참된** 인간은 오직 **추상적 공민**의 형태 속에서만 승인된다.

따라서 정치적 인간의 추상에 대한 루소(Jean-Jacques Rousseau)의 다음과 같은 언급은 정확한 것이다.

"법질서를 제정하려는 이라면 이른바 **인간의 본성을** 변형시킬 수 있고, 그 자체로는 독자적이고 완전한 전체인 모든 개인을 그 개인에게 일정한 방식으로 생활과 존재를 던져주는 더 큰 전체의 **부분으로**

변화시킬 수 있으며, 물리적이고 독립적인 존재를 **도덕적인 부분** 존재로 대체할 수 있는 용기를 가져야 한다. 그는 사람들이 낯선 힘을 다른 사람의 도움으로만 신용할 수 있도록 그 **사람들로부터 고유한** 힘을 이끌어내야 한다."(『사회계약론』 제2권, 1782년, 67면.)

「유대인 문제」, 1844년

정치적 오성은 정치의 한계 내에서 고려되기에 정치적 오성이다

우리는 영국이 **정치적 국가**임을 인정해야 한다. 나아가 영국이 사회적 **빈곤화**의 나라이며, 더욱이 이 단어가 영국의 기원이라는 사실 역시 인정해야 한다. 영국을 관찰한다는 것은 **빈곤화**와 **정치적 국가**의 관계를 알기 위한 확실한 실험이기도 하다. 영국에서 노동자 빈곤은 **부분적**이 아니라 보편적이다. 즉 공장지역에 한정되지 않고 농촌지역까지 퍼져 있다. 이러한 움직임은 이제 막 시작된 것이 아니라 거의 한세기나 진행된 일이다.

그렇다면 **영국의 부르주아**와 그들과 관계된 정부와 언론은 이러한 빈곤화를 어떻게 파악하고 있는가?

영국의 부르주아가 빈곤화를 **정치**의 책임으로 돌렸다면, 휘그당은 **토리당**을, **토리당**은 휘그당을 빈곤화의 원인으로 지목했을 것이다. 휘그당에 따르면 빈곤의 주요 원인은 대토지 독점 소유 및 곡물시판에 대한 금지법안에 있다. 토리당에 따르면 총체적 불행은 자유주의와 경쟁 그리고 광범하게 작동된 공장체제에 있다. 어느 정당도 정치 일반에서의 근거를 발견하지 못하며, 오히려 상대 당의 정책에서만 불행의 근거를 발견할 뿐이다. (…)

빈곤에 대한 영국적 통찰의 결정적 표현은——우리는 언제나 영국의 부르주아와 정부의 통찰에 관해 말한다——**영국의 경제학**, 즉 영국의 경제학적 상태의 과학적 반영이다.

현재의 관계를 잘 알고 있고 부르주아사회의 운동에 관한 총체적 견해를 지닌 최고의 그리고 가장 유명한 경제학자 중 하나로, 냉소적인 리카도의 제자 매컬럭(John Ramsay MacCulloch)은 공개강연에서 베이컨(Francis Bacon)의 주장에 찬성하는 뜻으로 이를 국민경제학에 적용하려고 했다. 베이컨은 철학에 관해 다음과 같이 말했다.

"성실하고 지칠 줄 모르는 진정성으로 자신의 판단을 의심하고, 점진적으로 발전하고, 배움의 과정을 가로막는 제한들을 하나씩 극복해나가는 인간은 시간이 흐르면 과학의 정상에 도달한다. 그곳에서 인간은 평안과 신선한 공기를 향유하고, 자연은 인간의 눈에 모든 아름다움을 제공하며, 그곳에서부터 인간은 준비된 오솔길을 따라 편안하게 실천의 마지막 세부까지 내려갈 수 있게 된다."

최상급의 신선한 공기란 영국 지하주택 내 페스트의 기운이다! 위대한 **자연의 아름다움**이란 영국 빈민들의 환상적인 누더기이고, 가난과 노동으로 쇠약해진 여성의 시들고 쭈그러든 육체이며, 똥더미 위에 누운 아이들이고, 공장의 단조로운 기계 앞에서 과도한 노동에 시달리는 불구자들이다! 가장 어여쁜 마지막 **실천의 세부**란 매춘과 자살과 교수대다!

빈곤화의 위험을 꿰뚫어본 영국의 일부 부르주아조차 이러한 위험을 구제하기 위해 취한 수단과 마찬가지로 단도직입적으로 이를 논할 때에도 부분적인 방식일 뿐 아니라 유치하고 어리석은 방식으로 파악한다.

그래서 예를 들면 케이(James Phillips Kay) 박사는 자신의 소책자인 「영국의 교육향상을 위한 최근 조사」(Recent measures for the promotion of education in England)에서 모든 것을 소홀히 한 교육 탓으로 돌렸다. 우리는 어떤 이유에서 그러한지 추측할 수 있다! 즉 노동자는 교육 부족으로 '행동의 자연법칙', 필연적으로 그를 빈곤화로 몰아가는 법칙을 깨닫지 못한다. 노동자는 이것에 대해 반항한다. 이들의 반항은 '영국의 공업과 무역의 번영을 방해할 수 있고 또한 사업가들의 신뢰를 손상시키고 정치적·사회적 제도의 안정을 침해한다'.

빈곤화와 영국의 국민적 전염병에 관해 영국 부르주아와 그들의 신문이 아무 생각이 없다는 것은 얼마나 큰일인가. (…)

국가가 빈곤화를 다룬다면, 국가는 행정조치와 자선조치에 머물러 있거나 혹은 행정과 자선에서 퇴보한다.

국가는 다르게 처리할 수 있는가?

국가는 '국가와 사회기관'에서 결코 사회적 결함의 원인을 찾지 못할 것이다. 정당이 있는 곳에서 모든 이들은 자신의 정당이 아니라 상대당이 표방한 국가정책에서 모든 재앙의 원인을 찾는다. 급진적이고 혁명적인 정치가조차 재앙의 원인을 국가의 본질에서 찾지 않고, 오히려 특정한 국가형태에서 찾으려 한다.

국가와 사회기관은 정치적 입장에서 보면 서로 다른 둘이 아니다. 국가는 사회적 기관이다. 국가가 사회적 폐해를 인정한다면, 국가는 이러한 폐해를 어떤 인간적 능력으로도 통제할 수 없는 자연법칙에서 찾거나,

252

아니면 국가로부터 독립된 **사적 생활**에서 찾거나 혹은 국가에 의존하는 **행정부의 목적**에 장애가 되는 요소에서 찾는다. 그래서 영국은 빈곤을 **자연법칙**에 기초하는 것으로 간주했고, 그러다 보니 인구는 언제나 생존 수단을 초과할 수밖에 없었다. 다른 측면에서 보면 영국은 빈곤화를 가난한 자들의 **잘못된 의지**로 설명한다. 이것은 프로이센의 황제가 제국의 **비기독교적 심성**으로부터 잘못된 의지를 설명하고, 교회가 소유자의 **반혁명적 혐의**가 짙은 심성으로부터 잘못된 의지를 설명하는 것과 같다. 따라서 영국은 가난한 자들에게 벌을 주고, 프로이센의 황제는 제국을 타이르며, 교회는 소유자들을 참수한다.

마침내 **모든 국가**는 행정의 우연적 혹은 **의도적 한계**에서 원인을 찾으며, 행정의 **조치**에서 그 폐해의 구제책을 찾는다. 왜? 바로 **행정**이 국가의 **조직화된 활동**이기 때문이다.

한편으로 행정의 규정과 선한 의지 사이의 **모순**, 다른 한편으로 행정의 수단과 능력 사이의 모순을 국가는 국가 스스로 지양하지 않고는 지양할 수 없다. 국가는 이러한 모순에 기초하기 때문이다. 국가는 **공적 생활과 사적 생활 사이의 모순**에 기초하며, 일반 이해와 **특수 이해** 사이의 모순에 기초한다. 따라서 행정은 형식적이고 부정적인 활동에 한정되어야 한다. 왜냐하면 한정되는 곳에서 부르주아 생활과 그의 노동이 시작되며, 바로 그 지점에서 행정의 권력이 그치기 때문이다. 이러한 부르주아 생활과 사적 소유, 무역과 산업, 다양한 부르주아 집단의 상호약탈 등의 비사회적 자연으로부터 생겨나는 결과와 반대로 행정의 자연법칙은 무력하다. 왜냐하면 이러한 자기분열과 비열함, **부르주아사회의 노예제**는 근대국가가 기초하는 자연적 토대이기 때문이다. 이것은 노예제의 부르주아사회란 고대국가가 자연적 토대로 삼았던 것과 다르지 않다. 국가의 존재와 노예제의 존재는 분리할 수 없다. 고대국가와 고대노예제—분명한 **고전적인 대립**—는 근대국가와 근대상업세계—위선적인 **기독교적 대립**—보다 결코 유연하지 않았다. 근대국가가 자신의 행정의 **무기력**을 지양하고자 한다면, 작금의 **사적 생활**을 지양해야 할 것이다. 국가가 사적 생활을 지양하고자 한다면, **스스로**를 지양해야 할 것이다. 국가는 자신에 대한 대립 속에서만 존립할 수 있기 때문이다. 그러나 살아 있는 어떤 것도 자신의 현존재의 결함을 자신의 생활의 **원리** 속에서, 자신의 생활의 본질 속에서 생각하지 못하고, 오히려 자신의 생활 밖의 상황에서 찾는다. **자살**은 자연에 반하는 일이다. 따라서 국가는 자기 행정의 **내적** 무력함을 스스로 생각하지 못한다. 국가는 단지 자신의 형식적이고 우연적인 결핍만을 이해하고 시정하려 할 뿐이다. 이러한 시정이 결과 없이 끝나면, 결국 사회적 폐해는 당연하고 인간으로부터 독립된 불완전함인 신의 **법칙**으로 변질되거나 행정의 선한 목적과 대립되는 사적 개인의 의지의 탓으로 변질되고 만다. 그러면 사적 개인들은 어떻게 전도되는가? 그들은 정부에 대해 투덜거린다. 그러면 종종 자유가 제한된다. 이러한 자유의 필연적 결과를 저지하기 위해 그들은 정부에 요구한다!

국가가 강력할수록 따라서 그 지역은 더욱 **정치적**이 되고, 그만큼 국가의 원리 속에서, 즉 활동적이고 자기 의식적이고 공식적 표현인 현재의 사회기관 속에서 **사회적 폐해**의 원인을 찾고 **일반원리**를 이해하려는 의지는 더욱 줄어들게 된다. **정치적 오성**은 바로 **정치적 오성**이다. 왜냐하면 정치의 한계 내에서 사고하기 때문이다. 정치적 오성이 날카롭고 생생할수록 사회적 폐해에 대한 파악에는 더욱 **무력**해진다. 정치적 오성의 고전적 시대는 **프랑스혁명**이다. 국가의 원리에서 사회적 결핍의 원인을 보려고 하지 않고, 프랑스혁명의 영웅들은 오히려 사회적 결핍에서 정치적으로 곤란한 상태를 인식했다. 그래서 **로베스삐에르**(Maximilien François Marie Isidore de Robespierre)는 심각한 궁핍과 막대한 부를 순수 민주주의의 장애물이라 보았다. 따라서 그는 전반적으로 **엄격한 검소함**을 도입하려고 했다. 정치의 원리는 **의지**다. 정치적 오성이 일방적일수록, 즉 정치적 오성이 완성될수록, 그는 의지의 **전능**을 더욱 믿었고, 의지의 **자연적이고 정신적인 한계**에 보다 맹목적으로 반대했으며, 결국 사회적 폐해의 원인을 발견하는 데 실패할 수밖에 없었다. (…)

사회적 빈곤이 정치적 오성을 만들어낸다는 것은 틀린 말이다. 오히려 **사회적 안녕이 정치적 오성을 만들어낸다. 정치적 오성**은 하나의 유심론자이고, 이것은 이미 가진 자에게, 이미 안락하고 유복하게 지내고 있는 자에게 주어진다. (…)

한 민족의 **정치적 오성**이 더욱 완성되고 보편적이 될수록 **프롤레타리아**는──적어도 노동운동의 초기에는──무분별하고 무익한, 유혈진압을 야기하는 폭동에 더욱 큰 힘을 쏟게 된다. 프롤레타리아는 정치의 형식에서 사고하기 때문에 모든 폐단의 원인이 의지에 있다고 보고, 그 모든 구제수단이 **폭력**과 **특정 국가형태의 전복**에 있다고 여긴다. 예를 들면 **프랑스 프롤레타리아**의 최초 봉기가 있다. 리옹의 노동자들은 자신들이 오직 정치적 목적만을 추구한다고 믿었으며, 실제로는 사회주의의 병사였는데도 스스로를 공화국의 병사라고 믿었다. 이처럼 그들의 정치적 오성은 사회적 빈곤의 뿌리를 보지 못하도록 가렸으며, 그들의 현실적 목적에 대한 통찰을 날조했다. 이처럼 그들의 **정치적 오성**은 그들의 **사회적 본능**을 기만했다. (…)

인간적 본질은 인간의 진정한 공동체다. 이 본질로부터의 절망적인 고립이 정치적 공동체로부터의 고립보다 비교할 수 없을 정도로 더 전면적이고 더 견디기 어렵고 더 공포스럽고 더 모순에 가득 찬 것이듯 이 고립의 폐기와 고립에 맞서는 부분적 반항인 봉기조차도 정치적 공동체로부터의 고립의 지양이나 이에 대한 봉기보다 더 무한한 것인데, 이는 인간이 공민보다 무한하고 인간적 생활이 정치적 생활보다 더 무한한 것과 마찬가지다. 이 때문에 산업상의 봉기는 그것이 아무리 부분적이더라도 그 안에 보편적인 영혼을 담고 있다. 하지만 정치적 봉기는 그것이 아무리 보편적이더라도, 그 거창한 형태 아래 편협한 정신을 감추고 있다. (…)

사회적 혁명이란 탈인간화된 삶에 대한 인간의 저항이라는 이유로, 또 그것이 개별적·현실적 개인의 관점에서 출발한다는 이유로, 개인이 그것으로부터의 분리에 저항하게 되는 그 공동체가 인간의 진정한 공동체인 인간적 본질이라는 이유로, 그러한 이유들 때문에 사회적 혁명은— 비록 한 공장지역에서만 일어난다 하더라도—전체의 관점에 서 있다. 이에 반해 혁명의 정치적 영혼은 정치적 영향력이 없는 계급들이 국가제도 또는 지배권으로부터의 고립을 폐기하려는 경향 속에서 찾아볼 수 있다. 이 계급들의 관점이란 국가의 관점이며, 오직 현실적 생활로부터의 분리를 통해서만 존재하는 그리고 보편적 이념과 인간의 개별적 실존 사이의 조직적 대립 없이는 생각할 수 없는 추상적 전체의 관점이다. 그렇기 때문에 또한 정치적 영혼의 혁명은 이 영혼의 분열된 협소한 본성에 어울리게도 사회를 희생시키면서 사회 속에 하나의 지배적 권역을 조직한다. (…)

일반적으로 혁명—기존 권력을 전복하고 낡은 관계를 해체하는 일—은 하나의 정치적 행동이다. 혁명 없이 사회주의는 성취될 수 없다.

사회주의가 파괴와 해체를 필요로 하는 한에서 사회주의는 이러한 **정치적 행동**을 필요로 한다. 그러나 사회주의의 **조직적 활동**이 시작되는 지점, 사회주의의 자기목적과 영혼이 출현하는 지점에서 사회주의는 **정치적 베일**을 벗어던진다. (「**한 프로이센인의 논설에 대한 비판적 평주**」, 1844년)

소위 법치국가: 여기에서 사람들은 서로에 대해서 오로지 상품의 대표자로만 존재한다

상품은 혼자 힘으로는 시장에 나갈 수도 없고 또 스스로를 교환할 수도 없다. 따라서 우리는 그것의 보호자인 상품소유자를 찾아내야만 한다. 상품은 물적 존재이며 따라서 인간의 뜻을 거스를 힘이 없다. 만일 상품이 고분고분하지 않으면 인간은 폭력을 사용할 수도 있다. 바꾸어 말하면 인간은 상품을 손아귀에 넣어버릴 수 있다. 물적 존재가 서로 상품으로서 관계를 맺기 위해서는 상품보호자들이 자신들의 의지를 이들 물적 존재에 담아서 서로 사람 대 사람으로서 상대해야만 한다. 그리하여 한편은 다른 편의 동의 아래에서만, 즉 양쪽 모두가 서로 합의하는 하나의 의지행위를 통해서만 다른 상품을 자신의 것으로 만들게 된다. 즉 그들은 서로를 사적 소유자로 인정해야만 한다. 법률적으로 확정되든 않든 간에 계약의 형식을 취하는 이 법적 관계는 경제적 관계가 반영된 하나의 의지관계다. 이 법적 관계나 의지관계의 내용은 경제적 관계 자체에 따라 주어진다. 여기에서 사람들은 서로에 대해 오로지 상품의 대표자로서, 즉 그것의 소유자로서 존재할 뿐이다. 우리는 아래의 논의 과정에서 경제적인 무대에 등장하는 인물들이 사실은 그들 간의 경제적 관계가 의인화된 것에 지나지 않음을 보게 될 것이다. (…)

프루동은 먼저 '영원한 정의'라는 자신의 이상을 상품생산에 맞춘 법적인 관계들에서 끌어낸다. 그럼으로써 그는 상품생산의 형태가 정의와 마찬가지로 영원하리라는—모든 속물들에게 대단히 위안을 주는—것을 논증한다. 그런 다음 그는 이제 거꾸로 현실적인 상품생산과 그에 대응하는 현실의 법률을 이 이상에 따라 개조하려 한다. 물질대사의 현실적인 법칙을 연구하고 거기에 기초하여 일정한 과제를 해결하려는 것이 아니라, '자연 그대로의 상태'와 '친화성'이라는 '영원한 이상'에 따라 물질대사를 개조하려는 화학자가 있다면 우리는 이 사람을 어떻게 생각해야 할까? (…)

노동력의 판매와 구매가 이루어지는 유통〔또는 상품교환〕의 영역은 사실 천부인권의 진정한 낙원이었다. 이곳을 지배하는 것은 오로지 자유·평등·소유 그리고 벤담(Jeremy Bentham)이다. 자유! 왜냐하면 상품〔예를 들어 노동력〕교환의 구매자와 판매자는 오로지 그들의 자유로운 의지에 따라 구매자와 판매자가 되었기 때문이다. 그들은 법적으로 자유롭고 대등한 인간으로서 계약을 맺는다. 계약은 이들의 의지가 공통된 법률적 표현으로 드러난 최종 결과물이다. 평등! 왜냐하면 이들은 오로지 상품소유자로서만 서로 관계하며 등가물을 교환하기 때문이다. 소유! 왜냐하면 이들 각자는 모두 자신의 것만을 처분하기 때문이다. 벤담! 왜냐하면 양쪽 모두에게 중요한 것은 오로지 자기 자신뿐이기 때문이다. 그들을 하나의 관계로 묶어주는 유일한 힘은 그들 자신의 이익〔즉 각자의 개별적인 이익, 각자의 사적인 이해〕이 발휘하는 힘이다. 이렇듯 그들이 각자 자기만 생각하고 타인을 생각하지 않는 바로 그 이유 때문에 모든 사람은 사물의 예정조화가 빚어내는 결과에 따라(또는 빈틈없는 섭리의 보호 아래) 오로지 그들 상호 간에 이익이 되는 사업(즉 공익의 사업, 전체에게 이익이 되는 사업)만을 수행하게 되는 것이다.

바로 이 단순 유통(또는 상품교환)의 영역에 자신들의 견해나 개념, 그리고 자본-임노동 사회에 관한 판단 기준을 세운 이들은 속류 자유무역론자들이었으나, 이제 이 영역을 떠나는 시점에서 우리는 등장인물들의 모습이 벌써 약간 변해버린 것을 느끼게 된다. 옛날에 화폐소유자였던 사람은 자본가가 되어 앞장을 서고, 노동력의 소유자는 자본가의 노동자로서 그의 뒤를 따라간다. 전자는 의미심장하게 웃음을 띠면서 바쁘게 가고, 후자는 머뭇머뭇 마지못해서 마치 자기의 가죽을 팔아버리고 이제 무두질당하는 것 말고는 아무것도 기대할 수 없는 사람처럼 뒤따라간다. (『자본』 제1권, 1890년 제4판)

이것을 길바트(James W. Gilbart, 『은행업의 역사와 원리』*The History and Principles of Banking*, 1834)처럼 자연의 정의라고 말하는 것은 터무니없다. 생산담당자들 사이에서 일어나는 거래의 정당성은 이 거래들이 생산관계로부터 자연스러운 귀결로서 나타난다는 데 근거한다. 법률적 형태에서는 이런 경제적인 거래들이 거래당사자들의 의지행위(즉 그들의 공통된 의지의 표현)로, 그리고 개별 당사자들에 대해 국가가 강제하는 계약으로 나타나지만, 이러한 법률적 형태는 그 형태만으로는 이들 내용 그 자체를 규정할 수 없다. 그들 형태는 단지 그 내용을 표현할 뿐이다. 그 내용이 정당성을 갖는 것은 그것이 해당 생산양식에 비추어서 적합한 경우에 한에서다. (『자본』 제3권, 1894년판)

경제학에서는 모든 생산의 일반적 조건들이 논의되는 총론을 앞에 두는 것이 유행이다——그리고 '생산'이라는 제목하에서 나타나는 것이 바로 그것이다. (…) 거기서 모든 생산의 **본질적인 계기**들이 다루어진다. (…) 모든 경제학자가 이 항목에서 거론하는 두가지 요점은 ① 소유와 ② 사법 및 경찰 등에 의한 소유의 보호이다. 이에 대해서는 간략하게 답변될 수 있다.

①에 대해. 모든 생산은 일정한 사회형태 내에서 이를 매개로 한 개인에 의한 자연 점취다. 이런 의미에서 소유(점취)가 생산의 조건이라고 말하는 것은 동어반복이다. 그러나 이로부터 일정한 소유형태, 예를 들어 사적 소유형태로 (게다가 **비소유**를 조건으로 가정하는 대립적인 형태로) 비약하는 것은 우스운 일이다. 역사는 오히려 (예를 들어 인도인, 슬라브인, 고대 켈트인 등) 공동소유를 더 본원적인 형태로서, 공동체 소유의 형태로 아직도 중요한 역할을 한다고 보여준다. (…)

②에 대해. 획득된 것의 보호 등. 이 진부한 말들이 그것들의 실재적인 내용으로 환원되면, 그것들은 설교자들이 아는 것보다 더 많은 것을 말해준다. 즉 어떤 생산형태든 자체의 법률관계나 정부형태 등을 산출한다는 것이다. 조야함과 개념상의 몰이해는 바로 유기적으로 공속(共屬)적인 것을 우연히 서로 관련시키고 단순한 반사연관을 맺어주는 데 있다. 모든 부르주아 경제학자들에게는 주먹의 권리보다 근대적인 경찰로 생산을 높일 수 있다는 생각만이 머리에 떠오른다. 다만 그들은 주먹의 권리도 법적 관계이며, 강자의 권리는 그들의 '법치국가'에서도 다른 형태로 존속한다는 점을 잊을 뿐이다. (**『경제학 비판 요강』 초고, 1857~58년**)

헤겔은 사법을 추상적 인격의 법률 혹은 **추상적 법률**로 특징지었다. 그리고 진정 사법은 법률의 추상으로서, 그와 함께 **추상적 인격의 환상적 법률**로서 발전되어야 한다. 이것은 마치 헤겔에 의해 발전된 도덕이 **추상적 주관성의 환상적 현존재**인 것과 같다. 헤겔은 사법과 도덕을 그러한 추상으로 발전시켰다. 그리하여 그는 국가와 인류가 이러한 환상의 **사회적 생활**로서 존재할 수 없고 반대로 공동적이라는 사실 그리고 그러한 추상은 이러한 인류적 생활의 하위 계기라는 사실을 이끌어내지 못했다. 그러나 사법이 법률과 다른 점은 무엇이며, 도덕이 이러한 국가주체의 도덕과 다른 점은 무엇인가? (『**헤겔 국법론 비판**』, 1843년)

법률적 관계가 분업으로부터 생겨난 이러한 객관적 권력의 발전과 얼마나 크게 연관되어 있는지를 우리는 법원 권력의 역사적 발전과 법률 발전에 관한 봉건제도의 비참함으로부터 이미 알고 있다. (…) 무역 거래가 유럽국가들 사이에서 의미를 갖게 되고 따라서 국제관계가 **부르주아적** 성격을 띠게 되자, 법원 권력은 의미를 갖고, 이렇게 형성된 분업이 필수 불가결하게 된 부르주아 지배하에서 법원 권력은 그 정점에 달하게 된다. 분업의 종인 판사와 심지어 법률교수들까지 부르주아 지배하에서 양성되는 것은 지극히 당연한 것이다.

이제까지 개인들의 생산관계는 정치적이고 법률적인 관계로서 표현되어야 한다. (…) 분업에서 이러한 관계는 개인들에 대해 독립적일 수밖에 없다. 모든 관계는 언어 속에서 단지 개념으로 표현될 뿐이다. 이러한 빈말과 개념이 신비스러운 권력으로 간주되는 것은 현실적 관계의 독립화에 따른 필연적 결과다. 습관적인 의식에서의 이 효력 밖에서 이러한 독립화는 여전히 특수한 효력과 정치가 및 법률가의 양성을 유지한다. 이들은 분업을 통해 이러한 개념의 우상화를 지도하고, 생산관계가 아니라 개념 속에서 모든 현실적 소유관계의 진정한 기초를 본다.

(『독일 이데올로기』, 1846년)

국가에 대한 백성들의 믿음으로 오염되다

이제 나는 민주주의의 장으로 넘어가고자 한다. (…) 우선 (…) 독일 노동자당은 '자유로운 국가'를 추구한다.

자유로운 국가——이것은 무엇인가?

국가를 '자유롭게' 만드는 것은 종의 천박한 지혜에서 벗어난 노동자들의 목적이 결코 아니다. 독일제국에서 '국가'는 흡사 러시아에서와 마찬가지로 '자유롭다'. 자유의 요체는 국가를 사회보다 상위의 기관에서 사회보다 하위의 기관으로 완전히 전화시키는 데 있으며, 오늘날에도 국가형태는 그것이 '국가의 자유'를 제한하는 정도에 따라 자유롭거나 자유롭지 못하거나 한다. (…)

강령의 정치적 요구에는 온 세상이 아는 민주주의에 관한 다음과 같은 장황한 이야기 이외에는 아무것도 없다. 보통선거권, 직접적인 입법, 민권, 인민군대 등. 이것들은 부르주아적인 인민당이나 평화 및 자유 동맹의 공허한 메아리일 뿐이다. 이 떠들썩한 요구들은 환상적 표상 속에서 과장된 것이 아닌 한 이미 **실현**된 것이다. 다만 그것들을 포괄하는 국가가 독일제국의 경계 내부에 있지 않고 스위스나 합중국 등에 있을 뿐이다. 이런 종류의 '미래국가'는 비록 독일제국의 '테두리' 밖에 실존하고 있더라도 오늘날의 국가다. (…)

사람들이 사실 '국가'를 정부기관쯤으로 이해하거나 혹은 분업에 의해 사회로부터 분리된 하나의 독자적 유기체를 이루는 한에서의 국가로 이해한다는 것은 이미 다음과 같은 말에 나타나 있다. '독일 노동자당은 국가의 **경제적 기초**로서 다음을 요구한다. 단일한 누진소득세 등.' 조세는 정부기관의 경제적 기초이며, 그외의 아무것도 아니다. 스위스에 현존하는 미래국가에서는 이러한 요구가 상당히 달성되어 있다. 소득세는 다양한 사회계급의 다양한 소득원을 전제로 하며, 따라서 자본주의사회를 전제로 한다. 그러므로 리버풀의 재정개혁론자들 ─ 글래드스턴(William Gladstone)의 형을 우두머리로 하는 부르주아들 ─ 이 강령과 동일한 요구를 제기하는 것은 전혀 이목을 끄는 일이 아니다. (…)

'**국가에 의한 국민교육**'은 완전히 배제되어야 한다. 일반 법률로 초등학교의 재원, 교원의 자격, 수업과목 등을 규정한다든지 또 합중국에서 하듯이 국가의 감독관을 통해 이 법률규정의 이행을 감시하는 것은 국가를 인민의 교육자로 임명하는 것과는 완전히 다르다! 오히려 정부와 교회는 똑같이 학교에 대해 그 어떤 영향도 끼쳐서는 안 된다. 더욱이 프로이센-독일제국에서는 ('미래국가'에 관해 얘기하고 있는 것이 아니냐는 쓸데없는 핑계는 필요없다. 이와 관련된 사태는 이미 살펴본 바가 있다) 거꾸로 국가가 국민에게서 아주 엄격한 교육을 받을 필요가 있다.

그러나 강령 전체는 민주주의에 관해 종을 치듯이 여러 소리를 늘어놓고는 있지만 국가에 대한 라살레(Ferdinand Lassalle) 종파의 노예신앙 혹은 이보다 더 나은 것이 없는 민주주의의 기적신앙에 철저히 감염되어 있으니, 오히려 그것은 똑같이 사회주의와는 거리가 먼 두 종류의 기적신앙 중 하나의 타협이라 하겠다. (『**고타강령 비판**』, 1875년)

관료는 국가신학의 국가예수교도다

헤겔이 '통치권'에 관해 말한 것은 철학적 설명이라는 칭호를 받을 만한 내용은 아니다. 대부분의 구절은 프로이센 주법률(Landrecht) 속에 문자 그대로 실려 있을 것이다. 그렇지만 본래의 행정은 설명하기가 가장 어려운 항목이다.

헤겔이 '경찰권과 사법권'을 이미 **부르주아사회**의 영역에 반환할 것을 청구했기 때문에, **통치권**이란 그가 **관료제**로서 설명했던 행정관청에 불과하다.

관료제는 우선 '**직업단체**'에서의 부르주아사회의 '**자기관리**'를 전제한다. 부수적으로 덧붙여진 유일한 규정은 직업단체 등의 관리자 및 관리의 선출이 시민으로부터 나오고 고유한 통치권에 의해 확증되는 (헤겔이 말한 바와 같이 '**더 고차적인 확증**'이라는) 일종의 **혼합적** 선출이라는 점뿐이다. (…)

헤겔은 '국가'와 '부르주아'사회의 분리로부터, '특수이익'과 '즉자대자적으로 존재하는 보편자'로부터 출발한다. 물론 관료제는 이러한 분리에 기초한다. 헤겔은 '직업단체'라는 전제에서 출발한다. 물론 관료제는 **직업단체**를, 적어도 '직업단체정신'을 전제한다. 헤겔은 관료제의 내용을 하나도 전개하지 않고, 오히려 다만 관료제라는 '**형식적인**' 조직의 몇몇 보편적 규정들만을 전개할 뿐이다. 물론 관료제는 자기 외부에 놓인 내용에 대한 '형식주의'일 뿐이다.

직업단체는 관료제의 유물론이고, 관료제는 직업단체의 **유심론**이다. 직업단체는 부르주아사회의 관료제이고, 관료제는 국가의 직업단체다. 따라서 현실에서 관료제는 '국가의 부르주아사회'로서 '부르주아사회의 국가', 즉 직업단체에 맞선다. '관료제'가 새로운 원리인 곳, 다시 말해 보편적인 국가이익이 그것만으로 '특별한' 이익, 따라서 '현실적' 이익이 되기 시작하는 곳에서는 모든 결과가 그 전제들의 실존에 대해 투쟁하는 것과 마찬가지로 관료제도 직업단체에 대해 투쟁한다. (…)

사회에서는 직업단체를 창조하는 동일한 정신이 국가에서는 관료제를 창조한다. 따라서 직업단체 정신이 공격당하자마자 관료제의 정신이 공격당한다. 그리고 관료제가 이전에 그 자신의 실존의 장을 창조하기 위해 직업단체의 실존과 싸웠다면, 관료제는 이제 직업단체 정신, 즉 그 자신의 정신을 구제하기 위해 직업단체의 실존을 유지하고자 무척 애쓴다.

'관료제'는 부르주아사회의 '**국가형식주의**'다. 이것은 하나의 **직업단체**로서 (특수자가 보편자에 맞서 자신을 하나의 보편자로서 고집하는 한 '보편적 이익'은 특수자에 맞서 자신을 오직 하나의 '특수자'로 고집할 수 있다. 그러므로 관료제는 보편적 이익의 **상상적** 특수성, 즉 자신의 정신을 보호하기 위해 특수한 이익의 **상상적** 보편성, 즉 직업단체의 정신을 보호해야 한다. 직업단체가 국가이기를 원하는 한 국가는 직업단체여야 한다) '국가의식' '국가의지' '국가권력'이며, 따라서 국가 안에 있는 **특수하고 폐쇄적인** 사회다. 그러나 관료제는 **상상적** 권력으로서의 직업단체이기를 원한다. 물론 개별 직업단체 또한 관료제와 대립된 자신의 **특수한** 이익을 위해 이러한 의지를 지니나, 그것은 다른 직업단체에 대항하여, 즉 다른 특수한 이익에 대항하여 관료제를 **원한다**. 따라서 **완성된 직업단체**로서의 관료제는 미완성된 관료제로서의 **직업단체**에 대해 승리를 쟁취한다. 관료제는 직업단체를 가상으로 떨어뜨리거나 혹은 떨어뜨리고자 한다. 그러나 관료제는 이러한 가상이 실존함을, 또 그자신의 실존임을 믿고자 한다. 직업단체는 국가가 되려는 부르주아사회의 의도다. 그러나 관료제는 자신을 현실적으로 부르주아사회로 만든 국가다.

관료제인 '국가형식주의'는 '형식주의로서의 국가'이며, 헤겔은 관료제를 이 같은 형식주의로 서술했다. 이 '국가형식주의'는 자신을 현실적 권력으로서 구성하고 스스로 자신의 **실질적** 내용이 되는 것이기 때문에, '관료제'가 **실천적** 환상의 그물망 혹은 '국가의 환상'임은 자명하다. 관료제적 정신은 철저한 예수회의 신학적 정신이다. 관료들은 국가예수교도들이며 국가신학자들이다. 관료제는 사제공동체다. 관료제는 그 본질상 '형식주의로서의 국가'이기 때문에, 그것은 또한 그 **목적**에서도 '형식주의로서의 국가'다. 그러므로 현실적 국가목적은 관료제에는 국가에 **배치되는** 목적인 것처럼 보인다. 관료제의 정신은 '형식적 국가정신'이다. 따라서 관료제는 '형식적 국가정신' 혹은 국가의 **현실적**인 몰정신성을 정언명령으로 삼는다. 관료제는 자신을 최종적 궁극목적으로 간주한다. 관료제는 자신의 '형식적' 목적을 자신의 내용으로 간주하기 때문에, 그것은 도처에서 '실제적' 목적과 충돌하게 된다. 따라서 관료제는 형식적인 것을 내용이라 부르고, 내용을 형식적인 것이라 부르도록 강요받는다. 국가의 목적이 관청의 목적으로 전화하거나 혹은 관청의 목적이 국가의 목적으로 전화한다. 관료조직은 어느 누구도 이로부터 벗어날 수 없는 영역이다. 관료제의 위계는 지식의 위계다. 상부는 세부사항에 관한 통찰을 하부 영역에 기대하는 반면, 하부 영역은 상부에 보편적인 것에 관한 통찰을 기대하고, 그러면서 이들은 서로를 기만한다.

관료제는 실제 국가와 나란히 존재하는 상상의 국가, 즉 국가의 유심론이다. 따라서 마치 지식이 이중의 지식, 즉 실제적 지식과 관료적 지식인 것처럼(의지도 마찬가지다) 모든 사물은 이중의 의미, 즉 실제적 의미와 관료적 의미를 지닌다. 그러나 실제적 존재방식은 자신의 관료적 존재양식과 자신의 피안적·정신적 존재양식에 따라서 다루어진다. 관료제는 국가존재, 사회의 정신적 존재양식을 지닌다. 국가존재는 관료제의 사유재산이다. 관료제의 보편적 정신은 비밀 및 신비이기에, 그 자체의 내부에서는 위계에 의해, 외부에 대해서는 폐쇄적 직업단체로서 유지된다. (…)

따라서 권위가 관료제의 지적 원리이고, 권위의 우상화는 관료제의 신념이다. 그러나 관료제 내부에서는 유심론이 극단적 유물론, 즉 수동적 복종의 유물론, 권위맹신의 유물론, 고정된 형식적 행위와 고정된 원칙 그리고 직관 및 관습의 기계론적 유물론으로 된다. 일부 관료들에게 국가 목적은 그들의 사적 목적, 더 높은 지위에 대한 추구, 입신출세가 된다. 첫째, 관료는 현실적 삶을 하나의 물질적 삶으로 간주한다. 왜냐하면 이러한 삶의 정신은 관료제에서 그 자체만으로 독립적 실존을 가지기 때문이다. 따라서 관료제는 삶을 가능한 한 물질화하는 방향으로 나아가야만 한다. 둘째, 삶은 관료 자신에게, 다시 말해 삶이 관료적 취급의 대상이 되는 한 물질적이다. 왜냐하면 삶의 정신이 삶에 미리 지정되어 있고, 삶의 목적이 삶 바깥에 놓여 있고, 삶의 현존재가 관청의 현존재이기 때문이다. 국가는 다만 상이하게 고정된 관청 정신으로서 실존할 뿐이고, 관청 정신의 연관은 종속과 수동적 복종이다. 현실적 삶이 죽은 삶처럼 보이듯이 **현실적** 학문은 내용 없는 학문처럼 보인다. 왜냐하면 이 상상적 지식과 이 상상적 삶이 본질로 통용되기 때문이다. 따라서 이 예수회주의가 의식적이든 무의식적이든 간에 관료는 예수회교도처럼 현실적 국가에 대해 군림해야 한다. 그러나 이 예수회주의는, 그의 대립물이 지식임을 깨닫자마자 마찬가지로 자기의식을 얻고 필연적 의도에 따라 예수교도가 된다.

관료제가 한편으로 이러한 극단적 유물론인 가운데 관료제는 **모든 것을 창출**하려는 의지라는 사실에서, 즉 관료제가 한갓 활동적 현존재일 뿐이어서 그 내용을 내부로부터 수용하며, 따라서 그의 실존을 단지 이러한 내용을 형태적으로 가공하고 제한함으로써만 입증할 수 있을 뿐이기 때문에, 관료제는 **의지**를 제1원인으로 삼는다는 점에서 극단적 유심론임이 분명하게 밝혀진다. 관료제에서 세계란 그가 취급하는 단순한 대상에 불과하다. (…)

관료제에서 국가이익과 특수한 사적 목적의 동일성이 정립되는 방식은 **국가이익**이 다른 사적 목적과 대립된 하나의 **특수한** 사적 목적으로 되는 것이다.

관료제의 폐지는 보편적 이익이 **현실적으로**——헤겔의 경우처럼 단지 사상 속에서, **추상화** 속에서만 이루어지는 것이 아니라——특수한 이익으로 될 때만 성립할 수 있다. 이것은 **특수한** 이익이 현실적으로 **보편적** 이익이 되어야만 가능하다. 헤겔은 비현실적 대립에서 출발하기 때문에, 따라서 이것을 상상적인, 사실 그것 자체가 또다시 대립적인 동일성으로 가져갈 뿐이다. 이 같은 동일성이 곧 관료제다. (『**헤겔 국법론 비판**』, 1843년)

국가기구라는 끔찍한 기생충

프랑스 같은 나라에서는 행정권이 50만 이상의 관리집단을 지휘하고, 따라서 이들의 거대한 이해관계와 생계를 항상 완전히 종속적인 위치에 두고 있다. 또한 프랑스에서는 국가가 사회의 전반적인 생활의 표면에서부터 가장 사소한 불만에 이르기까지 그리고 가장 보편적인 존재양식에서부터 개인의 사적인 생존문제에 이르기까지, 부르주아사회를 얽어매고 통제하고 조종하고 감독하며 또 교육한다. 이 국가라는 기생충은 확실한 중앙집권화를 통해 도처에 퍼져 있고, 무한한 지식을 획득하고, 무기력한 종속과 실질적인 정치체제의 느슨한 무정형성에서 그 상대를 발견할 수 있는, 가속화된 유동성과 탄력성을 가진 나라인 프랑스 등지에서 다음은 명백한 일이다. 즉 국민의회가 국가의 행정을 간소화해 관리집단을 최대한 축소하지 못하고 부르주아사회와 여론이 행정부와 독립된 그들만의 조직체를 만들지 못하게 된다면, 의회는 각료들의 직책을 뜻대로 처리하지 못하고 동시에 모든 실질적인 영향력을 상실하게 된다. 그러나 프랑스 부르주아의 물질적 이해관계는 그 수없이 뻗어 있는 광범한 국가기구를 유지하는 일과 아주 긴밀하게 얽혀 있었다. 부르주아는 자기 계급의 과잉인구를 국가기구에 취직시켜 이윤, 이자, 지대, 사례금의 형태로는 획득할 수 없는 것을 국가봉급의 형태로 보충한다. 다른 한편 부르주아의 **정치적** 이해관계로 말미암아 그들은 탄압을 강화할 수밖에 없었고, 따라서 국가권력의 자원과 인력을 매일매일 늘리며, 동시에 부르주아는 여론에 대항하여 끊임없이 싸워나가야 했고, 자립적 사회운동 조직체를 완전히 말살하는 데 실패할 경우에는 그것을 시기하면서 파괴하고 훼손해야 했다. (…)

거대한 관료, 군사조직, 광대하고 정교한 국가기구, 50만의 군대와 더불어 50만을 헤아리는 관리집단을 가진 이 행정권은 프랑스 사회 전체를 하나의 그물로 얽어매고 모든 땀구멍을 막아버리는 무서운 기생충들의 단체로, 봉건제의 몰락기인 절대왕정시대에 등장하여 봉건제의 몰락을 촉진했다. 토지소유자와 도시들이 누리던 영주적 특권은 국가권력의 속성으로 변했으며, 봉건관리는 고용관료로, 상쟁하던 중세 절대권력들의 다채로운 양상을 나타내던 도면은 공장식으로 일이 분할과 집중되는 국가권력의 정연한 설계도로 변형되었다. 1차 프랑스혁명은 국민의 시민적 통합을 이루어내기 위해 모든 국부적·지역적·도시적·지방적 특수권력을 무너뜨리는 임무를 띠고 있었다. 따라서 그 혁명은 절대왕정이 이미 시작해놓은 일, 즉 중앙집권화를 발전시킬 수밖에 없었고 동시에 정부권력의 범위, 즉 그 부속기관과 인력을 확대할 수밖에 없었다. 나뽈레옹은 이 국가기구를 완성했다. 정통파 왕정과 7월왕정은 분업을 확대했을 뿐 보탠 것이 없다. 이 분업은 부르주아사회 내에서 새로운 이익집단이 창출되는 정도만큼, 따라서 국가행정을 위한 새로운 재료가 늘어나는 만큼 성장했다. 한 마을의 교량, 학교, 공유재산에서부터 프랑스의 철도, 국가재산, 국립대학에 이르기까지 모든 공통의 이익은 곧 사회에서 분리되어 더 높은 일반적 이익으로서 사회와 대립하게 되었고, 사회구성원의 자주적 활동으로부터 떨어져 나와 정부활동의 대상이 되었다. 마지막으로 의회공화정은 혁명에 반대하는 투쟁에서 억압적인 방법으로 정부권력의 수단과 집중을 강화할 수밖에 없었다. 모든 변혁은 이 기구를 분쇄하는 대신에 그것을 완성했다. 지배권을 둘러싸고 번갈아가며 다투던 정당들은 이 거대한 국가조직의 소유를 승리자의 기본적인 전리품으로 간주했다. (…)

　세금은 관료, 군대, 성직자, 궁정, 간단히 말해 행정권 내 모든 기구의 생명원이다. 강력한 정부와 과중한 세금은 동의어다. (…) 살찐 몸을 금줄로 장식한 수많은 관료는 제2의 보나빠르뜨 마음에 가장 흡족한 '나뽈레옹 사상'일 것이다. 보나빠르뜨가 실제 존재하는 사회의 계급들 위에 인위적인 신분제도──이 제도 안에서 그의 정권 유지는 곧 생사의 문제가 된다──를 만들 수밖에 없었으니 사태가 어찌 달라질 수 있었겠는가. 따라서 그의 최초의 재정 조치 중 하나는 관료의 봉급을 예전 수준으로 올리고 새로운 한직(閑職)을 창출하는 것이었다. (『**루이 보나빠르뜨의 브뤼메르 18일**』, 1869년)

모든 털구멍에서
피와 오물을 흘리면서

끔찍한 자본주의와 그 야만성

4

서론

　지금까지의 역사에서 그 어떤 사회질서도 경이로운 근대의 자본주의만큼 그렇게 자주, 거대한 규모로, 무자비한 살육전을 일으킨 것은 없다. 그 어떤 사회질서도 인류의 대다수에게 그렇게까지 물질적 비참함을 가져다주는 동시에 그렇게 엄청난 부자들을 양산하지도 않았다. 또한 인류의 고유한 자연적 조건을 전지구적 규모로 파괴한 사회적 체계도 이제까지 없었다. 인간이 이 이상으로 사회화되고, 서로 의존하게 되고, 기능적으로 분화되고, 전지구적으로 매개된 적은 없었으며, 또한 동시에 사회적 개인들이 구조적으로 원자화되고 추상적 이해개체의 상호 무관심 속에 마주하게 된 적도 없었다.

　새롭게 증명되어야 할 주장은 하나도 없다. 이 모든 부정적이고 파괴적이고 파국적인 현상이 여기 공공연하게 존재한다는 데는 부인할 수 없는 역사적·구조적 증거가 있다. 그럼에도 불구하고 느긋하고도 민주적인 자본주의의 옹호자들은 완고한 상습범처럼 몸소 수천의 증거와 증명을 샅샅이 찾는다. 오늘날 전세계적인 빈곤과 경제가 파탄 난 나라들, 오염된 땅과 고갈된 천연 저수지, 몹시 무지한 상태로 거친 경쟁관계에 놓여 '시민'과 '문명'에 관해서 부단히 소곤대는 것이 '자동화된 주체'의 지구적 중심에서는 정치와 과학계의 상식이자 경제 이데올로기와 신문 문예란의 상식이 되었다.

자본주의는 자신의 역사를, 끔찍한 일상이 된 '위험과 부작용'을, 빈곤 가능성과 파괴 가능성을 부정한다. 자본주의는 자신의 부정적 본질을 독재라는 상상적 '외부'로, 인간 영혼의 비도덕적 심연으로, 주관적으로 나쁜 의도와 현상으로 전이시킨다. 그러나 이 모든 것은 자본주의와 관계없으며 오히려 실제로는 자본주의의 내부로부터 언제나 새롭게 솟아나는 것이다. 이 지구 위에 빈곤과 비참 그리고 폭력이 존재한다면, 그것은 너무 많은 자본주의가 아니라 언제나 너무나 적은 자본주의 때문이다——이러한 주장은 사실을 파렴치하게 왜곡한다. 또한 공공연한 거짓과 뻔뻔함 그리고 자기기만의 원칙 속에서 자본주의적 질서는 역사적으로 탁월했다. 자본주의는 위기와 파괴, 사회적 전쟁에서 세계 기록이자 역사의 기록이며 인류의 기록이다——자본주의는 진정으로 '비열한 행위의 역사'다(보르헤스 Jorge Luis Borges).

'화폐의 문명'은 그 자체로 하나의 모순이다. 왜냐하면 물적이고 자동적인 주체의 형태 속에서 죽은 물적 존재의 지배는 어떤 인간적이고 사회적인 문명도 만들 수 없기 때문이다. 존경심과 인간의 품위 그리고 친절에 상응하는 외면적 도덕성과 추상적 규정 그리고 항상적인 주의 집중 등이 자본의 제도와 고위관리들에 의해서 방치된 것은 대부분 자본주의에서 구속력이 없는 사적 사항이 되어버린——맑스가 예리하게 지적했듯이——전근대적 농업사회의 종교성으로부터 차용한 것이다. 자본주의 내에서 사람들이 선해야 한다면, 그것은 만인의 만인에 대한 궁색한 경쟁에 기반한 자본주의의 구조적 사회질서 때문이 아니라 그러한 질서임에도 불구하고다. 자본주의가 자신의 이상, 예를 들어 개인의 자유나 인간 이성의 독립성이라고 만들어낸 것이라고는 고작 한편으로 품위 없는 경제적 경쟁을 통해 '자유롭게' 서로 물어뜯는 것과 '지불능력의 자유'를 위한 화려한 상투어들의 집합일 뿐이며, 다른 한편으로 물적인 사이비 자연법칙 아래 자동적 주체의 조건 없는 복속일 뿐이다──즉 그것은 자유, 이성, 독립과 정반대의 것들이다.

자본주의적 인간은 농업 및 종교, 혈연관계 질서의 협소함과 강제에 의해 순전히 부정적으로 해방된다. 즉 인위적으로 조장된 사회적 생존투쟁의 추상적이고 맹목적인 주체로서 영구히 해방된다. 구성원들의 모호한 비사회성에 기반한 이런 고도의 사회화는 야만상태로 나아갈 수밖에 없다. 아니, 그런 사회화 자체가 이미 구조적으로 야만이다. 그것은 개념의 아이러니다. 서구의 자본주의 제국은 과거 오만한 고대 제국처럼 자신의 고유한 본질에 상응하지 않는 모든 사회를 비난하고 배제하기 위해 야만과 야만인의 관념을 차용해왔다. 그러나 자본주의는 잔혹함과 비인간적인 동시에 미숙함에서 역사 전체에서의 석기시대 문화 그리고 이른바 원시종족 및 부족, 왕과 황제를 완전히 능가한다.

그렇다면 맑스는 이런 장광설에 대해 무엇이라고 했던가? 알려진 맑스에서 그는 자신의 주장을 숨기고 부르주아적 계몽철학과 자유주의가 발견한 바로 그 재판관, 즉 '역사적 필연성'을 다시 한번 불러냈다. '우리는 학살된 사람들의 두개골로부터 불로장수의 신주를 소리내어 마신다.' 시체가 가득한 전쟁터를 거쳐 오늘날 권태와 도덕적 구토에 이른 진보는 누구라도 지불받고 싶으면 최대한 '다른 사람에게' 지불해야 한다는 불가피한 근대화의 사회적 비용을 말한다. 그러나 이런 부르주아적 진보라는 신화가 끔찍한 승리를 거둔 곳에서, 근대화 이론가로서의 맑스, 즉 알려진 맑스를 가로질러 숨겨진 맑스가 등장한다. 그 숨겨진 맑스는 이른바 역사적 필연성으로 현혹시킨 것도 아니었고, 추잡한 자본주의의 야만을 조금도 미화하지 않고 공개적으로 비난했다.

우리가 과거까지 확장된 자본주의적 야만에 대한 비판——맑스의 역사적 분노와 근대 물신성 개념의 분석에서 드러난——을 진지하게 받아들인다면, 상품생산이라는 자본의 자기목적 체계는 비록 그것이 목적론적 역사과정에서 말하는 생산력의 부정적이고 파괴적인 과도적 단계이거나 혹은 보다 높은 발전형태라 할지라도 더이상 피할 수 없는 잘못된 발전 혹은 심각한 우연이거나 역사에서 예외적인 현상으로 나타날 것이다. 그렇다면 자본주의의 극복은 역사적 진보의 종점이거나 계몽주의적, 부르주아-자유주의적 역사신화의 고유한 범주에서의 정점(그러한 의미에서 또한 추상적인 역사적 합법칙성을 향해 '객관적으로' 나아가는 더 높은 단계의 집행)이라기보다는, 오히려 차라리 비상브레이크를 잡아당기는, 예를 들면 발터 벤야민(Walter Benjamin)의 부정적 역사철학에 해당하는 비유가 될 것이다.

물론 자본주의에 관한 이런 간접적인 역사적 판단에는 숨겨진 맑스에서도 역시 배제된 한가지가 포함되어 있다. 즉 인격적 종속 구조와 종교적으로 매개된 사회적 물신성 형태를 갖는 전자본주의적 농업사회에 대한 낭만적인 미화, 말 그대로 반동적인 미화다. 여기서 알려진 맑스는 그의 자유주의적인 유산과 함께 낭만적이고 특히 권위적인 비합리주의를 통해서 자본주의가 붕괴되는 것을 저지하는 이른바 교정관으로 작용한다. 단지 우리가 얘기할 수 있는 것이라고는 다음의 얘기뿐이다. 자본주의시대 이전에도 있었던 생산력의 점진적인(물론 느릴수록 그만큼 더욱 공이 들어간) 발전이 무조건 자본의 광기 어린 자기목적 논리일 필요는 없으며, 과거 새로운 시대——사람들이 사회운동에서도 변함

없이 유지하려 했던—의 숱한 방어전에서 보면 원칙적으로 또다른 역사적 입장이 제기될 수도 있다는 것이다. 우리가 논의한 '사실들'이 폭력적으로 관철되며 승리했다고 해서 더이상의 어떤 활동도 불가능하며 또한 새로운 역사적 사실이 될 수 있는 대안이 더이상 없다는 얘기도 아니다. 시대의 수레바퀴는 당연히 되돌릴 수 없으며 또한 되돌려서도 안 된다. 그러나 아마도 언젠가 자본주의를 끝내기 위해서는 자본주의의 완전한 역사적 대표성, 또 어떤 점에서 자본주의의 명목상 진보성에 대한 완전한 부정이 필요할 것이다.

이미 맑스는 자본주의의 탄생이 결코 목가적이고 인간적이고 평화적이지 않았음을 『자본』에서 자본주의적 생산양식에 대해 16세기 이래 선행된 전제들을 창출해준 이른바 '원시적 축적'이라는 유명한 장에서 보여주었다. 맑스는 평화롭고 화해적인 '후생증진적인' 교역과 화폐교류의 확장을 통해 자본주의가 형성되었다는 공식적인 역사신화—오늘날까지도 올바른 것으로 간주된다—로부터 떨어져 나와 정반대의 그림을 보여준다. 즉 사람들을 생산수단으로부터 분리해서, 뿌리 뽑힌 '빈곤층'으로, 결국 잠재적으로 '자유로운' 임노동자로 전환시키기 위해 농민층을 문자 그대로 집과 마당에서 내쫓은 폭력적이고 잔인하고 무자비한 역사가 그것이다.

자본의 형성사는 범죄의 형성으로부터 구성된다. 여기에 근대사회 폭력의 핵심이 놓여 있는데, 이것은 20세기 후반의 민주주의에서도 사라지지 않고 오히려 민주적인 행정에서, 최종적으로는 국가폭력을 통해 확보되는 민간행정에서 계속 유지된다. 그리고 이것의 주된 내용은 오랫동안 사회적으로 형성된 생산수단—자본의 물적인 형태를 취하고 있는—으로부터 사람들을 분리한다는 것이다. 그리고 이런 물화과

278

정에서 명백히 '새어나온' 자본주의적 원죄는 오늘날에도 매일같이 자본주의 주변부의 거대한 세계에서, 세계자본의 '야생 남부'와 '야생 동부'에서 반복되고 있다. 계속 번성한 원시적 축적의 직접적이고 파렴치한 폭력은 자본주의적 야만의 첫번째 수준을 만든다.

두번째 수준은 이미 고정되고 내재화된 관계의 토대 위에서, 그리고 사물의 '정상적인' 진행과정하에서 이루어지는 자본주의의 구조적인 야만을 통해 규정된다. 이런 구조적인 야만은 한편으로 전방위적이고 지속적인 경쟁의 위험과 부작용 때문에 맹목적인 시장의 연쇄와 경영적 합리성으로 간접적이고 우연적으로 형성된다. 대부분의 사람들은 단지 그들의 존재가 시장의 관심을 끌지 못하기 때문에 필연적으로 매일매일 빈곤해진다. 역사적으로 유례가 없는 생산수단의 토대, 기술적·의료적 가능성의 기초에도 불구하고 기아와 비참의 야만은 바로 그 '시장이라는 주체가 없는 상태' 때문에 더욱 전율할 정도가 된다. 다른 한편으로 이러한 구조적 야만은 철저히 주관적인 측면을 가진다. 즉 합법적 범죄(예를 들면 전지구적 자본주의에서 악명 높게 이루어졌고 오늘날조차도 중심부로 회귀하고 있는 아동노동)는 물론이고, 자본주의 역사의 과정에서 분명한 오름세를 보이며 오늘날 정점에 도달한 것처럼 보이는 자본주의와 조직범죄 간의 직접적 결탁이 바로 그것이다. 자본주의는 '가치증식'을 인간적 노력의 화신으로 만들고 만인의 만인에 대한 경쟁을 정상상태로 만들면서, 온갖 종류의 범죄를 온실 속으로 가져올 뿐이다.

세번째 수준의 자본주의적 야만은 19세기 이래 '예외상태' '포위상태' 혹은 '긴급상태'로 특징되는 모든 것을 구성한다. 그러한 종류의 편집증적 물신체계는 언제나 다시 위기와 파국, 사회적 폭발, 폭력적인 내

외적 충돌 등을 야기하기 때문에, 그 폭력의 핵심을 주기적으로 외부를 향해 돌려야 하고 명백히 그렇게 해야만 한다. 어쩔 수 없다면, 심지어 자본주의적 생산양식 자체가 실제로 혹은 자칭 어느 누구의 처분에 맡겨져 있다면, 부르주아적 신뢰는 어떤 행동도, 어떤 자비도 더이상 알지 못할 것이며, 모든 인류와 자신의 고유한 법칙을 스스로 발아래 짓밟아버리는 야수로 돌변할 것이다. 삐노체뜨(Augusto Pinochet Ugarte)는 예외상태에서 자유주의를 견지했으며, 이것이 자유주의의 진정한 모습이다. 예외상태와 위기상태에서의 자본주의적 야만의 역사는 오늘날까지 너무 자주 반복적으로 연습되어왔기 때문에, 미래에도 그러리라고 예상할 수 있다. 이런 야만에서는 사회의 기득권층과 자본의 기능을 수행하는 엘리뜨층도 스스로 불러낸 유령에 잡아먹히게 되지만 그것은 우리에게 별 위로가 되지 못한다. 그들의 사회적 역할에 대해 문제를 제기하기보다는 차라리 이들 '가치증식의 광신자'가 악마에 의해 학살되는 편이 나을 것이다.

이 모든 것은 당연히 책임에 대한 질문을 제기한다. 맑스주의 노동운동의 단순한 세계에서는 여전히 '우리 편'과 '다른 편'이나 사회계급의 의지관계에서 선험적으로 '좋은 편'과 '나쁜 편' 간의 명확한 구별이 존재한다. 추상적 노동, 상품형태, 국민 등과 같은 공동체적 형태를 비판적 시각에서 볼 때, 과연 책임은 어디에 있는가? 우리가 맹목적인 구조, 즉 자동적 주체를 다른 어떤 것의 책임으로 돌린다면, 그것이 가장 큰 범죄를 저지른 것일까? 거꾸로 자본주의적 야만이 지난 세기말의 경쟁 등과 같은 무언의 강제 때문에 저질러진 것이라면, 비정상적인 상황에서 추악한 관리자나 더러운 정치가, 관료적 위기관리자나 잔인한 학살자의 야만적 행동은 주체 없는 구조법칙에 의해 설명되고 '제2의 본성'

280

에 기인하는 것이 될 텐데, 어떻게 그들에게 책임을 물을 수 있겠는가?

이런 논의는 자동적 주체라는 개념이 모순적 사회관계에 대한 하나의 모순적 은유라는 사실을 잊고 있다. 자동적 주체는 스스로 어딘가 저밖에서 웅크리고 앉아 있는 동떨어진 실체가 아니라, 인간이 자신의 고유한 행동을 자본주의화된 화폐의 자동성에 예속시키는 사회적 마법이다. 하지만 행동하는 사람은 언제나 개인들 자신이다. 경쟁과 인위적으로 만들어진 생존투쟁, 위기 등은 야만의 잠재력을 추동하지만, 실제로 이런 야만은 행동하는 인간에 의해서, 즉 오직 인간의 의식을 통해서만 집행된다. 따라서 개인들은 또한—추악한 관리자나 더러운 정치가는 물론 다른 한편으로 인종차별적 실업자나 반유대적으로 길러진 주부들과 마찬가지로—주체적으로 자신의 행동에 대해 책임을 진다.

이 사회의 엄청난 위험과 공포의 잠재력은 매일 만들어져야 하고, 개인들은 매순간 이들과 관련된 결정을 내려야 한다. 이 결정에서 대안—일상의 사소한 수준이든 사회적이고도 역사적인 대규모 수준이든—이 전혀 없는 것은 아니다. 아무 의지도 없는 단순한 꼭두각시가 아니라면 이러한 소름끼치는 모순과 마법의 공포와 고통에 맞서 스스로 행동해야만 한다. 따라서 사회 전반의 구조와 추상적 노동 그리고 자동적 주체에 대한 사회적 비판은 비록 행동하는 주체들이 자신의 사회적 역할을 스스로 감당할 수 없는 상태 때문이더라도 책임을 면하기 어렵다는 것은 결코 잘못된 얘기가 아니다.

맑스는 자본주의적 야만의 모든 수준에 대해 언급했다. 이 텍스트들은 너무나 불안정한 구조로 되어 있는데 이것이 곧 숨겨진 맑스이기도 하다. 즉 그는 자본주의 사회형태에 대한 범주적 비판을 야만적 행위에 관한 분노와 결합시켰고 책임에 대해 날카롭게 비난했다. 왜냐하면 자본은 단순한 어떤 주관적 의지관계가 아니기 때문에, 맑스는 자본의 비합리적인 물신성으로부터 오직 나쁜 의지만이 발생한다는 사실—책임자의 무책임과 책임질 능력이 없는 자의 책임—을 공공연한 방식으로 분명히 했다.

피와 불로 얼룩진 인류사로 기록되다

우리는 지금까지 어떻게 해서 화폐가 자본으로 전화하고 자본을 통해서 잉여가치가 만들어지며, 또 잉여가치에서 더 많은 자본이 만들어지는지를 살펴보았다. 그런데 자본의 축적은 잉여가치를 전제로 하고 잉여가치는 자본주의적 생산을 전제로 하며, 또 자본주의적 생산은 대량의 자본과 노동력이 상품생산자들의 수중에 있음을 전제로 한다. 따라서 이 운동과정 전체는 하나의 악순환을 이루면서 회전하는 것처럼 보이는데, 우리가 이 악순환에서 벗어나려면 자본주의적 축적에 선행하는 '본원적'(ursprüngliche) 축적(애덤 스미스가 말하는 '선행적 축적'previous accumulation), 즉 자본주의적 생산양식의 결과가 아니라 그 출발점으로서의 축적을 상정할 수밖에 없다.

이 본원적 축적이 경제학에서 수행하는 역할은 신학에서의 원죄의 역할과 거의 같다. 아담이 사과를 베어 먹었기 때문에 인류에게 죄가 내린 것이다. 즉 과거의 이야기를 통해 이 죄의 기원이 설명된다. 아주 옛날에 한편에는 부지런하고 현명하며 무엇보다도 검약한 뛰어난 인간들이 있었고, 다른 한편에는 게으름뱅이들로 자신의 모든 것 또는 그 이상의 것을 써버리는 쓰레기 같은 인간들이 있었다. 신학의 원죄설은 우리에게 어째서 인간은 이마에 땀을 흘려야만 먹을 수 있게끔 저주받았는지를 설명해주지만, 경제학의 원죄설은 그렇게 일을 할 필요가 조금도 없는 사람들이 어떻게 하여 존재하는지를 밝혀준다. 하여튼 전자의 사람들은 부를 축적하고 후자의 사람들은 결국 팔 것이라고는 자신의 몸뚱이 외에 아무것도 없는 빈털터리가 되었다. 그리하여 이 같은 원죄에서 아무리 일을 해도 여전히 자신의 몸뚱이 외에는 아무것도 팔 것이 없는 대중의 빈곤과 극소수 사람들의 부가 비롯되었으며, 이 극소수의 사람들은 아주 오래전부터 이미 노동하기를 그만두었는데도 그의 부는 계속 증대해온 것이다. 바로 띠에르(Louis-Adolphe Thiers) 같은 사람이 소유권을 옹호하기 위하여 한때는 그렇게 슬기로웠던 프랑스인들에게 이렇게 유치한 어린애 장난 같은 이야기를 매우 진지하게 들려주었다. 그러나 일단 소유권 문제가 대두되면, 이 어린애 교과서의 시각이 모든 연령과 모든 지적 수준의 사람들에게 똑같이 적용되는 유일한 정설이라고 고수하는 일이 신성한 의무가 된다. 널리 알려져 있듯이 현실의 역사에서는 정복과 압제, 강도·살인(한마디로 말해 폭력)이 중요한 역할을 수행한다. 그러나 이 온건한 경제학에서는 처음부터 목가적인 곡조가 흐른다. 즉 처음부터 정의와 '노동'만이 유일한 치부수단이었다. 물론 그때마다 '금년'만은 예외였다는 단서가 붙었다. 그러나 실제로 수행된 본원적 축적의 여러 방법은 적어도 결코 목가적이지는 않았다.

생산수단과 생활수단이 처음부터 자본이 아니었던 것과 마찬가지로 화폐와 상품도 처음부터 자본이었던 것은 아니다. 이것들은 자본으로의 전화를 필요로 한다. 그러나 이 전화 자체는 일정한 조건 아래에서만 이루어질 수 있는데, 그 조건이란 다음과 같이 요약된다. 먼저 매우 다른 두 부류의 상품소유자가 서로 마주보고 접촉해야만 한다. 한쪽은 화폐와 생산수단·생활수단의 소유자로서, 그들에게는 다른 사람의 노동력을 구입하여 자신이 점유하고 있는 가치액을 증식하는 일이야말로 진정 필요한 일이다. 다른 한쪽은 자유로운 노동자(즉 자신의 노동력을 파는 자)로, 노동을 파는 자다. 자유로운 노동자라는 것은 두가지 의미에서 자유롭다는 뜻이다. 즉 노예와 농노 따위처럼 그들 자신이 직접 생산수단의 일부가 아니라는 점에서 자유롭다는 의미이며, 또 자영농민의 경우처럼 그들이 생산수단을 소유하고 있는 것도 아니라는 점에서, 즉 생산수단에서 분리되어 있다는 점에서 자유롭다는 의미다. 상품시 장의 이러한 양극화와 함께 자본주의적 생산의 기본적인 조건들이 갖 추어진다. 자본관계는 노동 실현조건의 소유와 노동자 간의 분리를 전 제로 한다. 자본주의적 생산이 일단 자신의 발로 서게 되면 그것은 이러 한 분리를 유지시킬 뿐 아니라 이를 지속적으로 확대·재생산한다. 따라 서 자본관계를 만들어내는 과정은 노동자를 자기 노동조건의 소유에서 분리시키는 과정〔즉 한편으로는 사회적 생활수단과 생산수단을 자본 으로 전화시키고, 다른 한편으로는 직접적 생산자를 임노동자로 전화 시키는 과정〕, 바로 그것이다. 따라서 이른바 본원적 축적이란 바로 생 산자와 생산수단의 역사적 분리과정이다. 그것이 '본원적'인 것으로 나 타나는 까닭은 그것이 자본 그리고 자본에 맞는 생산양식의 전사(前史) 를 이루고 있기 때문이다.

자본주의사회의 경제적 구조는 봉건사회의 경제적 구조에서 생겨났 다. 후자의 해체가 전자의 요소들을 해방시켰다. 다른 사람의 토지에 얽 매인 농노나 예농이기를 그만둠으로써, 직접적 생산자인 노동자는 비 로소 자신의 인격을 자유롭게 처분할 수 있게 되었다. 시장만 발견되면 어디라도 자신의 상품을 가져가는 노동력의 자유로운 판매자가 되기 위해서 그들은 또한 동직조합의 지배와 그 도제 규칙 그리고 그밖에 장 애가 되는 노동규정 등에서도 해방되어야만 했다. 생산자를 임노동자 로 전화시키는 역사적 운동은 한편에서는 생산자가 농노적 예속과 동 직조합적 강제에서 해방되어가는 방향으로 나타난다. 그리고 부르주아 역사가들의 눈에는 오로지 이런 측면만이 존재한다. 그러나 다른 한편 에서는 이 새롭게 해방된 사람들이 모든 생산수단과 또 낡은 봉건적 제도에서 생존의 보장을 위해 부여받았던 모든 권리를 박탈당한 뒤에야 비로소 자기 자신의 판매자가 되는 과정이 존재한다. 그리고 그들에 대한 이런 수탈의 역사는 피로 얼룩지고 불길에 타오르는 문자로 인류의 연대기에 기록되어 있다.

산업자본가들(이 새로운 주권자들)의 입장에서는 동직조합의 수공업 장인뿐 아니라 부의 원천을 장악하고 있는 봉건영주들도 몰아내야만 했다. 이런 측면에서 본다면 그들의 발흥은 봉건세력 및 그 전횡적 특권에 대해 싸워 얻은 성과이고, 또 동직조합 및 생산의 자유로운 발전과 인간에 의한 인간의 자유로운 착취에 동직조합이 가했던 구속에 대해 싸워 얻은 성과로 나타난다. 그러나 산업의 기사들이 칼을 찬 기사들을 몰아내는 일은 자신들은 손끝도 대지 않았던 갖가지 사건들을 이용함으로써만 성취될 수 있었다. 그들은 일찍이 로마에서 해방된 주민들이 자기 후견인의 주인이 되기 위해 썼던 방법과 같은 비열한 수단을 통해서 벼락부자가 되었다.

임노동자와 자본가를 만드는 과정의 출발점은 노동자의 예속상태였다. 그것의 진행은 이 예속의 형태변화, 즉 봉건적 착취의 자본주의적 착취로의 전화로 이루어졌다. 이 전화의 발자취를 이해하는 데는 그렇게 멀리 거슬러 올라갈 필요가 없다. 자본주의적 생산의 첫 맹아는 이미 14~15세기에 지중해 연안의 도시들에서 산발적으로 나타났지만, 자본주의시대가 본격적으로 시작된 것은 16세기 이후의 일이다. 자본주의시대가 출현한 곳은 이미 오래전에 농노제가 완전히 폐지되고 중세의 정점이던 자치도시의 존재마저 이미 오래전에 빛을 잃어가던 곳이었다.

역사적으로 보아 본원적 축적의 역사에서 획기적인 사건—이미 스스로 형성되어가던 자본가계급에게 지렛대 구실을 하게 된 모든 변혁들 중에서도 특히 획기적인 사건——은 갑자기 대량의 인간이 자신의 생존수단에서 폭력적으로 분리되어 보호받을 길 없는 프롤레타리아로서 노동시장에 내던져진 일이다. 농촌의 생산자(농민)로부터의 토지수탈은 이 전체 과정의 기초를 이룬다. 이 수탈의 역사는 나라마다 다른 모습을 보이며, 이 역사가 거쳐가는 각 단계의 순서와 역사적인 시기도 나라마다 차이가 있다. 그것이 전형적인 형태를 보인 곳은 영국뿐이라 우리는 영국을 사례로 살펴보고자 한다. (…)

영국의 농노제는 14세기 말 무렵에 사실상 없어졌다. 그 당시뿐 아니라 15세기에는 더더욱 주민의 대다수가 자유로운 자영농민들——비록 그들의 소유권이 봉건적 간판에 의해 늘 은폐되어 있었지만——이었다. 비교적 큰 영주의 소유지에서, 이전에 농노신분이던 토지관리인은 자유로운 차지농업가[Pächter, 토지소유자로부터 토지를 빌려 농업을 자본주의적인 방식으로 경영하는 사람으로 농업자본가에 해당한다고 볼 수 있다——옮긴이]에 의해 쫓겨났다. 농업부문의 임노동자란 일부는 여가를 이용하여 대토지 소유자의 땅에서 일하는 농민들로, 다른 일부는 상대적으로나 절대적으로나 그다지 수가 많지 않은 순수한 임노동자계급으로 구성되었다. 그러나 후자도 실질적으로는 자영농을 겸하고 있었다. 왜냐하면 그들은 자신들이 받던 임금 외에도 4에이커(acre) 이상의 경지와 오두막집을 제공받고 있었기 때문이다. 게다가 그들은 본래의 농민과 똑같이 공유지 이용권을 부여받았는데, 그 공유지에서 그들은 가축을 방목하고 땔감으로 사용할 나무와 토탄 등을 공급받았다. 유럽의 모든 나라에서 봉건적 생산의 중요한 특징은 최대한 많은 가신(家臣)들에게 토지를 분할하는 데 있었다. 군주의 경우와 마찬가지로 봉건영주의 권력도 그의 토지 크기가 아니라 가신의 수에 달려 있었고, 또한 가신 수는 자영농민의 수에 달려 있었다. 따라서 노르만인의 정복이 있은 뒤 영국의 토지가 거대한 남작령들로 분할되었음에도 불구하고——그중에는 옛날 앵글로색슨의 귀족영지 900개를 합친 것만큼 큰 것도 있었다——이들 토지는 여전히 소농민들의 경영지였고, 영주 직영의 대농장은 곳곳에 드문드문 있을 뿐이었다. 이 같은 상황은 그와 동시에 나타난 도시의 번영과 함께 15세기의 특징을 이루면서 대법관 포테스큐(John Fortescue)가 『영국법의 찬미』(*Laudibus Legum Angliae*)에서 웅변적으로 묘사했던 바로 그 인민의 부를 허락했으나 자본의 부는 허락하지 않았다.

자본주의적 생산양식의 기초를 만들어낸 변혁의 서막은 1470년경부터 1500년대 초까지 수십년 동안에 일어났다. 제임스 스튜어트(James Stewart) 경이 제대로 지적했듯이 '곳곳에 쓸모없는 집과 뜰을 가득 메우던' 봉건가신단이 해체됨으로써 보호받을 길 없는 대량의 프롤레타리아가 노동시장으로 내몰렸다. 부르주아적 발전의 한 산물인 왕권이 절대권력을 추구하면서 이 가신단의 해체를 강압적으로 촉진했다지만, 그것이 결코 그 해체의 유일한 원인은 아니었다. 오히려 강대한 봉건영주가 왕권과 의회에 매우 완강하게 대항하면서, 토지에 대해 자신과 똑같은 봉권적 권리를 갖던 농민을 그 토지에서 폭력적으로 내쫓고 농민의 공유지를 강탈함으로써 비교할 수 없을 만큼 많은 프롤레타리아를 만들어냈다. 그 직접적인 원동력이 되었던 것은 영국의 경우 특히 플랑드르 양모 매뉴팩처의 성장과 그에 따른 양모 가격의 등귀였다. 옛 봉건귀족은 대규모 봉건 전쟁으로 몰락해버렸고, 화폐가 새로운 귀족이자 권력 중의 권력으로 새로운 시대의 주인공이 되었다. 따라서 경지의 목초지화가 새로운 귀족의 슬로건이었다. 해리슨(William Harrison)은 『잉글랜드 풍경: 홀린셰드 연대기 서설』(*Description of England: Prefixed to Holinshed's Chronicles*)에서 소농민에 대한 수탈이 나라를 어떻게 황폐화시키고 있는지를 묘사했다. "우리의 위대한 강탈자들이 무엇을 꺼리겠는가!" 농민의 집과 노동자의 오두막집은 강제로 헐리거나 썩도록 방치되었다. 해리슨은 다음과 같이 말한다.

어떤 귀족영지든 그것의 옛 재산목록을 지금의 상태와 비교해보면 수없이 많은 가옥과 소농경영이 사라져버렸고, 이 나라가 극소수의 사람만을 부양하고 있으며, 몇몇 새로운 도시가 발흥하긴 했으나 다른 많은 도시가 쇠퇴해버렸음을 금방 알게 된다. (…) 목양지로 만들기 위한 파괴가 자행되어 이제는 겨우 영주의 집만 남아 있는 촌락과 도시의 경우도 여기에서 빼놓을 수 없다.

이 옛날 연대기에 나타난 비탄조의 표현에 과장된 점이 없진 않지만, 그것은 생산관계에서 일어난 혁명이 당시 사람들에게 주었던 인상을 정확하게 묘사했다. 대법관 포테스큐의 저서와 토머스 모어(Thomas More)의 저서를 비교해보면, 15세기와 16세기 사이의 간극을 확연하게 볼 수 있다. 손턴(William Thomas Thornton)이 정확히 언급했듯 영국의 노동자계급은 어떤 과도기도 거치지 않고 황금시대에서 철의 시대로 단번에 퇴락했다.

이 같은 변혁 앞에서 의회는 당황했다. 의회는 '국민의 부'(Wealth of the Nation)〔즉 자본형성과 민중에 대한 가차 없는 착취와 빈곤화〕를 모든 국책 가운데 최우선적인 것으로 간주하는 문명수준에는 아직 이르지 못한 상태였다. 베이컨은 『헨리 7세의 치세사』(*History of the Reign of King Henry VII*)에서 이렇게 말했다.

그해에는(1489년) 경지를 소수의 목동이 쉽게 관리할 수 있는 목초
지(목양지 등)로 변경하는 데 대한 청원이 크게 늘어났다. 그리고 시
한부 계약이나 종신 계약 또는 1년 계약의 차지농장(요먼〔Yeoman, 영
국에서 봉건사회가 해체되던 15세기 무렵 등장한 독립자영농민—옮긴이〕의 대다
수는 이런 방법으로 생활했다)이 영주 직영지로 전환되었다. 이것이
인민을 몰락시키고, 나아가 결국 도시, 교회, 십일조 세금의 쇠퇴를
함께 초래했다. (…) 당시의 왕과 의회는 경탄할 만큼 현명하게 이런
폐해에 대응했다. (…) 그들은 이같이 농업인구를 감소시키는 공유지
횡탈과 그에 뒤이은 목장경영을 저지하는 방책을 취했다.

1489년 헨리 7세가 내린 한 조례의 제19장에서는 20에이커 이하의 토
지가 딸린 모든 농가의 파괴를 금지했다. 헨리 8세 25년〔1533년〕의 한
조례에서는 위의 법률이 갱신되었다. 거기에는 이렇게 적혀 있다.

많은 차지농장 및 수많은 가축〔특히 양〕이 소수의 손에 집중되었
으며, 그로 인해 지대는 급격히 오르고 경작은 엄청나게 쇠퇴했으며
교회와 집이 철거되어 놀랄 만큼 많은 인민이 자신은 물론 가족도 부
양할 수 없게 되었다.

그 때문에 이 법률은 황폐한 농장의 재건을 명령하고 경작지와 목양
지 사이의 비율 등을 규정했다. 1533년의 한 조례는 2만 4000마리나 되
는 양을 소유한 자가 많다는 사실을 개탄하고 그 수를 2000마리로 제한
하도록 규정했다. 인민의 호소는 물론 헨리 7세 이후 150년간 계속된 입

법—소규모 차지농업가와 농민에 대한 수탈을 막는—도 모두 효력이 없었다. 이것들이 성공할 수 없었던 비밀을 베이컨은 무심코 우리에게 누설하고 있다. 『생활과 도덕에 관한 에세이』(*Essay, civil and moral*) 제 29절에서 그는 이렇게 말했다.

헨리 7세의 조례는 일정한 표준규격의 농업경영과 농가를 만들어 낸 것으로 심오하고 경탄할 만하다. 즉 그것은 농업경영과 농가에 대해 일정 비율의 토지를 갖게 함으로써, 농가가 충분한 부를 갖게 하여 예속상태에 빠지지 않게 하고, 또 그가 피용자로서가 아니라 소유자로서 쟁기를 손에 쥘 수 있도록 하려는 것이었다.

그런데 자본주의체제가 요구했던 것은 이와 반대로 민중의 예속상태, 민중의 피용자로의 전화 그리고 민중의 노동수단을 자본으로 전화시키는 것이었다. 이 과도기 동안 의회는 농촌 임노동자의 오두막집에 딸린 4에이커의 토지를 유지시키고자 노력했으며, 또 그들이 자신의 오두막집에 피용자를 두지 못하도록 했다. 1627년 찰스 1세 치하에서 폰트밀의 로저 크로커(Roger Crocker)는 4에이커의 토지가 고정 부속지로서 딸려 있지 않은 오두막집을 폰트밀의 영지 안에 지었다는 이유로 처벌받았다. 1638년 찰스 1세 치하에서 옛 법률[즉 4에이커 토지에 관한 법률]을 강제로 실시하기 위하여 왕립위원회가 임명되었다. 크롬웰(Oliver Cromwell)도 런던 주변 4마일 이내의 땅에 4에이커 이상의 토지가 딸리지 않은 집은 짓지 못하도록 금지했다. 18세기 전반에 이르러서도 농촌 노동자의 오두막집에 1~2에이커의 부속지가 없는 경우에는 고발이 이루어졌다. 오늘날에는 오두막집에 작은 정원이 딸려 있거나 오두막집에서 멀리 떨어진 몇 루테(Rute, 옛 지적 단위―옮긴이)의 토지를 임차할 수 있기만 해도 그는 행운아다.

헌터(Hunter) 박사는 다음과 같이 말한다.

> 지주와 차지농업가는 이 점에서 서로 연대한다. 만약 몇에이커의 땅이라도 오두막집에 딸려 있다면, 그것이 노동자를 독립시킬 것이기 때문이다.

민중에 대한 폭력적 수탈과정은 16세기에 들어 종교개혁과 그 결과인 대규모의 교회령 약탈로 말미암아 새롭고 놀라운 추진력을 얻는다. 종교개혁 시대에 가톨릭교회는 영국 토지의 대부분을 차지하고 있던 봉건적 소유주였다. 수도원 등에 대한 억압으로 말미암아 이 교회령의 주민들은 프롤레타리아로 내몰렸다. 교회령 그 자체는 대부분 국왕의 탐욕스러운 신하들에게 주어지거나 아니면 헐값에 투기적인 차지농업가 또는 도시 부르주아들에게 팔렸으며, 이들은 이전의 세습 소작인들을 대거 몰아내고 소작인들의 농장을 하나로 합쳤다. 법률에 따라 교회의 십일조 가운데 빈곤한 농민들에게 보장되었던 소유권은 예고도 없이 몰수되었다. "도처에 빈민이다." 엘리자베스 여왕은 잉글랜드를 순시한 뒤에 이렇게 절규했다. 그녀의 재위 43년(1601년), 마침내 구빈세의 시행을 통해서 빈민의 존재는 공식적으로 인정되었다.

> 이 법률의 입안자들은 입법 사유를 표명하기가 부끄러워, 관례를 완전히 무시하고 전문을 달지 않은 채 법을 공포했다. (윌리엄 코빗William Cobbett『프로테스탄트 종교개혁사』*A History of the Protestant Reformation*, 제471절.)

(…) 종교개혁의 이 같은 직접적인 영향이 그 법률을 그렇게 항구화 시킨 것은 아니었다. 교회령은 고대적 토지 소유관계의 종교적 보루였다. 그것이 붕괴되자 이 관계도 더이상은 유지될 수 없게 되었다. 17세기의 마지막 몇십년까지만 해도 자영농민층인 요먼리(Yeomanry)는 여전히 차지농업가계급보다 많았다. 그들은 크롬웰의 주력부대를 이루고 있었으며 ― 매콜리(Thomas Babington Macaulay)의 고백을 보아도 알 수 있듯이 ― 거름냄새 나는 주정뱅이 시골 귀족 및 시골 목사님 ― 시골 귀족들에게 고용되어 주인의 '애첩'을 아내로 맞아들일 수밖에 없었던 ― 에 비하면 유리한 지위에 있었다. 농촌의 임노동자조차 아직은 공유지의 공동소유주였다. 1750년에는 요먼리가 거의 사라졌고 또 18세기의 마지막 몇십년 동안에는 농민의 공유지가 결국 흔적도 없이 사라져버렸다. 여기에서 우리는 농업혁명의 순수한 경제적 원동력은 보지 않기로 한다. 우리는 단지 농업혁명의 폭력적 지렛대만을 문제로 삼는다.

스튜어트 왕조가 복고되자 토지소유주들은 법률의 힘을 빌려 횡탈을 완수했는데, 대륙에서는 법률적인 힘에 기대지 않고서도 곳곳에서 이같은 횡탈이 자행되었다. 그들은 토지의 봉건적 소유를 폐기시켰다. 즉 그들은 토지를 매개로 한 국가에 대한 이행의무를 팽개치고 농민층과 그밖의 민중에 대한 과세를 통해 국가에 '보상'을 해주었으며, 또 자신들이 단지 명목상으로만 소유하던 봉건적 토지에 대해 근대적 사유권을 요구했을 뿐 아니라 최종적으로는 정주법(定住法)까지 강요했다. 이 법률들이 잉글랜드 경작민들에게 끼친 영향은 ― 상황의 차이를 고려하기만 한다면 ― 타타르(Tatar)인 보리스 고두노쁘(Boris Godunov)의 포고가 러시아 농민층에게 끼친 영향과 똑같다고 할 수 있다.

'명예혁명'은 오렌지 공 윌리엄 3세뿐 아니라 지주와 자본가적 치부가들을 지배자의 지위에 앉혔다. 그때까지는 조심스럽게만 자행되던 국유지의 약탈을 그들은 거대한 규모로 자행함으로써 새로운 시대의 막을 올렸다. 약탈된 땅은 증여되기도 하고 헐값에 마구 팔리기도 했으며, 어떤 때에는 직접적인 횡탈을 통해 사유지에 병합되기도 했다. 모든 일이 어떤 법률적 관례도 고려되지 않은 채로 자행되었다. 이처럼 거의 사기에 가까운 횡령으로 탈취된 국유지는 교회에서 약탈한 땅──공화혁명 시기에 없어지지 않았다면──과 함께 오늘날 영국 과두지배 귀족 영지의 기초를 이루고 있다. 부르주아 자본가들은 이러한 조치를 도왔는데, 그 목적은 무엇보다도 토지를 순수한 거래대상으로 전화시키고 대규모 영농의 영역을 확대하며 농촌에서 그들에게 공급되는 보호받을 길 없는 프롤레타리아를 증가시키기 위함이었다. 게다가 새로운 토지 귀족은 새로운 은행귀족과 이제 막 생기려는 대규모 금융업자 그리고 그 무렵 보호관세의 혜택을 받던 대규모 제조업자들의 당연한 맹우였다. (…)

공유지──지금까지 고찰한 국유지와는 전혀 다른──는 고대 게르만 제도의 하나로 봉건제의 외피를 쓰고 존속해오던 것이었다. 주지하듯이 공유지에 대한 폭력적 횡탈은 대개의 경우 경지의 목초지화를 수반하면서 15세기 말에 시작하여 16세기까지 계속되었다. 그러나 당시 이 과정은 개인적인 폭행 정도였으며, 이에 대해서 의회는 150년 동안이나 쓸모없는 항쟁을 계속했다. 18세기의 진보는 법률 그 자체가 이제는 인민 공유지의 강탈수단이 되었다는 점에서──물론 대규모 차지농업가들은 법률 외에도 별도의 자잘한 사적 수단들을 사용하긴 했지만──뚜렷이 드러난다. 이 강탈의 의회적 형태는 '공유지 인클로저 법안'(Bills for Inclosures of Commons)이라는 형태를 취했으니, 바꾸어 말하면 그것은 지주가 인민의 공유지를 사유지로 증여받기 위한 법령이자 인민 수탈의 법령이었다. 이든(Frederick Morton Eden)은 「공유지 인클로저를 위한 일반 의회법」을 직접 요구함으로써 공유지를 봉건영주의 자리를 이어받은 대토지 소유주의 사유지라고 설명하려 했던 자신의 교활한 변론을 스스로 뒤집었다. 즉 그는 공유지를 사유지로 만들기 위해서 하나의 의회적 쿠데타가 필요하다는 점을 인정하면서 동시에 다른 한편으로 수탈당한 빈민을 위한 '손해배상'을 입법부에 요구했다.

한편에서는 자영농 요먼리를 대신하여 임의의 차지농업가(즉 1년의 해지 예고기간을 조건으로 하는 비교적 작은 차지농업가로, 지주의 자의(恣意)에 의존하는 하나의 예속적인 무리)가 나타났지만, 다른 한편에서는 국유지 횡령과 병행하여 아주 조직적으로 이루어진 공유지 약탈이 18세기 자본가적 차지농장 또는 상인적 차지농장이라고 불렸던 대규모 차지농장의 팽창을 촉진했고, 또한 농민을 공업 프롤레타리아 계급으로 '유리시키는' 데 기여했다.

그렇지만 18세기에는 국가의 부와 인민의 빈곤이 동일하다는 사실을 아직 19세기만큼 제대로 파악하지 못하고 있었다. 그 때문에 당시의 경제학 문헌에서는 '공유지 인클로저'에 관한 매우 격렬한 논쟁이 발견된다. 이제 우리 주위에 널린 많은 자료들 가운데 몇개만 예로 들어보자. 그러면 당시의 상황이 생생하게 그려질 것이다. 분노에 가득 찬 어느 필자는 다음과 같이 썼다.

하트퍼드셔 대부분의 교구에서는 평균 50~150에이커에 이르는 24개 차지농장들이 병합되어 3개의 차지농장으로 되었다.(토머스 라

이트Thomas Wright『대농장의 독점에 관하여 여론에 호소하는 글』*A Short address to the Public on the Monopoly of large farms*, 1779, 2~3면.) 노샘프턴셔와 링컨셔에는 공유지 인클로저가 대단히 성행해 이로 말미암아 새로 생긴 영지들은 대개 목초지가 되었다. 그 결과, 이전에는 경작지가 1500에이커에 이르던 영지에서 이제는 경작지가 50에이커도 채 되지 않는 경우가 많다. (…) 이전의 주택·곡식창고·마구간 따위가 전에 사람이 살았음을 알리는 유일한 흔적이다. 100호나 되던 가구 수가 (…) 고작 8~10호로 감소한 곳도 많다. (…) 15~20년 전부터 비로소 인클로저를 시작한 대부분의 교구에서도 토지 소유주의 수는 울타리가 쳐지기 전에 토지를 경작하고 있던 사람들의 수에 비하면 극히 적다. 4~5명의 부유한 목축업자가 최근에 울타리가 쳐진 큰 영지를 횡탈하고 있음을 보기란 그다지 드물지 않은 일로, 이들 토지는 이전에는 20~30명의 차지농업가나 그 정도 수의 비교적 소규모 소유주들 손에 있던 것이다. 이들은 모두 자신의 가족과 함께, 또 자신이 고용하고 부양했던 다른 많은 가족과 함께 자신의 토지에서 내쫓겼다. (애딩턴 목사Rev. Addington『개방지 인클로저의 찬반양론에 대한 연구』*Enquiry into the Reasons for or against enclosing open fields*, 1772, 37~43면의 곳곳.)

휴경지뿐 아니라, 공동체에 일정한 액수를 지불하고 경작하거나 아니면 공동으로 경작하던 토지까지도 인클로저라는 구실로 인근 대지주가 병합하는 경우도 많았다.

여기서는 이미 경작되고 있던 개방지의 인클로저에 관해 서술해보자. 인클로저를 옹호하는 저술가들도 인클로저로 말미암아 대규모 차지농장에 의한 독점이 증대되고 생활수단의 가격이 상승하며 인구가 감소한다는 사실을 인정하고 있다. (…) 그리고 오늘날 진행되고 있는 황무지 인클로저도 빈민에게서 생존수단의 일부를 빼앗는 것은 물론 이미 지나치게 커진 차지농장을 한층 더 팽창시키는 일이 되고 있다. (프라이스 박사Dr. Price 『퇴직급여에 관한 고찰』*Observations on Reversionary Payments*, 1803, 155~56면.)

프라이스 박사는 이렇게 말했다.

만약 토지가 소수의 대규모 차지농업가 손에 들어가버린다면, 소규모 차지농업가(이전에 그는 이들을 '자신이 경작하는 토지의 생산물과 자신이 공유지에 방목하는 양·가금·돼지 등으로 자신과 가족을 부양하고 따라서 생존수단을 따로 구매할 필요가 거의 없는 한 무리의 소토지 소유자와 소규모 차지농업가'라고 표현했다)는 타인을 위한 노동을 통해서 생계비를 벌어야 할 것이고 또 자신이 필요로 하는 모든 것을 시장에서 구입해야만 하는 사람으로 변해버릴 것이다. (…) 그리고 아마 그는 더 많은 노동을 해야 할 것이다. 왜냐하면 더 많은 강제가 그를 그렇게 몰아갈 것이기 때문이다. (…) 도시와 공장은 늘어날 것이다. 왜냐하면 일자리를 구하고자 하는 사람들이 갈수록 더 많이 몰려올 것이기 때문이다. 이것이 차지농장의 집중이 필연적으로 가져오게 될 방향이고, 또 오래전부터 이 나라에서 실제로 이루어져온 일이기도 하다. (같은 책, 147~48면.)

그는 인클로저의 최종 결과를 이렇게 요약한다.

전반적으로 하층 인민계급의 상태는 거의 모든 면에서 악화되고 있으며, 비교적 소규모의 토지소유자 및 차지농업가는 일용노동자 아니면 기껏해야 상용노동자로 전락하고 있다. 또한 그와 동시에 이런 상태로 생활을 유지하는 것도 갈수록 점점 어려워지고 있다. (같은 책, 159~60면.)

실제로 공유지의 횡탈과 그에 따른 농업혁명은 농업노동자들에게 급격한 영향을 끼쳤기 때문에 이든의 얘기에 따르면 1765~80년 동안 이들의 임금은 최저한도를 밑돌아 공적 빈민구제의 도움을 받아야만 겨우 살아남을 수 있을 정도가 되었다. 이든은 그들의 임금이 "절대적인 생활필수품을 가까스로 살 수 있을 정도에 그쳤다"고 말했다.

인클로저의 옹호자로서, 프라이스 박사를 반대하는 사람의 말도 잠깐 들어보자.

개방지에서 자신의 노동을 낭비하는 사람들이 이제 없어졌다고 해서 인구가 감소했다고 생각하는 것은 올바른 결론이 아니다. (…) 소농민을 타인을 위해 노동하지 않으면 안 되는 사람으로 변화시켜 그에게 더 많은 노동을 하게 만든다면, 이야말로 국민(이렇게 변화된 사람들은 물론 여기에 포함되지 않는다)들이 희망하던 이익이다. (…) 그들의 결합노동이 차지농장에서 사용된다면 생산물은 훨씬 증가할 것이다. 그러면 공장에서 사용될 잉여생산물이 형성될 것이며, 그 결과 국민적 금광(부의 원천을 상징한다—옮긴이)의 하나인 이들 공장은 생산된 곡물량에 비례하여 늘어나게 될 것이다. (아버스넛John

Arbuthnot 『식량의 현재가격과 농장규모 사이의 관계 연구』*An Inquiry into the Connection between the present Price of Provisions etc.*, 1773, 124~29면.)

'신성한 소유권'에 대한 아무리 철면피한 모독도, 인격에 대한 아무리 참혹한 폭행도, 그것이 자본주의적 생산양식의 기초를 쌓는 데 필요하다면 경제학자들은 스토아학파적인 냉정함으로 그것을 고찰하겠지만, 그중에서도 특히 이런 냉정함을 우리에게 제대로 보여주는 사람은 토리당의 사상으로 물든 '박애주의자'이든 경이다. 1470년경부터 18세기 말경까지 이루어진 폭력적 인민수탈이 수반한 수많은 도적질과 잔학 행위 그리고 인민의 고난도 모두 그에게는 다음과 같은 '유쾌한' 결론으로 도출될 뿐이다.

경지와 목초지 사이의 비율은 적절한 수준으로 이루어져야만 했다. 14세기와 15세기 대부분을 통틀어 2~3에이커, 때로는 4에이커의 경지에 대해 목초지는 여전히 1에이커의 비율을 유지하고 있었다. 16세기 중엽 이 비율은 경지 2에이커에 대해 목초지 2에이커로 바뀌었고, 결국 마지막으로는 경지 1에이커에 대해 목초지 3에이커라는 적절한 비율이 되었다.

19세기가 되면서부터는 물론 경작자와 공유지의 연관에 대한 기억조차 사라져버렸다. 훨씬 뒤의 이야기는 하지 않더라도, 1810~31년에 의회는 농민에게서 351만 1770에이커의 공유지를 빼앗아 여러 지주에게 증여했는데, 이때 눈곱만한 보상이라도 그들 농민에게 해준 것이 있었는가?

경작자에게서 토지를 빼앗은 최후의 대규모 수탈과정은 이른바 토지의 청소(Clearing of Estates, 실제로는 토지에서 인간을 쓸어내는 것)였다. 지금까지 고찰해온 모든 영국적 방법은 이 '청소'에서 그 절정을 이루었다. 앞 장에서 현재 상태를 서술하면서 이미 보았듯이, 더이상 몰아낼 자영농민이 없는 오늘날에는 마침내 오두막집 '청소'로까지 나아갔고, 그리하여 이제 농업노동자들은 자신이 경작하는 토지 위에서조차 더는 자신이 거주할 공간을 발견할 수 없게 되었다. 그러나 본래적인 의미에서 '토지의 청소'가 무엇을 뜻하는지는 근대 낭만주의 문학의 약속의 땅, 스코틀랜드 고지에서 비로소 알 수 있다. 거기에서 이 과정은 그 조직적인 성격을 통해서, 또 그것이 일거에 수행된 규모의 크기(아일랜드에서 지주들은 몇개의 마을을 동시에 청소하는 데 성공한 정도였지만, 스코틀랜드 고지에서는 독일의 한 공국 규모의 땅이 한꺼번에 청소되었다)를 통해서, 그리고 마지막으로 횡탈된 토지소유의 특수한 형태를 통해서 그 특징을 드러내고 있다.

스코틀랜드 고지의 켈트인은 씨족으로 구성되어 있고 씨족은 각자 자신들이 살고 있던 토지의 소유자였다. 마치 영국의 여왕이 온 국토의 명목상 소유주인 것과 마찬가지로 씨족의 대표자(그 우두머리, 즉 '그레이트 맨'great man)는 단지 이 토지의 명목상 소유주일 뿐이었다. 영국정부가 이 '그레이트 맨'들 사이의 내부 전쟁 및 스코틀랜드 저지평원에 대한 그들의 끊임없는 침입을 막는 데 성공했을 때에도, 이들 씨족장들은 예부터 행해온 그들의 도적질을 결코 그만두지 않았다. 단지 그 형태만을 바꿨을 뿐이었다. 그들은 자신의 권위를 바탕으로 자신들의 명목적 소유권을 사적 소유권으로 바꾸었다. 그리고 씨족원들의 반항에 부딪치자 그들은 공공연한 폭력으로 씨족원들을 쫓아내려고 했다.

300

영국의 왕이라면, 이와 똑같은 권리로써 자기 신민들을 바닷속으로 몰아넣을 수도 있었을 것이다.

그렇게 뉴먼 교수는 말한다.(뉴먼F. W. Newman 『경제학 강의』*Lectures on Political Econ*, 1851, 132면.) (…) 18세기에 농촌에서 쫓겨난 게일족은 국외 이주도 금지당했다. 이는 그들을 강제로 글래스고우 등지의 공업도시에 몰아넣기 위해서였다. 19세기에 주로 자행되던 방법의 실례로는 써덜랜드의 한 여공작이 행한 '청소'가 있다. 경제에 통달한 이 인물은 공작의 지위에 오르자마자 경제를 근본적으로 치유하겠다고 결심하고서 이전과 비슷한 과정을 거쳐 이미 주민이 1만 5000명으로 감소한 자신의 영지를 모조리 목양지로 바꾸어버렸다. 이 1만 5000명의 주민[약 3000가구]은 1814년부터 1820년 사이에 조직적으로 내쫓겼다. 그들의 촌락은 남김없이 헐려 소각되었고, 그들의 경지는 모두 목초지로 바뀌었다. 영국 병사들이 이 집행 명령을 받았는데, 그들은 이 과정에서 토착민과 충돌했다. 한 노파는 오두막집을 떠나기를 거부하고는 불 속에 뛰어들어 타 죽었다. 이렇게 하여 이 귀부인은 까마득한 옛날부터 씨족의 땅이던 79만 4000에이커의 토지를 하나도 남김없이 자기 소유로 만들었다. (…) 1825년 1만 5000명의 게일족이 살던 이 땅에는 양 13만 1000마리가 사육되고 있었다. 토착민들 가운데 바닷가로 쫓겨난 사람들은 어업으로 생계를 유지하려 했다. 잉글랜드의 한 저술가가 말한 것처럼 그들은 양서류가 되어 절반은 육지에서 살고 절반은 물 위에서 살았지만, 양쪽을 다 합쳐도 반 사람분의 생계비밖에 못 벌었다.

그러나 우직한 게일족은 자신들의 고지대에서 씨족의 '그레이트 맨'

에 대한 낭만적인 숭배를 계속한 댓가로 더욱더 혹독한 처지에 놓이게 된다. 그레이트 맨의 코가 물고기 냄새를 맡은 것이다. 그들은 냄새로 돈벌이의 가능성을 가늠해보고는 해안을 런던의 큰 어물상들에게 임대했다. 게일족은 또다시 쫓겨났다. (…)

교회령의 강탈, 국유지의 사기적 양도, 공유지의 약탈, 횡탈적이고 무자비한 폭행에 의해 이루어진 봉건적 소유 및 씨족적 소유의 근대적 사유로의 전화, 이것들은 모두 본원적 축적의 목가적 방법 가운데 하나였다. 그것들은 자본주의적 농업을 위한 영역을 점령하고 토지를 자본에 통합시켰으며 도시공업에 필요한 보호받을 길 없는 프롤레타리아를 만들어냈다. (…)

봉건가신단의 해체와 충격적이고 폭력적인 토지수탈로 내쫓긴 사람들[즉 보호받을 길 없는 이들 프롤레타리아]이 너무도 급속히 생겨나 이제 막 성장하던 매뉴팩처로는 모두 흡수될 수 없었다. 어찌보면 자신들의 익숙한 생활궤도에서 갑자기 쫓겨난 사람들이라 곧바로 새로운 상태의 규율에 익숙해질 수도 없었다. 그들은 무리를 지어 걸식을 하거나 도적이 되거나 부랑자가 되었다. 그 일부는 성향 때문이겠지만, 대개는 상황에 의해 강제된 것이었다. 그리하여 15세기 말과 16세기의 전 기간 동안 서유럽 전역에 걸쳐 부랑인에 대한 피의 입법이 이루어졌다. 오늘날의 노동자계급 조상들은 자신들에게 강요된 부랑민화와 궁핍화에 대해서 또다시 벌을 받았던 것이다. 입법은 그들을 '자유의지'에 의한 범죄자로 취급했다. 그리고 이제는 존재하지 않는 낡은 봉건적 관계 아래 노동을 계속할 것인지의 여부가 그들의 의지에 달린 문제라고 생각했다.

잉글랜드에서 이 법은 헨리 7세 치하에서 시작되었다.

헨리 8세, 1530년: 나이가 많아 노동능력이 없는 거지는 거지면허를 받았다. 이에 반하여 건강한 부랑자는 채찍으로 맞거나 구금당했다. 그들은 짐차 뒤에 묶여 피가 날 때까지 맞고 선서를 한 뒤, 자신의 출생지나 최근 3년 동안의 거주지로 송환되어 '노동에 종사'해야 했다. 얼마나 잔혹한 아이러니인가! 헨리 8세 27년에는 이전의 법규에 새로운 조항이 추가되어 내용이 더욱 엄격해졌다. 부랑죄로 두번 체포되면 반복해서 채찍질을 당하고 한쪽 귀를 잘리지만, 3회의 중범은 중범죄자이자 공공의 적으로서 사형에 처해졌다.

에드워드 6세: 그의 재위 첫해인 1547년의 한 법령은 노동하기를 거부하는 자는 그를 게으름뱅이로 고발한 사람의 노예로 선고하도록 규정했다. 그리고 주인은 자신의 노예를 빵과 물 그리고 묽은 수프와 그에게 어울린다고 생각되는 고기찌꺼기 등으로 부양해야 하는 대신 노예에게 아무리 지겨운 노동이라도 채찍과 쇠사슬을 사용해서 시킬 수 있는 권리를 갖는다. 노예가 14일간 일하지 않으면 종신노예로 선고하고 이마와 등에 S자로 낙인을 찍으며, 만약 세번 도망하면 국가에 대한 반역자로서 사형에 처한다. 주인은 노예를 다른 동산(動産)이나 가축과 똑같이 팔거나 상속하거나 임대할 수 있다. 어떤 경우라도 노예가 주인을 거역하면 역시 처형된다. 치안판사는 고발이 있을 경우 이런 자들을 수사해야만 한다. 부랑자가 3일 동안 빈둥거리다가 발견되면, 그는 출생지로 송환되어 뜨거운 인두로 가슴에 V자 낙인이 찍히고 그곳에서 쇠사슬에 묶여 길거리나 다른 곳에서 노역을 하게 된다. 만약 부랑자가 출생지를 허위로 신고하면 이 지역 주민이나 단체의 종신노예가 되어 S자 낙인이 찍힌다. 어느 누구든지 부랑자에게서 그 자식을 빼앗아 남자는 24세까지, 여자는 20세까지 도제로 삼을 권리가 있다. 만약 이들이 도망

친다면 그 나이가 될 때까지 장인의 노예가 되고, 장인은 그를 마음대로 쇠사슬에 묶거나 채찍질할 수 있다. 주인이면 누구나 자기 노예의 목이나 어깨 또는 다리에 쇠고랑을 채워 분간하기 쉽게 하며 자기 소유임을 확실히 할 수 있다. 이 법령의 마지막 부분은 빈민들에게 음식물을 제공하고 일자리를 찾아주려는 지역이나 개인은 그 빈민을 노동에 사용해도 좋다고 규정한다. 이런 종류의 교구 노예는 잉글랜드에서 19세기까지도 여전히 순회인(roundsmen)이라는 이름으로 보존되고 있었다.

엘리자베스, 1572년: 허가증이 없는 14세 이상의 거지는 그들을 사용하려는 사람이 2년 안에 나타나지 않으면 가혹한 채찍질을 당하고 왼쪽 귓바퀴에 낙인이 찍힌다. 그런 다음에도 다시 그를 사용하려는 사람이 2년 안에 나타나지 않으면(즉 재범의 경우) 동일한 형벌이 가해지지만, 만일 그가 18세 이상일 경우에는 사형에 처해진다. 3회 누범은 국가에 대한 반역자로 가차없이 사형에 처해진다. 비슷한 법령으로 엘리자베스 재위 18년의 법령 제13호와 1597년의 법령이 있다.

제임스 1세: 방랑하며 걸식하는 사람은 무뢰한이나 부랑자라는 선고를 받는다. 약식 치안재판소의 치안판사는 그들을 공공연히 채찍질할 수 있는 권한과 초범의 경우 6개월, 재범의 경우 2년 동안 투옥할 수 있는 권한을 부여받는다. 복역 중에는 치안판사가 적당하다고 생각하는 횟수만큼 채찍질을 받는다. (…) 교정이 불가능한 위험한 부랑자는 왼쪽 어깨에 R자의 낙인을 찍어 강제노동을 시키고, 다시 걸식을 하다 체포되면 가차없이 사형에 처한다. 이들 규정은 18세기 초까지 유효했지만, 앤 여왕 재위 12년의 법령 제23호에 따라 겨우 폐지되었다.

이와 비슷한 법률로 프랑스 빠리에서도 17세기 중엽에 부랑인 왕국이라는 것이 만들어졌다. 루이 16세 시대 초기(1777년 7월 13일의 칙령)

에는 16~60세의 건장한 남자로 생계수단도 없고 직업도 없는 사람은 모두 갤리선(船)으로 보냈다. 이와 비슷한 법령으로는 1537년 10월 네덜란드에 대한 카를 5세의 법령, 1614년 3월 19일에 네덜란드의 여러 주와 도시에 내려진 최초의 포고령, 1649년 6월 25일 연합주의 고시 등이 있다.

이리하여 폭력적으로 토지를 수탈당하고 쫓겨나 부랑자가 된 농민들은 기괴하고 무서운 법률로 말미암아 임노동제도에 필요한 훈련을 받도록 채찍을 맞고 낙인이 찍히고 고문을 당했다.

한쪽에서 노동조건이 자본으로 나타나고 다른 쪽에서 자신의 노동력 외에는 팔 것이 없는 사람이 나타나는 것만으로는 아직 충분하지 못하다. 이런 사람들이 자발적으로 자신을 팔지 않으면 안 되는 것만으로도 역시 아직 충분하지 못하다. 자본주의적 생산이 진전됨에 따라 교육이나 전통 또는 관습에 의해서 이 생산양식의 요구를 자명한 자연법칙으로 인정하는 노동자계급이 발전해나간다. 일단 완성된 자본주의적 생산과정의 조직은 모든 저항을 분쇄하고, 상대적 과잉인구의 끊임없는 창출을 통해서 노동의 수요-공급 법칙을 유지하며, 그 결과 임금수준을 자본의 증식 요구에 알맞은 범위 내에서 유지하는 것은 물론 온갖 경제적 관계에 의한 보이지 않는 강제를 통해서 노동자에 대한 자본가의 지배를 확실하게 만들어준다. 경제 외적인 직접적인 강제도 여전히 사용되기는 하지만, 이는 단지 예외적인 경우에만 사용된다. 사태가 정상적으로 진행될 때, 노동자는 '생산의 자연법칙'에 맡겨놓기만 하면 된다. 즉 생산조건 그 자체에서 발생하고 또 그것에 의해 보장되며 영구화되는 자본에 대한 노동자의 종속에 그대로 맡겨두면 된다. 자본주의적 생산의 역사적 맹아기에는 그렇지 않았다. 이제 막 성장하고 있던 부르주아는 임금을 '통제'하고(즉 이윤의 증식을 보장하는 범위 내에 임금을 묶어두고) 노동일을 연장하며, 또 노동자의 종속상태를 정상적 수준으로 유지하기 위하여 국가권력을 필요로 했고 또 이를 직접적으로 사용하기도 했다. 이것이야말로 이른바 본원적 축적의 본질적인 계기다.

14세기 후반에 등장한 임노동자계급은 당시는 물론 그다음 세기까지도 전체 인민 가운데 극히 적은 비율만을 차지하고 있었고, 농촌의 자립적 농민경영과 도시의 동직조합 조직으로부터 그 지위를 강력하게 보호받고 있었다. 농촌과 도시에서 고용주와 노동자는 사회적으로 비슷한 지위에 있었다. 자본에 대한 노동의 종속은 형식적인 것에 지나지 않았다. 즉 생산양식 그 자체는 아직 자본주의의 고유한 성격을 띠고 있지 않았다. 자본의 가변적 요소는 그 불변적 요소보다도 훨씬 컸다. 그 때문에 자본의 축적이 이루어짐에 따라 임노동에 대한 수요는 급속히 증대했지만, 임노동의 공급은 완만한 속도로만 이루어졌다. 국민적 생산물 가운데 꽤 많은 부분이 당시에는 아직 노동자의 소비기금으로—이후에는 자본의 축적기금으로 전화하지만—돌아갔다. (…)

노동자법은 하원의 절박한 제안에 따라 제정되었다. 한 토리당원은 소박하게도 이렇게 말한다.

예전에는 빈민들이 지나치게 높은 임금을 요구하여 산업과 부를 위협했는데, 오늘날에는 그들의 임금이 지나치게 낮아서 역시 산업과 부를 위협하고 있다. 그런데 사태는 옛날과 다른 정도에서 그치지 않으니, 아마 그 당시보다도 훨씬 더 위험할 것이다. (바일즈J. B. Byles, 『자유무역의 궤변: 어느 법정 변호사 지음』Sophisms of Free Trade: By a Barrister, 1850, 206면.)

도시와 농촌 그리고 성과급과 일급 등에 대한 법정임금률이 정해졌다. 농촌노동자는 1년 계약으로 고용되고, 도시노동자는 '공개시장에서' 고용되어야 한다. 법정임금보다 많이 지불하는 고용주에게도 금고형이 내려지지만, 법정임금보다 높은 임금을 받는 노동자에게는 그 고용주보다 더 무거운 처벌을 가하도록 했다. 예를 들어 엘리자베스의 도제법 제18조와 제19조에서는 법정임금보다 많이 지불하는 고용주에게는 10일의 금고형을 내리지만 그것을 받는 노동자에게는 21일의 금고형을 선고했다. (…) 14세기부터 단결금지법이 철폐된 1825년까지 노동자의 단결은 중범죄로 취급되었다. 1349년의 노동자법과 그 후속법령들의 정신은 국가가 임금의 상한선은 정하지만 그 하한선은 결코 정하지 않았다는 사실을 통해서 분명하게 드러난다.

주지하다시피 16세기의 노동자 상태는 몹시 열악했다. 화폐임금은 상승했지만 화폐가치의 하락과 그에 따른 상품가격의 상승을 감안하면 임금은 사실상 상승한 것이 아니었다. 그런데도 '고용하려는 사람이 없는' 사람에 대해서는 귀를 자르고 낙인을 찍는 규정과 함께 임금을 낮게 묶어두려는 법률이 여전히 존속했다. 엘리자베스 재위 5년의 도제법 제3장에 따라 치안판사에게는 각종 임금을 결정하고 또 계절이나 물가에 대응하여 이를 바꿀 수 있는 권한이 주어졌다. 제임스 1세는 이 노동규제를 직물공이나 방적공 그리고 다른 모든 부류의 노동자들에게 확대 적용했으며, 조지 2세는 노동자의 단결을 금지하는 법률들을 모든 매뉴팩처에 확대·적용했다.

본격적인 매뉴팩처시대가 되면 자본주의 생산양식은 임금의 법적 규제를 실행 불가능하고 불필요한 것으로 만들 만큼 충분한 힘을 갖게 되지만, 사람들은 만일의 경우를 생각하여 옛날 무기고에 저장된 무기들을 버리려 하지 않았다. (…) 고용주와 임노동자 사이의 계약이나 시한부 해고 예고 등에 관한 노동자법령의 규정들은 계약을 위반한 고용주에 대해서는 민사소송만 제기할 수 있도록 허락하고 계약을 위반한 노동자에 대해서는 형사소송을 제기할 수 있도록 허락했는데, 이 같은 규정은 오늘날에도 멀쩡하게 통용되고 있다.

단결을 금지하는 모든 잔혹한 법률들은 1825년 프롤레타리아의 위협적인 태도에 굴복했다. 그러나 굴복한 것은 일부에 불과했다. 낡은 법률 가운데 몇몇 교묘하게 남아 있던 조항들은 1859년이 되어서야 겨우 없어졌다. (…) 요컨대 잉글랜드 의회는 민중의 압력에 굴복하여 마지못해 파업과 노동조합을 금지하는 법률을 폐지하긴 했지만, 그것은 이미 노동자에 대항하는 항구적인 자본가 조합의 지위를 바로 의회 자신이 5세기 동안이나 뻔뻔스러운 이기주의로 유지시켜 온 뒤의 일이었다.

혁명의 파도가 높아지자, 프랑스의 부르주아는 노동자가 겨우 획득한 단결권을 곧바로 다시 그들에게서 빼앗았다. 1791년 6월 14일의 포고를 통해 부르주아는 모든 노동자 단결을 "자유와 인권선언에 대한 침해"로 규정하고 500리브르(livre)의 벌금을 부과하고 1년 동안 공민권을 박탈하도록 했다. 이 법령은 경찰권을 사용하여 자본과 노동 간의 싸움이 자본에 유리한 범위 내에서만 이루어지게 만들려는 것이었는데, 그것은 몇차례의 혁명과 왕조의 교체를 거치면서도 계속하여 존속했다. 공포정치 시기에도 이 법령은 온전하게 살아남았고, 최근에 와서야 겨우 형법에서 삭제되었다. (…)

이미 보았듯이 끊임없이 반복된 충격적인 농촌 인민에 대한 수탈과 토지로부터의 축출은 완전히 동직조합적 관계 외부에 존재하는 프롤레타리아 무리를 반복적으로 도시공업에 공급했는데, 이런 전반적인 호

조건은 늙은 애덤 앤더슨(Adam Anderson)으로 하여금 (…) 자신의 상업사 저술에서 신의 섭리가 직접적으로 개입한 것이라고 믿게 만들었다. 우리는 다시 한번 이들 본원적 축적의 요소에 관하여 잠깐 언급해야만 한다. 독립 자영농민의 감소는 조프루아 쌩띨레르(Geoffroy Saint-Hilaire)가 설명한 우주만물의 법칙 —— 하나의 밀도가 높아지는 것은 다른 하나의 밀도가 낮아진 결과다 —— 처럼 단지 공업 프롤레타리아의 증가만 가져온 것이 아니었다. 경작자 수가 감소했는데도 토지는 이전과 같거나 오히려 더 많은 양의 생산물을 산출했다. 이것은 토지소유 관계의 혁명이 경작방법의 개량과 협업의 대규모화, 생산수단의 집적 등을 동반했기 때문이며, 또한 농촌 임노동자의 노동강도가 높아졌을 뿐 아니라 그들이 자신을 위해 노동할 수 있는 생산영역도 갈수록 축소되었기 때문이다. 이리하여 농민 대중 일부분이 유리되면서 그들의 과거 식량도 함께 유리된다. 이 식량은 가변자본의 소재적인 요소로 전화한다. 축출된 농민은 이 식량의 가치를 자기의 새로운 주인인 산업자본가에게서 임금이라는 형태로 구입해야만 했다. 국내에서 생산되는 공업원료 농산물의 경우에도 생활수단의 경우와 마찬가지 상황이었다. 그것은 불변자본의 한 요소로 전화했다.

예를 들어, 프리드리히 2세 시대에 열심히 아마(비록 비단은 아니지만)를 짜던 베스트팔렌의 농민 가운데 일부가 폭력적인 수탈로 토지에서 축출되고 나머지 일부는 대규모 차지농업가의 일용노동자로 전락했다고 상정해보자. 또한 동시에 커다란 아마 방적공장과 직물공장이 생겨 '유리된 사람들'이 그곳에서 임노동을 수행한다고 상정해보자. 아마의 겉모습은 이전과 조금도 다르지 않다. 그 섬유는 한올의 조직도 변한 것이 없지만 거기에는 이제 하나의 새로운 사회적 영혼이 들어가 있다.

그것은 이제 매뉴팩처 경영자의 불변자본의 일부가 된다. 이전에 아마는 농민의 손으로 직접 재배되었으며 가족과 함께 소량으로 길쌈을 하는 수많은 소생산자들 사이에 분산되어 있었지만, 지금은 자신을 위해 타인으로 하여금 방적이나 직조를 하게 하는 한 사람의 자본가 수중에 집적되어 있다. 아마의 방적공장에서 지출되는 특별한 노동은 이전에는 수많은 농민 가족의 특별 수입이나 세금——프리드리히 2세 시대에는 프로이센 왕을 위한——으로 실현되던 것이었다. 이제 그것은 극소수 자본가들의 이윤으로 실현되고 있다. 방추와 직기는 이전에는 농촌에 널리 분산되어 있었지만 지금은 노동자나 원료와 마찬가지로 몇 안 되는 대규모 작업장에 모여 있다. 그리고 이전에 방적공과 방직공을 위한 독립적 생존수단이던 방추·직기·원료 등은 이제 모두 이들 노동자들에게 명령을 내리고 그들에게서 미지불노동을 착취해가기 위한 수단으로 전화했다. 대규모 매뉴팩처를 보든 대규모 차지농장을 보든, 이것들이 수많은 소규모 생산장소들을 합친 것이며 또 다수의 소규모 독립생산자들에 대한 수탈을 통해 만들어진 것임을 쉽게 알아차리기는 어렵다. (…)

농민 대중의 일부를 수탈·축출하는 것은 노동자뿐 아니라 그들의 생활수단과 노동재료까지도 산업자본을 위해 유리시키는 것이면서, 동시에 국내시장을 창출하는 것이기도 하다.

실제로 소농을 임노동자로 전화시키고 그들의 생활수단과 노동수단을 자본의 물적 요소로 전화시킨 일련의 사태는 동시에 자본을 위한 국내시장을 창출해주었다. 과거에 농가는 생활수단과 원료를 생산·가공하고 그 대부분을 자신이 소비했다. 이제 이들 원료와 생활수단은 상품이 된다. 대규모 차지농업가는 그 판매자이며, 그는 매뉴팩처에서 자신의 시장을 발견한다. 실·아마포·조제모직물 등처럼 옛날에는 그 원료를 어느 농가에서든 쉽게 얻을 수 있었고 각 농가에서 자가 소비를 위해 잣거나 짰던 물품들이, 지금은 매뉴팩처 제품이 되어 바야흐로 농촌지역이 오히려 이들 제품의 판매시장이 되었다. (…)

그러나 이런 방식의 느림보 걸음으로는 도저히 15세기 말 지리상의 대발견이 만들어낸 새로운 세계시장의 상업적 요구들에 대응할 수 없었다. (…)

고리대와 상업을 통해 형성된 화폐자본은 농촌에서는 봉건제도 때문에, 도시에서는 동직조합제도 때문에 산업자본으로 전화하지 못하고 있었다. 이 같은 제약은 봉건가신단이 해체되고 농민 대중이 수탈당해 그 일부가 축출됨과 동시에 사라졌다. 새로운 매뉴팩처는 수출 항구에 건설되거나 아니면 오래된 도시와 그 도시의 동직조합제도 지배권 밖에 위치한 몇 농촌지역에 세워졌다. (…)

아메리카 대륙에서의 금·은 산지의 발견, 원주민의 압살과 노예화 그리고 광산노역, 동인도제도의 정복과 약탈의 시작, 아프리카 흑인사냥의 상업화 등은 자본주의적 생산시대의 새벽을 알리는 주요한 특징들이다. 이런 목가적인 과정이 본원적 축적의 주요 계기를 이루었다. 뒤이어 온지구를 무대로 한 유럽 여러 나라의 상업전쟁이 시작되었다. 그것은 네덜란드가 에스빠냐에서 분리되면서 시작되었고, 영국의 반(反)자코뱅 전쟁으로 엄청나게 확대되었으며, 중국에 대한 아편전쟁 등으로 지금도 계속되고 있다.

이제 본원적 축적의 여러 계기는 정도의 차이는 있지만 시간적인 순서를 이루면서 각각 에스빠냐·뽀르뚜갈·네덜란드·프랑스·영국 사이에서 고루 나타났다. 17세기 말 영국에서는 이런 계기들이 식민제도·국채제도·근대 조세제도·보호무역제도 등을 통해 체계적으로 통합되었다. 이런 방법 가운데 일부는 잔혹하기 그지없는 폭력을 통해 진행되었는데, 예를 들면 식민제도가 바로 그러했다. 그러나 이런 방법들은 모두 봉건적 생산양식이 자본주의적 생산양식으로 전화되는 과정을 촉진하고, 그 과도기를 단축시키기 위하여 국가권력(즉 사회의 집중되고 조직화된 폭력)을 이용했다. 폭력은 새로운 한 사회를 잉태하고 있는 모든 낡은 사회에서 그 산파 역할을 한다. 폭력은 그 자체가 하나의 경제적 힘이다.

기독교 식민제도에 관해서, 기독교 연구자인 호윗은 이렇게 말하고 있다.

이른바 기독교 인종이 세계 곳곳에서 예속시킬 수 있었던 모든 민족에 대해 자행해온 만행과 무자비한 잔학행위는 세계 역사상 어느 시대에서도, 또 어떤 야만적이고 무지하며 몰인정하고 파렴치한 인종에서도 그 유례를 찾아볼 수 없는 것들이다. (윌리엄 호윗William Howitt『식민과 기독교: 유럽인들이 식민지 원주민을 다룬 방법에 대한 역사』*Colonization and Christianity: A Popular History of the Treatment of the Natives by the Europeans in all their Colonies*, 1838, 9면.)

네덜란드의 식민지 경영의 역사는 — 네덜란드는 17세기의 전형적인 자본주의국가였다 — "유례없는 배신과 매수, 암살과 비열함으로 얼룩져 있다."(전 자바 부총독 레플스T. S. Raffles, 『자바의 역사』*The History of Java*, 1817, 제2권, 별첨 190~91면.) 그것을 가장 잘 보여주는 것이 바로 자바에서 부려먹을 노예를 얻기 위해 네덜란드가 쎌레베스에서 행한 인간 도둑질 제도였다. 이를 위해 인간 사냥꾼들이 훈련을 받았다. 도적과 통역자·판매자가 이 거래의 주역들이었으며, 토착 왕족은 주요한 판매자였다. 소년들을 약탈적으로 납치해서는 노예선에 실어 보낼 수 있을 만큼 자랄 때까지 쎌레베스의 비밀감옥에 몰래 가두어놓았다. 한 공식보고서에는 이렇게 적혀 있었다.

예를 들어 마카사르라는 도시는 비밀감옥이 가득했는데, 그중에서도 특히 소름끼치는 감옥은 각 가정에서 강제로 끌려와 족쇄에 묶인 채 탐욕과 포악에 희생된 가엾은 사람들이 갇혀 있는 감옥이다.

말라카를 차지하기 위해 네덜란드 사람들은 뽀르뚜갈 총독을 매수했다. 1641년 총독은 네덜란드인이 시내로 들어올 수 있도록 허락했다. 그들은 곧장 총독의 저택으로 달려가 그를 살해했는데, 총독을 매수하는 데 들어간 비용 2만 1875파운드스털링을 지불하지 않기 위해서였다. 그들이 지나가는 곳마다 곧 황폐해지고 인구가 줄어들었다. 자바의 한 지방인 바뉴왕기는 1750년 8만 이상의 인구가 있었는데, 1811년에는 겨우 8000명만 남았다. 달콤한 장사란 이런 것이었다.

널리 알려져 있듯이 영국의 동인도회사는 동인도제도에서 정치적 지배권 말고도 차(茶)무역과 중국과의 무역 그리고 유럽과의 화물수송에서의 배타적인 독점권을 부여받고 있었다. 그러나 인도의 연안 항해와 섬들 사이의 항해 그리고 인도 내륙지방의 상업은 회사의 고위직원들이 독점했는데, 그중에서도 소금·후추·아편과 그밖의 몇몇 상품에 대한 독점권은 결코 고갈되지 않는 부의 광산이었다. 직원들은 직접 가격을 정하여 불행한 인도인을 마음대로 농락했다. 총독도 이 사적인 거래에 개입했다. 그의 총애를 받는 사람들은 연금술사보다도 수월하게 무(無)에서 황금을 만들어낼 만한 조건의 계약을 맺을 수 있었다. 이렇게 하여 거대한 재산이 버섯처럼 하루 사이에 돋아나고, 본원적 축적은 1실링의 투자도 없이 진행되었다. 워렌 헤이스팅스(Warren Hastings)의 재판사건은 이런 사례들로 가득했다. 다음 이야기는 그 가운데 하나다. 썰리번이라는 어떤 남자에게 아편 계약이 할당되었는데, 그때 그는 공무로 아편지대에서 멀리 떨어진 인도의 어느 지역을 여행 중이었다. 썰리번은 그 계약을 빈이라는 사람에게 4만 파운드스털링에 팔았다. 같은 날 빈은 다시 이 계약을 6만 파운드스털링에 팔았다. 그리고 그 계약의 마지막 구매자 겸 이행자가 된 사나이가 명백하게 밝히듯이, 그는 그 뒤에 이 계약에서 막대한 이익을 얻어냈다. 의회에 제출된 표를 보면, 이 회사와 직원들이 1757년부터 1766년까지 인도인에게 빼앗은 액수는 600만 파운드스털링에 이르렀다고 한다! 1769~70년에 영국인들이 쌀을 모조리 매점하여 터무니없는 가격에 팔아 폭리를 취하는 통에 기근이 일기도 했다.

원주민에 대한 대우가 가장 혹독했던 곳은 으레 서인도제도처럼 수출무역만을 목적으로 한 플랜테이션 식민지 그리고 멕시코나 동인도제도처럼 풍부한 부와 많은 인구를 갖고 있으면서 살인강도들의 손에 맡겨진 나라들이었다. 그러나 본래의 식민지에서도 본원적 축적이 지닌 기독교적 성격은 나타날 수밖에 없었다. 근엄한 프로테스탄트의 대표자, 뉴잉글랜드의 청교도들은 1703년 자신들의 주 의회 결의에 따라 인디언의 머릿가죽 1장 또는 인디언 포로 1명에 40파운드스털링, 1720년에는 머릿가죽 1장에 100파운드스털링을 포상금으로 내걸었다. 또 1744년 매사추세츠 만의 한 종족을 반도(反徒)로 선포한 뒤로는 다음과 같이 포상금을 내걸었다. 12세가 넘은 남자의 머릿가죽에는 신화폐 100파운드스털링, 남자 포로에는 105파운드스털링, 여자 포로와 아이 포로에는 50파운드스털링, 여자와 아이의 머릿가죽에는 50파운드스털 링! 이 식민제도는 그로부터 수십년 뒤, 그사이에 본국에 반기를 든 경 건한 필그림 파더스(pilgrim fathers, 1620년 북아메리카 식민지시대 뉴잉글랜드 최초의 영구 식민지가 된 매사추세츠 주 플리머스에 정착한 사람들—옮긴이)의 후손 들에게 앙갚음을 했다. 이들은 영국인에게 매수당한 토착민들의 도끼 에 맞아 살해당했다. 영국 의회는 블러드하운드와 머릿가죽 벗기기에 대해 "신과 자연에서 부여받은 수단"이라고 선언했다.

식민제도는 마치 온실재배 같은 방식으로 상업과 항해를 육성시켰 다. '독점회사'(루터가 붙인 명칭)는 자본집적의 강력한 지렛대였다. 식 민지는 성장하는 매뉴팩처에 판매시장을 보장해주고 시장독점을 통한 자본축적의 증대를 보장해주었다. 유럽 밖의 지역에서 약탈과 노예화, 강도, 살인 등을 통해 노획한 재물과 보화는 곧바로 본국으로 유입되어 그곳에서 자본으로 전화되었다. 최초로 식민제도를 완전하게 발전시킨 네덜란드는 1648년에 벌써 그 상업의 절정기를 맞고 있었다.

네덜란드는 동인도 무역과 유럽의 남서부·북동부를 잇는 교통을 거의 독점적으로 장악했다. 네덜란드의 어업과 해운·매뉴팩처는 다 른 어느 나라보다도 앞서 있었다. 아마도 이 공화국의 자본은 다른 유럽 나라들의 자본을 모두 합친 것보다도 더 많았을 것이다. (귈리히 G. v. Gülich 『주요 무역국가의 상업·공업·농업의 역사』*Geschichtliche Darstellung des Handels, der Gewerbe und des Ackerbaus der bedeutendsten handeltreibenden Staaten unsrer Zeit* 제1권, 1830, 371, 782면.)

귈리히가 여기서 빠뜨린 것은 바로 네덜란드의 민중이 1648년에 이미 유럽의 그 어떤 나라의 민중보다 훨씬 더 가혹한 과로와 빈곤 그리고 잔혹한 억압을 겪고 있었다는 사실이다.

오늘날 산업부문의 패권은 상업적 패권을 수반한다. 그러나 이와는 달리 본격적인 매뉴팩처 시대에는 상업적 패권이 산업적 우위를 가져다준다. 당시 식민제도가 중요한 역할을 담당했던 까닭은 바로 이 때문이었다. 식민제도는 '이국의 신'(fremde Gott)으로, 이 신은 유럽 고대의 여러 신과 나란히 제단 위에 서 있었지만, 어느 아름다운 날 다른 모든 신들을 남김없이 일격에 내쫓아버렸다. 그것은 이윤의 증식을 인류의 궁극적인 유일 목적이라고 선언했다. (…)

국채와 함께 국제적인 신용제도도 생겨났는데, 거기에는 종종 여러 나라에서 진행된 본원적 축적의 한 원천이 숨겨져 있었다. 예를 들면 베네찌아의 약탈제도가 보인 갖가지 비열 행위는 쇠퇴해가는 베네찌아에서 거액의 화폐를 빌렸던 네덜란드가 거두어들인 자본적 부의 한 숨겨진 기초를 이룬다. 이와 마찬가지의 관계가 네덜란드와 영국 사이에도 있었다. 네덜란드의 매뉴팩처는 18세기 초에 이미 완전히 추월당했으며, 네덜란드는 지배적인 상공업국으로서의 지위를 상실했다. 그 때문에 1707~76년에 네덜란드가 주력했던 사업의 하나는 거대한 자본의 대출, 특히 강대한 경쟁자였던 영국에 대한 대출이었다. 오늘날의 미국과 영국의 관계도 마찬가지다. 오늘날 미국에서 출생증명서도 없이 나타나는 다수의 자본은 겨우 어제 영국에서 막 자본화한 어린이의 피다. (…)

식민제도·국채·중과세·보호무역·상업전쟁 등 본래적인 매뉴팩처

시대의 이런 맹아들은 대공업의 유년기에 거대하게 성장했다. 대공업의 탄생은 헤롯 왕의 대규모 아동약탈 같은 방식을 통해서 축복을 받는다. 마치 왕국 함대처럼 공장도 강제모집의 방법으로 신병을 보충한다. 이든 경은 1470년대부터 자신의 시대(즉 18세기 말)까지 행해진 농민대중에 대한 토지수탈의 잔혹성에 대해서는 그렇게도 냉담하면서도, 자본주의적 농업을 확립시키고 '경작지와 목초지 사이의 올바른 비율을 확립'하기 위해 '필요'했던 이 과정을 그토록 자아도취적으로 경축하는 한편, 매뉴팩처 경영을 공장제 경영으로 전화시키고 자본과 노동력 사이의 알맞은 비율을 확립하기 위한 아동약탈과 아동노예제의 필요성에 대해서는 전혀 다른 경제학적 견해를 보였다. 그는 이렇게 말했다.

경영의 성과를 위해 오두막집과 구빈원으로부터 빈곤한 아이들을 데려와 몇개 조로 나누어 교대시키면서 밤새 혹사시키고도 휴식시간조차 빼앗는 매뉴팩처, 더구나 연령과 성향이 서로 다른 남녀를 한데 모아두어 방탕과 타락이 전염병처럼 만연하게 된 매뉴팩처 (…) 이 같은 매뉴팩처가 국가와 개인의 전체 후생을 증진시킬 수 있을까 하는 문제는 아마 대중도 고려해볼 가치가 있다. (이든F. M. Eden 『빈민의 상태』 The State of the Poor, 제2권, 제1장, 1797, 421면.)

필든도 다음과 같이 썼다.

수차를 돌릴 수 있는 강가에 인접한 더비셔와 노팅엄셔, 그리고 특히 랭커셔의 대공장들에서는 최근에 발명된 기계가 사용되기 시작했다. 도시에서 멀리 떨어진 이들 지역에는 갑자기 수천명의 일손이 필요하게 되었다. 특히 당시까지 비교적 인구가 적었으며 출산력이 낮았던 랭커셔에서는 이제 무엇보다도 많은 인구가 필요하게 되었다. 작고 민활한 손가락이 무엇보다도 필요했다. 그리하여 금방 런던과 버밍엄 및 그밖의 여러 교구 구빈원에서 도제(!)를 데려오는 관습이 생겨났다. 이리하여 7세부터 13~14세까지의 의지할 곳 없는 수천명의 아동이 북부로 보내졌다. 도제에게 옷과 음식을 제공하고 공장 근처에 있는 '도제 합숙소'에서 재우는 것은 고용주(곧 아동 도적)의 관행이었다. 그 아동들의 노동을 감시하기 위해 감독이 배치되었다. 소년들을 극도로 혹사시키는 것은 이들 노예감독들에게도 이익이 있었다. 왜냐하면 감독들의 급료는 소년들에게서 짜낸 고혈과 다름없는 생산물량에 비례하여 주어졌기 때문이다. 따라서 그들의 잔혹성은 자연스러운 결과였다. (…) 대부분의 공장 지대 특히 랭커셔에서는 공장주의 손에 맡겨진 이들 죄 없고 의지할 데 없는 소년들에게 잔인한 채찍질이 가해졌다. 그들은 과도한 노동으로 죽도록 혹사당했다. 그들은 가장 교활하고도 잔혹하게 매맞고 쇠사슬에 묶이고 또 고문을 받았다. 그들은 대개의 경우 피골이 상접하도록 굶주리면서 채찍으로 노동을 강요당했다. (…) 이들 가운데 몇몇은 견디다 못해 자살을 결행하기도 했다. (…) 더비셔와 노팅엄셔 그리고 랭커셔 등 공중의 눈에서 격리된 이 아름답고 낭만적인 골짜기는 고문과 때로는 살인이 난무하는 끔찍하고 살벌한 땅이 되어버렸다. (…) 공장주들의 이윤은 엄청났다. 하지만 그것은 오히려 그들의 이리 같은 탐욕을 더욱 부채질할 뿐이었다. 그들은 '야간작업'이라는 관습을 만들어냈다. 즉 한조의 노동자들을 주간작업에 투입시키고, 이들이 완전히 지친 뒤에는 야간작업을 위한 다른 한조가 투입된다. 주간조는 야간조가 이제 막 떠난 침대로 기어들고, 아침에는 거꾸로 주간조가 막 떠난 침대에 야간조가 들어간다. 그래서 랭커셔에서는 침상이 결코 식지 않는다는 말이 전해 내려온다. (존 필든John Fielden 『공장제도의 저주』*The Curse of the Factory System*, 1836, 5~6면.)

매뉴팩처시대 동안 자본주의적 생산의 발전과 함께 유럽의 여론은 수치심과 양심의 마지막 찌꺼기까지 모두 내동댕이쳐버렸다. 국민들은 파렴치하게도 자본축적의 수단인 온갖 비행을 자랑했다. 그 실례로 우직한 인간인 앤더슨의 소박한 『상업사』(*Historical and Chronological Deduction of the Origin of Commerce*)를 한번 읽어보도록 하자. 영국은 원래 아프리카와 영국령 서인도제도 사이에서만 흑인무역을 경영하다가, 위트레흐트에서 아시엔또(Asiento) 협약을 통해 아프리카와 에스빠냐령 아메리카 사이에서도 흑인무역을 할 수 있는 특권을 에스빠냐인들에게서 강탈했는데, 이 책은 이것을 영국 국책의 승리로 크게 선전하고 있다. 영국은 1743년까지 해마다 4800명의 흑인을 에스빠냐령 아메리카에 공급할 권리를 손에 넣었다. 이것은 동시에 영국의 밀무역에 그것을 위장할 수 있는 공인된 가면을 제공해주었다. 리버풀은 노예무역을 바탕으로 크게 성장했다. 노예무역은 본원적 축적을 위한 리버풀의 방법이었다. 그리고 노예무역의 핀다로스(Pindar, 그리스의 서정시인으로 귀족사회를 용인하고 찬미하는 시를 썼다—옮긴이)로서 리버풀이 떨친 '명성'은 오늘날까지도 이어지고 있다. 이 노예무역은—이에 대해서는 앞에서 인용한 1795년 에이킨 박사의 저서를 참조하라—"상업적 기업정신을 불태우게 하고 뛰어난 선원을 육성하며 막대한 화폐를 가져다주었던 것이다". 리버풀의 노예무역에 사용된 선박의 수는 1730년 15척, 1751년

53척, 1760년 74척, 1770년 96척, 1792년 132척이었다.

면직공업은 영국에 아동노예제를 가져왔을 뿐 아니라, 미국에는 원래 다소 가부장적이었던 노예경제를 상업적 착취제도로 전환시키기 위한 동기를 제공했다. 일반적으로 유럽에서는 은폐된 형태를 띠고 있는 임노동자들의 노예제가 신세계에서는 문자 그대로의 노예제를 그 디딤돌로 삼아야만 했다.

자본주의적 생산양식의 '영구적 자연법칙'을 해방시키고 노동자를 그 모든 노동조건에서 분리시키는 과정을 완성시키며, 또한 한쪽 극에서는 사회적 생산수단과 생활수단을 자본으로 전화시키는 한편, 다른 한쪽 극에서는 민중을 근대사의 훌륭한 작품인 임노동자(즉 자유로운 '노동빈민'arbeitende Arme)로 전화시키기 위해서는 이러한 수고가 필요했던 것이다. 오지에가 말하듯 화폐가 뺨에 자연의 핏자국을 묻히고 이 세상에 태어난다면(오지에Marie Augier 『공공신용에 관하여』 *Du Crédit Public*, 1842, 265면.) 자본은 머리끝에서 발끝까지의 모든 털구멍에서 피와 오물을 흘리면서 태어난다. (…)

『쿼털리 리뷰』의 기자는 이렇게 말한다.

자본은 소란과 논란을 피해 다니며 수줍음을 많이 탄다. 이것은 상당히 진실에 가깝긴 하지만 완전히 옳은 것은 아니다. 자연이 공허한 것을 두려워하듯이 자본은 이윤이 없는 것(또는 이윤이 너무 적은 것)을 두려워한다. 적당한 이윤이 있으면 자본은 용감해진다. 10퍼센트의 이윤이 보장된다면 자본은 어디에서나 사용된다. 20퍼센트가 보장된다면 자본은 활발해진다. 50퍼센트가 보장된다면 적극적으로 나서게 되며 모험도 마다하지 않는다. 100퍼센트가 보장된다면 사람이 정한 모든 법률을 짓밟으며, 300퍼센트쯤 되면 자본은 어떠한 범죄도—설령 그로 인해 단두대에서 설 위험이 있다 하더라도—자본은 피하려 하지 않을 것이다. 소란과 논란이 이윤을 가져온다면 자본은 소란과 논란을 부추길 것이다. 밀무역과 노예무역이 그 증거다. (더닝T. J. Dunning 『노동조합과 파업』*Trades Unions and Strikes*, 1860, 35~36면.) (**『자본』 제1권, 1890년 제4판**)

공포의 집과 여린 손가락의 섬세함

그런데 아직도 노예노동과 부역노동 등과 같은 저급한 생산형태를 취하고 있는 나라들이 자본주의적 생산양식이 지배하는 세계시장에 편입되어 자신들의 생산물을 해외로 판매하는 데 열을 올릴 경우, 그 즉시 노예제나 농노제 같은 야만적인 잔학성에 과도노동이라는 문명화한 잔학성이 접목된다. 그래서 미국 남부 여러 주의 흑인노동도 생산이 주로 직접적인 자가수요를 지향하고 있을 동안에는 적당한 가부장제적인 성격을 유지하고 있었다. 그러나 면화의 수출이 이들 남부 주의 사활이 걸린 문제가 되자 흑인에게 과도한 노동을 시키는 것은 수지타산에서 중요한 요인이 되었고, 그 결과 흑인의 생명은 7년의 노동으로 모두 소진되어버렸다. 흑인에게서 얼마나 많은 양의 유용한 생산물을 뽑아내는가는 더이상 중요하지 않게 되었다. 이제 중요한 것은 잉여가치 그 자체의 생산으로 간주되었다. 예를 들어 도나우 지방의 공국(公國) 등지에서 이루어졌던 부역노동도 마찬가지 경우다. (…)

부역은 도나우 지방의 공국들에서 현물지대와 그밖에 농노제의 여러 부속물과 결부되어 있었는데, 이는 지배계급에 가장 중요한 공납의 일부였다. 사정이 이런 곳에서는 부역노동이 농노제에서 발생한 경우가 드물고 오히려 거꾸로 농노제가 부역노동에서 발생하는 경우가 대부분이었다. 루마니아의 여러 주에서도 바로 그러했다. 이들 여러 주의 원래 생산양식은 공동소유에 기초하고 있었는데 (…) 토지의 일부분은 자유로운 사적 소유로 공동체의 성원들에 의해 개별적으로 관리되었고, 다른 부분─공유지─은 공동으로 경작되었다. 이 공동노동의 생산물 가운데 일부는 흉작이나 그밖의 재해에 대비한 예비자원으로 사용되었고, 일부는 전쟁과 종교에 쓸 비용 그리고 기타 공동체 지출에 충당될 국고로 사용되었다. 시간의 흐름에 따라서 군사 부문과 교회 부문의 고위직들은 공유재산과 함께 그 공유재산을 위해 바쳐진 갖가지 공납을 횡령했다. 자유로운 농민들이 자신들의 공유지에서 행하던 노동이 공유지 횡령자들을 위한 부역으로 변했다. 그와 동시에 농노제적인 관계가 발전했다. 그러나 그것은 세계의 해방자인 러시아가 농노제를 폐지한다는 구실 아래 농노제를 법제화할 때까지는 그저 사실적으로만 그랬던 것이지 법률적으로까지 그랬던 것은 아니었다. 1831년 러시아의 장군 끼셀레프(Pawel Dmitrijewitsch Kisseljow)가 공포한 부역노동법전은 물론 보야르(러시아 봉건귀족의 최상층 집단을 뜻하는 말─옮긴이)들이 불러주는 것을 그대로 받아적은 것이었다. 그래서 러시아는 일거에 도나우 지방 공국의 귀족들과 온 유럽의 자유주의 백치들에게서 박수를 받았다.

'레글레망 오가니끄'(Règlement Organique)라고 일컬어지는 저 부역노동법전에 따르면, 왈라키아의 농민은 누구나 상세히 규정되어 있는 일정 분량의 현물공조를 바치는 것 말고도 이른바 토지소유자를 위하여 ①12일간의 노동일 ②하루의 경작지 노동 ③하루의 목재 운반작업을 할 의무를 지고 있다. 합하면 1년에 14일이다. 그런데 여기에서 말하는 노동일은 경제학에 대한 깊은 조예를 바탕으로 얘기할 때의 그런 뜻이 아니라 단지 1일분의 평균생산물을 만들어내는 데 필요한 노동일이라는 의미가 있는데, 이 1일분의 평균생산물이라는 것이 어떤 거인도 24시간 동안 종일 생산해도 도저히 만들어낼 수 없을 만큼의 분량으로 교묘하게 규정되어 있다. 그래서 '레글레망 오가니끄' 그 자체도 진짜 러시아식 야유를 담은 노골적인 표현을 통해서, 12노동일은 36일의 육체노동의 생산물로, 1일의 경작지노동은 3일의 경작지 노동으로, 그리고 1일의 목재 운반작업도 그 3배로 해석해야 한다고 밝히고 있다. (…) 그래서 법으로 정해진 농업노동에 대한 부역은 사실상 5월에 시작해서 10월에나 끝나는 것으로 해석할 수 있다. (…)

도나우 공국들의 레글레망 오가니끄는 잉여노동을 향한 갈망의 적극적인 표현이고 각 조항이 그 갈망에 합법성을 부여하고 있다면, 영국의 공장법은 바로 그 갈망의 소극적인 표현이다. 이 법률은 국가[그것도 자본가와 대지주가 지배하는 국가]에 의해 노동일을 강제로 제한함으로써 노동력의 무제한적인 착취를 향한 자본의 충동을 억제한다. 날이 갈수록 위협적으로 팽창해가는 노동운동의 영향을 배제하더라도, 공장노동의 제한은 영국의 경작지에 구아노(바닷새의 배설물이 바위 위에 쌓여 굳어진 덩어리—옮긴이) 비료를 주는 것과 마찬가지의 필연성의 명령에 따른 것이다. 경작지에서 지력(地力)을 고갈시킨 그 맹목적인 약탈욕이, 공장에서는 국민의 생명력의 근원을 침략했던 것이다. 독일과 프랑스 병사들의 체격이 줄어든 까닭이 영국에서는 주기적인 질병으로 입증되었다. (…)

자연일의 한계를 넘어 노동일을 야간까지 연장하는 것은 단지 진통제와 마찬가지로 노동의 생생한 피에 대한 흡혈귀적인 갈망을 약간 누그러뜨리는 것에 불과하다. 따라서 노동을 하루 24시간 내내 점유하는 것이야말로 자본주의적 생산의 내재적 충동이다. 그러나 같은 노동력이 밤낮으로 계속해서 착취당한다는 것은 육체적으로 불가능하므로, 이 육체적인 장애를 극복하기 위해서는 주간에 탕진되는 노동력과 야간에 탕진되는 노동력 사이의 교대가 필요하다. 이 교대에는 여러 방법이 있을 수 있다. 예를 들어 노동자 인력 가운데 일부분이 일주일씩 주간근무와 야간근무를 번갈아 할 수 있다. (…)

자신을 에워싼 노동자들의 고통을 부인하기에 '충분한 이유'가 있는 자본은 인류가 장차 멸망할 것이라든지 결국은 인구가 끊임없이 감소할 것이라든지 하는 정도의 예상에 대해서는 자신의 실제 행동에서 눈도 깜짝하지 않는다. (…) 그러므로 자본은 사회가 강요하지 않는 한 노동자의 건강이나 수명에는 전혀 관심을 두지 않는다. 육체적·정신적 위축과 요절 그리고 과도노동의 고통에 관한 불평에 대해서 자본은 다음과 같이 대답한다. "이 고통은 우리의 기쁨〔이윤〕을 증가시키는데, 우리가 그것 때문에 고민할 이유가 어디 있겠는가!" 그러나 일반적으로 이것은 개별 자본가들의 심성에 달린 문제도 아니다. 자유경쟁은 자본주의적 생산의 내재적인 법칙을 개별 자본가들에 대해서 외적인 강제법칙으로 작용하게 만든다. (…)

물론 겨우 싹이 튼 상태에서 아직 경제적 관계의 힘만으로는 잉여노동을 충분히 흡수할 수 없어서 국가권력의 도움을 받고자 했던 맹아기 자본의 요구는 이제 성년이 되어 마지못해 감수하는 양보에 비하면 정말로 겸손해 보인다. 자본주의적 생산양식이 발전한 결과, '자유로운'

노동자가 자신의 일상적인 생활수단의 가격으로 자신의 활동시간 전체〔즉 자신의 노동능력 그 자체〕를 자유의지로 동의하면서〔즉 사회적으로 그것을 강요당하면서〕 팔게 되기까지는 몇세기의 세월이 필요했다. 따라서 14세기 중엽부터 17세기 말까지 자본이 국가권력의 힘을 빌려 성년 노동자에게 강요하려 했던 노동일의 연장이, 19세기 후반에는 아동의 피가 자본으로 전화하는 것을 막기 위하여 때때로 국가에 의해 가해진 노동시간의 제한과 거의 일치하는 것은 당연하다. 예를 들어 오늘날 미국에서 가장 자유로운 주인 매사추세츠 주에서 12세 미만의 아동노동에 대해 국가가 포고한 노동일의 제한은 영국에서는 17세기 중엽 무렵까지도 혈기왕성한 수공업자나 건장한 머슴 또는 몸집이 거구인 대장장이의 표준노동일이었다. (…)

18세기가 거의 다 지나가고 대공업 시대에 이르기까지도 영국의 자본은 아직 노동력의 1주일 가치를 지불하고 노동자의 1주일 시간 전체를 자기 것으로 만들지 못했다. 단지 농업 노동자만은 예외였다. 4일치 임금으로 1주일을 살아갈 수 있다는 사실이 노동자들에게는 나머지 이틀도 자본가를 위해서 노동해야 하는 충분한 이유라고는 생각되지 않았다. 영국의 경제학자들 가운데 일부는 자본을 위해서 노동자들의 이런 생각을 격렬히 비난했으나 다른 일부는 노동자를 옹호했다. 예를 들어 (…) 포슬스웨이트(Malachy Postlethwayt)와 앞서 인용한 『산업과 상업에 관한 에세이』(*Essay on Trade and Commerce*)의 저자 사이의 논쟁을 들어보자.

포슬스웨이트는 다음과 같이 말한다.

내가 이 간단한 논문을 끝맺으면서 한마디 하지 않을 수 없는 것은 만일 노동자가 5일 동안의 임금으로 충분히 생활할 수 있다면 6일 모두를 노동하려 하지 않을 것이라는, 너무나 많은 사람의 입에 오르내리는 평범한 이치에 관해서다. 이 점을 근거로 그들은 수공업자와 매뉴팩처 노동자에게 지속적인 주 6일간의 노동을 강제하기 위해서는 조세나 그밖의 다른 수단을 통해 생활필수품의 가격을 올릴 필요조차 있다는 결론을 내린다. 유감스럽게도 나는 우리 영국 노동대중의 영구적인 노예상태를 위해서 창(槍)을 준비하는 이들 위대한 정치가와는 견해가 다르다. 그들은 일만 하고 놀지 않으면 바보가 된다는 격언을 잊고 있다. (…)

이에 대해 『산업과 상업에 관한 에세이』의 저자는 다음과 같이 답한다.

   만일 한주의 일곱번째 날에 쉬게 하는 것이 신의 섭리라면, 그것은 나머지 요일은 노동에(곧 다들 알게 되겠지만 이것은 실은 '자본에'라는 뜻이다) 속한다는 것을 뜻한다. 그러므로 이러한 신의 명령을 강행하는 것이 잔혹하다고 질타해서는 안 된다. (…) 대체로 인간이 천성적으로 안락과 나태함을 즐긴다는 것은 불행하게도 우리들 매뉴팩처 노동자대중의 행동으로부터 경험한 터이고, 이들 대중은 생활수단의 가격이 상승하는 경우 이외에는 평균적으로 일주일에 4일 이상은 노동하지 않는다. (…) 이미 강조했듯이 주 6일의 적당한 노동이 결코 노예상태가 아니라는 점이 분명해졌으면 한다. (…) 우리나라의 산업 빈민이 오늘날 그들이 4일 동안 버는 것과 같은 금액으로 6일 동안 노동하기를 받아들이기 전까지는 치료가 완전히 끝난 것이 아니다.

이 목적을 위해서, 또 '나태와 방탕 또는 낭만적인 자유의 환상을 근절'시키기 위해서 그리고 더 나아가서 '구빈세의 경감과 근로정신의 조장 그리고 매뉴팩처에서 노동가격의 인하를 위해서' 자본의 충실한 대변자인 우리의 에카르트(Eckart, 독일 영웅시 속의 충신—옮긴이)는 공적 자선에 의지하는 이런 노동자(즉 피구휼민)를 하나의 '이상적 구빈원'에 가두어두자는 확실한 수단을 제안한다. "이런 집은 공포의 집이 되어야만 한다." 이 '공포의 집', 즉 이 '전형적인 구빈원'에서는 "완전히 12시간이 남도록, 다시 말해서 적당한 식사시간을 포함하여 하루 14시간"의 노동이 수행되어야 한다.

'이상적 구빈원', 즉 1770년의 공포의 집에서는 하루 12시간의 노동이 이루어졌다! 그때부터 63년 뒤인 1833년 영국 의회가 4개 공업부문에서 13~18세 청소년의 노동일을 12시간으로 단축했을 때 마치 영국 공업에는 최후의 심판일이 닥친 것 같았다! 1852년 루이 보나빠르뜨가 법정노동일을 폐지함으로써 부르주아의 지지를 얻으려 했을 때 프랑스 노동대중은 하나같이 이렇게 절규했다. "노동일을 12시간으로 단축하는 법률은 공화국의 입법 중 우리 손에 남은 유일한 재산이다!" 취리히에서는 10세 이상의 아동노동은 12시간으로 제한되고 있었다. 아르가우(스위스 북부의 주—옮긴이)에서는 1862년 13~16세의 청소년노동이 12와 1/2시간에서 12시간으로 단축되었고, 오스트리아에서는 1860년 14~16세의 청소년노동이 똑같이 12시간으로 단축되었다. '1770년 이후 이루어진 진보'가 얼마나 대단한 것인지를 알면 매콜리는 '경탄을 보내며' 환호할 것이다!

자본의 혼이 아직 꿈만 꾸고 있던 1770년의 피구휼민을 위한 '공포의 집'이 불과 몇년 뒤에는 매뉴팩처 노동자들을 위한 거대한 '구빈원'으로 나타났다. 그것은 공장(Fabrik)이라고 일컬어진다. 그리고 이번에는 이상이 현실 앞에서 무색해지고 말았다. (…)

자본이 노동일을 표준노동시간의 최대치까지 연장하고 또 그다음에는 이 한계를 넘어 12시간이라는 자연노동일의 한계로까지 연장하는 데에는 여러 세기가 걸렸지만, 이제 1760년대에 대공업이 등장한 이후부터는 눈사태처럼 폭력적이고 무제한적인 노동일 연장의 태풍이 밀어닥쳤다. 도덕과 자연, 연령과 성, 낮과 밤의 모든 제약이 분쇄되었다. 옛날의 법령에서는 너무도 단순했던 낮과 밤에 대한 개념조차 모호해져서, 1860년에 이르자 영국의 한 재판관은 낮과 밤이 무엇인지를 '판결상 유효하게' 설명하기 위하여 유대교 율법학자만큼의 기지를 발휘하지 않으면 안 될 정도였다. 자본은 그야말로 방자한 향연을 벌였다.

(…) 노동자들은 지금까지 굽힘 없이 매일매일 새롭게 저항하긴 했지만 비교적 수동적으로만 저항해왔다. 하지만 이제 그들은 랭커셔와 요크셔에서 요란하고 위협적인 집회를 열며 저항했다. (…) 일부 공장주들까지도 이렇듯 불평을 쏟아냈다.

치안판사들이 서로 모순된 판결을 내려 완전히 비정상적이고 무정부적인 상황이 지배한다. (…) 대도시의 공장주는 법망을 피할 수 있지만 지방의 공장주는 (…) 필요한 인력을 찾을 수 없으며 (…)

그러나 평등한 노동력 착취는 자본 제1의 인권이다.
이런 상황에서 공장주와 노동자 사이의 타협이 이루어졌는데, 이 타

328

협은 1850년 8월 5일의 공장법 추가개정안을 통해서였다. 그리하여 "청소년과 부녀 노동자"의 노동일은 주중 5일 동안은 10시간에서 10과 1/2시간으로 늘어나고 토요일에는 7과 1/2시간으로 제한되었다. 노동은 아침 6시부터 저녁 6시 사이에 이루어지고, 식사시간으로 1시간 반의 휴식시간이 주어져야 하는데 이 휴식시간은 1844년 법조항에 맞추어 주어져야만 했다. (…) 아동노동에 대해서는 여전히 1844년의 법률이 유효했다.

어떤 부류의 공장주들은 이전과 마찬가지로 이번에도 프롤레타리아 아동에 대한 특수한 영주권(領主權, 중세 봉건제에서 농노들에 대해서 영주가 행사하던 권한으로, 인신의 사용권이 중요한 내용이었다─옮긴이)을 확보했다. 그들은 견직공장주들이었다. 1833년 그들은 "만일 각 연령층의 아동들에게서 하루에 10시간씩 일하는 자유를 박탈한다면 그것은 그들이 일하는 공장을 닫으라는 것이나 마찬가지다"라고 으름장을 놓았다. 13세이상의 아동을 충분한 수만큼 구매하는 것이 그들에게는 불가능한 일이라는 것이었다. 그리하여 그들은 열망하던 그 특권을 강제로 탈취했다. 그들이 둘러댔던 구실은 나중의 조사에서 명백한 거짓말임이 밝혀졌지만, 그럼에도 그들은 일을 시키기 위해서 의자에 앉혀주지 않으면 안 될 정도로 어린 아동들의 피를 이용하여 10년 동안 매일 10시간씩 견직물을 뽑아낼 수 있었다. 1844년 공장법은 11세 이하의 아동을 6과 1/2시간 이상 일을 시키는 '자유'를 그들에게서 '박탈'해갔지만, 그 대신 11~13세의 아동을 날마다 10시간씩 부려먹을 수 있는 특권을 그들에게 보장했으며, 다른 공장 아동들에 대해서는 규정된 취학 의무를 면제해주었다. 이번의 구실은 이런 것이었다.

섬세한 직물은 손가락의 유연성을 필요로 하는데, 이는 어려서부터 공장에 들어감으로써만 보장된다. (『공장감독관 보고서』, 1846년 10월 31일, 20면.)

남부 러시아의 뿔 달린 가축이 가죽과 지방질 때문에 도살당하는 것과 마찬가지로 아동들은 섬세한 손가락 때문에 완전히 도살당하는 셈이었다. 결국 1850년에는 1844년에 허용된 특권이 비단실 꼬는 작업과 비단실 감는 작업으로 제한되었지만, 그러나 여기서는 다시 '자유'를 박탈당한 자본의 손해를 보전해주기 위하여 11~13세 아동의 노동시간이 10시간에서 10과 1/2시간으로 늘어났다. (**『자본』 제1권, 1890년 제4판**)

질서의 광신자인 부르주아는 발코니에서 술에 취한 군인들의 총에 살해된다

빠리 프롤레타리아의 요구란 이제는 종지부를 찍어야 하는 공상적인 넌센스다. 제헌의회의 이러한 주장에 대해 빠리의 프롤레타리아는 유럽 내전사상 가장 거대한 사건이라고 할 수 있는 **6월봉기**로 맞섰지만, 부르주아 공화정이 승리했다. 부르주아 공화정의 편에는 금융귀족, 산업 부르주아, 중산층, 쁘띠부르주아, 군대, 기동대로 조직된 룸펜프롤레타리아, 우파 지식인, 성직자, 농민 들이 있었다. 빠리 프롤레타리아의 편에는 자신들을 제외하면 아무도 가담하지 않았다. (…)

6월사건 동안 모든 계급과 정파는 **질서당**으로 결집하여 프롤레타리아 계급을 사회주의, 공산주의 및 **무정부당**으로 규정하면서 프롤레타리아 계급과 맞섰다. 그들은 사회를 '사회의 적'으로부터 '구출해냈다'. 그들은 구 사회의 구호인 '재산, 가족, 종교, 질서'를 자기 군대의 군호(軍號)로 지정해주었으며, '너희는 이 군호 아래서 승리할 것이다!'라고 반혁명의 십자군에게 외쳤다. 이때 이후 그 군호에 따라 6월봉기자들에 대항하기 위해 결성된 수많은 당파 가운데 한 당파가 자기 고유의 계급적 이해를 위해 혁명의 전장을 장악하기만 하면, 프롤레타리아는 '재산, 가족, 종교, 질서'라는 외침 앞에서 무너져버렸다. 사회는 지배자집단의 범위가 좁아지고 배타적인 이해관계가 한층 넓은 범위의 이해관계에 대항하여 유지될 때마다 구원되는 법이다. 지극히 단순한 부르주아적 재정개혁에 대한 요구와 가장 평범한 민주주의에 대한 모든 요구는 '사회에 대한 도발'이라는 혹독한 비난을 받았고 '사회주의'로 낙인찍혔다. 그리고 '종교와 질서'의 대제사장은 교회에서 쫓겨났고 캄캄한 밤중에 침실에서 체포되어 감옥이나 토굴 속에 갇히거나 추방되었다. 그들의 성전은 철저히 파괴되었고, 입은 봉해졌으며, 붓은 부러졌고, 법률은 종교와 재산과 가족과 질서의 이름 아래 유린되었다. 질서의 광신자인 부르주아는 발코니에서 술에 취한 군인들의 총에 살해되었고, 그들의 가족 성소는 짓밟혔으며, 주택은 재미삼아 폭파되었다. 그것도 재산, 가족, 종교, 질서의 이름으로 그리고 마침내는 부르주아사회의 쓰레기 같은 존재들이 **질서의 성스러운 군대**를 만들고 영웅 **끄라쀨린스끼**(Krapülinski, 하이네의 시「두 기사」에 등장하는 인물로, 프랑스어로 사기꾼, 건달을 뜻하는 'crapule'에서 이름을 따왔다. 여기서는 보나빠르뜨를 지칭한다 —옮긴이)가 사회의 구원자로서 뛰일리 궁으로 들어간다. (…)

　　이 '예절바른 공화파'의 선조들은 그들의 상징인 삼색기를 가지고 유럽 전역을 돌아다녔다. 예절바른 공화파도 그들 나름대로 하나의 발명품을 만들어 냈는데, 그것은 스스로 전 유럽대륙을 여행했으며, 한층 새로워진 애정을 가지고 프랑스에 돌아와서는 지금은 프랑스 행정구역의 절반에서 시민권을 획득했다. 그 발명품이란 **계엄상태**였다. 프랑스혁명이 진행되는 가운데 나타난 모든 위기에서 주기적으로 등장한 것이 바로 이 뛰어난 발명품이었다. 그러나 주기적으로 프랑스 사회의 머리를 덮쳐 그 두뇌를 억누름으로써 무기력하게 만드는 막사와 병영 또한 주기적으로 법관, 행정관, 감독관, 검열자로서 행동하고, 경찰의 역할을 떠맡고, 야경원의 임무를 수행하도록 허락되어온 군도와 소총 그리고 주기적으로 자신이 사회의 최고 지혜이자 사회의 우두머리라고 떠벌리는 콧수염과 제복 등, 이 모든 것들은 마침내 자신의 체제가 최상의 것이라고 선언하고 부르주아사회를 자기통치라는 근심에서 벗어나게 함으로써 사회를 영원히 구원하는 편이 낫다는 생각을 하기에 이르지 않았던가? 막사와 병영, 군도와 소총, 콧수염과 제복은 이제 자신들의 공로가 커진 만큼 더 나은 현금지불을 기대하며 더더욱 이러한 생각에 빠질 수밖에 없었다. 그런데 이런저런 부르주아 분파의 명령에 따라 단순히 주기적으로 계엄상태를 일으키고 일시적으로 사회를 구원하는 것으로부터 얻을 수 있었던 것은 부상자와 사망자 그리고 일부 우호적인 부르주아의 불쾌한 표정을 제외하면 거의 알맹이가 없는 것이었다. 결국 어느날엔가 군대가 자신의 이해관계에 따라 그리고 스스로의 이익을 위해 계엄상태를 선포하고 동시에 부르주아의 지갑을 강탈하지 않겠는가? (…)

휴회 기간에 의회의 혼란스러운 목소리가 가라앉고, 의회의 몸체가 국민 속에서 분해될 (…) 때마다, 다음과 같은 사실이 명백해졌다. 즉 이 공화국의 진정한 형태를 완성시키기 위해서는 오직 한가지 길만이 요구되고 있다는 것이었다. 그런데 그 한가지 길이란 의회의 휴회를 영구화하고 공화제의 구호인 '자유, 평등, 박애'를 '보병, 기병, 포병!'이라는 훨씬 구체적인 표현으로 대체하는 것이다. (『**루이 보나빠르뜨의 브뤼메르 18일**』, 1869년)

자본주의 생산의
진정한 한계는
자본 자신이다

위기의 작동구조와 역사적 경향

5

서론

맑스의 공황이론은 극히 사실적이고 신선하지만, 경제학이나 사회과학은 물론 맑스주의 잔당들도 이 이론을 제대로 발전시키지는 못했다. 당연히 여기에는 이유가 있다. 오늘날 학계에서 맑스는 거대한 패배자로 간주된다. 그리고 우리는 1970년대처럼 신사회운동이 과학적 작업에서 짧고 피상적인 맑스 유행을 주도한 것처럼, 더이상 맑스로 학위를 주거나 과학적으로 성공할 수 없다. 반대로 맑스를 비판의 대상으로 삼는 것이 유행이었다. 자칭 자본주의의 완전한 승리라는 확신 때문에 일반적으로는 맑스이론이, 특수하게는 공황이론이, 비록 자본주의의 학술적 옹호자나 박수부대가 스스로 과잉이 되어 실업자로 전락할 위험에 처해 있음에도 불구하고, 더이상 만족스럽지 못한 것으로 간주되었다. 그렇다면 맑스와 그 적을 넘어 이들 이론은 어디에서 그 이론적 능력과 정당성을 증명할 수 있을 것인가?

다른 한편 승리자는 과도한 승리감 때문에 자신에게 주어진 좋은 기회를 미처 깨닫지 못하고 스스로 걷어차고 있다. 시장경제에 대한 세계적 합의 때문에 무척이나 지겨워진 청중들에게, 엄청난 공황소설 속 유령열차에 오른 일보다 더 격렬한 흥분은 없을 것이다. 또한 그렇다면 결코 피할 수 없는 행복한 결말 속에서 영광스럽게 공황으로부터 부활한 자본주의를 누구에게라도 자주 자랑하려면, 다시 한번 쾌적한 공포 속에서 낡은 맑스 유령에게 놀라는 일보다 더 격렬한 흥분도 없을 것이다.

마지막으로 뻣뻣한 맑스주의 노동운동 부대는 한편으로 새롭게 구성한 맑스의 공황이론을 가지고 다시 공세의 고삐를 틀어쥐기 위하여 이제야 겨우 제대로 된 움직임을 보이고 있다. 왜냐하면 시끄러운 소문과 달리 바로 그 공황이론은 과거 노동운동의 맑스 해석에서 결정적인 역할을 조금도 못했기 때문이다. 사실 알려진 맑스의 관점에 따르면, 공황은 맑스주의 논문에서 자주 나타나듯이 결코 계급투쟁의 단순한 기능이 아니고, 단지 계급투쟁에서 외적 요인을 구성할 뿐이다. 그렇다면 공황은 엄격한 의미에서 계급의 행동을 통해서, 객관적으로가 아니라 주관적으로 단순한 의지관계를 통해서 규정될 것이다. 그렇다면 공황은 단지 다음을 의미하게 된다. 즉 자본주의는 더이상 자신이 원하는 대로 될 수 없을 것이다. 왜냐하면 임노동자는 자신이 되어야 할 상태를 더이상 원하지 않기 때문이다.

여기서 다시 근대 부르주아적 사고에서의 맑스주의의 한계를 볼 수 있다. 자본주의라는 범주가 사회적 객관화 속에서 '무언의 전제'로 굳어질수록, 바로 이러한 무언의 객관성에 의해 규정되고 관철되는 주체의 맹세는 조용해질 수밖에 없다. 그 주체는 (자신의 고유한 상태와는 반대로) 언제 어떤 형태로든 행동의 주인일 수 있는데도 말이다.

알려진 맑스의 논의의 궤도가 결국에는 노동운동 투쟁의 정당성을 자본주의 속에서 인정받도록 하는 것에 불과하기 때문에, 이러한 맑스주의에 기본적으로 '강력하고' 객관적인 공황이론은 필요없다는 사실은 쉽게 이해할 수 있다. 오히려 그것을 꺼릴 수밖에 없으며, 공황의 객관성이라는 개념은 먼 미래에 저절로 심화될 것으로 예상되는 바로 범주적 사회형태의 낙후성을 의미하게 되고, 결국에는 고유한 주체형태의 보다 심각한 낙후성을 뜻하게 된다. 그래서 서구 사회민주주의가 이미 맑스주의적 정당성의 깃발 아래서 '자본주의의 병상 곁에 선 의사'로 돌변한 것은, 그리고 공황의 객관성이 이데올로기적으로가 아니라 실천적으로 거부되고 추방된 것은 놀라운 일도 아니며 또한 배신으로 간주될 수도 없다.

근대화의 낙후성을 극복하려는 자본주의 주변부의 체제는 반대로 자본주의의 공황을 강조할 이해관계를 갖고 있다. 그러나 이러한 이해관계는 다만 역사적 낙오자의 정당성에 기여하기 때문에, 공황과정의 객관성이 자본 자체의 내적 기제로서 서구 맑스주의에서와 마찬가지로 거부되거나 서서히 없어지는 반면, 이런 공황에 대한 강조는 (고유한 요구에 대한 세계 맑스주의의 전략적 실행이라는 의미에서) 특별히 주관적인 성격을 가질 수밖에 없다. 공황은 그래서 본질적으로 정당성과 관련되는 것이고 도덕적·문화적인 것이며, 그러나 무엇보다 서구의 노동운동과 동방 및 남방의 개발도상국들의 행동과 연합을 통해 실현될 자본주의의 정치적 위기일 수밖에 없는 것이다.

이렇게 보면 맑스의 공황이론은 알려진 맑스보다는 오히려 숨겨진 맑스에 속하는 것임이 분명해진다. 특히 이 이론의 기초와 전제가 노동 자체의 사멸을 서술하는 모든 논의임을 이해할 때 이 점은 더욱 분명해진다. 하지만 주지하듯 바로 이 점에서 숨겨진 맑스와 알려진 맑스는 날카롭게 대립되어 나타난다. '노동'이 숨겨진 맑스에게 초역사적·인류학적-존재론적 자연필연성을 구성하는 반면, 알려진 맑스에게는 특별히 자본주의적이고 추상화된 활동형태인 동시에 자본의 **실체**를 만든다.

그러나 공황은 자신의 고유한 내적 기제를 통한 자본의 객관화된 실체의 상실에 지나지 않는다. 노동은 자루의 구멍에서 흘러나오는 모래나 물탱크의 틈새에서 흘러나오는 물처럼 유출된다. 자본은 텅 비게 되고 잠들게 된다. 노동으로 먹고산 삶은 정지하게 된다. 자동적 주체, 즉 노동의 응집상태가 말라버리면, 다른 것도 마비될 수밖에 없다. 즉 화폐는 주체를 상실하고 그럼으로써 '효력을 잃고' 쓸모없는 것이 된다. 추상노동과 화폐수입 그리고 상품소비를 통한 삼중 매개의 관계 혹은 전반적인 사회적 교환형태는 정지하게 된다. 이러한 물신관계 위에 기초한, 얼핏 당연해 보이는 모든 생활양식은 뒤섞여 현실적으로 불가능한 것이 된다. 그리고 풍요로운 재생산의 모든 수단과 능력이 과잉상태가 되는 모순의 시간이 도래한다. 재생산은 풍요롭지만 사람들은 자본의 '보이지 않는 손'에 의해 기진맥진해지고 자신의 고유한 가능성을 더이상 발휘할 수 없게 된다. 그들은 자동적 주체의 비합리적 자기목적에 상응하지 않기 때문이다. 모든 수레바퀴가 이토록 섬뜩하게 멈춰버리는 사건은 노동계급의 '강력한 팔'에 의해서가 아니라, 자본기계 자체의 피스톤과 씰린더의 마모에 의해, 탄탈로스(Tantalos, 그리스신화에 나오는 막대한 부를 가진 왕. 신들을 시험하려다 오히려 영원한 갈증과 굶주림에 고통받는 형벌을 당하게 되었다―옮긴이)와 같은 저주받은 사회적 상태로 이끈다. 세계의 모든 부는 붙잡을 수 있지만, 이 부는 자본주의적 물신의 파문 아래서 기아와 갈증에 시달리는 사람들을 피해간다.

　　맑스는 이러한 공황의 논리적 귀결을 노동비판의 내용 속에서 분명하게 표현했으며, 그 결과 자신의 고유한 공황이론 속에서 자본의 자기모순적이고 내적인 메커니즘을 발전시켰다. 여기서 맑스는 무엇보다 일반적으로 정식화된 모순을 그것의 구체적인 작용 속에서 보여주었다. 이른바 상대적·절대적 잉여가치의 개념으로부터 출발해서 맑스는 자본주의적 공황의 논리와 기제를 확실히 발전시켰다. 예를 들어 자본의 유기적 구성의 변화로부터, 경쟁의 방식을 통해 초래된 이윤율의 (상대적) 하락과 마침내 최소한 추상적 가능성으로서 이윤량의 하락이 두드러지고, 그로부터 자본주의적 재생산과 축적이 (절대적으로) 정지하게 된다.

맑스는 자본주의적 재생산양식의 절대적 내적 한계라는 이러한 절대적 최종단계를 노동비판의 초기 정식화 속에서 분명히 지적한 반면, 이러한 문제를 후기의 공황 메커니즘에 대한 분석에서는 오히려 열어두었다. 공황의 주기적 성격은 이것을 사실상 자본주의의 어려운 가설로서 그러나 동시에 단순히 간헐적인 축적의 붕괴로서 그리고 상대적으로 내적인 자본의 한계로서 나타낼 수 있었다. 맑스의 생애를 훌쩍 뛰어넘어 공황은 더욱 진전된 자본주의의 발전 경로 위에서도 확실히 자본주의의 '필연적인 위기'로 증명되었다. 다소간 끔찍한 경기후퇴와 구조붕괴 그리고 엄청난 경제적 폭발로서, 그렇지만 절대적인 내적 한계는 아닌 것으로 말이다.

그렇지만 맑스는 또한 공황 메커니즘에 관해 서술하면서 공황이 직선적인 것이 아니라 누진적으로 발전하고 점증하는 역사적인 경향이 될 것임을 의심하지 않았다. 따라서 공황은 과거의 상태를 다시 생산하는 방식이고 그래서 새로운 것의 축적이 동일한 수준 위에서 시작될 수 있는 그런 것과는 관계가 없다. 자본주의 일반과 마찬가지로 자본주의 공황도 그저 단순한 상태나 구조가 아니고, 언제나 누진적인 위계 위에 있는 역동적인 역사과정이며, 그래서 논리적 필연성을 갖는다. 공황의 최종 근거가 경쟁을 통해 강제된 노동생산력의 발전이 과잉이 되고 따

340

라서 자본의 실체를 제거하는 데 있다면, 끊임없이 높아지는 생산력 수준 역시 더 큰 차원의 공황을 낳는다는 사실도 분명하다. 그렇다면 자본이 절대적인 내적 한계, 즉 자본축적의 자기목적을 다시 분발시키기 위해서 충분한 인간노동력을 더이상 새롭게 흡수할 수 없는 발전 수준에 도달할 것이라는 사실도 생각할 수 있을 것이다. 자본은 가능한 세계의 모든 노동력을 이러한 목적을 위해 연소하는 내재적인 충동이지만, 이것은 객관적으로 그 자체에 의해 전제된 생산력 수준 위에서만 가능하다. 공황이 일어나면 사람들은 탄탈로스의 고통을 느끼게 된다. 즉 사람들은 자신의 고유한 물질적·기술적 자원을 더이상 운동시킬 수 없고, 대량의 유휴상태가 된 인간노동력을 더이상 사용할 수 없는 '자동적 주체'의 고통을 느끼게 된다.

내적이고 객관적인 공황 메커니즘의 서술에서 자본의 절대적 한계에 대한 문제가 시사되긴 했지만 아직 그대로 해결되지 않은 채 남아 있다면, 우리는 다시 곧장 숨겨진 맑스와 알려진 맑스의 문제로 돌아가야만 한다. '자본의 진정한 한계는 자본 자체'라고 말한 맑스의 언급은 맑스주의 노동운동에는 물론 자동적 주체에게도 하나의 파산선고일 수밖에 없다. 더욱이 무엇보다 이른바 변혁의 주관적-객관적 지렛대로서 노동계급은 의문시되기 때문이다. 과거 노동운동이 알려진 맑스와 함께 '우리는 계속 성장할 것이다'라고 아직 환호한다면, '당신들은 점점 더 위축될 것이다'라고 말한 숨겨진 맑스에 귀를 기울여야 한다.

맑스는 이러한 모순 자체를 더이상 해결할 수 없었다. 그러나 그의 공황이론의 전개는 '노동사회'로서의 자본주의에 대한 비판과 같이 명백히 내재적인 근대화-맑스주의를 넘어서는 하나의 패러다임을 이끌었다. 공황의 엄격한 객관성은 사회해방의 기계적인 유물론 같은 것을 포함하지는 않을 것이다. 공황은 자본주의를 쓸모없게 만들지만 그러나 어떤 다른 사회질서로 이끌지는 않는다. 그것은 사람들로 하여금 이미 스스로 행동하게 할 것이 틀림없다. 숨겨진 맑스의 급진적 공황이론은 맑스주의가 자본주의적 객관성의 토대 위에서 그리고 상품생산체계의 형태 위에서 주체적 행위자인 노동계급과 함께 계속 머물고자 하는 바로 그 이유 때문에 맑스주의를 용납할 수 없을 것이다. 그들에게 객관적일지는 몰라도 이렇게 부정적이고 '잘못된' 객관성의 공황은 (노동맑스주의의 관점으로부터 나타날 수 있듯이) 조용히 구원을 기다리는 태도 등을 권하지 않는다. 반대로 여전히 제기된 인간권리로서 자본주의적 활동형태인 노동에 더이상 호소할 수 없는 많은 근본적인 비판과 부정적인 행동을 권할 것이다. 달리 말해서, 자본의 절대적이고 내적인 한계로서 공황이 시야에 들어올수록 자본주의의 비판은 더욱더 범주적 문제가 되지 않으며 바로 그 때문에 단순한 계급문제이기를 그만두고, 오히려 사회적 입장으로부터 피할 수 없는 문제가 된다.

우리가 반대의 결론을 시도한다면, 그런 의미에서 '계급투쟁의 종말'은 관례적인 이해와는 정반대로 바로 자본주의의 최종 승리나 영구화가 아니라 자본주의의 객관적 공황의 극치를 증명할 수도 있을 것이다. 아마 우리는 태풍의 눈 한가운데에 위치해 있으며, 시장경제·민주주의 옹호자가 사회적 안정을 바란다면 그는 바보가 될 것이다. 낡고 내재적인 패러다임 위에 앉아 있던 자본주의에 대한 비판이 끝나고 현재의 세계는 자본의 진정한 한계가 자본 자신이라는 맑스의 문장을 철저히 비웃는 사례라 할 수 있다. 서구 자본주의는 난파한 현실 사회주의를 이길 수 있었지만 그러나 자신의 고유한 내적 논리를 이길 수는 없었다. 자본주의는 모두를 적응하게 만들었지만, 스스로는 적응할 수 없었다. 이러한 관계의 모순은 세계적 규모의 비판이 잠잠해질수록 세계적 규모의 공황의 증거가 더욱 철저히 관철된다는 사실을 통해서 나타난다. 백년 동안의 끔찍한 내적 투쟁이 마침내, 인류가 더는 자본에 의해 무자비하게 착취되는 것을 바라지 않는다는 사실로 이끌어가자 이 세속적 신이 지닌 착취능력은 불능상태가 되었다.

이러한 사실을 스스로 인식하거나 아는 것은 자본에 대한 믿음과 자본주의의 자기부정능력에 대한 믿음을 전혀 침해하지 않는 듯하다—모든 외부의 적들이 자본주의와 흥정하러 온다는 바로 그 이유 때문에—는 사실을 언급해둘 필요가 있어 보인다.

전자공학의 3차 산업혁명이 현실에서 자본의 절대적이고 내적인 한계를 가져오는지의 여부에 대해서는 확실히 정확한 검증이 필요하다. 그러나 바로 이러한 검증은 학술적인 과학집단이나 정치적 좌파의 가련한 잔당들에 의해서 거부된다. 대개 공황은 구축되거나 부정되어야 할 것으로는 분석되지 않는다. 모순은 경제이론이 더 빨리 붕괴될수록 경제적 범주의 공황은 더욱 명확히 등장한다는 사실에 있다. 세계가 경제화될수록, 세계는 보다 자주 공황을 겪게 되고, 그럴수록 의식은 더욱 경제화되나 완전히 비이론적인 형태나 무비판적인 형태로 경제화된다. 오랜 경기침체 시기에 경제학 비판은 경기변동을 겪었는데, 그 과정에서 서서히 모습을 드러낸 21세기 공황은 경제학 비판을 퇴색시켰다. 좌파나 우파, 자유주의자나 보수주의자는 모두 탈근대적 문화주의 속으로 달아났다. 공황은 눈앞에 있는데 모든 사람은 날씨를 얘기하고 있다.

따라서 지금은 이미 히스테리 영역으로 넘어간 것처럼 보이는 피상적 문화주의의 물결에 반대하여, 경제학 비판의 이론적 문화를 새롭게 장악하는 데 가장 적합한 시대가 될 것이다. 맑스의 비판이론이 이러한 비판의 필수불가결한 재구성의 중심에 설 것임을 예견하는 데는 특별한 예언자적 재능이 필요없다. 마찬가지로 이러한 자본주의적 공황의 현실이 이제 막 시작된 세기와 함께 나타나고 영향을 미칠 것이라고 예언하는 데도 특별한 예지력이 필요하진 않다.

가옥이 사람의 머리 위로 무너지는 중력의 법칙처럼

경험 그 자체를 통해서 다음과 같은 과학적 인식 —즉 서로 독립적으로 영위되면서 동시에 사회적 분업의 자연발생적인 한 부분으로서 서로가 전적으로 의존하고 있는 온갖 사적 노동이 끊임없이 사회적인 양적 비율로 환원되는 이유가 생산물의 생산에 사회적으로 필요한 노동시간이 사적 노동에 의한 생산물들의 우연적이고도 부단히 변동하는 교환비율을 통하여 마치 가옥이 사람의 머리 위로 무너질 때의 중력법칙과도 같은 거역할 수 없는 자연법칙으로 자신을 폭력적으로 관철하기 때문이라는 과학적 인식 —이 얻어지기 위해서는 먼저 상품생산이 충분히 발전해 있어야만 한다. 그러므로 노동시간에 따라 가치량이 결정된다는 사실은 상대적 상품가치의 현상적인 운동 뒤에 숨겨진 하나의 비밀이다. 그리고 이 비밀에 대한 과학적 발견은 노동생산물의 가치량이 그냥 우연적으로 결정된다는 겉보기의 현상을 지양하기는 하지만, 노동량에 따라 가치가 결정된다는 현상 그 자체는 결코 지양하지 못한다. (『자본』 제1권, 1890년 제4판)

기계가 피스톤 회전수를 높인다: 절대적·상대적 잉여가치

생산된 잉여가치의 양은 노동자 한 사람의 1노동일이 제공하는 잉여가치에 사용된 노동자 수를 곱한 것과 같다. 그러나 또 노동력의 가치가 주어져 있다면 노동자 한 사람이 생산하는 잉여가치량은 잉여가치율에 의해 정해지므로, 결국 다음과 같은 제1법칙이 도출된다. 즉 생산된 잉여가치의 양은 투하된 가변자본의 양에 잉여가치율을 곱한 것과 같다. 바꾸어 말해서 그것은 한 자본가에 의해 동시에 착취당하는 노동력의 수와 개별 노동력의 착취도를 합한 비율에 의해 정해진다. (…)

일정량의 잉여가치 생산에서 한쪽 요인의 감소는 다른 쪽 요인의 증가에 의해서 상쇄될 수 있다. 가변자본이 감소하더라도 동시에 같은 비율로 잉여가치율이 증가한다면 생산되는 잉여가치의 양은 변하지 않는다. (…) 이리하여 가변자본의 감소는 노동력 착취도의 비례적인 증가로 상쇄되고 또 사용노동자 수의 감소는 노동일의 비례적 연장으로 상쇄될 수 있다. 따라서 일정한 범위 내에서는 자본이 짜낼 수 있는 노동의 공급이 노동자의 공급에 의존하지 않게 된다. 거꾸로 가변자본의 크기〔또는 사용노동자 수〕가 비례적으로 증가할 때는 잉여가치율이 감소하더라도 생산되는 잉여가치의 양은 달라지지 않는다.

그러나 노동자 수나 가변자본의 크기를 잉여가치율의 증가 또는 노동일의 연장을 통해 보전하는 데는 넘을 수 없는 한계가 있다. 노동력의 가치가 얼마이든〔즉 노동자의 생존에 필요한 노동시간이 2시간이든 10시간이든〕 한 사람의 노동자가 하루에 생산할 수 있는 총 가치는 늘 24노동시가 대상화되는 가치보다도 적으며 (…)

원래 언제나 24시간보다 짧은 평균노동일의 절대적 한계는 가변자본의 감소를 잉여가치율의 증대로써 상쇄하거나 착취당하는 노동자 수의 감소를 노동력 착취도의 증대로 보전하는 데 절대적인 한계를 이룬다. 이 명약관화한 제2법칙은 (…) 자본의 경향, 즉 자본이 고용한 노동자 수 또는 노동력으로 전화하는 가변자본 부분을 될 수 있는 한 축소하려는 자본의 경향〔다시 말해서 가능한 한 많은 양의 잉여가치를 생산하려는 자본의 또다른 경향과는 모순되는 경향〕에서 발생하는 많은 현상을 설명하는 데 매우 중요하다. 반대로, 사용되는 노동력의 양이나 가변자본의 크기가 증가하더라도 그것이 잉여가치율의 저하에 미치지 못하면 생산되는 잉여가치의 양은 감소한다.

제3법칙은 생산되는 잉여가치의 양이 잉여가치율과 투하된 가변자본의 크기라는 두가지 요인에 따라 결정된다는 점에서 나온다. 잉여가치율[또는 노동력의 착취도]이 주어져 있고 또 노동력의 가치[또는 필요노동시간의 길이]가 주어져 있다면, 가변자본이 커지는 만큼 생산되는 가치와 잉여가치의 양도 커진다는 것은 자명한 일이다. 노동일의 한계가 주어져 있고 그 필요노동 부분의 한계도 주어져 있다면 한 사람의 자본가가 생산하는 가치와 잉여가치의 양은 명백히 그가 운용하는 노동량에 따라서만 결정된다. 그런데 주어진 가정 아래에서 이 노동량은 그가 착취하는 노동력의 양[또는 노동자 수]에 따라 정해지고 그것은 그가 투하하는 가변자본의 크기에 따라 결정된다. 즉 잉여가치율과 노동력의 가치가 주어져 있다면 생산되는 잉여가치의 양은 투하되는 가변자본의 크기에 정비례한다. 그러나 우리가 알고 있듯이 자본가는 자신의 자본을 두개의 부분으로 나눈다. 한 부분은 생산수단에 지출한다. 이것은 그의 자본 가운데 변하지 않는 부분이다. 다른 한 부분은 살아 있는 노동력으로 바꾼다. 이 부분은 그의 가변자본을 이룬다. 동일한 생산양식의 기초 위에서도 생산부문이 다르면 불변과 가변 부분으로의 자본 분할도 달라지게 된다. 같은 생산부문 안에서도 생산과정의 기술적 기초나 사회적 결합이 변동하면 이 비율도 함께 변동한다. 주어진 자본의 불변 부분과 가변 부분으로의 분할비율이 얼마이든 지금 얘기한 이 법칙은 그것과 아무 상관이 없다. 왜냐하면 앞의 분석에 따라 불변자본의 가치는 생산물가치 속에서 재현되기는 하지만, 새로 형성되는 가치생산물 속에는 들어가지 않기 때문이다. 1000명의 방적공을 사용하는 데는 반드시 100명을 사용할 때보다 더 많은 원료나 방추 따위가 필요하다. 그러나 이들 추가되는 생산수단의 가치가 증가하든 감소하든 변하지 않든 또는 크든 작든, 그것은 이들 생산수단을 움직이는 노동력의 가치증식과정에는 아무런 영향도 끼치지 않는다. 따라서 위에서 확인된 법칙은 다음과 같은 형태를 띠게 된다. 즉 노동력의 가치가 주어져 있고 노동력의 착취도가 같을 때는 이들 각 자본에 의해서 생산되는 가치 및 잉여가치의 양은 이들 자본의 가변부분(즉 살아 있는 노동력으로 전화되는 부분)의 크기에 정비례한다. (…)

한 사회의 총자본에 의해서 날마다 움직여지는 노동은 하나의 단일한 노동일로 간주할 수 있다. 예를 들어 노동자의 수가 100만 명이고, 노동자 한 사람의 평균노동일이 10시간이라면, 사회적 노동일은 1000만 시간이 된다. 이 노동일의 한계가──육체적인 것이든 사회적인 것이든──주어져 있다면, 잉여가치의 양은 오로지 노동자의 수(즉 노동자 인구)의 증가를 통해서만 증대될 수 있다. 이 경우에는 인구의 증대가 사회적 총자본에 의한 잉여가치 생산의 수학적 한계를 이룬다. 거꾸로 인구의 크기가 주어져 있다면, 이 한계는 노동일을 얼마나 연장할 수 있는가에 의해서 주어진다. (…) 지금까지 우리는 노동일 가운데 자본에 의해 지불되는 노동력 가치만큼을 생산하는 부분을 불변의 크기로 간주해왔는데, 그것은 생산조건이 주어진 상태에서는(즉 현존하는 사회의 일정한 경제적 발전단계에서는) 실제로 그렇게 불변의 크기다. 노동자는 이러한 자신의 필요노동시간을 넘어서서 2시간, 3시간, 4시간, 6시간 등을 더 일할 수 있었다. 잉여가치율과 노동일의 길이는 이것이 얼마나 연장되는가에 달려 있었다. 필요노동시간은 불변적인 반면 노동일

348

전체는 가변적이었다. (…)

　노동력의 가치〔곧 노동력의 생산에 필요한 노동시간〕는 노동력의 가치를 재생산하는 데 필요한 노동시간을 결정한다. 1노동시간이 1/2실링, 곧 6펜스의 금액으로 표시되고 노동력의 하루가치가 5실링이라면, 노동자가 자본으로부터 지불받은 자기 노동력의 하루가치를 보전하기 위해서는〔다시 말해 자기에게 필요한 하루 생활수단의 가치만큼을 생산하기 위해서는〕하루에 10시간을 노동해야만 한다. 이처럼 생활수단의 가치가 주어지면 그의 노동력의 가치도 주어지고, 그의 노동력 가치가 주어지면 그의 필요노동시간의 크기도 주어진다. 그런데 잉여노동의 크기는 1노동일 전체에서 필요노동시간을 공제함으로써 얻어진다. 12시간에서 10시간을 공제하면 2시간이 남는데, 그러나 주어진 조건 아래에서 잉여노동이 어떻게 2시간 이상으로 연장될 수 있는가는 알 수 없다. (…)

　노동일의 길이가 주어져 있다면 잉여노동의 연장은 필요노동시간의 단축에서 생겨나는 것이지, 그와 반대로 필요노동시간의 단축이 잉여노동의 연장에서 생겨나는 것은 아니다. 우리의 예에서 말한다면 필요노동시간이 10시간에서 9시간으로 1/10만큼 감소하고 따라서 잉여노동도 2시간에서 3시간으로 늘어나기 위해서는 노동력의 가치가 실제로 1/10만큼 하락하지 않으면 안 된다.

　그러나 이렇게 노동력의 가치가 1/10만큼 하락한다는 것은 그 자체로 이미 이전에는 10시간에 생산되었던 것과 똑같은 양의 생활수단이 이제는 9시간에 생산됨을 전제한다. 그렇지만 이것은 노동생산력의 향상 없이는 불가능한 일이다. 예를 들어 어떤 제화공이 주어진 온갖 수단을 동원하여 12시간의 노동일 동안에 한켤레의 장화를 만들 수 있다고 하자. 그가 같은 시간에 두켤레의 장화를 만들려면 그의 노동생산력은 두배로 되어야 한다. 그리고 그처럼 노동생산력이 두배가 되는 것은 그의 노동수단이나 그의 노동방법 또는 이 두가지 모두가 동시에 변화하지 않고서는 불가능하다. 그러므로 그의 노동이 이루어지는 여러 생산조건(즉 그의 생산방식, 따라서 노동과정 그 자체) 속에서 하나의 혁명이 일어나지 않으면 안 된다. 우리가 여기에서 노동생산력의 향상이라고 말하는 것은 일반적으로 한 상품을 생산하는 데 사회적으로 필요한 노동시간을 단축시키는(즉 더 적은 양의 노동으로 더 많은 양의 사용가치를 생산하는 힘을 획득하게 되는) 노동과정에서의 변화를 뜻한다. 따라서 지금까지 살펴본 잉여가치의 생산형태에서는 생산방식이 주어진 것으로 가정되었지만, 사실 필요노동을 잉여노동으로 전화함으로써 잉여가치를 생산하는 방법으로는 자본이 옛날부터 전래된 형태나 현존형태의 노동과정을 통해서 단지 그 지속시간을 연장하는 방법만으로는 결코 충분하지 않다. 즉 자본은 노동생산력을 향상시키고, 그럼으로써 노동력의 가치를 하락시켜서 노동일 가운데 이 노동력 가치의 재생산에 필요한 부분을 단축시키기 위해 노동과정의 온갖 기술적·사회적인 조건(즉 생산방식 그 자체)을 변혁시켜야 한다.

노동일의 연장을 통해서 생산된 잉여가치를 나는 절대적 잉여가치라고 부른다. 반면 필요노동시간의 단축과 그에 상응하는 노동일의 두 구성 부분 사이의 비율 변화에서 생겨나는 잉여가치는 상대적 잉여가치라고 부른다.

노동력의 가치를 저하시키기 위해서는 노동력의 가치를 결정하는 생산물, 즉 일상적 생활수단의 범위에 속하거나 또는 그것을 대체할 수 있는 생산물이 생산되는 산업부문들에서 생산력이 상승하지 않으면 안 된다. 그러나 한 상품의 가치는 그 상품에 최종적인 형태를 부여하는 노동량뿐 아니라 그 상품의 생산수단에 포함된 노동량에 의해서도 결정된다. 예를 들어 장화의 가치는 제화노동에 의해서 뿐 아니라 가죽·수지·실 따위의 가치에 의해서도 결정된다. 따라서 필요생활수단의 생산에 사용되는 불변자본의 물질적 요소, 즉 노동수단과 노동재료를 공급하는 산업들에서 생산력이 상승하고 그에 따라 상품가격이 하락한다면 이것도 역시 노동력의 가치를 떨어뜨리게 된다. 반면 필요생활수단을 공급하는 것도 아니고, 그것을 생산하기 위한 생산수단을 공급하는 것도 아닌 다른 생산부문들에서는 생산력이 상승하더라도 노동력 가치에 영향을 끼치지 않는다.

물론 가격이 하락한 상품은 그것이 노동력의 재생산에 개입하는 비율만큼만 노동력의 가치를 저하시킨다. 예를 들어 내의는 필요생활수단이지만 많은 필요생활수단 가운데 하나일 뿐이다. 내의가격의 하락은 단지 노동자의 지출 가운데 내의에 대한 지출만 감소시킬 뿐이다. 그렇지만 필요생활수단의 총량은 여러 개별 산업부문들에서 제각기 생산된 다양한 상품들로 구성되어 있으며, 이들 각 상품의 가치는 늘 노동력 가치 가운데 일부를 형성한다. 노동력의 가치는 그 재생산에 필요한 노동시간과 함께 감소하며, 이 노동시간 전체의 감소는 바로 그 개별 생산부문들에서의 노동시간 감소의 합계와 같다. 우리는 이 일반적 결과를 여기에서는 마치 그것이 모든 개별적 경우의 직접적 결과이고 직접적 목적인 것처럼 취급한다. 물론 한 개별 자본가가 노동생산력을 향상시킴으로써 예를 들어 내의의 가격을 떨어뜨린다 할지라도, 그것이 반드시 그가 그만큼의 노동력 가치(즉 그만큼의 필요노동시간)를 줄이려는 목적을 염두에 둔 것이라고는 할 수 없다. 그러나 결과적으로는 그는 이런 결과에 기여한 셈이 되며, 그런 한에서 그는 전반적인 잉여가치율의 상승에 기여한 셈이 된다. 자본의 모든 일반적·필연적 경향은 그 현상형태와 구별되어야 한다.

자본주의적 생산의 내재적 법칙이 자본의 외적 운동으로 나타나는 방식, 즉 경쟁의 강제법칙으로 관철되고 그리하여 개별 자본가에게 강력한 유인으로 의식되는 방식을 여기서 고찰할 수는 없다. 그러나 천체(天體)의 외관상의 운동이 〔현실적이긴 하지만 감각적으로는 느낄 수 없는〕 그 운동을 알고 있는 사람에게만 이해될 수 있듯이, 경쟁의 과학적 분석도 자본의 내적 본질이 파악될 때에만 비로소 가능해진다. 그러나 지금까지 얻어진 결과만을 토대로 상대적 잉여가치의 생산을 이해하기 위해서는 다음 사항에 주의하지 않으면 안 된다.

1노동시간이 6펜스, 즉 1/2실링의 금액으로 표시된다면 12시간의 노동일은 6실링의 가치를 생산한다. 주어진 노동생산력 아래에서 이 12시간 동안 12개의 상품이 생산된다고 가정해보자. 그리고 이 상품 1개에 사용된 원료 등의 생산수단 가치가 6펜스라고 하자. 이런 상황에서 개별 상품의 가치는 1실링이다. 즉 6펜스는 생산수단의 가치에 해당하는 것이고, 나머지 6펜스는 이 생산수단을 가공할 때 새롭게 부가되는 가치에 해당한다. 그런데 이제 어떤 자본가가 노동생산력을 2배로 증가시켜 12시간의 노동일 동안 이 상품을 12개가 아니라 24개를 생산하는 데 성공했다고 하자. 생산수단의 가치가 불변이라면 개별 상품의 가치는 이제 9펜스로 떨어진다. 즉 6펜스는 생산수단의 가치를, 3펜스는 최종 노동에 의해 새로 부가된 가치를 이룬다. 노동생산력이 2배가 되었는데도 1노동일은 종전대로 6실링의 새로운 가치를 창출할 뿐이고 다만 이 새로운 가치가 이제는 2배의 생산물에 배분될 뿐이다. 따라서 각 생산물에는 이 총가치의 1/12이 아닌 1/24만이, 즉 6펜스가 아닌 3펜스만이 할당된다. 다시 말해서 생산수단이 생산물로 전화할 때 생산물 1개당 생산수단에 부가되는 노동시간은 종전과 같이 1시간이 아닌 1/2시간이다. 이 상품의 개별적 가치는 이제 그것의 사회적 가치보다 낮다. 즉 이 상품은 사회적 평균조건 아래에서 생산된 대다수의 같은 상품들보다 더 적은 노동시간을 필요로 한다. (…) 그러나 한 상품의 현실적인 가치는 그것의 개별적 가치가 아니라 그것의 사회적 가치다. 즉 이 현실적인 가치는 각각의 경우 생산자가 그 상품에 실제로 소비하는 노동시간에 의해서가 아니라 그 상품의 생산에 사회적으로 필요한 노동시간에 의해서 측정된다. 따라서 새로운 방법을 사용하는 자본가가 자기 상품을 그 사회적 가치인 1실링으로 판매한다면, 그는 그것을 그것의 개별적 가치보다 3펜스 높게 판매한 것이고 그럼으로써 3펜스의 특별잉여가치를 실현하게 된다. 그러나 다른 한편 12시간의 노동일은 이제 그에게 이전의 12개가 아닌 24개의 상품으로 표시된다. 그러므로 1노동일의 생산물을 판매하기 위해서 자본가는 2배의 판매, 즉 2배로 큰 시장을 필요로 한다. 다른 조건이 불변이라면 그의 상품은 가격인하를 통해서만 더 큰 시장을 차지할 수 있다. 따라서 그는 상품을 그 개별적 가치보다 높게, 그러나 그 사회적 가치보다는 낮게, 예를 들어 1개당 10펜스로 판매할 것이다. 그렇게 한다 해도 그는 여전히 상품 1개당 1펜스씩의 특별잉여가치를 뽑아낸다. 그에게 이러한 잉여가치의 증대는 그의 상품이 필요 생활수단의 범위에 속하든 속하지 않든, 따라서 그의 상품이 노동력의 일반적 가치에 결정적으로 관여하든 그렇지 않든 간에 일어난다. 따라서 그런 문제와는 별개로 개별 자본가들은 노동생산력을 높여서 상품 가격을 낮추려는 동기를 갖게 된다. (…)

그러나 다른 한편, 새로운 생산방식이 일반화하고 따라서 저렴하게 생산된 상품의 개별적 가치와 그 사회적 가치 사이의 차이가 소멸하게 되면 그 특별잉여가치는 소멸해버린다. 가치가 노동시간에 따라 결정되는 법칙은 새로운 방법을 이용하는 자본가에게는 자신의 상품을 그 사회적 가치 이하로 판매하지 않으면 안되게끔 하고, 그리고 또한 바로 이 법칙이 경쟁의 강제법칙으로 작용하여 그의 경쟁자들로 하여금 새로운 생산방식을 채택하지 않을 수 없도록 만든다. 따라서 일반적 잉여가치율은 필요생활수단의 생산부문에서 생산력이 상승하여 필요생활수단에 속하는〔따라서 노동력 가치를 구성하는〕상품들의 가격이 하락할 때에만 비로소 전과정을 통하여 영향을 받는다.

상품의 가치는 노동생산력에 반비례한다. 노동력의 가치 역시 그것이 여러 상품들의 가치에 의해 정해지기 때문에 마찬가지다. 반면 상대적 잉여가치는 노동생산력에 정비례한다. 그것은 노동생산력이 상승 또는 하락할 때마다 함께 상승 또는 하락한다. (…) 따라서 상품의 가격을 떨어뜨리고 그럼으로써 노동자 자체의 가격을 떨어뜨리기 위해 노동생산력을 증대시키는 것은 자본의 내재적 충동이자 끊임없이 지속되는 경향이다.

상품을 생산하는 자본가에게 상품의 절대적 가치 그 자체는 아무런 관심사도 아니다. 그가 관심을 기울이는 것은 단지 상품 속에 포함되어 있는〔그리고 판매를 통해서 실현될 수 있는〕잉여가치뿐이다. 잉여가치의 실현은 당연히 투하된 가치의 보전을 포함한다. 상품의 가치는 노동생산력의 발전에 반비례하여 감소하지만 상대적 잉여가치는 그 발전에 정비례하여 증가하므로, 결국 동일한 하나의 과정이 상품의 가격을 하락시키면서 동시에 그 속에 포함된 잉여가치를 증가시킨다. 그리하여 교환가치의 생산에만 관심이 있는 자본가가 왜 상품의 교환가치를 끊임없이 저하시키려고 노력하는지 그 수수께끼가 해명되는데 (…)

따라서 자본주의적 생산에서 노동생산력의 발전을 통한 노동의 절약은 결코 노동일의 단축을 목적으로 하지 않는다. 그것은 다만 일정 상품량의 생산에 필요한 노동시간의 단축을 목적으로 할 뿐이다. 자신의 노동생산력이 상승하여 노동자가 1시간 동안에 예를 들어 과거에 비해 10배의 상품을 생산하게 되고, 그리하여 하나의 상품을 생산하는 데 필요한 노동시간이 과거에 비해 1/10만 소요된다 해도, 이것은 그가 여전히 종전처럼 12시간 동안 노동하고 또 그 12시간 동안에 종전의 120개 대신 이제 1200개를 생산한다는 사실에는 아무런 영향을 미치지 않는다. 아니 오히려 그의 노동일은 더욱 연장되어 이제 그는 14시간 동안 1400개를 생산하게 될지도 모른다. (…)

기계가 상대적 잉여가치를 생산하는 것은 그 기계가 직접적으로 노동력의 가치를 감소시키거나 또는 노동력의 재생산에 필요한 온갖 상품의 가치를 떨어뜨림으로써 노동력의 가치를 간접적으로 하락시키기 때문만이 아니다. 기계는 처음 몇군데에서 도입되었을 경우 그 소유주가 고용한 노동을 더욱 강화된 노동으로 전화시킴으로써 기계 생산물의 사회적 가치를 그 개별적 가치 이상으로 높이며, 따라서 자본가들이 하루 생산물의 더 적은 가치 부분으로 노동력의 하루가치를 보전할 수 있게 해주기도 하기 때문이다. 그러므로 기계제 경영이 아직도 일종의 독점상태로 되어 있는 이 과도기 동안의 이득은 아주 특별한 것이어서, 자본가는 될 수 있는 한 노동일을 최대한 연장함으로써 이 '첫사랑 시절'을 철저히 이용하려고 한다. 이득이 크다는 사실이 보다 더 큰 이득을 얻기 위한 열망을 불러일으킨다.

같은 생산부문에서 기계가 점차 확산되어 일반화되고 나면 기계 생산물의 사회적 가치는 그 개별 가치로 하락한다. 그래서 잉여가치는 자본가가 기계를 도입함으로써 불필요해진 노동력에서 발생하는 것이 아니라 거꾸로 자본가가 기계에 사용하는 노동력에서 발생하게 되는 법칙의 적용을 받는다. 잉여가치는 오로지 자본의 가변 부분으로부터만 발생하고, 또 앞서 살펴본 바와 같이 잉여가치량은 두가지 요인(즉 잉여가치율과 한꺼번에 고용된 노동자의 수)에 의해 정해진다. 노동일의 길이가 주어져 있다면 잉여가치율은 노동일이 필요노동과 잉여노동으로 나누어지는 비율에 따라 결정된다. 또 한꺼번에 고용된 노동자의 수는 불변자본 부분에 대한 가변자본 부분의 비율에 따라서 결정된다. 그리하여 이제 기계제 경영이 아무리 노동생산력을 높여서 필요노동을 줄이고 잉여노동을 확대시킨다 해도, 그것은 단지 기계제 경영이 일정한 자본에 의해 고용된 노동자 수를 감소시킴으로써만 창출된다는 것이 명백하다. 기계제 경영은 자본 가운데 이전에는 가변적이었던 부분(즉 살아 있는 노동력으로 전환되는 부분)을 기계(즉 결코 잉여가치를 생산하지 않는 불변자본)로 전화시킨다. 예를 들어 24명의 노동자에게서 착취한 것과 같은 양의 잉여가치를 2명의 노동자에게서 착취하는 것은 불가능한 일이다. 24명의 노동자가 각자 12시간의 노동 가운데 1시간씩만 잉여노동을 제공한다면 이들은 모두 합해서 24시간의 잉여노동을 제공하게 되는데, 2명의 노동자는 각자 12시간의 노동 모두를 합하더라도 24시간밖에 되지 않기 때문이다. 그러므로 잉여가치를 생산하기 위해서 기계를 사용한다는 말 속에는 하나의 내적 모순이 존재한다. 왜냐하면 기계의 사용이 일정 크기의 자본에 의해 창출된 잉여가치

356

의 두가지 요인 가운데 한 요인인 잉여가치율을 증가시키기 위해서는 오로지 다른 한 요인인 노동자 수를 감소시키는 수밖에 다른 도리가 없기 때문이다. 한 산업부문에서 기계의 보급이 일반화됨에 따라 기계에서 생산되는 상품의 가치가 같은 종류의 모든 상품에 대한 사회적 가치의 기준이 되면, 이 내적 모순은 금방 바깥으로 드러나게 된다. 그리하여 이 모순 때문에 또다시 자본은 스스로 의식하지는 못하지만, 착취당하는 노동자 수가 상대적으로 감소하면 상대적 잉여노동뿐 아니라 절대적 잉여노동의 증가를 통해서도 이를 보충하고자 무리하게 노동일을 연장하려고 한다.

이리하여 기계의 자본주의적 사용은 한편으로는 노동일을 무제한으로 연장하려는 강력한 동기를 새로 만들어내고, 또 노동양식과 사회적 노동조직의 성격을 이런 경향에 맞서 저항하지 못하도록 변혁시킨다. 다른 한편으로 그것은 노동자계급 가운데 지금까지 자본의 수중에 들어가지 않았던 모든 계층을 자본에 편입시키고, 또 기계에 의해 밀려난 노동자들을 해고함으로써, 자본이 지시하는 법칙에 따르지 않을 수 없는 과잉 노동자인구를 창출한다. 그리하여 기계가 노동일의 관습적 장애와 자연적 장애를 모두 제거해버리는—근대 산업사에서 주목할 만한—현상이 일어난다. 그 결과 노동시간을 단축하기 위한 가장 강력한 수단이 노동자와 그 가족의 모든 생활시간을 자본의 가치증식에 이용할 수 있는 노동시간으로 전화시키는 가장 확실한 수단으로 뒤바뀌는 경제학적 역설이 생겨난다. 고대의 가장 위대한 사상가 아리스토텔레스는 이런 몽상을 했다.

만일 다이달로스(Daedalos, 그리스신화에 나오는 건축과 공예의 명장—옮긴이)의 작품이 저절로 움직이거나 헤파이스토스(Hephaestos, 그리스 신화에 나오는 불과 대장간의 신으로 신들의 무기를 만들었다——옮긴이)의 삼각 대가 스스로 알아서 신성한 일을 수행한 것처럼 모든 도구가 시키는 대로 또는 스스로 알아서 자신이 해야 할 일을 할 수 있다면, 그래서 만일 북이 저 혼자 알아서 베를 짠다면, 십장에게는 조수가 필요없을 것이고 주인에게는 노예가 필요없을 것이다. (비제F. Biese 『아리스토텔레스의 철학』 *Die Philosophie des Aristoteles*, 제2권, 1842, 408면.)

또한 키케로 시대의 그리스 시인 안티파트로스는 모든 생산기계의 기본형태인 곡물을 찧는 물레방아의 발명을 여자노예의 해방과 황금시대의 도래를 가져온 사건으로 칭송해 마지않았다! (…) 안티파트로스의 시는 (…) 근대적인 견해와 고대적인 견해 사이의 대립을 특징적으로 보여주는 것이기 때문에, 여기서 그 시를 슈톨베르크의 번역으로 옮겨보겠다.

방아 찧는 아가씨여,
그 손을 놓고 잠시 눈을 붙이거라, 편안하게!
수탉이 쓸데없이 새벽을 알리더라도!
데오 여신(데메테르)은 그대의 노동을 님프에게 일러,
요정은 이제 사뿐히 수차에 뛰어오른다.
바퀴는 축과 박자를 맞춰 흔들흔들 돌며
무거운 맷돌을 뱅글뱅글 돌린다.
우리들도 선조처럼 살다 가야지
여보게, 일손을 놓고 여신이 주신 선물을 즐기세.

358

(슈톨베르크Christian Graf zu Stolberg 『그리스 시집』*Gedichte aus dem Griechisch-en*, 1782.)

"이교도, 그렇다 그들은 바로 이교도들인 것이다!" 이미 앞서 발견했듯이 영리한 바스띠아(Claude Frédéric Bastiat)는 물론 그보다 더 영리했던 매컬럭도 경제학과 기독교에 대해서는 아무것도 알지 못했다. 그들은 특히 기계가 노동일의 연장을 위한 가장 확실한 수단임을 이해하지 못했다. 그들은 아마 어떤 사람의 노예상태가 다른 사람의 완전한 인간적 발달을 위한 수단이라는 점을 용인했을 것이다. 그러나 촌스럽고 교양 없는 일부 벼락부자들을 '우수한 방적업자'나 '대규모 쏘시지 제조업자' 또는 '유력한 구두약 상인'으로 만들기 위해 대중을 노예화할 필요가 있다는 설교를 하기에는 그들에게는 기독교라는 도구가 마련되어 있지 않았다. (…)

기계가 자본의 손 안에서 만들어낸 노동일의 무제한적 연장은 이미 보았듯이 뒤에 그 생활의 근원을 위협당한 사회의 반작용을 불러일으켰고 또 그 결과 표준노동일의 법적 제한을 가져왔다. 이 표준노동일의 바탕 위에서 하나의 현상 (…) 즉 노동의 강화가 결정적으로 중요한 것으로서 발전해간다. 절대적 잉여가치의 분석에서는 무엇보다도 먼저 노동의 외연적인 크기가 문제였고 노동의 강도는 주어진 것으로 전제했다. 그런데 이제는 외연적 크기로부터 내포적 크기[즉 정도의 크기]로 우리의 눈을 돌려 고찰해보기로 한다.

기계제의 진보와 기계노동자라는 독특한 계급의 경험이 축적됨에 따라 노동의 속도가 증대하고, 또 이에 따라 노동의 강도도 자연적으로 증가하는 것은 자명한 일이다. 예를 들어 영국에서는 반세기 동안 노동일의 연장이 노동강도 강화와 함께 진행되어 왔다. 그러나 누구나 이해할 수 있듯이, 일시적인 발작으로서가 아니라 날마다 되풀이되는 규칙적인 균등성을 가지고 이루어지는 노동에서 노동일의 연장과 노동강도의 강화라는 이 두 경향은 서로 충돌되기 마련이다. 즉 노동일의 연장은 노동강도의 약화를 통해서만 가능하며 거꾸로 노동강도를 높이려면 노동일을 단축하지 않으면 안 된다. 노동자계급의 저항이 점차 거세지면서 국가가 어쩔 수 없이 노동시간을 단축하고 특히 무엇보다도 공장에 대해 표준노동일을 명령하게 되자[따라서 노동일의 연장을 통한 잉여가치생산의 증대가 완전히 불가능하게 되자] 그 순간부터 자본은 전력을 투구하여[또한 전적으로 의식을 집중하여] 기계제의 발달을 촉진시킴으로써 상대적 잉여가치의 생산에 열중했다. 그러자 동시에 상대적 잉여가치의 성격에 하나의 변화가 나타나기 시작했다. 일반적으로 말하면 상대적 잉여가치의 생산방식은 노동생산력을 높임으로써 노동자가 똑같은 노동 지출로 똑같은 시간에 더 많은 양을 생산할 수 있게 하는 것이다. 노동시간이 똑같기 때문에 총생산물에 부가되는 가치는 변함이 없다. 물론 변하지 않은 이 교환가치는 이제 보다 많은 사용가치를 나타내고, 따라서 개별 상품의 가치는 저하된다. 그러나 강제된 노동일의 단축이 유발하는 경향, 즉 생산력을 발전시키고 생산조건을 절약하도록 강력한 압력을 행사할 뿐 아니라 같은 시간동안의 노동지출과 노동력의 긴장을 증대시키고, 노동시간의 틈새를 더 높은 밀도로 충전시키는[즉 노동을 농축시키는] 등의 이런 경향이 이미 단축된 노동일의 범위 내에서만 달성되도록 노동자에게 강요되면 사태는 변하기 시작한다. 주어진 시간 안에 더 많은 양의 노동이 이처럼 압축되면 이제 이 노동은 바로 그 크기대로, 즉 더 커진 노동량으로 계산된다. '외연적 크기'

360

로서의 노동시간이라는 척도와 함께 이제는 노동의 밀도라는 척도가 나타난다. 이제 더 높은 밀도의 10시간 노동일은 더 낮은 밀도의 12시간 노동일과 같거나 또는 더 많은 노동(즉 더 많이 지출된 노동력)을 포함한다. 따라서 전자의 1시간 생산물은 후자의 1과 1/5시간의 생산물과 같거나 더 큰 가치를 갖는다. 예를 들어 지금 필요노동이 6과 2/3시간, 잉여노동이 3과 1/3시간일 때, 이 잉여노동은 노동생산성의 상승에 따른 상대적 잉여가치의 증가를 제외하더라도 이전의 필요노동이 8시간, 잉여노동이 4시간일 때와 똑같은 가치량을 자본가에게 준다.

그러면 이제 다음 문제는 노동강도의 강화가 어떻게 이루어지느냐다.

노동일의 단축이 빚어내는 일차적인 효과는 노동력의 작업능력이 그 작업시간에 반비례한다는 자명한 법칙에 근거한다. 그러므로 일정 한도 내에서는 노동시간의 단축으로 인해 감소된 작업성과가 노동강도의 증가를 통해서 보충될 수 있다. (…)

노동일의 단축은 먼저 노동을 농축시키는 주체적 조건(즉 주어진 시간에 더 많은 노동력을 지출할 수 있는 노동자의 능력)을 만들어낸다. 그러나 이 같은 노동일의 단축이 법으로 강제될 때는 자본의 수중에 있는 기계는 같은 시간에 더 많은 노동을 짜내기 위해 체계적으로 사용되는 객관적 수단이 된다. 여기에는 두가지 방식이 있다. 즉 기계의 속도를 높이는 방식과 한 사람의 노동자가 관리해야 할 기계의 범위나 그 작업분야의 범위를 넓히는 방법이다. 기계구조의 개량은 한편으로는 노동자에게 더 큰 압력을 가하기 위해서도 필요하지만, 다른 한편으로는 노동일의 제한이 자본가들에게 생산비를 극도로 절약하도록 강제하기 때문에 그것은 자연히 노동의 강화도 함께 수반하게 된다. 증기기관의 개량은 피스톤의 1분당 운동횟수를 증가시키고 또 더 많은 동력을 절약함으로써 똑같은 동력기로 (석탄의 소비가 전과 같거나 심지어 감소할 경우에도) 훨씬 큰 규모의 공정단위를 가동할 수 있도록 해준다. (…)

조금도 의심할 여지없이 법률이 자본에 대해서 노동일의 연장을 일시에 금지시키자마자 노동강도를 조직적으로 높여서 그 손실을 메우고 온갖 방법으로 기계를 개량하여 노동착취를 강화하고자 한 자본의 경향은 결국 또다른 전환점을 향해 나아가지 않을 수 없게 되었다. 즉 자본은 다시 한번 노동시간을 단축하지 않을 수 없게 된 것이다. (『**자본**』제1권, 1890년 제4판)

생산수단과 생산수단에 통합된 노동력 사이의 관계: 자본의 유기적 구성의 변동

자본의 구성은 이중의 의미로 파악되어야 한다. 가치 측면에서 보면 자본의 구성은 불변자본(또는 생산수단의 가치)과 가변자본(또는 노동력의 가치, 즉 임금의 총액) 사이의 비율에 따라 결정된다. 생산과정에서 사용되는 소재의 측면에서 본다면 각 자본은 생산수단과 살아 있는 노동력으로 나뉜다. 이 구성은 사용되는 생산수단의 양과 그것을 사용하는 데 필요한 노동력 사이의 비율에 의해 결정된다. 나는 첫번째 구성을 자본의 가치구성, 두번째 구성을 자본의 기술적 구성이라 부르겠다. 이들 둘 사이에는 밀접한 상호관계가 있다. 이 상호관계를 나타내기 위해 나는 자본의 가치구성이 자본의 기술적 구성에 의해 결정되고 이 기술적 구성의 변화를 반영하는 경우에 한해서 그것을 자본의 유기적 구성이라 부를 것이다. 그냥 자본의 구성이라고 말하는 경우에는 언제나 자본의 유기적 구성이라고 이해해야 할 것이다.

어떤 하나의 생산부문에 투하된 수많은 개별 자본들은 서로 어느정도 구성이 다르다. 이 자본들의 개별적 구성을 평균한 것이 그 생산부문의 총자본 구성이다. 끝으로, 모든 생산부문의 평균 구성의 총평균이 한 나라의 사회적 자본의 구성이며, 앞으로의 논의에서는 이것만을 문제로 삼는다.

자본의 증대는 그 가변성분〔즉 노동력으로 전화하는〕의 증대를 포함한다. 추가자본으로 전화하는 잉여가치 가운데 일부는 늘 가변자본〔즉 추가적 노동기금〕으로 재전화해야 한다. 다른 조건이 불변인 상태에서 자본구성도 불변이라면 〔즉 일정량의 생산수단이나 불변자본이 가동되기 위해서 언제나 똑같은 양의 노동력이 필요하다면〕 명백히 노동에 대한 수요와 노동자의 생존기금은 반드시 자본의 증대와 함께 증가할 것이며, 증가 속도에서도 자본의 증가 속도에 비례할 것이다. (…) 자본의 축적은 프롤레타리아의 증식이다. (…)

자연조건을 도외시한다면, (…) 노동의 사회적 생산성은 한 사람의 노동자가 주어진 시간에 동일한 강도의 노동력을 가지고 생산물로 전환시킨 생산수단의 상대적인 크기로 표현된다. 그가 기능하기 위해 사용하는 생산수단의 양은 그의 노동생산성과 함께 증가한다. 이때 이 생산수단은 이중의 역할을 한다. 한편으로 생산수단의 증대는 노동생산성 증대의 결과이지만 다른 한편 생산수단의 증대는 또한 노동생산성의 조건이기도 하다. 예를 들어 매뉴팩처 분업과 기계의 사용으로 같은 시간에 더 많은 원료가 가공되고 따라서 더 많은 양의 원료와 보조재료가 노동과정에 투입된다. 이것은 노동생산성 증대의 결과다. 다른 한편,

사용되는 기계와 역축, 광물성 비료나 배수관 등의 양은 노동생산성 증대를 위한 조건이다. 건물, 거대한 화로, 운송수단 등으로 집적된 생산수단의 양 역시 마찬가지다. 조건이든 결과든 생산수단에 결합되는 노동력에 비례하여 생산수단의 양이 증가하면 이것은 곧 노동생산성의 증대를 나타낸다. 따라서 노동생산성의 증대는 그 노동에 의해 작동되는 생산수단의 양에 비례하여 노동량이 감소하는 것으로 (또는 노동과정의 객관적 요소들에 비례하여 주관적 요소의 양이 감소하는 것으로) 나타난다.

자본의 기술적 구성의 이런 변화(즉 생산수단의 양이 자신에게 생명을 불어넣는 노동력의 양에 비례하여 증대하는 것)는 자본의 가치구성(즉 자본가치 중 가변성분을 희생하여 불변성분이 증대하는 것)을 통해서 반영된다. 예를 들어 한 자본에 대해 백분율로 표시해보면 처음에는 생산수단과 노동력에 각각 50퍼센트씩 투하되다가 나중에는 노동생산성이 증가하여 생산수단에 80퍼센트, 노동력에 20퍼센트가 투하되는 것이다. (…)

자본축적은 처음에는 단지 자본의 양적 확대로만 나타나지만, 앞서 보았듯이 자본구성의 끊임없는 질적 변동(즉 자본의 가변성분을 희생시키면서 불변성분이 끊임없이 증대하는 변동)을 수반하면서 진행된다.

특수한 자본주의적 생산양식과 그에 상응하는 노동생산력의 발전 그리고 그로 말미암아 일어나는 자본의 유기적 구성의 변동은 축적의 진전(또는 사회적 부의 증대)과 똑같은 보조로 진행되지 않는다. 그것들은 훨씬 더 빨리 진행된다. 왜냐하면 단순한 축적(즉 총자본의 절대적 확대)은 총자본의 개별 성분의 집중을 수반하고 추가자본의 기술적 변혁은 초기 자본의 기술적 변혁을 수반하기 때문이다. 그러므로 축적이 진행됨에 따라 불변자본 대 가변자본의 비율은 처음 1:1이었던 것이 2:1, 3:1, 4:1, 5:1, 7:1 등으로 변하고, 이로 인해 자본이 커짐에 따라 점차 그 총가치 가운데 1/2에서 1/3, 1/4, 1/5, 1/6, 1/8 등만이 노동력으로 전화되고 2/3, 3/4, 4/5, 5/6, 7/8 등은 생산수단으로 전화된다. 노동에 대한 수요는 총자본의 규모가 아니라 그 가변성분의 규모에 의해서 결정되기 때문에 총자본이 증가함에 따라 노동수요는—앞에서 상정했던 것처럼—총자본에 비례하여 증가하는 것이 아니라 오히려 점점 감소한다. 그것은 총자본의 크기에 비해 상대적으로 감소하고 또 이 크기의 증대에 따라 누진적으로 감소한다. 총자본의 증대에 따라 그 가변성분(즉 총자본에 결합되는 노동력)도 증대하기는 하지만 그 비율은 계속 감소한다. 주어진 기술적 기초 위에서 축적이 그저 생산의 확대로만 작용하는 중간 기간은 단축된다. 일정한 수의 추가 노동자를 흡수하기 위해서는(또는 옛 자본도 끊임없이 형태를 바꾸기 때문에 벌써 사용하고 있는 노동자 수를 계속 유지하기 위해서라도) 총자본의 축적이 누진적으로 가속화되는 것만으로는 충분하지 않다. 이 증대하는 축적과 집중은 그 자체가 다시 자본구성의 새로운 변동(즉 불변성분에 비해 가변성분의 한층 가속화된 감소)의 한 원천으로 돌변한다. 총자본의 증대에 따라 가속화되는(더구나 총자본 자신의 증대보다 더 급속히 가속화되는) 가변자본의 이런 상대적 감소는 다른 측면에서 보면 거꾸로 노동자 인구가 절대적으로 증가하는 것처럼—그것도 가변자본, 즉 노동인구의 고용수단의 증대보다 더 급속한 속도로—보인다. 그러나 사실은 자본주의적 축적이—물론 그 힘과 규모에 비례해서—끊임없이 상대적인, 즉 자본의 평균적 증식욕구를 초과하는 과잉의 추가적인 노동자 인구를 낳는다. (『자본』 제1권, 1890년 제4판)

보이지 않는 현상의 본질적인 부분과 표면적으로 드러나는 부분: 잉여가치율과 이윤율

자본가에게는 그가 가변자본으로부터 이윤을 얻어내기 위해 불변자본을 투입하는 것이나 불변자본의 가치를 증식시키기 위해 가변자본을 투입하는 것이나 마찬가지다. 즉 그가 기계나 원료의 가치를 증식시키기 위해 화폐를 임금에 지출하는 것이든, 노동을 착취하기 위해 기계나 원료의 구입에 화폐를 지출하는 것이든 그것은 그에게 아무런 차이가 없다. 투입자본 가운데 가변자본만이 잉여가치를 창출하지만, 그가 이 잉여가치를 창출하는 것은 다른 자본도 지출되어야 한다는 조건(즉 노동의 생산조건)에서만 가능하다. 자본가는 불변자본의 지출을 통해서만 노동을 착취할 수 있고, 또 가변자본의 지출을 통해서만 불변자본의 가치를 증식시킬 수 있기 때문에 그의 생각에는 이것이 한데 합쳐져서 똑같은 것으로 여겨진다. 더구나 그의 실제 수익률이 가변자본이 아니라 총자본에 의해서, 즉 잉여가치율이 아니라 이윤율에 (…) 의해서 결정되기 때문에 더욱 그러하다. (…)

잉여가치(혹은 이윤)는 상품가치 가운데 비용가격을 넘어서는 바로 이 초과분(즉 상품에 포함된 총노동량 가운데 지불된 노동량을 넘어서는 초과분)을 가리킨다. 따라서 잉여가치는 그것이 어디에서 비롯된 것이든 항상 투입된 총자본을 넘어서는 초과분을 말한다. 그리하여 총자본에 대한 이 초과분의 비율은 분수 $\frac{m}{C}$ (C=총자본)로 표시된다. 그래서 우리는 잉여가치율 $\frac{m}{v}$ 과 구별되는 이윤율 $\frac{m}{C} = \frac{m}{c+v}$ 을 얻게 된다.

가변자본에 대한 잉여가치의 비율은 잉여가치율이라고 부른다. 그리고 총자본에 대한 잉여가치의 비율은 이윤율이라고 부른다. 이 둘은 같은 크기를 두개의 서로 다른 분모로 나눈 것이고, 이 분모 때문에 같은 크기의 서로 다른 비율(혹은 관계)을 나타낸다.

잉여가치율이 이윤율로 전화함으로써 잉여가치가 이윤으로 전화하는 것이고 그 역은 성립하지 않는다. 그리고 실제 역사적으로도 이윤율이 출발점이었다. 상대적으로 잉여가치와 잉여가치율은 눈에 보이지 않는 것인데다 연구를 해야만 드러나는 본질적인 것인데 반해 이윤율과 이윤(즉 잉여가치의 형태)은 현상의 표면에 드러나 있다.

개별 자본가에게 유일한 관심은 상품생산에 투입된 총자본과 잉여가치 (또는 그가 자신의 상품을 팔면서 얻게 되는 가치초과분) 간의 비율임이 분명하다. 반면 이 초과분과 가변자본 부분 간의 비율이나 이들 둘 간의 내적 관련성에 대해서는 관심이 없을 뿐 아니라 오히려 이것들을 은폐하는 데 적극 관심을 갖는다. (…)

자본의 모든 부분들이 똑같이 가치초과분(이윤)의 원천으로 나타남으로써 자본관계는 은폐된다.

그러나 생산과정이 유통과정으로 넘어가는 과정에서 잉여가치가 이윤율을 통하여 이윤의 형태로 전화하는 방식은 이미 생산과정에서 일어난 주체와 객체의 전도가 계속 이어진 형태에 불과하다. 생산과정에서 우리는 이미 노동의 주체적인 생산력이 모두 자본의 생산력으로 나타나는 것을 보았다. 즉 한편에서는 가치(살아 있는 노동을 지배하는 과거의 노동)가 자본가로 화하고, 또다른 한편에서는 노동자가 대상화된(gegenständliche) 노동력(즉 상품)으로 나타난다. 아무리 단순한 생산관계에서도 이같이 전도된 관계는 반드시 그에 맞는 전도된 생각을 낳으며 이런 전도된 생각은 본래의 유통과정이 전화하고 변형되는 과

정을 통해서 더욱 진전되어 간다. (『자본』 제3권, 1894년)

총자본은 점차 적은 잉여노동을 흡수한다: 이윤율의 경향적 저하

여기에서는 잉여가치율이 일정할 때〔즉 노동착취도가 불변일 때〕 이윤율이 하락하는 경우가 제대로 나타나는데 이는 불변자본의 물적 크기와 함께 비록 같은 비율은 아니더라도 불변자본의 가치량과 그에 따른 총자본의 가치량도 함께 증가했기 때문이다.

또한 이런 자본구성의 점진적인 변화가 단지 개별 생산영역들에서만 일어나는 것으로 그치지 않고 어느정도 대다수의〔혹은 모든〕 생산영역들에서 함께 일어나고 그로 인해 한 사회에 속한 총자본의 평균 유기적 구성의 변화가 발생한다면, 이러한 가변자본에 대한 불변자본 비율의 점진적인 상승은 잉여가치율〔혹은 자본에 의한 노동착취도〕이 불변일 때, 필연적으로 일반이윤율의 점진적 하락을 가져온다. 그러나 자본주의적 생산양식이 발전해감에 따라 불변자본에 대한 가변자본의 상대적 감소〔따라서 사용되는 총자본에 대한 가변자본 비율의 감소〕가 진행되는 것은 이제 자본주의적 생산양식의 하나의 법칙으로 나타나 있다. (…) 이같이 불변자본〔따라서 총자본〕에 대한 가변자본의 끊임없는 상대적 감소는 사회적 총자본의 유기적 구성이 그 평균에서 끊임없이 고도화한다는 것과 동일한 이야기다. 이것은 또한 사회적 노동생산력이 끊임없이 발전해가는 것을 달리 표현한 것에 불과하며, 이런 노동생산력의 발전이 의미하는 것은 다름 아닌 기계나 고정자본을 좀더 많이

368

사용함으로써 같은 시간 동안에 같은 수의 노동자가 좀더 많은 원료와 보조자재를 사용하는 것으로(즉 좀더 적은 노동으로 생산물을 만들어 내는 것으로) 나타난다. 이같이 불변자본의 가치량이 증가하는 것은— 이 가치량의 증가가 불변자본을 소재적으로 구성하는 사용가치의 실제량을 증가시키는 것은 아니지만—생산물이 점차 저렴해지는 것과도 직접적인 관련이 있다. 이는 각 개별 생산물의 측면에서 본다면 노동에 지출된 자본의 비율이 생산수단에 지출된 자본의 비율보다 더 큰 경우(즉 생산수준이 보다 낮은 단계에 있는 경우)에 비해서 생산물에 포함된 노동량이 줄어드는 것을 의미한다. (…) 일반이윤율의 점진적인 하락 경향은 사회적 노동생산력의 끊임없는 발전에 대한 **자본주의적 생산양식의 한 고유한 표현**일 뿐이다. (…) 사용되는 살아 있는 노동의 양이 그것에 의해 움직여지는 대상화된 노동(즉 생산적으로 소비되는 생산수단)의 양에 비해 계속 감소하기 때문에, 이 살아 있는 노동 가운데 (…) 잉여가치로 대상화되는 부분도 사용된 총자본가치의 크기에 비해 점차 그 비율이 감소할 것이 분명하다. 그런데 사용된 총자본가치에 대한 잉여가치의 비율이 곧 이윤율이기 때문에 이윤율은 분명 계속 하락할 수밖에 없다. (…)

우리가 여기에서 이야기하는 이윤이란 잉여가치의 원천인 가변자본과 관련된 것이 아니라 총자본(가변자본이 그 일부분인)하고만 관련되는 잉여가치 그 자체의 또다른 명칭의 하나일 뿐이다. 따라서 이윤율의 하락은 선대된 총자본에 대한 잉여가치 그 자체의 비율 하락으로 나타나며 (…)

잉여가치율이 불변이거나 상승할 경우 이윤율저하의 법칙은 다음과 같이 달리 표현할 수 있다. 즉 사회적 평균자본의 일정량, 예를 들어

100이라는 어떤 자본을 상정하고 이 자본 가운데 노동수단이 차지하는 부분이 점점 더 커지고 노동이 차지하는 부분은 점점 작아진다는 것으로 표현할 수 있다. 따라서 생산수단을 움직이는 살아 있는 노동의 총량이 이 생산수단의 가치에 비해 하락하기 때문에, 이 노동 총량 중 미지불노동과 그 미지불노동을 나타내는 가치 부분도 총선대자본의 가치에 비해 하락하게 된다. 혹은 지출된 총자본 가운데 살아 있는 노동에 대한 부분이 계속해서 점점 줄어들고 따라서 이 총자본은 사용된 노동 중 지불되지 않은 부분의 비율이 지불된 부분의 비율에 비해 동시에 증가한다 하더라도, 그 크기에 비해 점차 더 작은 잉여노동만을 획득하게 된다. (…)

이윤율의 지속적인 저하 법칙 혹은 살아 있는 노동이 다루는 대상화된 노동량에 비해 획득된 잉여노동이 상대적으로 감소하는 법칙은 사회적 자본이 고용하여 착취하는 노동의 절대량에 따른 그 사회적 자본이 획득하는 잉여노동의 절대량이 증가하는 것을 결코 배제하지 않는다. 마찬가지로 개별 자본가들의 손아귀에 있는 각 개별 자본들이 좀더 많은 노동량을 통제하고 따라서 그가 지휘하는 노동자 수를 늘리지 않고도 좀더 많은 잉여노동량을 획득하는 경우 역시 배제하지 않는다.

일정한 노동인구, 예를 들어 200만 명을 상정하고 거기에다 평균노동일의 길이와 노동강도, 그리고 임금과 그에 따른 필요노동과 잉여노동 간의 비율까지도 불변이라고 가정한다면, 이 200만 명의 총노동과 잉여가치로 표현되는 그것의 잉여노동이 생산하는 가치의 크기는 여전히 불변일 것이다. 그러나 이들 노동이 다루는 불변자본의 (…) 양이 증가하면, 이들 노동이 생산한 가치량과 이 불변자본의 가치——불변자본의 양이 증가하면서 같은 비율은 아니겠지만 함께 증가하는——사이의

370

비율은 하락할 것이다. 이 비율, 따라서 이윤율은 자본이 고용하는 살아 있는 노동량과 자본이 갈취하는 잉여노동량이 여전히 똑같다고 하더라도 하락한다. 비율이 변하는 까닭은 살아 있는 노동의 양이 줄어들었기 때문이 아니라 이 노동이 움직이는 대상화된 노동의 양이 증가했기 때문이다. 우리가 여기에서 말하는 이윤율의 하락은 상대적인 것이지 절대적인 것이 아니며, 사실상 사용되는 노동이나 잉여노동의 절대량과는 아무 상관이 없다. 이윤율의 하락은 총자본의 불변자본 부분에 대한 가변자본 부분의 감소, 그것도 절대적인 감소가 아니라 상대적인 감소에 의해 발생한다. (…)

자본이 사용한 노동자 수, 즉 자본이 고용한 노동의 절대량, 따라서 자본이 착취하는 잉여노동의 절대량, 즉 자본이 생산한 잉여가치량, 다시 말해서 자본이 생산한 이윤의 절대량은 이윤율이 계속 하락하더라도 증가할 수 있고 또 계속해서 증가할 수도 있다. 이것은 단지 가능한 경우에 그치지 않는다. 이것은 자본주의적 생산에 근거할 경우에는 반드시―일시적으로 벗어나는 경우를 제외한다면―나타나는 현상이다. (…)

생산과정과 축적과정이 진전되어감에 따라 획득 가능하고 또 획득된 잉여노동의 양과 따라서 사회적 총자본에서 획득되는 이윤의 절대량은 증가할 것이 **분명하다**. 그러나 바로 이 생산과 축적의 법칙은 동시에 양은 물론 그 가치에서도 불변자본의 그것을 가변자본, 즉 살아 있는 노동으로 대체되는 자본 부분보다 더 급속히 증가시킨다. 따라서 이 법칙은 사회적 총자본에서 이윤의 절대량은 증가시키지만 이윤율은 하락시킨다. (…)

그렇다면 이제 하나의 같은 원인으로부터 야기되는 이윤율의 하락과 동시에 이윤량의 절대적 증가라고 하는 양면성을 지닌 이 법칙을 어떤 형태로 설명해야 하는 것일까? (…)

우리는 자본의 일정 단위, 예를 들어 100을 상정하고 이것을 기준으로 이윤율을 계산해보기로 하자. 이 100은 총자본의 평균구성, 즉 $80c+20v$를 나타낸다고 하자. (…) 불변자본에 대해 가변자본이 상대적으로 감소하고, 따라서 총자본 100에 대해서 가변자본이 상대적으로 감소하면 이윤율은 노동착취도가 불변이거나 증가할 경우에도 하락하며, 잉여가치의 상대적 크기, 즉 투입된 총자본가치 100에 대한 잉여가치의 비율도 함께 감소한다. 그러나 이때 잉여가치는 그 상대적 크기만 감소하는 것이 아니다. 총자본 100이 흡수하는 잉여가치[혹은 이윤]의 크기는 절대적으로도 하락한다. 잉여가치율이 100퍼센트일 때 어떤 자본 $60c+40v$는 40의 잉여가치량[혹은 이윤량]을 생산한다. 그리고 어떤 자본 $70c+30v$는 30의 이윤량을, 어떤 자본 $80c+20v$는 이윤이 더 떨어져 20이 될 것이다. 이러한 하락은 잉여가치량[따라서 이윤량]과 관련된 것이며, 따라서 착취도가 일정할 때, 총자본 100이 살아 있는 노동을 더 적게 사용함으로써, 더 적은 잉여노동[따라서 더 적은 잉여가치]이 사용되고 그 결과 더 적은 잉여노동이 생산되었기 때문에 일어난 것이다. 사회적 자본[즉 사회적 평균구성을 가진 자본]의 일정 비율을 떼어내어 잉여가치를 계산하는 산정 단위로 삼는다면──그리고 이것을 모든 이윤 계산에도 적용한다면──일반적으로 잉여가치의 상대적 감소와 절대적 감소는 일치할 것이다. 앞선 예에서 이윤율이 40퍼센트에서 30퍼센트로, 다시 20퍼센트로 하락한 것은 사실상 자본 그 자체에 의해서 생산된 잉여가치량[따라서 이윤량]이 그 절대적 크기에 있어서 40에서 30으로, 다시 20으로 감소했기 때문이다. 잉여가치의 계산 기준이 되는 자본가치량이 100이기 때문에, 이 자본의 크기가 불변일 때 잉여가치율의 하락은 단지 잉여가치와 이윤의 절대 크기의 감소에 대한 또다른 하나의 표현일 뿐이다. 이것은 사실상 동어반복이다. 그러나 이런 감소현상은 이미 앞에서 논의한 바와 같이 자본주의적 생산과정의 발전의 본질로부터 일어난다.

그러나 한편으로는 주어진 자본에 대한 잉여가치와 이윤의 절대적 감소[따라서 또한 비율로 계산된 이윤율의 하락]를 가져오는 바로 그 원인이 또한 사회적 총자본(말하자면 자본가 전체)에 의하여 획득된 잉여가치와 이윤의 절대량의 증가를 가져오는 그 원인이기도 하다. 그러면 이런 현상은 도대체 왜 일어날 수밖에 없고 또 일어날 수 있는 것일까? 혹은 외견상 모순되어 보이는 이런 일은 어떤 조건에서 일어날 수 있을까?

만일 사회적 자본의 일정 단위＝100, 따라서 사회적 평균구성을 가진 자본 100이 불변의 크기이고, 따라서 이 자본에 이윤의 절대량 감소와 이윤율의 하락이 동시에 발생한다면 바로 이것들의 계산 근거가 되는 자본의 크기가 불변이기 때문에, 가변적인 크기인 사회적 총자본의 크기와 개별 자본가들의 수중에 있는 자본의 크기는 주어진 가정에 따르기 위해서 그 가변자본 부분의 감소에 비례하여 반대방향으로 변동해야만 한다. (…)

여기에서 우리는 (…) 법칙, 즉 가변자본의 상대적 감소에 따라[즉 사회적 노동생산력의 발전에 따라] 같은 양의 노동력을 고용하고 같은 양의 잉여노동을 흡수하기 위해서는 점점 더 많은 양의 총자본이 필요하게 된다는 법칙과 만나게 된다. 따라서 자본주의적 생산이 발전해나가는 것과 똑같은 비율로 노동인구가 상대적으로 과잉이 될 가능성도 함께 커지는데 이는 사회적 노동·생산력이 감소하기 때문이 아니라 증가하기 때문이다. 다시 말하자면 그것은 노동과 생활수단 간의, 혹은 노동과 이 생활수단의 생산수단 간의 절대적인 불균형 때문이 아니라 자본주의적 노동착취가 가져오는 불균형, 즉 자본의 증가와 이 자본의 노동력(인구는 증가한다)에 대한 수요의 상대적 감소 간의 불균형 때문인 것이다.

이윤율이 50퍼센트 하락한다는 것은 그것이 절반으로 떨어졌다는 뜻이다. 따라서 이때 이윤량이 변하지 않으려면 자본이 2배로 되어야만 한다. 이윤율이 하락할 때 이윤량이 불변이기 위해서는 총자본의 증가 배수(倍數)가 이윤율의 하락 배수와 같아야만 한다. 이윤율이 40에서 20으로 하락할 경우 똑같은 잉여노동을 얻으려면 총자본이 반대로 20에서 40의 비율로 (…) 증가해야 한다. 이윤율이 40에서 8로 하락한다면 총자본은 8에서 40의 비율, 즉 5배로 증가해야 할 것이다. 40퍼센트의 이윤율에서는 자본 100만이 40만의 이윤을 생산하고 8퍼센트의 이윤율에서는 500만의 자본이 같은 이윤 40만을 생산할 것이다. 이것은 동일한 이윤을 얻고자 할 경우의 얘기다. 반면에 이윤을 더 증가시키고자 할 경우에는 자본은 이윤율의 하락 비율보다 더 큰 비율로 증가해야 할 것이다. 달리 말하면, 총자본의 가변자본 부분이, 그것이 총자본에서 차지하는 구성비율은 하락하더라도, 그 절대량은 불변이거나 증가하기 위해서는 총자본의 증가율이 가변자본의 하락율보다 더 높아야만 한다. 즉 새로운 자본구성에서 총자본은 노동력을 구매하는 데 필요한 가변자본량을 과거 수준은 물론 그보다 더 높은 수준으로까지 증가시켜야 한다. 어떤 단위 자본 100에서 가변자본 비율이 40에서 20으로 감소할 경우 가변자본의 사용량이 40 이상으로 되기 위해서는 총자본이 200

이상이 되어야만 한다. (…)

바로 이런 이유로 자본주의적 생산양식이 발전할수록 같은[혹은 좀 더 많은] 양의 노동력을 고용하기 위해서는 더욱 많은 자본량을 필요로 하게 된다. (…)

생산력의 발전과 그에 상응하는 높은 자본구성은 사용되는 노동량을 끊임없이 축소하여 생산수단의 양을 끊임없이 증가시키기 때문에, 총자본의 각 구성 부분들[즉 개별 상품 혹은 총생산량을 구성하는 각 개별 상품량]은 살아 있는 노동을 더 적게 흡수하는 것은 물론 대상화된 노동[즉 사용된 고정자본의 마모분과 소비된 원료 및 보조자재들]도 더 적게 포함한다. 말하자면 모든 개별 상품은 생산수단에 대상화된 노동과 생산과정에서 새롭게 부가되는 노동 모두 더 적은 양의 노동만을 포함한다. 따라서 개별 상품의 가격은 하락한다. 그렇지만 개별 상품 속에 포함된 이윤량은 절대적 혹은 상대적 잉여가치율이 상승할 경우 증가할 수 있다. 이 경우 이들 상품에 새롭게 추가되는 노동량은 더 적지만 이 노동량 중에서 지불되는 부분에 비해 지불되지 않는 부분은 더 증가한다. 그러나 이것은 단지 일정한 한계 내에서만 있을 수 있는 경우다. 생산이 발전해나감에 따라서 개별 상품 속에 새로 추가되는 살아 있는 노동의 절대량은 끊임없이 현저하게 감소하고, 그와 함께 그 상품 속에 포함된 지불되지 않는 노동량도, 지불되는 노동에 비해 상대적으로는 증가할지 몰라도 절대적으로는 감소한다. 노동생산력이 발전해감에 따라서 개별 상품의 이윤량은 잉여가치율의 증가에도 불구하고 크게 감소한다. 그리고 이런 감소는 이윤율의 하락과 꼭 마찬가지로 매우 완만하게 진행되는데 그것은 불변자본요소의 가치하락과 이 책의 제1편에서 언급한 바 있는, 잉여가치율의 불변 혹은 하락 시에 이윤율이 증가

하는 바로 그런 경우 때문이다. (『자본』 제3권, 1894년)

수단은 한정된 목적과 갈등에 빠진다: 시장은 끊임없이 확대되어야 하고, 시장의 조건들은 점점 더 통제 불가능해진다

착취된 잉여노동량이 상품으로 대상화되면 그것은 곧 잉여가치가 생산된 것이다. 그러나 이런 잉여가치의 생산은 자본주의적 생산과정, 즉 직접적 생산과정의 제1막에 불과하다. (…) 그리하여 이제 그 과정의 제2막이 시작된다. 전체 상품량, 즉 잉여가치를 나타내는 부분은 물론 가변자본과 불변자본을 대체할 부분도 모두 포함하는 총생산물이 판매되어야 하는 것이다. 이것이 판매되지 않거나 혹은 일부만 판매되거나 아니면 생산가격 이하의 가격으로만 판매된다면, 노동자들은 여전히 착취되겠지만 이 착취는 자본가들을 위해 모두 실현되지 않고, 착취된 잉여가치는 전혀 실현되지 않거나 일부분만 실현되는 형태가 될 것이며, 그의 자본 가운데 일부 혹은 전체가 손실을 보게 될 것이다. 직접적인 착취조건들과 그것의 실현조건들은 동일하지 않다. 이 둘은 시간과 장소는 물론 개념적으로도 서로 일치하지 않는다. 전자는 단지 사회적 생산력에 의해서만 제약을 받지만, 후자는 서로 다른 각 생산부문들 간의 비례관계와 사회의 소비력에 의해서 제약을 받는다. 그러나 이 후자는 절대적 생산력이나 절대적 소비력에 따라 결정되는 것이 아니라, 사회의 대다수 소비를 거의 변동이 없는 최소 수준으로 제한하는 적대적인 분배관계에 기초한 소비력에 의해서 결정된다. 또한 사회의 소비력은 축적의 추동력, 즉 자본의 확대와 잉여가치 생산규모의 확대를 지향

376

하는 추동력에 의해서 제약을 받는다. 이것은 자본주의적 생산의 법칙이며, 그 법칙은 생산방법 그 자체의 끊임없는 혁명을 통해서 그리하여 기존 자본의 끊임없는 가치하락을 통해서, 또 전반적인 경쟁을 통해서, 그리고 단지 살아남기 위해서뿐만 아니라 파멸하지 않기 위해서 생산을 개선해나가고 생산규모를 확대해나갈 수밖에 없는 필연성을 통해서 관철된다. 따라서 시장은 끊임없이 확대되어야 하고, 그 결과 이들 간의 관련과 이들을 규제하는 조건은 점점 생산자와는 무관한 자연법칙의 모습을 띠게 되고, 점차 통제 불가능한 것이 된다. 이런 내적 모순은 생산의 외연적 확대를 통해서 스스로를 해소하고자 노력한다. 그러나 생산력이 발전하면 할수록 그것은 소비관계가 기초하는 토대와 점점 더 깊은 모순 속으로 빠져들어간다. (…)

이런 다양한 영향들은 공간적으로는 물론 시간적으로도 점차 확산된다. 그리하여 이들 모순된 계기들 간의 갈등은 주기적으로 공황의 형태로 표출된다. 공황은 기존 모순을 단지 일시적으로만 폭력적으로 해결하는 것일 뿐이며, 얼핏 보기에 흐트러졌던 균형을 다시 회복하는 듯 보이는 급격한 폭발현상이다.

완전히 일반적으로 이야기하자면, 모순은 바로 자본주의적 생산양식이 가치나 거기에 포함된 잉여가치 그리고 자본주의적 생산이 이루어지는 사회적 관계들과는 아무 상관이 없이, 생산력의 절대적 발전을 향한 하나의 경향을 지니며 다른 한편으로는 기존의 자본가치를 유지하고 그것을 최대한 증식하는 것(말하자면 이 자본의 가치를 끊임없이 증대하는 것)을 목표로 삼고 있다는 점에 있다. 그것의 특성은 기존의 자본가치를 수단으로 삼아 바로 그 자본가치를 최대한 증식한다는 점에 있다. 그것을 달성하는 방법은 이윤율의 저하, 기존 자본가치의 하락과 이미 만들어진 생산력을 희생시키는 노동생산력의 발전 등이 있다.

기존 자본의 주기적인 가치하락-이윤율 저하를 저지하고 신규 자본 형성에 의한 자본가치 축적을 촉진하는 자본주의적 생산양식에 내재하는 하나의 수단은 기존의 관계들, 즉 자본의 유통과정과 재생산과정을 수행하고 따라서 생산과정의 급작스러운 정지와 위기를 수반하는 관계들을 파괴한다. (…)

자본주의적 생산은 자신에 내재하는 이들 장애요인들을 극복하기 위해서 끊임없이 노력한다. 그러나 그것은 새롭고 더 강력한 장애요인으로 기존의 장애요인을 대체하는 방식을 통해서만 그 장애요인을 극복한다.

자본주의적 생산의 **참된 장애물**은 **자본 그 자체**다. 이는 곧 자본과 자본의 자기증식이 자본주의적 생산의 출발점이자 종점이며, 동기이자 곧 목표로 나타나는 것을 가리킨다. 즉 여기에서 생산은 **자본**을 위한 생산에 불과하고, 거꾸로 생산수단은 단지 생산자들의 사회를 위해 생활과정을 끊임없이 확대해서 형성해나가기 위한 수단에 그치지 않는다. 따라서 대다수 생산자들의 수탈과 빈곤에 기초한 자본가치의 유지와 증식이 일방적으로 진행되는 것을 가로막는 장애요인은 생산방법, 즉 자신의 목적을 위해 자본을 사용해야 하고, 생산의 무제한적인 증대와 생산 그 자체를 목표로 하는 생산 그리고 사회적 노동생산력의 무조건적인 발전을 지향하는 생산방법과 끊임없는 모순관계에 **빠진다**. 수단—사회적 생산력의 무조건적인 발전—은 기존 자본의 증식이라는 한정된 목적과 끊임없는 갈등관계에 **빠진다**. (…)

자본의 목적은 필요의 충족이 아니라 이윤의 생산이므로 그리고 자본은 이런 목적을 생산의 대규모화를 지향하는 방법을 통해서만 달성

378

하기 때문에(그 역은 아니다) 자본주의적 기초 위에서 제약을 받는 소비와 이런 내적인 장애요인을 부단히 넘어서려는 생산 사이에는 끊임없이 괴리가 나타날 수밖에 없다. (**『자본』 제3권, 1894년**)

활활 타오르던 생산의 불길은 사그라들다 결국 꺼져버린다

노동수단과 생활수단은 주기적으로 과잉생산되는데, 이는 이것들이 노동자의 착취수단으로서 일정한 이윤율을 내도록 하기 위해서다. 또한 상품의 과잉생산도 일어나는데, 이는 자본주의적 생산에 의해 주어진 분배조건과 소비조건에서 상품에 포함된 가치와 잉여가치를 실현하여 새로운 자본으로 재전화하려는 과정에서, 즉 끊임없이 반복되는 돌발 사태 없이 이런 과정을 수행해나가려고 함으로써 그렇게 된다.

부는 과잉생산되지 않는다. 그러나 자본주의적이면서 모순적인 형태로 부는 주기적으로 과잉생산된다.

자본주의적 생산양식의 장애는 다음과 같은 형태로 나타난다.

①노동생산력의 발전은 이윤율의 저하에서 하나의 법칙, 즉 어떤 지점에 이르면 자신의 발전과 적대적으로 대립하고 그리하여 끊임없이 공황을 통해서 극복될 수밖에 없는 법칙을 낳는다.

②미지불노동의 획득 그리고 대상화된 노동 일반에 대한 미지불노동의 비율 혹은 자본주의적으로 표현해서 이윤과 이 이윤의 사용된 자본에 대한 비율, 즉 일정 수준의 이윤율이 바로 생산의 확대나 축소를 결정지으며, 사회적 필요, 즉 사회적으로 발전된 인간의 필요에 대한 생산의 비율은 그것을 결정짓지 못한다. 따라서 생산에 대한 장애는 생산의

확대가 일정 수준에 이르면 이미 나타나는데, 그 수준은 사회적 필요의 관점에서 보면 아직 몹시 불충분해 보인다. 생산이 정체에 이르게 되는 것은 필요의 충족이 정체 상태에 이를 때가 아니고 이윤의 생산과 실현이 정체 상태에 이르게 될 때다. (…)

이윤율, 즉 자본의 증가 비율은 무엇보다도 자신의 자리를 독립적으로 확보하려는 모든 신규 자본투자가들에게 중요하다. 그리고 자본형성이 이윤량으로 이윤율을 보충하는 소수의 기존 대자본가들 수중에서만 이루어지면 생산의 활발한 불길은 대개 사그라져서 꺼질 것이다. 이윤율은 자본주의적 생산의 추동력이며, 자본주의적 생산은 단지 이윤이 생산될 수 있고 또 이윤이 생산되는 한에서만 이루어진다. 그래서 영국의 경제학자들이 이윤율 하락을 우려했던 것이다. 리카도가 그런 가능성을 우려했다는 것은 바로 그가 자본주의적 생산조건을 깊이 이해하고 있었다는 것을 보여준다. (…) 리카도가 불안해했던 것은 이윤율, 즉 자본주의적 생산의 촉진제이며 또 축적의 조건이자 곧 추동력이기도 한 이 이윤율이 생산의 발전에 따라 위태로워지는 것이었다. 그리고 그가 가장 중요하게 생각한 것은 양적인 비율이었다. 사실 여기에는 좀더 심오한 무엇인가가 자리를 잡고 있지만, 그는 이것을 단지 어렴풋하게만 느끼고 있었다. 그리하여 그에게는 자본주의 생산양식의 장애이자 그것의 상대적 성격, 즉 자본주의적 생산양식이 결코 절대적인 생산양식이 아니라 단지 물적 생산조건의 일정한 발전단계에 상응하는 하나의 역사적인 생산양식일 뿐이라는 사실이 순수한 경제학적 방식을 통해서(즉 부르주아적 관점에서, 곧 자본주의적 사고방식의 범위 내에서, 다시 말해 자본주의적 생산 그 자체의 관점에서) 표현된다. (…)

어쨌든 가변자본의 상대적 감소에도 불구하고 임노동자 수가 절대적으로 증가하는 것은 단지 자본주의적 생산양식의 필요일 뿐이다. (…) 만일 노동자 수의 절대적 감소를 가져오는 생산력의 발전, 다시 말해 나라 전체로 볼 때 총생산에 소요되는 시간을 감소시키는 생산력의 발전이 실제로 이루어진다면, 인구의 대다수를 실업상태로 만들어 혁명을 불러올 것이다. 여기에서 다시 자본주의적 생산양식의 특수한 한계, 즉 그것이 생산력 발전과 부의 창출에 대한 절대적 형태가 아니라 오히려 일정한 지점에 이르면 그런 발전과 충돌해버리는 한계가 드러난다. 부분적으로 이런 충돌은 옛날 방식의 고용부문 곳곳에서 노동인구 가운데 상당 부분을 과잉으로 만드는 주기적인 공황으로 나타난다. 자본주의적 생산의 한계는 노동자의 잉여노동시간에 있다. 사회가 획득하는 절대적 잉여노동시간은 이것과 상관이 없다. 자본주의적 생산의 관점에서 생산력 발전이 중요한 까닭은 노동자계급의 잉여노동시간을 증가시킨다는 점에 한정되며, 물적 생산 일반에서 노동시간을 감소시키는 데 있지 않다. 따라서 생산력의 발전은 본래의 방향과 반대 방향으로 움직이게 된다. (『자본』 제3권, 1894년)

근대는 마치 자신의 마법으로 불러낸 지옥세계의 악령을 더이상 통제하지 못하게 된 마법사 같은 존재다

부르주아적 생산관계와 교환관계 그리고 소유관계를 가진 근대 부르주아사회, 다시 말해 마치 마법을 부리듯이 매우 거대한 생산수단 및 교환수단을 창출해낸 근대 부르주아사회는 마치 자신의 마법으로 불러낸 지옥세계의 악령을 더이상 통제하지 못하게 된 마법사와 같다. 지난 수십년간 공업 및 상업의 역사란 곧 근대적 생산조건들에 대한, 즉 부르주아와 부르주아 지배의 유지를 위한 조건인 소유관계에 대한 근대 생산력의 반항의 역사다. 이에 대해서는 주기적으로 되풀이되면서 전체 부르주아사회의 존립을 더욱 위협하는 상업공황에 대해 얘기하는 것만으로도 충분하다. 공황기에는 기존 생산물만이 아니라 이전에 만들어진 생산력들 중 상당 부분까지도 주기적으로 파괴된다. 전에는 터무니없다고 생각되던 유행병—과잉생산이라는 유행병—이 창궐한다. 돌연 사회는 일시적으로 미개상태로 되돌아간다. 이는 마치 가뭄 혹은 참혹한 세계전쟁으로 인해 모든 생필품의 공급이 중단되고, 공업 및 상업이 파괴된 것처럼 보인다. 왜 그런가? 그것은 부르주아사회가 너무나 큰 문명을 가지고 있고, 그곳에 너무 많은 생필품과 너무 많은 공업, 너무 많은 상업이 존재하기 때문이다. 사회가 가진 생산력은 이제 더이상 부르주아적 소유관계의 발전에 봉사하지 않는다. 오히려 생산력은 이들 생산관계에 비해 너무나 방대해졌고, 이 관계들은 생산력의 발전에 질곡이 된다. 생산력이 이들 질곡을 넘어서는 순간, 생산력은 부르주아사회 전체에 혼란을 야기하고 부르주아적 소유의 존립을 위태롭게 만든다. 자신이 창출한 부를 포용하기에는 부르주아사회의 조건들이 너무 작아진 것이다—그러면 이러한 위기를 부르주아는 어떻게 극복하는가? 한편으로 상당량의 생산력을 파괴하고, 다른 한편으로 새로운 시장을 정복하면서 기존 시장을 더욱 철저히 착취하는 방법을 통해서 극복한다. 다시 말해 더 강력하고 더 파괴적인 공황을 준비하게 되며, 공황에 대항할 수단을 감소시키게 된다. (『**공산당 선언**』, 1848년)

과잉생산이 단지 상대적인 것일 뿐이라는 이야기는 전적으로 옳다.

382

그러나 자본주의적 생산양식 전체가 바로 상대적인 생산양식일 뿐이며 그것의 장애요인은 절대적인 것이 아니지만, 바로 그 자본주의 생산양식과 그것의 토대에는 절대적인 것이다. (『자본』 제3권, 1894년)

전지구를 뒤덮은
광란의 경쟁

자본의 세계화와 합병

6

서론

20세기 말 공개 토론을 장악해버린 지구화에 대한 열렬한 옹호는 상당히 우려할 만한 경탄과 더불어 한편으로는 2000년 대형 신문사가 주말판 부록으로도 다루지 않아 실제 기고문을 통해서나 관철될 수 있는 정식화를 거쳐 세간의 주목을 끌었다. 지구화 과정에 대한 경탄은 그 누구도 아닌 카를 맑스가 이미 150년 전에 서술한 적이 있다. 자본주의 발전을 옹호하는 모든 악명 높은 이들은 물론이고 (그동안 자본주의적 과거에 고정되어 있었기 때문에 어떤 방식으로든 보수화된) 맑스주의 좌파의 잔당들도 지구화 및 그와 관련된 모든 현상이 전혀 새로운 것이 아니며, 결코 자본주의적 역동성의 새로운 질이 될 수는 없을 거라고 막연히 결론지었다. 당연히 불안해할 것은 아무것도 없으며 공황의 잠재성도 걱정할 필요가 없고, 그저 늘 한결같이 좋은 과거의 자본주의일 뿐이라고 모두들 인정했다. 한편으로 새로운 지구적 경제 기적에 대한 희망찬 기대라는 의미에서, 다른 한편으로는 구(舊) 자본주의 비판의 개념 (즉 자본 그 자체의 갖가지 범주)을 완고하게 유지한다는 의미에서 공습경보는 해제되었다. 태양 아래 새로운 것은 없으며, 배우고 분석할 새로운 것 역시 없다.

386

그와 함께 오늘날 지구화의 새로운 질적 성격을 부정하는 사람들은 맑스가 틀렸다고 간주한다. 그들은 사유가 실재를 반영하기 때문에, 당시의 사람들과 마찬가지로 맑스는 바로 오늘의 실재를 보고 단지 자신의 눈앞에서 일어난 일만을 서술했으며, 그렇게 이미 150년 전에 지구화 논쟁에 참여했으며 맑스의 입장은 특별한 것이 아니라 단지 많은 사람들의 의견과 동일한 것일 뿐이라고 말이다. 물론 이것은 결코 사실이 아니다. 18세기와 19세기 초의 세계시민권과 추상적 서구보편주의가 단지 하나의 이념이거나 이념적인 것이었다면, 맑스이론의 형성 시대에는 이미 사실상 민족주의나 강제된 보호무역정책 그리고 국민경제학적 정식화가 자본주의 세계사의 무대에 등장해 자본의 보편화 경향을 억누르고 있었다.

세계시장과 그것의 폭발 논리에 대한 맑스의 언급이 오늘날 구체성을 가지는 것은 19세기의 관계와 그 당시 자본주의적 발전 정도에 대한 직접적인 경험적 내용이 아니라 오히려 그의 초유의 **예측력** 때문이다. 오늘날 독자들은 다음의 사실에 속는다. 즉 예언자는 몇몇 작은 초기 발전의 사실들과 매개변수를 정신적 '고공비행' 속에서 이미 완성된 과정으로 언급하면서, 이것을 마치 벌써 완성되고 일반화된 발전인 듯 정식화하기 때문이다. 예를 들어 맑스가 '아주 편리해진 교통'에 관해 언급한 경우, 비행기나 텔레비전은 물론 전자공학도 없는 비교적 여전히 원시적이고 공간적으로 제약된 통신환경의 세계에서 말한 것이기 때문에, 이러한 개념을 오늘날 세계의 질적인 상태에 상응하는 가치로 평가해서는 절대 안 된다.

맑스는 또한 단지 자신이 살던 시대의 경험적 관계만을 기술한 것이 아니라 자본주의적 가치증식과정 자체의 분석으로부터 자본의 지구화를 향한 내재적 경향을 강조했다. 더욱이 부분적으로는 자신의 시대 경험상 지배적인 발전 경향을 거스른 주장이었다.

즉 사실상 맑스는 오늘날 자본의 지구화에 대해 열광적으로 저술을 발표하면서 기회를 좇는 많은 기사들과 달리 오직 일어난 사실들만을 단순히 정당화하지도 않았다. 오히려 최소한 『공산당 선언』의 유명한 문장 속에서, 알려진 맑스는 숨겨진 맑스와 함께 나아갔다. 그는 모든 가부장적·목가적 관계에 대한 '파괴'에서 부르주아의 영웅적 행동을 찬양했고, 바로 다음 문장에서 '이른바 문명'이라고 언급하면서 또한 '문명 속으로 야만을 몰아넣은 것'도 함께 지적했다. 여기서 우리는 다시 계몽철학과 자유주의로부터 넘겨받은 직선적이고 '법칙적으로' 결정되는 진보의 역사신화를 발견하게 된다. 그리고 우리는 '원시적 축적'에 관한 자본의 동일한 역사적 과정에 대해 맑스가 격분하여 서술한 부분을 읽는다면, 맑스를 '모순적인 사람'으로 볼 것이다.

그러나 이러한 모순에도 불구하고 맑스는 자본의 보편화 경향을 보았다(물론 맑스는 자본주의적 생산양식의 자기파괴 경향과 언제나 밀접하게 연관되어 있는 과거의 과정과 미래 과정에 대해 놀라움과 함께 비웃음을 던졌다). 이런 의미에서 맑스에게(그리고 여기에서 맑스이론의 알려진 부분과 숨겨진 부분의 양극단은 확실히 불꽃이 튄다) 자본주의 일반은 단지 기존 역사의 부정적이고 과도기적인 형태, 폭발의 형식일 뿐이다. 여기서 보편화와 지구화는 요란한 자본주의적 자기모순에서 이중으로 파괴된다. 한편으로 이 이중의 파괴는 국민적 편협함이 본질적으로 전(前)자본주의적인 것이 아니라 반대로 근대사회의 근본 특징이며, 언제나 다시 끔찍하게 일어나는 보편화 경향과 모순 속에 있기 때문이다. 또 한편으로는 지구화의 추동력이 편협하고 부정적이기 때문이다. 인간의 의식적이고 자의적인 결론은 있을 수 없다. 오히려 제한된 경영학적 계산이 대단히 협소해진 국내시장으로부터 맹목적으로 도망갈 뿐이고, 마침내 자본은 스스로를 넘어 언제나 다시 스스로를 발견하는 세계로 달아난다.

좀더 관찰해보면 보편화되고 지구화된 역동성이란, 우선 잠재적이고 잠시나마 반복적으로 불꽃이 타오르지만 결국 명백히 (오늘날과 같이!) 구조적인 자본의 세계공황으로 나타나는, 내재적 공황의 특징을 갖는 생산양식의 결과임을 알 수 있다. 구조적 공황과 지구화는 따라서 다양한 측면에서 관찰될 수 있는 동일한 하나다. 맑스는 다만 기능적 상황 혹은 부분과정에서(예를 들어 런던 사람들의 실업과 자유무역 및 자본집중 상태의 인도 수직手織기술자 사이의 관계) 경험적으로 찾아낸 것과 자본주의적 보편화 경향에 대해 예측하면서 이렇게 잠정적으로 결론을 내렸다. 오늘날에야 비로소 직접적·보편적 그리고 예외 없이 모든 지역과 생산영역을 포괄하는 사실상의 세계적 관계가 구축됐으며, 이제 부정적인 영향은 더이상 간접적·부분적·기능적인 것이 아니라 직접적으로 지구를 덮고 세계를 포괄한다. 완성된 자본주의적 보편주의는 오늘날 모든 삶의 영역에서 읽어낼 수 있는 파국의 완성된 보편성이다. 지구화에 대한 맑스의 언급은 자본의 역사적 경향과는 별도의 논의로, 자본의 단순한 공간적 팽창으로 읽어서는 안 되고, 오히려 맑스의 공황이론에 대한 설명으로 읽어야 한다. 왜냐하면 내적 자기모순에 근거한 공황은 온갖 특수한 경향들과 구조적 발전을 모두 포괄하는 자본주의적 생산양식의 역사적 근본 경향을 이루기 때문이다.

지구화가 내재적 공황의 결과물이듯, 그것은 동시에 온갖 경쟁을 불러일으키는 하나의 기능이기도 하다. 맑스가 말했듯이 세계시장이 한편으로 언제나 이미 자본주의와 경쟁관계를 전제한다면, 다른 한편으로는 국민경제와 민족국가의 건설을 통해서 특히 자신의 영향을 한정 짓고, 그런 의미에서 경쟁을 확실하게 통제한다. 그러나 경쟁은 공황에 의해 촉발되는 순간 이런 한계를 깨뜨린다. 경쟁의 역동성이 곧 지구화의 역동성을 이끌어나가는 것이다. 맑스가 자본주의의 '논리'로서 표현한 것은 이제 우리의 눈앞에서 경험적 현실이 된다. 곧바로 경쟁은 직접적 세계자본을 만들어내기 위해서 민족국가의 경계를 넘어서 빠져나가고 국민경제적 응집력은 해소되는 반면 세계자본 자체는 빠져나갈 수 없는 **직접적 세계경쟁**에 빠져든다. 부분적 공황이 전면적 세계공황으로 전화되는 것을 통해 이 과정이 매개되면 이제 **전면적 세계공황**이 문제가 된다. 즉 이미 심각해지고 도를 넘은 '생산입지 논쟁'은 언제나 더욱 분명하게 군사적인 은유를 갖게 되고 생존투쟁의 개념 속으로 이끌려 들어간다. 지구화와 관련하여 낙관론과 기회의 수사 속에 도취된 경영철학의 연예인과 유쾌한 정치가는 이러한 '기회'의 성실한 실현을 세계전쟁의 개념 속에서 표현하고 그로 인해 희망적인 낙관론 대신에 사회적 걱정거리를 일깨우고, 무의식적인 성실함으로 인해 스스로 거짓말을 하게 되는 벌을 받는다.

국민경제학적 관점에서 오랫동안 서술되던 자본 일반의 맹목적 '자연법칙'은 하나의 보편적이고 경계 없는 세계시장이라는 **직접적인 세계법칙**이 된다. 이 세계시장은 더는 국민경제학과의 관계 영역을 형성하지 않고, 직접적이고 빠져나올 수 없는 세계공황 경쟁의 보편적 영역을 형성한다. 이것은 다음을 의미한다. 즉 이 경쟁은 점차 심화되어 기업과 개인들 상호 간의 관계가 다음과 같은 특징을 보인다는 것을 의미한다. 즉 그 특징이란 경쟁으로 모든 국민국가가 꼼짝할 수 없이 외부로부터

390

강제된 법칙들에 매어 있고, 서로 간의 관계를 통해 이미 그대로 드러난 다는 사실이다. 이미 자본의 개념에 들어 있는 것이면서 동시에 자본주의 역사에서 나타나는 공포를 통해 언제나 반복적으로 언급되는 인간의 자제력 상실은 **직접적 세계관계**를 위협하게 된다. 지구화의 뒷면은 개인들의 도덕적 방임이다. 개인들의 자동화는 결국 지구적 차원으로 확대될 것이다. 따라서 우리는 맑스의 지구화이론을 공황이론은 물론이고 자본주의의 야만화 이론과도 관련시켜 생각해야 한다. 그럴 때라야 우리는 오늘날의 세계상황에 관해 정교한 상을 얻을 수 있을 것이다.

비록 맑스는 세계시장과 국가에 관한『자본』의 네번째 책, 즉 전체 자본주의적 (그리고 이와 함께 세계 자본주의적) 재생산의 논리와 역사적 경향에 대한 개념적·분석적 서술을 완성하지 못했으나 그가 자본의 보편화 과정에 대해 남긴 텍스트와 파편들은, 오늘날 명백해진 문제에 대한 기본사상뿐 아니라 공황이론에서처럼 경제적 메커니즘의 근본개념을 발전시켰다. 이런 점에서 특히 지속적인 **자본의 집중**에 관한 그의 이론은 큰 의미가 있다. 또한 이 경향은 지구화와 마찬가지로 공황과 경쟁의 논리로부터 귀결되지만, 지구화의 내용에서는 훨씬 강화된다. 자본이 국내시장으로부터 빠져나가 보편적이고 직접적인 세계시장을 창출할수록, 직접적인 세계공황 경쟁은 또한 국민경제적 토대 위에서 생각할 수 없을 만큼 자본을 응집시키는 것은 물론, 자본을 국가들을 경쟁시킬 수 있는 직접적인 세계자본이 되도록 만든다. 또한 맑스이론의 이러한 측면은 완전히 사실로 입증된다. 지구화와 계속해서 일어나는 대규모 합병은 오늘날 동일한 과정의 양 측면을 구성한다.

여기서 다시 한번 알려진 맑스와 숨겨진 맑스 간 대립을 특징짓는다면, 150년이나 넘은 예측력의 정확성이 또한 너무나 두드러진다. 공황이론에서는 거의 전적으로 숨겨진 맑스가 활약하고——경쟁과정에 의해 철저히 강제된 '노동주체'의 용해와 그로 인한 노동 및 노동계급의 낙후성이 여기서 핵심을 구성한다——지구화/보편화와 그와 연관된 자본의 집중에 대한 맑스의 언급 그 배후에도 바로 이런 공황이론이 서 있지만, 이 부분에서는 알려진 맑스(대중적 노동운동과 관련된)가 끼어든다. 즉 알려진 맑스는 공황이론의 핵심과 반대로 자본의 지구화 및 집중과정을 노동계급의 보편적 증가 및 집중과 동일시한다. 그러나 이는 오로지 공황과 지구화 경향이 그 보편적 단계에 아직 도달하지 못했을 때에만, 즉 돈벌이가 되는 노동력 대중에 비해 비판적 대중이 아직 보편화되지 못한 경우뿐이다. 선별한 다음의 텍스트에서 보듯이, 맑스의 지구화이론은 오늘날 세계관계의 정곡을 찌르고 있고 동시에 아무런 긍정적인 인류의 세계 공동체도 건설하지 못한 채 단지 보편화된 '제2의 자연' 속에서 세계 공동체를 황폐하게 만들 뿐인 오늘날 세계관계의 불안정하고 폭발적인 성격을 해명해줄 것이다.

세계시장은 자기 생산양식의 토대를 이루고 산업자본가는 끊임없이 세계시장을 지향한다

16세기와 17세기에 지리상의 발견이 가져다준 상인자본의 급속한 발전과 상업부문의 대혁명이 봉건적 생산양식에서 자본주의적 생산양식으로 이행을 촉진하는 데 하나의 주요한 계기가 되었다는 것은 (…) 의심의 여지가 없다. 세계시장의 급격한 확대, 유통되는 상품의 엄청난 증가, 아시아 지역의 생산물과 아메리카 지역의 천연자원을 장악하려는 유럽국가들 사이의 경쟁 그리고 식민지제도 등은 실제로 생산에서의 봉건적 제약을 타파하는 데 크게 기여했다. 그러나 근대적 생산양식이 그 초기(즉 매뉴팩처시기)에 발전했던 것은 그런 발전을 위한 조건이 이미 중세시기에 창출되었던 경우에 한해서다. 예를 들어 우리는 네덜란드와 뽀르뚜갈을 비교해볼 수 있다. 그리고 만일 16세기(부분적으로는 17세기)에 상업의 급속한 확대와 새로운 세계시장의 창출이 낡은 생산양식의 몰락과 자본주의적 생산양식의 발흥에 중요한 영향력을 행사했다면, 이것은 거꾸로 이미 창출되어 있던 자본주의적 생산양식의 기초 위에서 이루어진 것이었다. 세계시장은 바로 이 자본주의적 생산양식의 기초, 그 자체를 이루는 것이었다. 한편 또 끊임없이 확대된 규모로의 생산을 향한 이 생산양식의 내적 필연성은 세계시장의 계속적인 확대를 이끌어서, 여기에서는 상업이 산업을 개혁하는 것이 아니라 산업이 상업을 끊임없이 개혁하게 된다. 상업의 지배권도 이제는 대규모 공업의 제반여건이 얼마나 지배적인지의 여부와 결부된다. 예를 들어 우리는 영국과 네덜란드를 비교해볼 수 있다. 지배적인 상업국가로서 네덜란드의 몰락의 역사는 상인자본이 산업자본에게 예속되어 가는 과정의 역사다. (…) 상인자본은 다만 유통과정을 수행할 뿐이다. 원래 상업은 춘프트수공업과 농촌의 가내공업 그리고 봉건적 농업 등이 자본주의적 경영으로 전화하기 위한 전제조건이었다. 그것은 생산물을 상품으로 발전시키는데, 이는 한편으로는 상업이 생산물을 위한 시장을 창출해주고, 다른 한편으로는 새로운 상품등가를 제공하며 또 생산에 대해 새로운 원료와 보조자재를 공급해주고, 그리하여 처음부터 상업에 기반을 둔——시장과 세계시장을 상대로 한 생산에는 물론 세계시장으로부터 유래하는 생산조건에도 기반을 둔——생산부문들을 창출함으로써 그렇게 된다. 매뉴팩처가 어느정도 강화되고 그 위에 대규모 공업도 발달하게 되면, 이들 공업은 그들 스스로가 시장을 창출하고 이 시장을 자신들의 상품을 통해 정복한다. 이제 상업은 지속적인 시장의 확대를 자신의 생존조건으로 하는 산업생산의 하인이 된다. 계속 확장되는 대량생산은 기존 시장을 범람시키고 따라서 이 시장의 제약을 계속 뛰어넘으면서 그 시장을 확대해간다. 이 대량생산을 제약하는 것은 상업이 아니라(상업이 단지 기존 수요만을 나타내는 것인 한) 기능하고 있는 자본의 크기와 노동생산력의 발전수준이다. 산업자본가는 세계시장을 앞에 놓고 자신의 비용가격을 국내의 시장가격뿐 아니라 전세계의 시장가격과 끊임없이 비교하고 또 비교해야만 한다. (『자본』 제3권, 1894년)

항구적인 불안정과 운동, 민족이동 및 십자군원정과 전혀 다른 길

대공업은 아메리카의 발견으로 세계시장을 창설했다. 세계시장은 상업 및 항해·육상 운송을 거대하게 발전시켰다. 이 발전은 공업 확장에도 영향을 미쳤다. 공업, 상업, 항해, 철도가 발전하는 만큼 부르주아는 자신의 자본을 늘려나갔다. (…)

부르주아는 인격적 가치를 교환가치로 바꾸어버렸고, 양보할 수 없는 많은 특권적 자유를 단일하고 부당한 자유, 즉 '자유무역'으로 바꾸어버렸다. (…)

부르주아는 이집트의 피라미드, 로마의 수로, 중세의 고딕성당 등을 훨씬 능가하는 놀랄 만한 것들을 이룩해냈다. 부르주아는 이전의 모든 민족이동 및 십자군원정을 무색게 하는 원정을 수행했다.

부르주아는 생산도구를 끊임없이 혁신하지 않고는 존재할 수 없다. 생산관계와 함께 모든 사회관계를 끊임없이 변혁시키지 않고는 살아남을 수 없다는 뜻이다. (…) 끊임없는 생산의 혁신, 모든 조건들의 계속되는 혼란, 항구적인 불안정과 흥분상태 등은 부르주아시대를 다른 모든 과거의 시대와 구별짓는다. (…)

부르주아는 생산물을 팔기 위해 끊임없이 확대되는 시장이 필요하기 때문에 전지구상의 모든 지역을 누비고 다니면서 모든 곳에 자리잡고 정착하며 거래관계를 만든다.

부르주아는 세계시장의 개척을 통해 모든 나라의 생산 및 소비에 대해 하나의 세계주의적인 성격을 부여했다. 반동 세력에게는 매우 비참한 일이겠지만, 부르주아는 공업을 떠받치고 있던 민족적 기반을 그 바닥에서부터 없애버렸다. 과거로부터 내려온 모든 민족적 공업은 이미 파괴되었거나 나날이 사라지고 있다. 그것은 새로운 공업에 의해 구축되었는데, 새로운 공업의 도입은 모든 문명민족에게 생사가 걸린 문제가 되었다. 하지만 새로운 공업은 국내 원자재를 사용하지 않고 외국에서 들여온 원자재를 사용했다. 새로운 공업생산물 역시 국내뿐 아니라 지구 전지역에서 소비되었다. 그 나라의 생산물에 의해 충족되었던 종래의 욕구 대신에 머나먼 풍토의 생산물에 의해 충족되는 새로운 욕구가 나타났다. 과거의 지방적·민족적 고립과 국산품에 의한 생존 대신에, 여러 민족 상호 간에 전면적인 연계와 상호의존이 나타났다. 물질적 생산물만이 아니라 정신적 생산물도 마찬가지였다. 개별 민족의 정신활동의 성과는 모든 민족의 공동재산이 되었다. 민족적 편견 및 편협성은 점차 존재하기 어렵게 되고, 여러 민족적·지방적 문화로부터 하나의 세계적인 문화가 형성된다.

부르주아는 모든 생산도구의 급속한 개선과 대단히 편리해진 교통수단 등에 의해 모든 민족, 심지어는 가장 미개한 민족까지도 문명 속으로 끌어들인다. 그의 값싼 상품은 중국의 만리장성을 무너뜨리고 외국인에 대해 미개인이 지닌 뿌리 깊은 적개심을 분쇄시키는 중무기다. 부르주아는 모든 민족에게 멸망하지 않으려면 부르주아적 생산양식을 받아들일 것을 강요한다. 부르주아는 모든 민족에게 이른바 문명을 받아들일 것을, 즉 그들 자신이 부르주아가 될 것을 강요한다. 한마디로 말해 부르주아는 자신의 모습대로 세계를 만든다. (『공산당 선언』, 1848년)

그러나 시장이 세계시장으로, 화폐가 세계화폐로 발전하고 **추상노동**이 사회적 노동으로 발전하는 것은 외국무역에서뿐이다. 추상적 부, 가치, 화폐──그러므로 **추상노동**은 구체적 노동이 세계시장에 대해 다양한 노동양식의 포괄적인 총체성으로 발전되는 규모만큼 발전한다. 자본주의적 생산양식은 **가치**에 기초하거나 혹은 사회적 노동으로서 생산물에 포함되어 있는 노동의 발전에 기초한다. 그러나 이것은 외국무역과 세계시장의 토대 위에서 뿐이다. 또한 자본주의적 생산의 전제인 동시에 결과다. (『잉여가치론』, 1862~63년)

모든 민족이 자본주의적 생산에 대해 동일한 상태에 처한 것은 아니다. 예를 들어 터키 민족과 같은 몇몇 토착 민족은 자본주의적 생산에 열정도 성향도 없다. 하지만 이들은 특수한 경우다. 자본주의적 생산이 발전하면 부르주아사회의 평균 수준이 형성되면서 민족마다 다양한 열정과 성향이 창출된다. 이것은 본질적으로 기독교처럼 세계적이다. 따라서 기독교는 자본의 특별한 종교다. 자본과 기독교는 인간에게만 해당된다. 즉자대자적으로 한 인간은 다른 인간보다 너무나 적은 가치를 갖거나 너무나 많은 가치를 지닌다. 전자의 경우 모든 것은 그가 종교를 갖고 있느냐의 여부에 의존하며, 후자의 경우는 그가 신용을 갖고 있느냐의 여부에 의존한다. 또한 전자에게는 예정설이 추가되어야 한다. 후자에게는 태어날 때부터 돈을 갖고 있느냐의 여부는 우연일 뿐이다. (『잉여가치론』, 1862~63년)

자본의 보편성은 자본 자신의 고유한 본성에서 제약을 발견하고, 그것이 이런 경향의 가장 큰 제약이다

따라서 자본에 기초하는 생산의 한 조건은 영역이 직접 확대되든 또는 동일한 영역에서 더 많은 지점들이 생산 지점들로 창출되든, 끊임없이 확대되는 유통영역의 생산이다. 처음에 유통이 주어진 크기로 나타났다면, 여기서는 동요되는 크기, 생산 자체에 의해서 확장되는 크기로 나타난다. 그리하여 유통은 이미 생산의 한 계기로 나타난다. 따라서 자본은 한편으로 끊임없이 더 많은 잉여노동을 창출하는 경향을 가지고, 다른 한편으로 더 많은 교환점들을 창출하는 보완적인 경향을 가진다. 즉 여기에서 절대적 잉여가치 또는 잉여노동의 관점에서 보면 자기 자신에 대한 보완으로서 더 많은 잉여노동을 야기하는 경향, 즉 기본적으로는 자본에 기초한 생산 또는 자본에 조응하는 생산양식을 선전하는 경향, 세계시장을 창조하는 경향은 자본 개념 자체에 이미 직접적으로 주어져 있으며 어떤 한계든 극복될 수 있는 제약으로 현상한다. 우선 생산 자체의 각 계기를 유통에 복속시키고, 교환에 들어가지 않는 직접적인 사용가치의 생산을 지양하는 것, 즉 자본의 관점에서 볼 때 과거의 자생적인 생산양식을 자본에 기초한 생산으로 대체하는 것이다. 여기서 **무역**은 더이상 자립적인 생산들 사이에서 이들의 잉여를 교환하기 위해서 진행되는 기능이 아니라, 본질적으로 일체를 포괄하는 생산 자체의 전제이자 계기로 나타난다. (…)

자본은 이러한 경향에 따라 자연숭배와 기존 욕구의 일정한 한계 내에서의 자급자족적 충족과 낡은 생활양식의 재생산뿐 아니라 국민적 제약과 편견도 뛰어넘는다. 자본은 이 모든 것에 대해서 파괴적이고 끊임없이 변혁시키며, 생산력의 발전, 욕구의 확대, 생산의 다양화, 자연력과 정신력의 착취 및 교환을 방해하는 모든 제약을 무너뜨린다.

그러나 자본이 그러한 모든 한계를 장애로 정립하고, 따라서 **관념적으로** 그것을 초월한다고 해서 그것이 이 한계를 **실제로** 극복했다는 것은 아니다. 그러한 모든 제약은 자본의 규정에는 모순되므로, 자본의 생산은 끊임없이 극복되면서 마찬가지로 끊임없이 정립되는 모순들 속에서 운동한다. 더욱이 자본이 부단히 추구하는 보편성은 자본 자신의 본성에서 제약들을 발견하는데, 그것들은 자본의 일정한 발전단계에서는 자본 자신을 이 경향의 가장 큰 제약으로 인식하도록 할 것이며, 따라서 자본 자신에 의해 자본을 지양하도록 해야 할 것이다. (『**경제학 비판 요강**』 **초고, 1857~58년**)

해외 수요를 찾아가야만 한다, 경쟁의 일반화

게다가 자본은 바로 상품으로 이루어져 있으니 자본의 과잉생산은 상품의 과잉생산을 포함한다. 바로 그런 이유로 경제학자들이 상품의 과잉생산은 부인하면서 자본의 과잉생산은 인정하는 특이한 현상이 나타난다. 전반적 과잉생산이 아니라 상이한 생산부문 내에서의 불균형이 나타날 뿐이라는 말은 자본주의적 생산 내부에서 개별 생산부문들의 균형이 불균형으로부터의 연속적인 과정으로 나타난다고 이야기하는 것이나 마찬가지다. 왜냐하면 여기에서 총생산의 관련구조는 생산당사자들이 공동의 이성으로 파악할 수 있고 따라서 그들이 생산과정을 통제해나갈 수 있는 법칙이 아니라, 그들에게는 보이지 않는 맹목적인 법칙으로 부과되기 때문이다. 게다가 이것은 자본주의적 생산양식이 아직 덜 발달된 나라의 소비 수준과 생산 수준을 자본주의적 생산양식이 발달된 나라의 수준에 맞추게 한다. (…) 만일 그렇지 않다면 어떻게 해서 그 많은 사람들이 필요로 하는 상품의 수요가 부족할 수 있으며, 어떻게 해서 국내 노동자들에게 필요생활수단의 평균량을 지불하기 위해서 그 수요를 굳이 외국[원거리 시장]에서 찾아야 한단 말인가? 그 해답은 오로지 이 특수한 자본주의적 관계 속에서만 찾을 수 있는데,

즉 여기에서는 소유주 마음대로 소비할 수 있으려면 그 과잉생산물의 형태가 소유주에게서 자본으로 재전화해야만 하기 때문이다. (『자본』제3권, 1894년)

경쟁은 즉각 역사상 자신의 역할을 계속 유지하기를 바랐던 모든 국가들로 하여금 매뉴팩처를 새로운 관세규제(낡은 관세는 대공업에 대해서는 아무런 쓸모가 없었다)로 보호하고, 곧이어 보호관세 아래 대공업을 도입하지 않을 수 없게끔 만들었다. 이 보호수단에도 불구하고 대공업은 경쟁을 보편화하여(그것은 실질적인 상업자유이며, 경쟁 속에서 보호관세는 단지 하나의 미봉책, 상업자유 내에서의 방어수단에 불과하다), 교통수단과 근대적인 세계시장을 확립했고, 상업을 그 자신에게 종속시켰고, 모든 자본을 산업자본으로 전환시켰으며, 그리고 그에 따른 자본의 급속한 유통(화폐제도의 완성)과 집중을 창출했다. 대공업은 보편적 경쟁을 통해 모든 개인이 자신들의 에너지를 최대한 발휘할 것을 강요했다. 그것은 가능한 한 이데올로기와 종교 및 도덕 등을 파괴하고, 또 그럴 수 없는 곳에서는 그것들을 그럴듯한 거짓말로 바꾸어버렸다. 모든 문명국과 그 개별 구성원들이 자신의 욕구를 충족시키기 위해서 전세계에 의존하게 되면서 각 국가가 종래 갖고 있던 자연발생적 배타성을 타파하게 되었고, 그런 의미에서 대공업은 최초로 세계사를 산출해낸 것이다. 그것은 자연과학을 자본 아래 종속시켰고, 또한 분업에서 그 자연발생적 성격이라는 최후의 가상을 벗겨버렸다. 노동과의 관련 속에서 전반적으로 자연발생성을 파괴했고, 또한 화폐관계에서의 모든 자연발생적 관계를 해체했다. 또한 자연발생적 도시 대신에 하룻밤 사이에 갑자기 세워진 근대적 대도시를 만들어냈다. 대공업은 자신이 침투한 곳 어디서나 수공업과 원래의 모든 산업 단계를 파괴했으며 농촌에 대한 도시의 승리를 확립했다. 대공업의 첫번째 전제는 자동화 씨스템이다. 그 씨스템은 거대한 생산력을 산출했는데, 그러한 생산력에 대해서 사적 소유는 마치 동업조합이 매뉴팩처에 대해 그러했고 또한 소규모 농촌경영이 발전하는 수공업에 대해 그러했던 것처럼 하나의 질곡이 되었다. 사적 소유 아래서는 이러한 생산력이 오직 일면적으로 발전할 뿐이었고, 그리고 대부분 그 생산력은 파괴적인 힘이 되었다. 더욱이 이 생산력의 상당 부분은 사적 소유의 틀 내에서는 전혀 이용할 수 없었다. (『독일 이데올로기』, 1846년)

외국무역이 가변자본을 이루는 필요생활수단이나 불변자본 요소들의 가격을 저렴하게 해주는 한, 이 외국무역은 잉여가치율을 상승시키고 불변자본의 가치를 저하시켜 이윤율을 상승시키는 방향으로 작용한다. 무역은 일반적으로 생산규모의 확장을 가능케 함으로써 이런 의미로 작용한다. 한편으로는 축적을 촉진하고, 또다른 한편으로는 불변자본에 대한 가변자본의 비율 감소를 촉진함으로써 이윤율의 하락을 촉진한다. 또한 외국무역의 확대는 자본주의적 생산양식의 초기에는 그 생산양식의 토대로 기능했지만, 이 생산양식이 발전해나감에 따라서 그것의 내적 필연성(그리고 그것의 필요에 따라 끊임없이 확대되는 시장) 때문에 이 생산양식 자체의 산물이 되었다. 그리하여 여기에서도 다시 똑같은 이중의 작용이 나타난다. (…)

외국무역에 투하된 자본들은 더 높은 이윤율을 창출할 수 있는데, 보다 열악한 조건에서 생산되는 다른 나라 상품들과의 경쟁이라 선진국은 자국 상품을 경쟁국보다 더 값싸게 판매하더라도 그 가치 이상에 판매할 수 있기 때문이다. 여기에서 선진국의 노동이 더 높은 질적 내용을 가진 노동으로 증식되는 한, 그 노동은 더 높은 질적 내용에 상응하는 임금을 지불받지는 못하나 판매될 때는 그 질적 내용에 따라 판매되기 때문에 이윤율은 상승한다. 상품이 수출되고 수입되는 교역 상대국에 대해서도 이 같은 관계가 발생할 수 있다. 즉 상대국은 자신이 받는 것보다 더 많은 대상화된 노동을 현물형태로 이쪽 나라에 제공하고, 따라서 이 나라는 자신이 직접 생산할 경우보다 더 값싸게 이 상품을 획득하게 된다. 이는 새로운 발명이 아직 일반화되기 전에 이용하는 공장주와 전적으로 같은 경우로, 그는 자신의 경쟁자보다 더 값싸게 상품을 판매하면서도 자신의 상품을 그 개별 가치 이상으로 판매하는데, 다시 말해서 자신이 사용한 노동의 특별히 뛰어난 생산력을 잉여노동으로 증식하는 것이다. 그리하여 그는 초과이윤을 실현한다. (…) 하지만 리카도는 바로 다음에 대해 계속 생각했다. 즉 외국에서 비교적 높게 실현된 가격으로 그곳의 상품을 구입하여 본국으로 가져온다. 이들 상품은 본국에서 판매되는데, 그로 인해 이 유리한 생산영역은 다른 생산영역에 비해 기껏해야 일시적으로만 초과수익을 얻게 될 뿐이다. 그러나 이런 표면적인 양상은 여기서 화폐형태만 벗겨내면 금방 사라져버린다. 유리한 조건의 나라는 교환과정에서 더 적은 노동을 주고 더 많은 노동을 돌려받는다. (…)

외국무역은 국내에서 자본주의적 생산양식을 발전시키고 따라서 불변자본에 대한 가변자본의 감소를 수반하지만, 또다른 한편으로는 외국과 관련하여 과잉생산을 유발하며 따라서 계속 진행될 경우에는 다시 그 반대작용도 유발한다. (『자본』 제3권, 1894년)

자유무역이라는 종교

(그들은) 자유무역이라는 종교를 포교하기 위해 영국 방방곡곡에 선교사 전군을 파견합니다. 노동자들이 자신들의 고유한 이해를 개발하도록 수천부의 팸플릿을 인쇄하여 무료로 뿌려댑니다. 신문이 그들의 문제에 찬동하도록 하는 데 엄청난 돈을 씁니다. 자유무역운동을 이끌기 위해 대규모의 관리기관을 조직하고, 공개집회에서 천부적인 언변을 펼쳐 보입니다. 그중 한 집회에서 어느 노동자가 다음과 같이 외쳤습니다.

만약 토지소유자들이 우리의 뼈를 판다면, 당신네 공장주들은 그 뼈를 사서 증기제분기 속에 넣고 밀가루를 만드는 첫번째 사람일 것이다.

영국 노동자들은 토지소유자들과 자본가들 사이의 투쟁의 의미를 제대로 이해하고 있었습니다. 그들은 이들이 임금을 깎기 위해 빵 값을 떨어뜨리려 하고, 지대가 감소하는 만큼 산업 이윤이 증가한다는 사실을 너무도 잘 알고 있습니다.

영국 자유무역론자들의 사도이며 금세기 가장 뛰어난 경제학자인 리카도의 생각도 이 점에서는 노동자들과 완벽히 일치합니다.

그는 정치경제학에 관한 자신의 유명한 저작에서 이렇게 말합니다.

만약 우리가 밀을 수확하는 대신 (…) 새 시장을 발견한다면, 여기서 우리는 더 낮은 가격을 창출할 수 있고, 이때 임금은 하락하고 이윤은 증가할 것이다. (…) 농업생산물의 가격하락은 단지 농업에 고용된 노동자들의 임금뿐만 아니라 공업에서 노동하거나 상업에 고용된 모든 노동자들의 임금을 떨어뜨린다.

그리고 여러분, 이전에는 5프랑을 받았지만, 밀 가격이 떨어졌기 때문에 4프랑밖에 받지 못하는 것이 노동자에게는 여전히 동일한 사태라고 생각하지 마십시오.

노동자의 임금이 이윤에 비해서는 낮아진 것이 아니겠습니까? 또한 노동자의 사회적 지위가 자본가의 지위에 비해 악화된 것은 분명하지 않습니까? 더욱이 노동자는 또한 사실상 손해를 보고 있습니다.

밀 가격이 더 높고 임금 역시 높았던 때에는 노동자들이 빵 소비를 약간 절약하면 다른 즐거움들을 충분히 얻을 수 있었습니다. 그러나 빵 가격에 이어 임금이 크게 떨어지자, 노동자가 빵을 절약해 다른 물건들을 산다는 것은 거의 불가능하게 됩니다. (…)

경제학자 회의에서 보링(John Bowring) 박사가 영국의 노동자들이 소고기, 햄, 베이컨, 닭고기 등을 얼마나 소비하는지를 보여주려고 자신의 호주머니에서 긴 목록을 끄집어냈을 때, 불행히도 그는 바로 그 순간 맨체스터와 다른 공장 도시들의 노동자들이 막 시작된 공황으로 해고되고 있다는 사실을 이야기하는 것을 잊고 있었습니다.

경제학에서는 원칙적으로 일반적인 법칙을 도출하는 데 개별적인 한 해의 통계자료만을 정리해서는 절대 안 됩니다. 언제나 6년에서 7년의 평균을—다시 말해 근대 산업이 호황과 과잉생산, 불황과 공황 등 여러 국면을 거쳐 자신의 불가피한 순환을 완료하는 기간의 평균을—취해야 합니다.

모든 상품의 가격이 하락하고 그것이 자유무역의 필연적 결과라면, 내가 1프랑으로 이전보다 더 많은 물품을 획득할 수 있으리라는 것은 분명합니다. 그리고 노동자의 1프랑도 다른 모든 사람의 1프랑과 동일하게 적용될 것입니다. 따라서 자유무역은 노동자에게 매우 유리합니다. 여기에는 단지 작은 불리한 점이 있는데, 그것은 노동자가 자신의 프랑을 다른 상품과 교환하기 전에 먼저 자신의 노동을 자본에게 집행했다는 사실입니다. 만약 이 교환에서 노동자가 언제나 동일한 노동으로 이미 알고 있는 양의 프랑을 받고, 동시에 다른 모든 상품의 가격이 하락한다면, 그는 이 거래에서 언제나 득을 볼 것입니다. 어려움은 모든 상품의 가격이 하락할 때 내가 동일한 화폐로 더 많은 상품을 획득할 수 있음을 증명하는 것이 아닙니다.

경제학자들은 언제나 노동의 가격을 다른 상품과 교환되는 계기 속에서 파악하지만, 노동이 자본과 교환되는 계기에 대해서는 완전히 제쳐둡니다.

상품을 생산하는 기계를 작동시키는 데 더 적은 비용이 요구된다면, 노동자라고 부르는 이 기계를 유지하기 위해 필요한 물건들도 마찬가지로 더 적은 비용이 들 것입니다. 모든 상품이 싸지면, 역시 하나의 상품인 노동도 마찬가지로 가격이 내려가고 (…) 이 노동이라는 상품은 다른 상품들보다 오히려 상대적으로 더 많이 하락할 것입니다. 노동자가 경제학자들의 주장을 아직도 믿고 있다면, 그는 프랑이 자신의 호주머니 속에서 녹아버려 자신에게는 이제 단 5쑤(sou)밖에 남지 않았음을 발견하게 될 것입니다.

여기에 관해 경제학자들은 이렇게 말할 것입니다. 그렇다. 자유무역의 지배하에서도 확실히 줄어들지 않을 노동자들 사이의 경쟁은 곧바로 임금을 낮은 상품가격에 맞추게 될 것임을 우리도 수긍한다. 그러나 한편 낮은 상품가격은 소비를 증대시킬 것이다. 그리고 증대된 소비는 더 많은 생산을 요구할 것이며, 노동력에 대한 강력한 수요가 뒤따를 것이고, 이것은 임금의 상승을 유발할 것이다.

이 모든 논의는 이렇게 끝날 것입니다. 자유무역은 생산력을 증가시킵니다. 산업이 성장하면, 부와 생산력, 한마디로 생산적 자본이 노동에 대한 수요를 증가시키면, 노동의 가격을 따라서 임금 또한 올라갑니다. 노동자에게 가장 유리한 조건은 자본의 증가입니다. 우리는 이것을 인정해야 합니다. 자본이 정체된 채로 있다면 산업은 정체될 뿐만 아니라 쇠퇴할 것이며, 이 경우 노동자가 첫번째 희생자가 될 것입니다. 노동자는 자본가보다 먼저 파멸할 것입니다. 그러면 앞서 말한 바와 같이 노동자에게 가장 유리한 상태인 자본이 증가할 경우에 노동자의 운명은 어떻게 될까요? 노동자 역시 파멸할 것입니다. 생산적 자본의 증가는 자본의 집적과 집중을 포괄합니다. 자본의 집중은 증대된 분업과 기계 적용의 증대를 낳습니다. 증대된 분업은 노동자의 특별한 숙련을 파괴합니다. 그리고 이것은 이러한 특별한 숙련 대신에, 누구나 수행할 수 있는 노동으로 대체함으로써 노동자들 사이의 경쟁을 높입니다.

분업이 노동자에게 혼자서 세 사람 몫의 일을 수행할 수 있게끔 변화시킬수록, 경쟁은 더욱 심해집니다. 기계는 동일한 결과를 보다 크게 만들어냅니다. 생산적 자본의 성장은 산업자본가들로 하여금 언제나 발전된 수단으로 일을 하게끔 강제해 영세 산업가들은 프롤레타리아로 전락하게 됩니다. (…)

마침내 생산적 자본이 증가할수록 그만큼 이 자본은 수요를 알 수 없는 시장을 위해 생산할 수밖에 없게 됩니다. 생산이 수요를 넘을수록, 공급은 수요를 강제로 늘리려 하고, 결과적으로 공황이 강하고 빠르게 심화됩니다. (…)

이처럼 생산적 자본이 증가할수록, 노동자들 사이의 경쟁도 보다 높은 비율로 증가합니다. 노동자 모두에게는 노동의 보수가 감소하고, 노동자 일부에게는 노동의 부담이 증가합니다.

1829년 맨체스터에는 36개의 공장에 1,088명의 방적공이 고용되어 있었습니다. 1841년에는 단지 448명이 고용되어 있었는데, 이 노동자들은 1829년 당시 1,088명의 노동자들보다 더 많은 53,353개의 방추를 가지고 일했습니다. 만일 손노동이 생산력만큼 동일한 정도로 증가했다면, 노동자의 수는 1,848명으로 증가했을 것입니다. 따라서 기술적인 개선이 1,100명(원문의 실수로 1,400명이라 해야 옳다—옮긴이)의 노동자를 노동으로부터 배제시켰던 것입니다.

우리는 이미 경제학자들의 대답을 알고 있습니다. 그들은 노동으로부터 배제된 사람들은 다른 일자리를 찾게 될 것이라고 말합니다. 보링 박사는 이 논의를 경제학자 회의에서 다시 주장했습니다. 그러면서 그는 스스로를 논박하기도 했습니다. 1835년 보링 박사는 하원에서, 자유무역론자들이 약속한 새 일자리를 찾을 수 없어 오래전부터 굶주림에 시달려온 런던의 5만 명의 직조공들에 관해 연설을 했습니다.

보링 박사의 이 연설 중에서 가장 눈에 띄는 부분을 들어봅시다.

그는 말합니다. "수직공들의 빈곤은 쉽게 얻을 수 있고 또 비용이 덜 드는 수단들에 의해 언제든지 대체될 수 있는 모든 종류의 노동을 피할 수 없는 운명입니다. 이 경우 노동자들 사이의 경쟁은 상당히 심각해 수요가 아주 조금만 감소해도 위기에 처하게 됩니다. 수직공들은 분명 인간 생존의 한계선에 놓여 있습니다. 한 발자국만 벗어나도 그들의 생존은 불가능하게 됩니다. 아주 미세한 충격도 그들을 파멸의 길로 내던지기에 충분합니다. 손노동을 거세게 몰아내고 있는 기술의 진보는 과도기에는 반드시 일시적인 고통을 가져옵니다. 국민 복지란 어느정도는 개인적 고통을 댓가로 할 때에만 얻어질 수 있습니다. 우리는 산업 낙오자들의 희생 위에서만 전진할 수 있으며, 모든 발명 중에서 증기직기는 수직공들에게 가장 고통을 주는 발명품입니다. 수직공들은 손으로 만들던 많은 제품들에서 이미 경쟁력을 상실했지만, 여전히 손으로 만드는 많은 물건에서도 패퇴될 것입니다."

그는 다른 곳에서도 말합니다. "나는 동인도 총독이 동인도회사에 보낸 통신문을 갖고 있습니다. 이 통신문은 다카지방의 직조공들에 관한 것입니다. 총독은 편지에서 말합니다. 몇년 전에 동인도회사는 이 지방의 수공업자들이 제조한 면포를 600만에서 800만 필쯤 구입했습니다. 면포의 수요는 점차 하락하여 약 100만 필로 감소되었습니다.

현재 그 수요는 거의 사라졌습니다. 그렇습니다. 1800년에 북아메리카는 인도에서 약 80만 필의 면포를 구입했습니다. 1830년에는 4000필도 구매하지 않았습니다. 마지막으로, 1800년에는 뽀르뚜갈로 가는 면포를 100만 필 선적했었습니다. 그러나 1830년에는 뽀르뚜갈 역시 2만 필밖에 사가지 않았습니다.

인도 직조공들의 빈곤에 관한 보고들은 참혹합니다. 과연 이러한 빈곤의 원인은 무엇일까요? 영국산 생산물들의 시장 진입, 증기직기를 이용한 제품 생산 때문에 직조공들이 무수히 굶어 죽었습니다. 남은 이들은 다른 일자리로, 주로 농업노동으로 옮겨갔습니다. 일자리를 옮길 수 없다는 것은 사형선고와도 같습니다. 그리고 최근 다카지방에는 영국제 실과 직물이 넘쳐나고 있습니다. 편물이 단단하고도 고와서 전세계적으로 유명하던 다카의 모슬린 역시 영국 기계와의 경쟁으로 사라지게 되었습니다. 이렇게 동인도의 계급 전체가 겪어야 했던 그런 고통은 산업 전체의 역사를 통해 아마 유례를 찾아보기 어려울 것입니다."

보링 박사의 연설은 거기에 인용된 사실들이 올바른 만큼, 또 그가 사실들을 숨기려고 하는 문구들이 자유무역론자들의 모든 연설과 일치하는 위선적 성격이 뚜렷한 만큼 보다 주목할 만합니다. 그는 노동자들이 비용이 덜 드는 생산수단들을 통해 대체되어야 할 생산수단이라고 주장합니다. 그는 자신이 말한 노동 속에서 뜻밖에 예외적인 방식의 노동을 본듯, 그리고 직조공들을 짓밟아버린 기계에서도 예외적인 방식의 기계를 본듯 그렇게 말합니다. 머지않아 직물업의 운명을 거부할 수 있는 손노동이란 있을 수 없음을 그는 잊고 있습니다.

"기계에 대한 모든 개량의 지속적인 목적과 경향은 사실상 인간 노동을 완전히 불필요한 것으로 만들고, 성인 남성노동자의 노동을 여성 및 아동의 노동으로 대체하거나 혹은 숙련된 수세공의 노동을 단순한 막일꾼의 노동으로 대체함으로써 인간 노동의 가격을 저하시키는 것입니다. 영어로는 'throstle-mills'인 소모(梳毛)방적기를 쓰는 방적공장의 대부분에서 방적공업은 다만 16세 이하의 소녀들에 의해 이루어지고 있습니다. 손을 사용하는 방적기 대신 자동식 방적기의 도입은 방적공의 대부분을 해고하고 아동 및 청소년만을 남기는 결과를 가져왔습니다."

가장 열렬한 자유무역론자인 유어(Andrew Ure) 박사의 이 말은 보링 박사의 고백을 보충하는 데 유용합니다. 보링 박사는 몇몇 개인적 고통에 대해 얘기하면서, 동시에 이 개인적 고통이 전체 계급을 파멸시킨다고 말합니다. 그는 과도기의 일시적 고통에 대해 얘기하면서, 동시에 이러한 과도기의 고통이 대다수 사람들에게는 생존으로부터 죽음으로의 이행이었고 나머지 사람들에게는 좀 나은 상태에서 보다 열악한 상태로의 이행이었음을 감추지 않습니다. (…)

그러면 도대체 왜 자유무역의 실현이 노동자계급의 상태에 미치는 영향의 문제를 새삼스럽게 해명해야 할까요? 께네(François Quesnay)부터 리카도에 이르기까지 경제학자들이 전개했던 모든 법칙은 이제껏 상업상의 자유를 압박해온 제한이 존재하지 않는다는 전제하에 성립된 것입니다. 이들 법칙은 자유무역이 실현되는 정도에 따라 확증됩니다. 이 법칙의 첫번째는 경쟁이 각 상품의 가격을 그것의 최소 생산비 수준으로 인하시킨다는 점입니다. 그러므로 노동의 자연가격은 최소 임금입니다. 그러면 최소 임금은 무엇입니까? 그것은 정확히 노동자의 생계 유지에 필수적인 대상들을 생산하는 데, 그리고 노동자가 그럭저럭 생존할 수 있도록 하는 데 반드시 필요한 만큼의 것입니다. (…)

그러나 그것이 전부는 아닙니다. 산업의 진보는 비용이 덜 드는 생존수단을 제공합니다. 그래서 화주(火酒)가 맥주를, 면이 양모와 아마를, 그리고 감자가 빵을 대신하게 되었습니다.

우리는 보다 값싸고 하찮은 대상으로 노동을 부양할 수단을 꾸준히 발견하기 때문에, 최소 임금은 계속 떨어질 것입니다. 이러한 임금이 애초부터 인간으로 하여금 살기 위해 일하도록 하는 것이라면, 그것은 결국 인간으로 하여금 기계의 삶을 살도록 하는 것입니다. 그의 생존은 단순한 생산력 이상의 어떤 다른 가치도 없으며, 자본가는 그를 이러한 가치에 맞게 취급합니다.

노동이라는 상품에 관한, 최소 임금에 관한 이 법칙은 경제학자들이 전제했듯 자유무역이 하나의 진실로, 사실로 되어가는 정도에 따라 확증될 것입니다. 선택은 둘중 하나가 될 것입니다. 자유무역이라는 전제하에 세워진 경제학 전체를 부인하거나, 이러한 자유무역하에서는 노동자들이 경제법칙의 온갖 냉혹함에 노출될 수밖에 없음을 인정하거나.

요약해봅시다. 오늘날의 사회상태에서 자유무역이란 도대체 무엇입니까? 자본의 자유입니다. 아직까지도 자본의 자유로운 발전을 가로막는 몇몇의 민족국가적 질곡이 제거된다면, 자본의 활동은 완전히 해방될 것입니다. (…)

그 어떤 곡물법도, 자치세도, 관세도 더는 없는, 즉 오늘날까지도 여전한 노동자의 비참한 상태의 원인이라 간주할 수 있는 모든 부수적 사정들이 완전히 사라진 상황을 잠시 가정해본다면, 여러분은 진정한 적을 못 보도록 노동자의 눈을 가린 무수한 베일들을 찢어버리게 될 것입니다.

자유롭게 된 자본은 관세에 의해 고통받던 자본 이상으로 노동자를 노예로 만든다는 사실을 노동자는 보게 될 것입니다.

여러분! 자유라는 추상적인 말에 눈길을 빼앗기면 안 됩니다. 누구의 자유입니까? 그것은 개별적인 한 개인의 다른 개인에 대한 자유를 의미하지 않습니다. 그것은 노동자를 질식시키기 위해 자본이 향유하는 자유를 의미합니다.

이러한 자유 관념 자체가 단지 자유경쟁에 근거한 상태의 산물에 불과함에도, 여러분은 무엇을 위해 이 자유 관념으로 자유경쟁을 신성화하려고 합니까?

자유무역이 한 나라의 다양한 계급 사이에 불러일으킨 형제애가 무엇인지를 우리는 이미 보았습니다. 자유무역이 지구상의 다양한 나라들 사이에 실현할 형제애도 이보다 더 깊지는 않을 것입니다. 전세계적 형태의 착취에 보편적 형제애라는 이름을 붙이는 것은 단지 부르주아의 품속에서만 기인할 수 있었던 관념입니다. 자유경쟁이 한 나라 내부에 완성해놓은 모든 파괴적 현상들은 세계시장에서 훨씬 거대한 규모로 반복됩니다. 우리는 이러한 주제에 관해 자유무역론자들이 늘어놓는 궤변에 더는 머물러 있을 필요가 없습니다. (…)

예를 들어, 사람들은 자유무역이 국제분업을 낳을 것이고 이 분업이 각국에 자연적 비교우위에 합당한 생산을 할당하게 될 것이라고 말합니다.

여러분, 아마 여러분은 커피와 설탕의 생산이 서인도의 자연적 숙명이라고 믿으실지 모르겠습니다.

2세기 전 자연은 상업에 대한 걱정이 없었기 때문에 거기에 커피나무도 사탕수수도 심지 않았습니다.

그리고 아마 반세기도 채 지나지 않아 여러분은 더는 그곳에서 커피도 설탕도 볼 수 없게 될 것입니다. 이미 동인도가 보다 저렴하게 생산하는 바람에 서인도의 이러한 소위 자연적 숙명과 싸워 승리를 거두었기 때문입니다. 그리고 서인도는 자신의 자연적 윤택함에도 불구하고 이미, 태초부터 손으로 직물을 짜도록 운명 지워진 다카의 직조공들처럼, 영국인들에게도 무거운 부담이 되었습니다.

여기서 간과해서는 안 될 사정이 하나 있습니다. 즉 모든 것이 독점되듯 오늘날에는 다른 모든 산업부문을 지배하는 몇몇 산업부문이 있는데, 특히 이것을 가장 잘 운영하는 민족에게 세계시장의 지배권을 보증해준다는 점입니다. 그래서 국제무역에서는 단지 면화 하나가 의류제조에 사용되는 다른 모든 원료를 합친 것보다도 훨씬 큰 상업적 가치를 가지고 있습니다. 정말 웃기는 일은 자유무역론자들이 각각의 산업 분야에서 몇몇 특산품을 끄집어내 산업이 가장 발전된 나라에서 가장 싸게 생산되는 일용품의 생산과 비교하려는 것입니다. (…)

그러나 여러분, 우리가 상업의 자유를 비판한다고 해서 보호관세제도를 옹호할 의도가 있다고는 생각하지 마십시오.

절대주의의 친구가 되지 않고도 입헌제와 싸울 수 있습니다.

게다가 보호관세제도는 단지 한 국가에서 대공업을 육성하는 수단, 즉 그 국가로 하여금 세계시장에 의존하게 만드는 수단일 뿐입니다. 그리고 세계시장에 의존하는 그 순간부터 우리는 이미 많든 적든 자유무역에 의존하게 됩니다. 게다가 보호관세제도는 한 나라 내부에서 자유경쟁을 발전시킵니다. (…)

그러나 일반적으로 오늘날 보호관세제도는 보수적인 반면, 자유무역제도는 파괴적으로 작용합니다. 자유무역제도는 이제까지 유지해온 국민성을 파괴하고 부르주아와 프롤레타리아 사이의 대립을 극단까지 추동합니다. 한마디로 자유로운 상업 제도는 사회혁명을 가속화합니다. 그리고 여러분, 오직 이러한 혁명적 의미에서만 나는 자유무역에 찬성합니다. (**「자유무역의 문제에 관한 연설」, 1848년**)

〔영국의〕 의학잡지 『랜싯』(*The Lancet*)을 대략 훑어보면, 식료품의 변질 및 식중독이 이제껏 자유무역에 보조를 맞추어왔다는 사실을 알 수 있다. 『랜싯』은 언제나 새로운 미스터리를 발견해 매주 런던에 새로운 소란을 일으켰다. 이 잡지는 의사와 화학자 등으로 구성된 완벽한 조사위원회를 구성해 런던에서 판매되는 식료품을 검증해보았다. 그러고는 보고서를 통해 커피와 차, 식초와 후추, 양념장에 담긴 야채 등 모든 식품이 변질되었고 식중독을 일으킬 수 있다고 정기적으로 떠들었다. 자유무역이든 보호관세든 부르주아 무역정책의 방법으로, 부르주아사회의 경제적 토대의 자연적이고 필연적인 결과인 이러한 사실들을 현실로부터 곧바로 창출하기는 당연히 불가능하다. 그리고 영국의 노동자 거주지역에 100만 명이 넘는 거지들이 존재한다는 사실은 영국은행에 거의 2000만 파운드의 금이 존재한다는 것과 마찬가지로 영국의 번영과 밀접하게 연관되어 있다.

이는 분명 부르주아 공상가에 반하는 주장이다. 즉 한편으로는 단지 상업적 경기순환의 각각의 번영기에 반드시 동반되는 현상인 자유무역의 결과로서 설정되어야 하며, 다른 한편으로는 부르주아-번영에 의해 성취될 수 없는 것을 기대하는 것이다. (「**사회적 빈곤과 자유무역 — 임박한 무역 위기**」, 1852년)

자본가 한 사람이 다른 많은 자본가를 타도한다: 자본의 집적과 집중

개별 자본은 모두 생산수단의 크고 작은 집적으로 이루어지며, 그에

414

상응하여 크고 작은 노동자 군(軍)에 대한 지휘권을 갖는다. 모든 축적은 새로운 축적의 수단이 된다. 그것은 자본으로 기능하는 부의 양을 증대시키고 이들 부가 개별 자본가 수중으로 더 많이 집적되게 하며, 그럼으로써 대규모 생산과 특수한 자본주의적 생산방법의 기초를 확대한다. 사회적 자본의 증대는 다수의 개별 자본의 증대를 통해서 이루어진다. 다른 모든 조건이 불변이라면 개별 자본 및 생산수단의 집적은 사회적 총자본에서 이들이 차지하는 비율에 따라 함께 증대한다. 이와 함께 초기 자본에서 어린 가지들이 갈라져 나와 새로운 자립적 자본으로 기능하기도 한다. 이 경우에는 무엇보다도 자본가 가족 내에서의 재산분할이 커다란 역할을 한다. 그리하여 자본축적과 함께 자본가의 수도 다소 늘어난다. 직접적으로 축적에 기초한(또는 축적과 동일한) 이런 종류의 집적은 두가지 특징이 있다. 첫째, 개별 자본가의 수중으로 사회적 생산수단이 집적되는 정도는 다른 조건이 불변이라면 사회적 부의 증대수준에 따라 제한된다. 둘째, 사회적 자본 가운데 각 개별 생산영역에 자리를 잡은 부분은 많은 자본가들——이들은 상호 경쟁하는 독립적 상품생산자로서 서로 만난다——사이에 분배되어 있다. 그러므로 축적과 그에 따른 집적은 많은 점으로 분산되어 있으며, 또한 기능하는 자본의 증대는 새로운 자본의 형성과 낡은 자본의 분열이라는 현상이 서로 교차하면서 이루어진다. 그리하여 축적은 한편으로는 노동에 대한 지휘권과 생산수단의 집적 증대로 나타나지만 다른 한편으로는 다수 개별 자본들 간의 상호 반발로 나타난다.

이처럼 사회적 총자본이 다수 개별 자본으로 분열하고 그 개별 자본들이 서로 밀어내는 현상에는 다시 개별 자본들 간에 서로 끌어당기는 힘이 반작용한다. 이것은 더이상 축적과 동일한 집적(즉 생산수단과 노동지휘권의 단순한 집적)이 아니다. 그것은 이미 형성된 자본들의 집적이자 이들 자본의 개별적 자립성의 폐지이며, 나아가 자본가에 의한 자본가의 수탈이고, 다수의 소자본이 소수의 대자본으로 전화함을 뜻한다. 이 과정이 첫번째 과정과 구별되는 점은, 이 과정은 단지 이미 기능하는 기존 자본들 간의 배분의 변화만을 전제해 그것이 작용하는 범위는 사회적 부의 절대적인 증가나 축적의 절대적 한계로부터 아무런 제한을 받지 않다는 사실이다. 자본이 한 사람의 수중에서 대폭 팽창하는 것은 그것이 많은 다른 사람의 수중에서 그만큼 소멸했기 때문이다. 이 것은 바로 축적 또는 집적(Konzentration)과 구별되는 집중(Zentralisation)이다. (…)

여기에서 경쟁의 정도는 경쟁하는 자본의 수에 정비례하고, 그 크기에 반비례한다. 경쟁은 늘 다수의 소자본가가 몰락하는 것으로 끝나는데, 그들의 자본 중 일부는 승리자의 손에 넘어가고 일부는 소멸한다. 그밖에 다시 자본주의적 생산과 함께 완전히 새로운 하나의 힘, 즉 신용제도가 형성된다. 신용제도는 처음에는 축적의 겸손한 보조자로 슬그머니 들어와서 사회의 표면에 분산된 크고 작은 양의 화폐수단을 개별 자본가(또는 결합 자본가)의 손에 보이지 않는 실로 끌어들이지만, 얼마 지나지 않아 경쟁에서 가공할 새 무기로 변신하며, 그 결과 각종 자본의 집중을 위한 하나의 거대한 사회적 메커니즘으로 전화한다.

자본주의적 생산과 축적이 발전함에 따라 그에 비례하여 두개의 가장 강력한 집중의 지렛대, 즉 경쟁과 신용이 발전한다. 이와 병행해서 축적의 진전은 자본집중의 소재(즉 개별 자본)를 증가시키는 반면, 자본주의적 생산의 확대는 한편으로는 사회적 욕망을 만들어내고 다른 한편으로는 자본의 선행적 집중이 있어야만 실현될 수 있는 강력한 공

416

업기업의 기술적 수단을 만들어낸다. 따라서 오늘날에는 개별 자본의 상호 흡인력과 집중으로의 경향이 과거 어느 때보다도 강력하다. 그러나 집중화 경향의 상대적인 범위와 힘은 일정 정도 이미 이루어져 있는 자본주의적 부의 크기와 경제적 메커니즘의 우위에 따라 결정되지만, 집중의 진전은 결코 사회적 자본의 크기가 증가하는 것에 의존하지 않는다. 그리고 이 점은 집중을 집적—확대재생산의 다른 표현에 지나지 않는—과 구별시켜 주는 특징이다. 집중은 이미 존재하는 여러 자본들의 배분에서의 단순한 변화(즉 사회적 자본의 각종 구성 부분이 보이는 양적 편성의 단순한 변화)에 의해 일어날 수 있다. 자본이 한 자본가의 수중에서 엄청나게 증대될 수 있는 것은 그것이 다른 많은 사람들의 수중에서 탈취되기 때문이다. 어떤 한 사업부문에서 거기에 투하된 모든 자본이 하나의 개별 자본으로 융합될 때, 그 부문에서 집중은 최고도에 이르게 될 것이다. 한 사회 내에서 이런 최고도의 집중이 이루어지는 경우는 사회적 총자본이 한명의 개별 자본가(또는 하나의 유일한 자본가 회사) 수중에 깡그리 합병되는 순간일 것이다.

집중은 산업자본가들로 하여금 그들의 활동 규모를 확대할 수 있게 해줌으로써 축적 작업을 보완해준다. 이 규모의 확대가 축적의 결과이든 집중의 결과이든, 또는 집중이 합병이라는 폭력적인 방법으로 이루어지든—이 경우에는 일부 자본이 다른 자본에 대해 우위의 구심점이 되어 다른 자본의 개별적 응집력을 파괴하고, 그런 다음 산산조각난 파편을 자신들에게 끌어들인다—아니면 주식회사의 형성—이미 형성된(또는 형성 중인) 다수 자본의 융합—이라는 좀더 순탄한 방법으로 이루어지든 그 경제적인 효과는 동일하다. 어떤 경우에도 산업설비의 확대는 다수 노동자들의 총노동을 한층 더 포괄적으로 조직하기 위한—즉 그 물적 추진력을 더욱 광범위하게 발전시키기 위한, 다시 말해서 개별화되어 관행적으로 운영되는 생산과정을 사회적으로 결합되고 과학적으로 배치된 생산과정으로 끊임없이 전화시키기 위한—출발점을 이룬다.

그러나 재생산이 원형에서 나선형으로 이행하면서 이루어지는 자본의 점진적인 증가(즉 축적)는 단지 사회적 자본의 구성 부분들에 대한 양적 편성을 변화시키기만 하면 되는 집중에 비해 매우 완만한 방식임이 명백하다. 만약 세계가 축적을 통해 개별 자본들이 철도를 건설할 수 있을 만한 규모가 될 때까지 기다려야 했다면 철도는 여전히 건설되지 않은 상태일 것이다. 그러나 집중은 주식회사를 매개로 순식간에 그 일을 해냈다. 또한 집중은 축적의 작용을 증대시키고 촉진하는 동시에 자본의 기술적 구성의 변혁(즉 자본의 가변 부분을 희생시켜 불변 부분을 증대시키고, 따라서 노동에 대한 상대적 수요를 감소시키는 변혁)을 확대하고 촉진한다.

집중에 의하여 하룻밤 사이에 용접된 자본 덩어리는 다른 자본의 덩어리와 마찬가지로 재생산되고 증식됨으로써—단지 속도에서만 다른 자본 덩어리보다 좀더 빠를 뿐이다—사회적 축적의 강력한 새 지렛대가 된다. 따라서 사회적 축적의 진전이라고 말할 때 그 속에는—오늘날—집중의 작용이 암묵적으로 포함되어 있다.

축적이 정상적으로 진행될 때 형성되는 추가자본은 주로 새로운 발명과 발견, 산업적 개량을 이용하기 위한 매체 역할을 한다. 그러나 낡은 자본도 시간이 흐르면 그 머리와 사지를 갱신할 순간에 도달하게 되고, 그때가 되면 껍질을 벗는 동시에 기술적으로 개량된 모습으로 다시 태어나게 된다. 그처럼 개량된 모습에서는 더 많은 양의 기계와 원료를 더 적은 양의 노동으로도 충분히 움직일 수 있게 된다. 여기에서 필연적으로 발생하는 노동수요의 절대적 감소는 이 갱신과정을 통과하는 자본이 집중에 의해 이미 대량으로 집적되어 있으면 있을수록 커지는 것이 자명하다. (…)

이제부터는 자영노동자가 아니라 많은 노동자를 착취하고 있는 자본가들 자신이 수탈된다.

이 수탈은 자본주의적 생산 자체의 내재적 법칙들의 작용을 통해, 또 여러 자본의 집중을 통해 진행된다. 자본가 한 사람이 언제나 다른 많은 자본가들을 타도한다. 이 집중(즉 다수 자본가에 대한 소수 자본가의 수탈)과 함께 갈수록 대규모화하는 노동과정의 협업적 형태, 과학의 의식적·기술적 응용, 토지의 계획적 이용, 노동수단의 공동 사용, 결합적·사회적 노동을 생산수단으로 사용함에 따른 모든 생산수단의 절약, 세계 각 국민의 세계시장 네트워크 속으로의 편입 등으로 말미암아 자본주의 체제의 국제적 성격이 발전하게 된다. 이 전화과정에서 생기는 모든 이익을 가로채 독점하는 대자본가의 수가 끊임없이 감소해 감에 따라 빈곤·억압·예속·타락 그리고 착취의 정도는 오히려 증대된다. 그러나 끊임없이 팽창하는, 그리고 자본주의적 생산과정 자체의 메커니즘을 통해 훈련되고 결합되며 조직되는 노동자계급의 저항도 커진다. 하지만 자본독점(Kapitalmonopol)은 자신과 함께 (또 자신 아래에서) 개화한 이 생산양식의 질곡으로 작용하게 된다. 생산수단의 집중이나 노동의 사회화는 마침내 자본주의적 외피와는 조화될 수 없는 시점에 이르게 된다. 이 시점에서 외피는 폭파된다. (**『자본』** 제1권, 1890년 제4판)

이윤율저하의 법칙이 경제학자들에게 불러일으키는 놀라움을 살펴보면, 그것의 가장 중요한 결과는 그 법칙이 언제나 자본의 증가하는 집적을 전제한다는 사실과 또한 언제나 소규모 자본가의 탈자본화를 전제한다는 사실이다. 이것은 일반적으로 자본주의적 생산의 모든 법칙의 결과다. 그리고 우리는 이러한 사실에서 자본주의적 생산의 토대를 특징짓는 상충되는 성격을 간파할 수 있다. 이러한 집적의 진보는 무엇을 의미하는가? 더욱이 이것은 생산이 그것의 사적 성격을 잃어버리고 사회적 과정이 된다. 또한 모든 교환에서와 같이, 생산자의 절대적인 의존성과 필연성을 통해 생산이 자신의 노동을 추상적·사회적 화폐로서, 형식적으로가 아니라 실질적으로, 사회적으로 표현한다. (『**잉여가치론**』, 1862~63년)

온갖
왜곡된 형태의 모체와
투기늑대의 탄생

이자 낳는 자본, 투기거품과 금융위기

7

서론

맑스이론에 열중하면서 종종 잊게 되는 것이 있는데, 무엇보다『자본』제1권에서 전개된 자본주의적 생산양식의 개념이 자본관계의 기초적 논리에 불과하고 그것의 사회적·역사적 전제를 서술하고 있다는 사실이다. 그에 비해 자본주의사회가 그 표면에서 관찰자에게 보여주는 직접적이고 경험적인 현상은 이러한 자본의 본질 논리로는 단순히 발견할 수 없고, 다면적인 매개형태와 변이를 통해 확실히 변용시켜야 이해할 수 있다. 헤겔이 말했듯이 현상으로 나타나는 것은 본질이지만, 본질 그 자체가 직접적 현상으로 즉시에 나타나는 것이 아니라, '매개되고' 수정되고 '순수하지 않게' 표면으로 뚫고 나아가는 갖가지 요인들을 통해 나타난다. 한편으로 본질은 자신의 개념과 논리에 따라 현상의 다양성으로부터 비로소 증류되며, 다른 한편으로 이미 획득된 자본과 그 본질 논리의 개념으로부터 그리고 다시 구체적인 매개관계로부터 해명되고 설명된다. 즉 이러한 본질이 왜 그리고 어떻게 규정되고 수정된 형태연관을 통해 그렇게 보이는지, 왜 그렇게 나타나는지에 대해서 말이다. 그래서 자본관계가 구체적 전체성으로서 현실의 발전상태 속에서 파악되어야 한다면, 결국은 이러한 매개형태나 매개관계의 역사

422

적 발전이나 각각의 경험적 상태가 분석되고 서술되어야 한다.

맑스는 자본주의적 논리와 그 발전의 매개형태를 무엇보다『자본』
제2권과 (파편적으로나마) 제3권에서 분석했다. 이미 언급했듯이 거기
에는 '국가'와 '세계시장'의 수준이 (서술되지 못한 제4권의 내용을 제
시했어야 할 정도로) 체계적으로 서술되지 못했다. 언제나 맑스는 자본
개념의 발전에서 자본주의적 매개형태에 대해서는 비교적 자세히 분석
했다. 그 매개형태란 오늘날 아주 결정적인 의미를 갖게 된 이자 낳는
자본과 그로부터 파생된 개념인 '가공자본'의 형태를 말한다. 이자 낳
는 자본, 즉 대부자본으로서의 순수한 화폐자본은 실제 산업적 생산과
정을 거쳐가는 자본으로서 '기능하는' 아주 다양한 형태의 화폐형태 중
하나다. 산업적 화폐자본은 자본주의적 축적의 지속적인 형태변화 속
에서 단지 과도적인 형태의 화폐를 표현하는 것으로서, 즉 그 자체는 언
제나 다시 직접 생산수단(c)과 살아 있는 노동력(v)으로 변형되는 화폐
자본인 반면, 이자 낳는 자본은 현실 자본주의의 생산과정과 단지 외적
이고 간접적으로만 결합되는 화폐자본이다. 빌린 원금의 상환을 넘어
이자(빚에 대한 가격)를 지불해야만 기업이나 국가 혹은 사적 가계가
빌릴 수 있는 화폐자본인 것이다.

이 대부자본 소유자, 특히 채권자의 관점이자 일반적인 자본가적 의
식의 사회적 관점에서는 자본의 이런 파생된 형태를 실제 산업적 생산
과정을 전혀 거치지 않고도 화폐를 낳는 '고유한' 것으로, 그리고—맑
스가 말했듯이—'신비한 특성'을 가진 능력으로 간주한다. 따라서 이
런 자본주의적 매개관계의 현상과 관련된 속물적이고 천박한 자본주의
비판은 원래 소시민적 사상—프루동과 그를 따르는 무정부주의자들,
게젤(Silvio Gesell)과 슈타이너(Rudolf Steiner)의 분파 지도자들로부터

나치의 이데올로기에 이르기까지 이들에게서 끊임없이 반복해서 선동되고 조장된—에서 비롯된 것이다. 이런 속물적이고 개념 없는 반자본주의—즉 18세기 이래 '생산주의적인' 것으로 간주되었고, 추상적 노동윤리를 통해 훈련된 '건전한 인민의 감각'이라고 자본주의적으로 이름 붙여진—는 고유한 자본주의적 생산양식 자체에 대해서는 찬미하고 숭상하지만, '비생산적 금융자본'에 대해서는 자본주의적 국민의 이름으로 국가의 부를 빨아먹는 흡혈귀라고 공격한다. 예를 들어, 나치는 '창조적' 자본과 '착취적' 자본을 깐깐하게 구별했다. 분석과 비판적 이론 대신 이러한 원시적이고, 인종주의나 저열한 본능에 기초한 이데올로기는 자주 그리고 쉽게 괘씸한 금융자본을 유대주의와 동일시하려고 하는데(후기 중세 이래 등장하여 이미 루터가 부당하게 이용한 주제), 이것은 동시에 현대 비합리적 인종주의의 '경제학'에서 확실한 중심지를 형성한다.

이러한 대중적이며 인종주의적인 흐름의 편협한 반자본주의(단지 이자 낳는 자본의 외면적 현상형태에만 반대하는)는 바로 자본주의적 범주 속에서 발견되는 맑스주의 노동운동과 분명한 유사성과 교차점을 보여준다. 물론 그렇다고 맑스주의 노동운동이 단순하게 비난받아서는 안 될 것이다. 노동운동의 주요 동기는 언제나 자본주의에서의 임노동자의 법적·정치적 인정과 노동조건의 향상을 위해 투쟁하는 데 있다. 반면 금융자본에 대한 대중적인 공격의 주요 동기는 언제나, 이것을 기반으로 권력을 쟁취하고자 하고 공황의 역동성을 반역사적인 방향으로 이용하기 위하여 맹목적 증오와 무력감을 동원하려는 것이다.

그러나 경제자유주의 비판에 의해 사용된 개념과 해석의 논리는 사회민주주의자나 공산주의자에게 수사적으로 경솔하게도 자주 금융자본 및 투기와 관련하여 사용되고, 그럴 때면 언제나 노동과 국가, 민족과 '생산적 자본투자'에 대한 호소로 이어짐으로써, 편협하고 대중적인 자본주의 비판에 매달린 허망한 신성동맹은 자신도 모르는 사이에 사회적 해방과 정반대로 귀결되는 정치적 스펙트럼과 만나게 된다. 또한 신자유주의적 패러다임에 대한 최근 부르디외 주도의 케인스 좌파의 부활도 그들의 반미적 경향과 함께 그런 동기로부터 자유롭지 않다.

그러나 이 경우 맑스주의 노동운동에 대한 추종과 향수는 한번도 알려진 맑스를 소환하지 않았다. 더욱이 맑스는 오늘날의 시장급진적 이데올로기 같은 금융 및 투기적 자본의 담지자에 관해 아첨하지 않았고, 오히려 이를 뻔뻔한 사기꾼이나 투기늑대 등으로 불렀다. 그러나 결코 유익하지 않은 이러한 인물들은 노동운동 찬미자나 인종주의자의 통속적이고 천박한 자본 비판에서처럼 생산적 자본과 적대적으로 대립하지 않고, 오히려 자본 비판과의 내적인 관련성 속에서 설명되고 그로부터 연역된다. 이 점에서는 알려진 맑스와 숨겨진 맑스 사이에 아무런 차이도 없다. 따라서 '사악한' 이자 낳는 자본──맑스는 이자 낳는 자본의 자본주의적 관련 체계를 완전히 파악하고 그것의 내적 운동법칙을 보여주었다──에 반대하는 프루동과 그 시대의 아류들에 대해 맑스가 했던 비판의 경우 역시 마찬가지다.

맑스는 거기에서 이자 낳는 자본의 개념을 자본 개념 그 자체로부터 그리고 생산적·기능적 자본에 대한 현실적 관계 속에서 정확히 도출했을 뿐 아니라, 이런 관계가 어떻게 자본주의적 재생산과 그 공황의 역동성 속에서 에둘러 나타나게 되는지를 보여주었다. 이미 '상품 일반'으로서 화폐자본이 양도되고(다양한 신용의 형태 속에서) 그것이 부가된 이자와 함께 다시 환류하는 것은 시간적으로나 공간적으로 모두 산발적으로 진행될 뿐 아니라 현실 생산과정과의 내적 연관도 더이상 직접적이거나 분명하지 않게 된다는 사실로부터, 자본물신의 이데올로기적 가상과 왜곡된 인식과 함께 고유한 공황의 가능성이 '가공자본'의 형성을 통해 만들어진다. 이자 낳는 자본이 여전히 찬미자에게 긍정적인 이익이 되고 찬미자가 그것으로 기능할 수 있지만(예를 들어 다른 거래를 위한 보증으로 저당되는 경우), 현실에서 차입한 화폐자본을 채무자 쪽에서 (실제 노동력이 사용되는) 자본의 생산적 회전 속으로 전혀 투입하지 않거나 거기서 난파해버린다면, 그로부터 가공자본 혹은 금융거품이 발생한다.

맑스의 시대와 달리 이런 상황은 오늘날 소비자신용의 영역에서, 숱한 우리 시대의 불쌍한 사람들이 충분히 경험하고 있듯이, 임노동자에게도 등장한다. 단지 소비를 목적으로 지출하더라도 빌려준 쪽에서는 언제나 화폐자본(이자를 낳기 때문에)인 빌린 돈은 부동의 무조건적인 전제를 갖는다. 즉 채무자의 노동력은 자본의 생산적 회전에 사용될 수 있어야 하고, 원금의 할부상환뿐 아니라 이자도 자신의 임금수입에서 지불될 수 있어야 한다는 점이다. 이때 상당한 수입 저하를 동반하는 예측할 수 없는 실업의 경우 이러한 필연적 연관은 붕괴되는데, 이는 당장은 아니더라도 일정한 잠복기 이후 결국 나타나게 된다. 소비자신용을 통해서 우리는 기업의 기능자본으로 다양한 경로와 다양한 형태를 통해 대출되고 그래서 노동력이 생산적으로 소모될 수 있는, 현실적으로 거대한 대부자본을 유추해낼 수 있다. 그러나 물론 이때의 메커니즘도 언제나 동일하다. 이것은 또한 (스스로 기업을 운영하지 않는 한) 궁극적으로 단지 소비자로서, 더욱이 전체 사회의 대규모 소비자로서 자본시장에 돈을 빌려주는 국가의 경우에도 해당된다. 임노동자의 경우 수입이란 자신의 빚을 갚기 위해 기능적 자본에 자신의 노동력을 팔아야 하는 것이지만, 국가의 경우 수입은 모든 종류의 화폐수입과 기능적 자본의 이윤으로부터 뽑아내는 세금수입이다.

이 세가지 경우 신용관계는 자본의 현실적 재생산과정—아무런 직접적인 작용이 없는 상태에서도—과 단절될 수 있다. 이미 살펴보았듯이 임노동자의 소비자신용의 경우 실업이 되면 바로 단절된다. 국가의 경우에는 자신의 능력 이상으로 빚을 지거나 사회를 압박해서 세금수입을 짜내면 (혹은 공황과정으로 인해 선취한 세금수입이 기대보다 걷히지 않는다면) 단절된다. 그러나 무엇보다 기능적 자본의 경우에는 자신의 부채보다 이익을 내지 못하면 파산한다. 진실의 시간, 즉 거품이 터지는 때는 각각 상환기간을 연장함으로써(호시절의 채권자처럼 채권자의 희망 속에서), 채무상환을 연기함으로써 그리고 단지 빚을 더 잘 상환하도록 하기 위해 새로운 추가신용을 제공함으로써 가능하다. 하지만 채무상환이라는 악마의 주기가 등장하고 이때 논리적으로 원래의 부채는 생산적 토대 없이 천문학적으로 증가하게 되면서, 이자를 지불하는 화폐자본과 자본의 실제 생산과정 사이의 균열은 언제나 더욱 벌어질 수 있다.

맑스의 분석으로부터 이자 낳는 자본과 현실의 기능자본 사이의 관계에 있어서 두가지 경우를 볼 수 있다. 하나는 이자 낳는 자본이 전체 자본주의적 축적과정 가운데 비록 매개된 부분이긴 하지만 긍정적인 역할을 수행하는 부분이 되는 경우(이자 낳는 자본이 현실 기능자본의 생산을 통해 현실적으로 이자에 해당하는 부가적인 산물을 생산한 경우)와 다른 하나는 이자 낳는 자본이 가공자본 혹은 궁핍해진 이자 낳는 자본이 되는 경우(양자의 관련은 이미 깨어졌지만 아직 현실화되지는 않았고, 따라서 비록 이미 주체 없는 상태가 되어버렸지만 현실적으로는) '악성' 신용 및 어음 등과 실현되지 않은 손실이 (의식적이건 무의식적이건) 아직도 현존하는 자산 혹은 앞으로 이자와 함께 상환될 수 있는 자산으로 장부에 기록되어 있는 경우다.

두번째, 가공자본이라는 유추 개념을 맑스는 금융자본과 주식시장이라는 특수한 영역에서 발전시켰다. 유가증권의 단기상승에서 선취한 '기대에 근거한 자본화'(미래 이익에 대한 기대)는 처음부터 가공자본을 형성한다. 왜냐하면 이것은 일반적으로 (논리적으로 순수한 화폐자본의 이자에 상응하는, 즉 실제 기업가 이윤에서 이끌어낼 수 있는 몫을 표현하는 배당금과 달리) 현실 자본주의의 생산과정과 아무런 실체적 관련도 없기 때문이다. 가공자본의 형성이 현실의 축적과정과 나란히 발전하는 한, 가공자본의 형성은 현실의 축적에 의해 제한될 것이다. 그러나 가공자본이 현실의 축적을 추월하여 그것을 초과하게 되면, 가공자본만큼 악성으로 변하는 신용은 금융거품, 즉 언젠가 터질 수밖에 없게 될('가치 교정') 실체 없는 가치액으로 작용함으로써 허구적 축적을 형성한다.

자본주의에서는 그런 과정이 소규모라 할지라도 매일 일어난다. 언제나 계속 이런저런 사정으로 현실자본과 금융자본 사이의 관계가 단절되고, 여기저기서 금융거품이 만들어지고 어음이 부도나고 신용이 위급해지고 갚을 길 없어진 부채로 불쌍한 채권자들까지도 파산하게된다. 이런 모든 사실은 자연스러운 사업과정으로, 자본주의적 재생산과정의 위험과 부작용에 속한다. 자본주의적 재생산과정에서는 '가치의 증식'이라는 기본적으로 전제되어 있는 본질적 논리가 무수히 많은 모순적 매개형태를 통해 왜곡된다. 기능자본의 실제 가치창출의 부족

428

으로 손실된 가공자본의 가치액이 상당한 액수에 도달하면 — 한편으로는 열등한 신용에 의해, 다른 한편으로는 순수한 투기적 주식가치나 (혹은 부동산가치) 국가부채에 의해 — 사태는 비로소 사회 전체의 문제가 될 것이다. 그렇다면 이것은 언제나 다음과 같은 현상을 야기한다. 맑스의 공황 분석에 의해 서술된 현실 축적의 중단이 기능자본의 영역에서 사회적 규모로 확대되고, 즉 자본주의적 생산이 자신의 고유한 자기모순과 자신의 고유한 법칙성에 기반하여 더이상 충분히 인간 노동력을 흡수하여 이윤을 만들 수 없게 되는 것이다. 그러나 이러한 내적 한계는 직접 볼 수 없다. 왜냐하면 '경제주체'인 기업, 국가, 가계가 자신들의 줄어든 혹은 아예 소실된 실제 이윤이나 수입 대신에 당분간 채무나 가공자본을 통해 물 위에서 버티거나 동시에 다른 한편으로 가지고 있는 화폐자본을 과도하게 주식시장에 투자하여 거기서 결국 가공자본을 투기거품의 형상으로 만들기 때문이다(피할 수 없는 공황은 가공자본이 더 많이 만들어질수록 그것을 통해 한편으로는 연기되지만, 다른 한편으로는 더욱 강화된다). 공황이 마침내 표면에서 터지게 되면, 이것은 비록 본질상 생산적 자본 자체의 내적 한계에 기초하고 있지만, 모든 면에서 정확하게 순수한 화폐공황, 신용공황, 전반적인 금융공황으로 드러난다. 따라서 공황이 현실로 나타나면 원인과 결과를 혼동하는 천박한 대중적 견해(자본주의적 생산양식 자체에 대한 올바른 비판 대신 '투기몰이') 역시 모습을 드러낸다.

이런 논리에서 나온 가공자본과 이자 낳는 자본에 대한 맑스의 이론과 분석이 맑스의 지구화 진단 못지않게 오늘날 현실적이라면, 이것은 두 과정이 동시에 그리고 서로 보완적으로 공황에 대한 자본의 내적 경향으로부터 나온 것이기 때문이다. 자본이 세계시장을 향해 '바깥으로'

탈출하려는 것은 현실 생산과정에서 분리되어 있는 금융시장을 향해 '위로' 탈출하려는 것과 마찬가지다. 두 과정은 서로 연관되어 있으며 서로 이어서 진행된다. 직접적 세계자본의 형성은 여과되지 않은 세계 공황의 경쟁을 통해 마찬가지로 여과되지 않은 세계금융시장과 엄청난 세계채권을 만들고 또한 가공자본의 세계적 거품을 만들면서 나아간다. 바로 그래서 무엇보다 금융자본이 국민경제적 테두리를 넘어 더욱 도약할 수 있고, 또 금융자본의 공황이 이제 직접적으로 세계적 규모에서 일어날 수 있게 됨으로써, 과거의 모든 금융공황에 비해 앞으로 다가오는 세계금융공황은 비교할 수 없는 엄청난 파괴력을 갖게 된다. 오늘날 그 선조들과 똑같이 세계은행가들과 금융분석가들이 알아차리지 못한 이런 발전 메커니즘을 이해하려면 그 어느 때보다 다음과 같은 얘기가 적절하다. 즉 맑스를 보라. 다음의 텍스트는 논리적 응집성과 더 쉬운 이해를 위해서 대부분 『자본』 제3권에서 발췌했다. 그러나 다른 책에서 가져온 내용도 일부 있다.

순전히 자동화된 물신성: 이자를 낳는 화폐의 속성은 배나무에 배가 열리는 것과 똑같다

화폐──여기에서는 그것이 현실에서 화폐로 존재하든 상품으로 존재하든 그것에는 상관없이 어떤 가치량의 독립된 표현으로 간주된다──는 자본주의적 생산의 기초 위에서 자본으로 전화할 수 있고, 이런 전화를 통하여 일정가치에서 스스로를 증식한[즉 증가한] 가치가 된다. 그것은 이윤을 생산한다. 다시 말해 자본가로 하여금 노동자로부터 일정량의 미지불노동, 즉 잉여생산물과 잉여가치를 끌어내 획득할 수 있도록 해준다. 그럼으로써 화폐는 화폐로서 가지고 있는 사용가치 이외에 하나의 추가적인 사용가치를, 즉 자본으로서 기능하는 사용가치를 갖게 된다. 여기에서 화폐의 사용가치란 바로 그것이 자본으로 전화하여 생산한 이윤 그 자체다. 가능태(可能態, mögliche)로서의 자본, 즉 이윤생산의 수단이라는 이 속성으로 인해 화폐는 상품이나 독특한 종류(sui generis)의 상품이 된다. 혹은 같은 말이지만, 자본은 자본으로서 상품이 된다.

연간 평균이윤율을 20퍼센트라고 가정해보자. 그러면 100파운드스털링의 가치를 가진 어떤 기계는 평균조건하에서 평균수준의 지능과 합목적적인 활동에 의해 자본으로 사용될 경우 20파운드스털링의 이윤을 가져올 것이다. 따라서 100파운드스털링을 소유한 어떤 사람은 이 100파운드스털링을 가지고 120파운드스털링 혹은 20파운드스털링의 이윤을 만들 능력을 가진 셈이 된다. 그는 자신의 수중에 100파운드스털링에 해당하는 가능태로서의 자본을 소지한 것이다. 만일 이 사람이 그 100파운드스털링을 실제로 자본으로 사용할 어떤 다른 사람에게

1년간 양도한다면, 전자는 후자에게 20파운드스털링의 이윤, 즉 아무런 등가도 지불하지 않고 공짜로 얻는 잉여가치를 생산할 힘을 넘겨주는 셈이다. 하지만 만일 연말에 이 후자가 그 100파운드스털링의 소유주에게 생산된 이윤의 일부인 5파운드스털링을 지불한다면, 그는 100파운드스털링의 사용가치, 즉 20파운드스털링의 이윤을 생산하는 그 자본기능의 사용가치에 대한 댓가를 지불하는 셈이다. 후자가 전자에게 지불하는 그 이윤의 일부를 이자라고 부른다. 그러므로 이자란 다름 아닌 기능하는 자본이 자신의 이윤 가운데 자기 호주머니에 챙겨넣지 않고 자본의 소유주에게 지불하는 부분을 일컫는 특수한 명칭이다.

100파운드스털링의 소유가 그것의 소유주에게 이자, 즉 그의 자본에 의해 생산된 이윤의 일부를 가져다주는 힘을 부여한다는 것은 분명한 일이다. 만일 그가 다른 사람에게 100파운드스털링을 양도하지 않는다면 후자는 이윤을 생산할 수 없을 것이며 무엇보다도 이 100파운드스털링에 대한 자본가로서 아예 기능할 수 없을 것이다. (…)

100파운드스털링이 20파운드스털링의 이윤을 생산하는 것은 그것이 산업자본이든 상인자본이든 좌우간 자본으로 기능함으로써다. 그러나 이런 자본으로서의 기능에 필수불가결한 조건은 그것이 자본으로 선대된다는 사실, 즉 화폐가 생산수단(산업자본의 경우)이나 상품(상인자본의 경우)의 구매에 지출된다는 사실이다. 그러나 화폐가 지출되기 위해서는 우선 그것이 존재해야만 한다. 만일 100파운드스털링의 소유주인 A가 이 100파운드스털링을 자신의 개인적 소비에 지출해버리거나 혹은 축장화폐로 자신이 직접 보유해버린다면, 이 100파운드스털링은 기능하는 자본가 B에 의해서 자본으로 지출될 수 없을 것이다. B는 자신의 자본을 지출하는 것이 아니라 A의 자본을 지출한다. 그러나 그는

A의 의사 없이는 A의 자본을 지출할 수 없다. 따라서 사실상 본원적으로 100파운드스털링을 자본으로 지출하는 사람은, 비록 자본가로서 그의 기능이란 게 단지 100파운드스털링을 자본으로 지출하는 것이 전부이긴 하지만, 바로 A다. 이 100파운드스털링에 관한 한 B가 자본가로서 기능할 수 있는 것은 단지 A가 그에게 100파운드스털링을 양도했기 때문에, 즉 그가 그 100파운드스털링을 자본으로 지출했기 때문이다.

우리는 먼저 이자 낳는 자본 본연의 유통을 고찰하기로 한다. 그런 다음 그것이 상품으로 판매되는 독특한 방식, 즉 완전히 양도되는 것이 아니라 단지 일시적으로만 대여되는 방식을 살펴보기로 한다.

출발점은 A가 B에게 선대하는 화폐다. 이때 저당은 있을 수도 있고 없을 수도 있다. 그러나 상품 담보에 의한 선대나 어음, 주식 등의 채무증서를 담보로 한 선대를 제외한다면, 저당이 있는 형태가 더 오래된 것이다. 여기에서 우리는 그런 예외적인 특수한 형태들은 제외하고 이자 낳는 자본의 통상적인 형태만을 다루고자 한다.

화폐는 B의 수중에서 실질적으로 자본으로 전화하여 $G-W-G'$의 운동을 거친 다음 G'으로서, 즉 $G+\Delta G$로서 A에게 다시 환류하는데 이때의 ΔG가 곧 이자를 나타낸다. 논의를 단순화하기 위해 여기에서 우리는 자본이 장기간 B의 수중에 계속 남아 있으면서 이자가 정기적으로 지불되는 경우는 당분간 논외로 한다.

그리하여 운동은 다음과 같이 된다.

$$G-G-W-G'-G'$$

여기에서 이중으로 나타나는 것은 ①자본으로서 화폐의 지출 ②실현된 자본 G′ 혹은 G+△G로서 화폐의 환류다.

상인자본의 운동 G-W-G′에서 동일한 상품은 두번 혹은 상인이 상인에게 판매할 경우에는 그 이상 주인이 바뀐다. 그러나 동일한 상품의 이런 자리바꿈은 이 과정이 그것의 최종적인 소비에 이를 때까지 아무리 반복된다고 할지라도, 그것은 단지 상품의 구매 혹은 판매라고 하는 하나의 형태변화를 가리킬 뿐이다.

한편 W-G-W에서는 동일한 화폐가 두번 자리를 바꾸는데, 이것은 상품의 완전한 형태변화, 즉 처음에는 상품에서 화폐로 그다음에는 화폐에서 다시 다른 상품으로의 전화를 가리킨다.

반면에 이자 낳는 자본에서 G의 첫번째 자리바꿈은 상품의 형태변화는 물론 자본의 재생산에 대해서도 아무런 관련이 없다. 그것이 그런 관련을 갖게 되는 것은 두번째 지출에서인데, 즉 기능하는 자본가의 수중에서 이 G가 상업에 운용되든가 혹은 생산자본으로 전화되든가 함으로써다. 여기에서 G의 첫번째 자리바꿈은 곧 A에게서 B로 G의 이전 혹은 양도이며, 그런 이전은 대개 일정한 법률적인 형태와 조건 아래 이루어진다.

처음 A에게서 B로 단순한 이전이 그 출발점이 되는 이러한 자본으로서 화폐의 두번의 지출은 그것의 두번의 환류와 조응한다. 그것은 운동으로부터 G′ 혹은 G+△G로서 기능하는 자본가 B에게로 환류한다. 그런 다음 B는 그것을 다시 A에게 이윤의 일부, 즉 실현된 자본, 다시 말해서 G+△G로서 이전한다. 이때 △G는 이윤 전체가 아니고 단지 그것의 일부분에 지나지 않으며 바로 이자에 해당한다. 화폐가 B에게로 환류하는 것은 단지 B가 그것을 지출했기 때문에, 즉 그것이 비록 A의 소유물이긴 하지만 기능하는 자본이기 때문이다. 따라서 그것의 환류가 완성되기 위해서는 B가 그것을 다시 A에게 이전해야만 한다. 그러나 B는 자본액 이외에 그가 이 자본액으로 만든 이윤 가운데 일부를 이자라는 명목으로 A에게 넘겨주어야만 한다. 왜냐하면 A가 B에게 화폐를 양도한 것은 단지 그것을 자본, 즉 운동과정에서 자신을 보전할 뿐 아니라 그 소유주에게 잉여가치까지도 창출해주는 가치로서 양도한 것이기 때문이다. 이 화폐는 그것이 기능하는 자본인 동안에만 B의 수중에 머문다. 그리고 그것의 환류——기한이 만료된 후——와 함께 화폐는 자본으로서의 기능을 멈춘다. 그러나 그것은 더이상 기능하지 않는 자본으로서 자신의 법률적 소유주인 A에게로 재이전되어야만 한다.

자본이라는 이 상품에 고유한 대부라는 형태(다른 거래에서도 판매라는 형태 대신 나타나기도 한다)는 이미 자본이 상품으로 등장하거나 혹은 자본으로서의 화폐가 상품으로 화한다는 사실을 전제로 한다. (…)

생산자본이 상품자본으로 전화하면 그것은 시장에 내보내져서 상품으로 판매되어야만 한다. 이때 그것은 단순히 상품으로 기능한다. 이 경우 자본가는 단지 상품의 판매자로만 나타나고 구매자도 상품의 구매자로만 나타난다. 생산물은 상품으로서 유통과정에서 판매를 통해 자신의 가치를 실현하고, 화폐로 전화한 형태를 취해야만 한다. 따라서 이 상품이 소비자에 의해 생활수단으로 구매되든 아니면 자본가에 의해 생산수단, 즉 자본구성 부분으로 구매되든 그것은 전혀 문제가 되지 않는다. 유통행위 속에서 상품자본은 단지 상품으로만 기능하고 자본으로는 기능하지 않는다. 상품자본이 단순한 상품과 구별되는 것은 ①전자가 이미 잉여가치를 내포하고 따라서 자신의 가치실현이 곧 잉여가치의 실현이기도 하기 때문이다. 그러나 이것이 상품, 즉 일정가격의 생산물이라는 자신의 단순한 존재형태를 변화시키는 것은 전혀 아니다. 구별을 가져오는 또 하나의 요소는 ②전자에는 상품으로서 자신의 이러한 기능이 자본으로서 자신의 재생산과정의 한 계기이며, 따라서 상품으로서 자신의 운동이 동시에 자본으로서 자신의 운동이 되기도 하는 까닭은, 그것이 자신의 전체 과정 가운데 단지 하나의 부분운동일 뿐이기 때문이다. 그러나 그것이 그렇게 되는 것은 판매행위 그 자체 때문이 아니고 단지 이 일정 가치액의 자본의 총운동과 이 판매행위 간의 관련 때문이다.

마찬가지로 화폐자본으로서의 자본도 사실상 단지 화폐, 즉 상품(생산요소)의 구매수단으로서만 작용한다. 이때 이 화폐가 동시에 자본의 한 형태인 화폐자본이기도 한 것은 자본이 여기에서 화폐로서 수행하는 실질적 기능인 구매행위 때문이 아니라, 자본이 화폐로서 수행하는 이 행위가 자본주의적 생산과정을 끌어냄으로써 그것이 자본의 전체 운동과 관련되기 때문이다.

그러나 이들 자본이 실제로 기능하는 한, 즉 현실의 과정에서 실제로 자신들의 역할을 수행하는 한, 상품자본은 단지 상품으로만, 화폐자본은 단지 화폐로만 작용한다. 형태변화의 어떤 계기에서도, 계기 그 자체만을 본다면, 자본가가 구매자에게 자본으로서의 상품을 판매하는 경우는——비록 구매자에게는 그 상품이 자본으로 여겨지고 그는 판매자에게 자본으로서의 화폐를 양도하지만——결코 없다. 어떤 경우에도 자본가는 상품을 단지 상품으로만 또 화폐를 단지 상품의 구매수단인 화폐로만 양도한다.

유통과정에서 자본이 자본으로 나타나는 것은 전체 과정과의 관련

하에서만, 다시 말해서 출발점이 곧 귀환지점으로 나타나는 계기에서
(…) 뿐이다. 그러나 이 귀환의 계기에서는 매개가 사라져버린다. 거기
에서 현존하는 것은 (…) 처음에 선대된 화폐액+그것의 초과분[즉 실
현된 잉여가치]에 해당한다. 그리고 자본이 실현된 자본[즉 증식된 가
치]으로 존재하는 바로 이 귀환지점에서는, 이런 형태로──그 귀환지
점이 (가상의 것이든 실제의 것이든) 정지된 지점으로 고정되어버린
한──자본이 유통에 투입되는 일은 없으며 오히려 자본은 유통으로부
터 전체 과정의 결과물로서 되돌아오는 모습을 취한다. 만일 그것이 다
시 지출된다면 그것은 결코 **자본으로서** 제3자에게 양도되는 것이 아니
라 단순한 상품으로서 그에게 판매되거나 혹은 상품과 교환되는 단순
한 화폐로서 그에게 넘겨진다. 자본은 자신의 유통과정에서 결코 자본
으로서가 아니라 단지 상품 혹은 화폐로서만 나타나며, 이 상품 혹은 화
폐는 여기에서 **타자(他者)**에 대한 그것의 유일한 현존재다. 상품과 화폐
가 여기에서 자본일 수 있는 것은 (…) 단지 자본가들 자신에 대한(주관
적인 관점에서) 그리고 재생산과정의 계기로서의(객관적인 관점에서)
그것들의 관념적인 관계 때문이다. 자본이 실제 운동과정에서 자본으
로 존재하는 것은 유통과정에서가 아니라 단지 생산과정, 즉 노동력의
착취과정에서 뿐이다.

그러나 이자 낳는 자본에서는 사정이 다르며 바로 그것이 곧 이자 낳
는 자본의 독특한 성격이 된다. 자신의 화폐를 이자 낳는 자본으로 증식
시키고자 하는 화폐소유주는 자신의 화폐를 제3자에게 양도하여 그것
을 유통에 투입하고, **자본**──자신뿐 아니라 타인에 대해서도──**으로서**
의 상품으로 만든다. 즉 그 화폐는 그것을 양도한 소유주에게만 자본인
것이 아니라 제3자에게도 처음부터 자본, 즉 잉여가치(이윤)를 창출할

수 있는 사용가치를 가진 가치로서 양도된다. 그리고 이 가치는 운동과 정에서 자신을 계속 보전하고, 기능을 수행하고 나서는 다시 원래 그것을 지출했던 사람〔여기서는 화폐소유주〕에게 도로 돌아온다. 따라서 그것은 단지 잠깐 동안만 소유주와 떨어져서 그 소유주의 소유로부터 기능하는 자본가의 점유가 되는 것으로 완전히 주거나 판매되는 것이 아니다. 그것은 단지 대부되는 것일 뿐이다. 말하자면 그것은 첫째, 일정 기한이 지나고 나면 원래의 출발점으로 되돌아오는 것은 물론, 둘째, 그것도 실현된 자본으로 되돌아옴으로써 잉여가치를 생산할 수 있는 자신의 사용가치를 실현한다는 조건으로만 양도된다. (…)

대부된 자본은 이중으로 환류한다. 즉 그것은 먼저 재생산과정에서 기능하는 자본가에게로 환류하고, 그런 다음 그 환류가 다시 한번 대부자인 화폐자본가, 즉 그것의 법률적 출발점이자 그것의 실제 소유주에게 상환되는 형태로 반복된다. (…)

그런데 만일 그 화폐가 자본으로 대부되었다면, 그것은 곧 자신을 보전하고 증식하는 화폐액으로 대부된 것이며, 일정 기간 후에 부가분과 함께 반환되어 이 과정을 새로 수행할 수 있을 것이다. 그것은 화폐로 지출된 것도 아니고 상품으로 지출된 것도 아니다. 즉 상품과 교환된 것이 아니기 때문에 화폐로 지출된 것이 아니며, 판매의 댓가로 화폐로 돌아온 것도 아니기 때문에 상품으로 지출된 것도 아니다. 그것은 자본으로 지출되었다. 자본의 자기 자신에 대한 관계, 즉 우리가 자본주의적 생산과정을 그 통일된 전체로서 간주할 경우 자본이 스스로를 드러내는 그 관계이자 자본이 화폐를 낳는 화폐로서 나타나는 바로 그 관계는 여기에서 아무런 매개적인 중간운동 없이 단순히 화폐의 성격, 즉 화폐의 규정성으로 화폐와 합쳐져 있다. 그리고 화폐가 화폐자본으로 대부

438

될 경우 화폐는 바로 이 규정성에 따라서 양도된다. (…)

자본이 자신의 출발점으로 되돌아오는 것은 총순환 내 자본운동의 일반적 특성이다. 이것은 결코 이자 낳는 자본만의 특성이 아니다. 그것만의 특성은 매개적인 순환이 없는 그 외적인 귀환의 형태에 있다. 대부자본가는 자신의 자본을 상응하는 그 어떤 댓가도 받지 않고 산업자본가에게 양도한다. (…) 자본이 대부자의 수중에서 차입자의 수중으로 이전되는 최초의 지출은 하나의 법률적 거래로서 실제 자본의 재생산 과정과는 아무 관련이 없고 단지 그 과정을 준비하는 것일 뿐이다. 환류된 자본이 차입자의 수중에서 다시 대부자의 수중으로 이전되는 그 상환행위는 두번째 법률적 거래로서 첫번째 거래를 보충한다. 즉 첫번째 거래는 실제 과정을 준비하고, 두번째 거래는 그 준비된 실제 과정의 뒤를 잇는 행위다. 그리하여 대부자본의 출발점과 귀환점, 양도와 상환 등은 법률적 거래에 의해 매개된 자의적인 운동으로 나타나고, 또 실제 자본운동의 전후에 일어나는 것으로 자본운동 그 자체와는 아무 관련이 없다. 만일 자본이 처음부터 산업자본가의 소유이고 따라서 환류한 이후에도 그의 소유로 남는다고 하더라도, 이 실제 운동에서는 달라질 것이 없을 것이기 때문이다. (…)

자본운동의 일반적 특성인 자본가에게로의 화폐 귀환이(즉 자본의 출발점으로의 귀환) 이자 낳는 자본에서는 이런 귀환의 형태를 갖는 실제 운동과 분리되어 완전히 피상적인 모습을 취한다. (…) 일정 기간 화폐의 양도, 즉 대부와 그에 대한 이자(잉여가치)를 덧붙인 그것의 환수가 이자 낳는 자본 그 자체의 고유한 운동형태의 전부다. 대부된 화폐가 자본으로서 실제로 운동하는 것은 대부자와 차입자 간의 거래 너머에 있는 행위다. 이 거래 그 자체에서는 이런 매개가 지워져서 보이지 않으

며 또 직접적으로 파악되지도 않는다. 자본은 독특한 종류의 상품으로
서 또한 특유의 양도방식을 취한다. 따라서 환류도 여기에서는 일련의
경제적 과정의 귀결이나 결과물이 아니라 구매자와 판매자 간의 특수
한 법률적 계약의 결과로서 나타난다. (…)

통상적인 상품의 경우 구매자가 구매하는 것은 그 상품의 사용가치
다. 그리고 그가 지불하는 것은 그 상품의 가치다. 마찬가지로 화폐의
차입자가 구매하는 것 역시 자본으로서 화폐의 사용가치다. 그러나 그
가 지불하는 것은 무엇인가? 그것은 분명히 일반 상품의 경우와는 달
리 그것의 가격이나 가치가 아니다. 화폐의 대부자와 차입자 간에는 일
반 상품의 구매자와 판매자 간에 일어나는 것과 같은 가치의 형태변화
〔즉 이 가치가 한번은 화폐형태로, 또 한번은 상품형태로 존재하는 그
런 형태변화〕가 일어나지 않는다. 여기서는 양도되는 가치와 다시 반환
되는 가치 사이의 동일성이 완전히 다른 방식으로 나타난다. 가치액〔즉
화폐〕은 아무런 등가(等價) 없이 일방적으로 양도되었다가 일정 기간
이 지나고 나면 반환된다. 대부자는 이 가치가 자신의 수중에서 차입자
의 수중으로 이전되고 난 이후에도 여전히 그 가치의 소유주로 남는다.
(…)

대부자와 차입자 두 사람은 모두 동일한 화폐액을 자본으로 지출한
다. 그러나 차입자의 수중에서만 그 화폐액은 자본으로 기능한다. 같은
화폐액이 두 사람에게 두 가지 자본형태로 존재한다고 해서 이윤이 2배
가 되는 것은 아니다. 두 사람 모두에게 그 화폐액이 자본으로 기능하게
되는 것은 단지 이윤의 분할을 통해서 뿐이다. (…)

결코 잊어서는 안 되는 사실은, 여기에서는 자본이 자본상품으로 존
재한다는 것, 환언하면 여기에서 문제가 되는 상품은 곧 자본이라는 사

실이다. 따라서 여기에서 나타나는 모든 관계는 단순상품의 관점에서 혹은 재생산과정에서 상품자본으로 기능하는 자본의 관점에서도 불합리해 보일 것이다. 여기에서 거래가, 판매와 구매 대신에 대부와 차용이 되는 것은 자본상품의 특성에서 비롯된다. 또한 여기에서 지불되는 것이 상품의 가격이 아니라 이자라는 점도 그러한 특성 때문이다. 만일 우리가 이자를 화폐자본의 가격이라 부른다면 그것은 가격의 불합리한 형태로, 상품가격의 개념과 완전히 모순된다. 여기에서 가격은 순수하게 추상적인 형태[또한 내용이 없는 공허한 형태]로 환원된 것으로, 어떤 사용가치의 형태를 지닌 것에 대해서 지불되는 일정 화폐액이다. 그러나 가격의 개념에 비추어본다면 가격이란 이 사용가치를 화폐로 표현한 가치에 해당한다.

이자를 자본의 가격이라고 부르는 것은 처음부터 전적으로 불합리한 표현이다. 여기에서는 한 상품이 이중의 가치를 갖는데, 즉 한번은 가치를, 또 한번은 이 가치와는 상이한 가격을 가지며, 이 가격이란 단지 가치의 화폐적 표현 그 자체일 뿐이다. (…) 그렇다면 이제 하나의 가치액이 자기 자신의 가격, 즉 자기 자신의 화폐형태의 표현인 그 가격 이외에 또 어떤 가격을 갖는단 말인가? 가격은 분명히 상품의 사용가치와 구별되는 상품의 가치다(이것은 시장가격의 경우에도 마찬가지로서, 시장가격과 가치의 구별은 질적인 면에 있는 것이 아니라 단지 그것의 가치량하고만 관련되는 양적인 면에 있다). 가치와 질적으로 다른 가격이란 터무니없는 모순이다.

자본은 자신의 가치증식을 통해서 자신이 자본임을 선언한다. 그러한 가치증식의 정도는 자본이 스스로를 자본으로 실현하는 양적인 정도를 나타낸다. 자본이 산출하는 잉여가치 혹은 이윤(그것의 비율이나 수준)은 선대된 자본의 가치와 비교함으로써만 측정될 수 있다. 그러므로 이자 낳는 자본의 가치증식 정도도 총이윤에서 그것에 할당되는 부분인 이자액과 선대자본의 가치액을 비교할 때에만 측정될 수 있다. 따라서 만일 가격이 상품의 가치를 나타낸다면, 이자는 화폐자본의 가치증식을 나타내고 또한 그 화폐자본에 대해 대부자에게 지불되는 가격으로 나타난다. 그러므로 바로 여기에서, 화폐를 통해 매개되는 교환, 즉 구매와 판매의 그 단순한 관계를 이 이자 낳는 자본의 경우에 곧바로 적용하고자 했던 프루동의 방식이 애초부터 얼마나 얼토당토않은 일이었는지가 그대로 드러난다. 가장 기본적인 전제는 바로 화폐가 자본으로 기능한다는 것, 따라서 화폐가 자본 그 자체, 즉 잠재적 자본으로서 제3자에게 넘겨질 수 있다는 점이다.

그러나 자본 자신이 여기에서 상품으로서 나타나는 것은 자본이 시장에서 팔려나가고 또 자본으로서 화폐의 사용가치가 실제로 양도되는 한에서다. 하지만 자본의 사용가치는 이윤을 창출하는 것이다. 자본으로서 화폐 혹은 상품의 가치는 화폐 혹은 상품으로서의 가치에 의해 결정되는 것이 아니라, 이들이 그 소유주들을 위하여 생산하는 잉여가치의 양에 의해 결정된다. 자본의 생산물은 이윤이다. (…)

자본이 더더욱 상품으로 나타나는 경우는 이윤이 이자와 좁은 의미의 이윤으로 분할되는 것이 상품의 시장가격의 경우와 꼭 마찬가지로 수요와 공급에 의해서, 즉 경쟁에 의해서 규제되는 경우다. 그러나 여기에서도 차이점은 그 유사성과 꼭 마찬가지로 뚜렷하게 나타난다. 만일 수요와 공급이 일치한다면 상품의 시장가격은 그것의 생산가격과 일치한다. 즉 그럴 경우 상품의 가격은 경쟁과는 상관없이 자본주의적 생산의 내적 법칙에 의해 규제되는 것으로 나타난다. 이는 수요와 공급의 변동이 바로 시장가격의 생산가격으로부터의 편차——이들 편차는 서로 상쇄됨으로써 일정기간이 지나고 나면 평균시장가격과 생산가격이 같아지도록 만든다——를 설명해주는 것 이외에 아무것도 아니기 때문이다. 수요와 공급이 일치하게 되면 이들 두 힘은 각기 작용을 멈추고 서로 상쇄되는데, 그럴 경우 가격 결정의 일반법칙은 개별 경우의 법칙으로도 나타난다. 즉 그 경우 시장가격은 이미 그것의 직접적인 현존재 속에 있으며, 모든 시장가격운동의 평균일 뿐만 아니라, 생산양식 그 자체의 내적 법칙에 의해 규제되는 생산가격과도 일치한다. (…) 그러나 화폐자본의 이자에서는 사정이 다르다. 여기에서는 경쟁이 법칙의 편차를 규정하지 않으며, 경쟁에 의해 부과되는 분할법칙 이외의 법칙은 존재하지 않는다. 왜냐하면 (…) '자연'이자율이란 존재하지 않기 때문이다. 우리는 대개 자연이자율을 자유로운 경쟁을 통해서 확정되는 이자율로 생각한다. 그러나 이자율의 '자연적' 한계란 있을 수 없다. 경쟁이 단지 편차와 변동만을 규정하는 데 그치지 않을 경우, 즉 이들 상호작용하는 두 힘이 균형을 이룸으로써 모든 규정성이 중지되어버린 경우, 규정되는 것은 모두 그 자체 법칙과는 상관이 없으며 자의적인 것에 불과하게 된다. (…)

이자는, 지금까지 우리의 가정에 의하면, 단지 산업자본가가 화폐자본가에게 지불해야 하는 이윤의 한 부분이기 때문에 이자의 최대한계는 이윤 그 자체로 나타나고, 그럴 경우 기능하는 자본가에게 돌아가는 부분은 제로(zero)가 될 것이다. 이자가 사실상 이윤보다 더 커져서 이윤만으로는 모두 지불할 수 없는 그런 특수한 경우를 제외한다면, 이자의 최대한계는 아마 총이윤에서 감독임금(wages of superintendence)으로 분해되는 부분(이 부분은 뒤에서 다시 다루게 된다)을 뺀 것이 될 것이다. 이자의 최저한계는 절대 규정할 수 없다. 이자는 어느 수준으로나 하락할 수 있다. 그렇지만 그럴 경우에는 언제나 반작용이 일어나서 이 상대적 최저수준 위로 이자를 다시 끌어올리게 된다. (…)

어쨌든 평균이윤율은 이자를 궁극적으로 결정하는 최대한계로 간주 되어야 한다. (…)

근대산업이 운동해가는 회전순환을 살펴보면——침체, 회복, 호황, 과 잉생산, 파국, 불황, 침체 등을 거치는 순환으로서 (…)——우리는 다음 과 같은 사실을 보게 된다. 즉 이자가 낮은 시기는 호황기나 초과이윤 시기에 해당하고, 이자가 높은 시기는 호황기와 그것의 전환국면 사이 의 중간기간에 해당하며, 이자가 극도의 고리대 수준으로 최고에 도달 하는 시기가 바로 공황국면이라는 사실이다. (…) 이자율은 공황기에 최고수준에 도달하는데, 이때에는 지불을 위해서 아무리 많은 비용이 들더라도 차용을 하지 않을 수 없게 된다. 또한 바로 이 시기에는 이자 율의 상승이 유가증권 가격의 하락과 함께 이루어진다는 점에서, 처분 가능한 화폐자본을 가진 사람들에게는 이자 낳는 유가증권들(이자율 이 다시 하락해서 정상상태가 되면 적어도 평균가격으로는 회복될 것 이 분명한)을 형편없이 싼 가격에 획득할 수 있는 매우 유리한 상황이 조성된다. (…)

이자율과 이윤율의 관계는 상품의 시장가격과 그 가치 간의 관계와 비슷하다. 이자율이 이윤율에 의해 결정된다고 할 때, 그때의 이윤율은 항상 일반 이윤율을 가리키지, 특정 산업부문에서만 지배적인 개별 이 윤율을 가리키는 것이 아니며 더군다나 개별 자본가가 특정 사업영역 에서 획득하게 되는 특별 이윤은 더더욱 아니다. 그러므로 일반 이윤율 은 사실상 평균이자율 속에서——비록 이 평균이자율이 일반 이윤율의 순수하고 확실한 표현은 아니지만──경험적으로 주어진 사실로 재현된다. (…)

그러나 끊임없이 변동하는 시장 이자율의 경우, 이자율은 상품의 시장가격과 마찬가지로 매순간 항상 확정된 크기로 주어진다. 왜냐하면 화폐시장에서는 모든 대부 가능한 자본의 총량이 기능하는 자본과 끊임없이 대응하기 때문인데, 즉 대부 가능한 자본의 공급 비율과 그런 대부가능자본에 대한 수요가 그때그때마다 시장 이자율을 결정하기 때문이다. 이런 현상은 신용제도의 발달과 그로 인한 신용제도의 집적으로 대부가능자본의 성격이 더욱 일반화되고 또 사회화되면서, 이것이 한꺼번에 동시적으로 화폐시장에 작용할수록 더욱 심화된다. 반면 일반 이윤율은 계속해서 경향, 즉 개별 이윤율들의 균등화운동으로만 존재한다. 자본가들의 경쟁──이런 경쟁 그 자체가 균등화운동이다──은 여기에서, 장기적으로 이윤이 평균 이하인 영역에서 점차로 자본을 끌어내어 이를 이윤이 평균 이상인 영역으로 밀어넣는 작용을 하며 혹은 추가자본이 이들 영역들 간에 점차 서로 다른 비율로 배분되도록 만든다. 그것은 이들 각 영역들 상호 간의 자본의 인출과 투입이라는 끊임없는 변동으로서, 이자율 결정의 경우와 달리 동시에 대량으로 이루어지지 않는다. (…)

총이윤의 두 부분 간의 이런 질적 구별──즉 이자는 생산과정과 무관하게 자본 그 자체, 즉 자본소유의 열매인 반면, 기업가수익은 과정 중인 자본, 즉 생산과정에서 작용하는 자본의 열매, 따라서 재생산과정에서 자본의 사용자가 수행하는 실제 역할의 열매라고 하는 질적 구별──은 화폐자본가나 산업자본가 편에서의 주관적인 견해가 결코 아니다. 그것은 객관적인 사실에 근거한다. 왜냐하면 이자는 대부자인 화폐자본가에게 흘러들어가는데, 그는 단순한 화폐소유자이며 생산과정 이전에 그리고 생산과정의 외부에서 단지 화폐소유 그 자체만을 대표할 뿐인 반면, 기업가수익은 화폐를 소유하지 않으면서 단지 기능만 수행하는 자본가에게 흘러들어가기 때문이다.

차입자본을 가지고 일하는 산업자본가는 물론 자신의 자본을 자신이 직접 사용하지 않는 화폐자본가에게서도, 서로 다른 두 사람—이들은 동일한 자본에 대해서 그리고 또한 그 자본이 산출한 이윤에 대해서도 각기 서로 다른 권리를 갖는다—간의 총이윤의 양적 분할은 질적 분할로 전환한다. 이제 이윤 가운데 한 부분은 그 자체로 자본에게 돌아가는 열매, 즉 이자라는 하나의 규정성으로 나타나고 다른 한 부분은 자본의 특수한 열매, 즉 기업가수익이라는 그에 대립되는 또 하나의 규정성으로서 나타난다. 다시 말하자면 하나는 자본소유의 단순한 열매로 나타나고 다른 하나는 자본으로 수행한 기능, 즉 실제 활동하는 자본가가 수행하는 기능의 열매로, 다시 말해 과정 중에 있는 자본의 열매로 나타난다. 그리고 총이윤의 두 부분이, 마치 각자 근본적으로 다른 두 원천으로부터 나온 것인 양, 이처럼 서로 대립된 형태로 화석화되어 독립해버리는 것은 이제 총자본가계급과 총자본에서도 그렇게 될 수밖에 없다. 그리고 그것은 활동하는 자본가들이 사용하는 자본이 차입된 것이든 혹은 화폐자본가가 소유한 자본을 직접 사용하든 모두 마찬가지다. 각 자본의 이윤, 따라서 이들 자본의 균등화에 기초한 평균이윤은 질적으로 다르면서 서로 자립적이고 독립적인 두 부분, 그러면서 각기 개별 법칙에 의해 결정되는 그런 두 부분, 즉 이자와 기업가수익으로 분할된다. 자기자본을 가지고 일하는 자본가도 차입자본으로 일하는 자본가와 마찬가지로, 자신의 총이윤을 소유주로서의 자신에게 귀속되는 부분, 즉 자본대부자로서의 자신에게 돌아가는 부분인 이자와 기능하는 활동적 자본가로서의 자신에게 돌아가는 부분인 기업가수익으로 분할한다. 이러한 질적 분할에서는 그 자본가가 실제로 다른 자본가와 그러한 분할을 수행해야 하는지의 여부는 중요하지 않다. 자본의 사용자는 설사 그가 자기자본으로 일하는 경우에도 두 사람으로 분해된다. 즉 자본의 단순한 소유주와 자본의 사용자로 분해된다. 그리고 그의 자본도 그것이 산출하는 이윤 범주와 관련하여 자본소유, 즉 생산과정의 바깥에 있으면서 그 자체 이자를 생산하는 자본과 생산과정 내부에 있으면서 과정 중인 자본으로서 기업가수익을 생산하는 자본으로 나뉜다. (…)

총이윤이 이자와 기업가수익으로 분할되는 데 대한 지금까지의 모든 연구는 단적으로 총이윤의 일부가 일반적으로 이자로서 화석화하면서 독립해나가는 데 대한 연구로 귀결된다. 그런데 이자 낳는 자본은 역사적으로 자본주의적 생산양식과 그에 상응하는 자본과 이윤이라는 개념이 존재하기도 훨씬 전에 이미 완성된 전래의 형태로서 존재했으며, 따라서 이자도 자본에 의해 생산된 잉여가치의 완성된 하위형태로 존재했다. 따라서 지금까지도 통념상으로 화폐자본, 즉 이자 낳는 자본은 자본 그 자체, 즉 순수한 의미에서의 자본으로 통용된다. 그리하여 다른 한편으로는 매시(Joseph Massie)의 시대까지도 여전히 이자로 지불되는 것이야말로 참된 의미에서의 화폐라는 생각이 지배적이었던 것이다. 실제로 자본으로 사용되든 사용되지 않든, 즉 소비만을 위해서 차입된다 하더라도 대부자본이 이자를 낳는다는 사실은 이 자본형태의 자립성에 대한 생각을 보다 강화해준다. 자본주의적 생산양식의 초기에는 이자가 이윤에 대해서 그리고 이자 낳는 자본이 산업자본에 대해서 독립된 형태를 띠었다는 가장 좋은 증거는 18세기 중엽에 이르러서야 겨우 이자가 총이윤의 일부에 지나지 않는다는 사실이 발견되었다는(매시와 그를 이어 흄David Hume에 의해) 점, 그리고 무엇보다도 그 시기가 되어서야 비로소 그런 발견이 필요했다는 점이다. (…)

산업자본가가 자기자본을 가지고 일을 하든 차입자본을 가지고 일을 하든 그것은 다음과 같은 사실, 즉 그에게 화폐자본가계급이 특정 부류의 자본가로서, 그리고 화폐자본이 독립된 부류의 자본으로서, 또한 이자가 이런 특정 자본에 상응하는 잉여가치의 자립적 형태로서 대립적으로 나타난다는 사실에는 별 영향을 미치지 않는다.

질적인 측면에서 볼 때, 이자는 자본의 단순한 소유가 가져다주는 잉여가치이자 그 소유주가 재생산과정의 바깥에 있는데도 자본 그 자체가 낳는 잉여가치이며, 말하자면 자신의 과정에서 떨어져 나온 채로 자본이 낳는 잉여가치다.

양적인 측면에서 볼 때, 이윤 가운데 이자를 형성하는 부분은 산업자본이나 상인자본 그 자체와는 관계없이 화폐자본과 관계되는 것으로 나타나며 이 부분의 잉여가치율, 즉 이자율 혹은 이자는 바로 이 관계를 확립시킨다. 왜냐하면 첫째, 이자율은——그것이 일반 이윤율에 의존하는데도——자립적으로 결정되기 때문이며, 둘째, 그것은 상품의 시장가격과 마찬가지로 확정 지을 수 없는 이윤율과는 대조적으로 아무리 변동하더라도 항상 확정된 형태의 단일하고 명료한 비율로 나타나기 때문이다. 만일 모든 자본이 깡그리 산업자본가들의 수중에 들어가버린다면 이자와 이자율은 존재하지 않을 것이다. 총이윤의 양적 분할이 취하는 그 자립적인 형태는 질적 분할을 만들어낸다. (…)

이윤에 대해 각기 다른 권리를 가진 두 사람 사이에 이루어지는 이윤의 순수한 양적 분할은 자본과 이윤 그 자체의 본성에서 유래된 것으로 보이는 하나의 질적 분할로 전화한다. (…)

이자 낳는 자본은 **기능으로서의** 자본에 대립되는 소유로서의 자본이다. (…)

이자 낳는 자본에서 자본관계는 가장 표피적이고 물신적인 형태에 도달한다. 여기에서 우리는 G-G′를 보게 되는데 이는 곧 양극을 매개하는 과정이 없이 스스로 증식하는 가치이며 더 많은 화폐를 생산하는 화폐다. 상인자본 G-W-G′에서는, 비록 상인자본이 유통영역에만 머물러 있고 따라서 그 이윤이 단지 양도이윤으로만 나타나나, 적어도 자본주의적 운동의 일반적 형태가 존재한다. 그래서 이윤은 거기에서 단순한 **물적** 산물이 아니라 항상 하나의 사회적 **관계**의 산물로 나타난다. (…) 그러나 이자 낳는 자본의 형태인 G-G′에서는 이것이 사라져버린다. (…) 그것은 무의미한 요약으로 축약되어버린 원래 자본의 일반적 정식이다. 그것은 완성된 자본으로, 생산과정과 유통과정의 통일체이며 따라서 일정 기간이 지나면 일정한 잉여가치를 가져다주는 자본이다. 이자 낳는 자본의 형태에서 이것은 생산과정과 유통과정의 매개 없이 직접적으로 나타난다. 자본은 이자, 즉 자신의 증가분의 신비로운, 그리고 스스로를 창출하는 원천으로 나타난다. **물적 존재**(das Ding, 화폐·상품·가치)는 이제 단순한 물적 존재만으로 이미 자본이며, 자본은 단순한 물적 존재로 나타난다. 그리하여 총재생산과정의 소산은 물적 존재 그 자체에 부여된 속성으로 나타나며 (…) 따라서 이자 낳는 자본에서는 이런 자동화된 물신성, 곧 스스로를 증식하는 가치이자 화폐를 낳는 화폐가 순수한 형태로 만들어지고, 이런 형태 속에서 자신의 발생흔적을 깨끗하게 지워버린다. 사회적 관계는 물적 존재, 즉 화폐의 자신에 대한 관계로 완성된다. 화폐의 자본으로의 실질적인 전화 대신에 여기에서 나타나는 것은 단지 그것의 공허한 형태뿐이다. 노동력의 경우와 마찬가지로 여기서 화폐의 사용가치는 가치, 즉 자신 속에 포함된 가치보다 더 큰 가치를 창출하는 데 있다. 화폐 그 자체는 이미 잠재적으로 스스로를 증식하는 가치이며, 그것이 그런 가치로서 대부되는 것이 곧 이 고유한 상품의 판매형태다. 배나무에 배가 열리는 것이 그것의 속성이듯, 화폐가 가치를 창출하고 이자를 낳는 것도 화폐의 속성이다. (…)

상업이 발달하고 또 유통만을 목표로 생산이 이루어지는 자본주의적 생산양식이 발달하게 되면 이런 신용제도의 자연발생적 기초는 확대되고 일반화되며 완성된다. 여기에서 화폐는 대부분 그리고 전적으로 지불수단으로만 기능한다. 즉 상품은 화폐와 교환되어 판매되는 것이 아니라 일정 기한에 지불을 약속한 서류와 교환되어 판매된다. (…) 그것의 만기일과 지불일이 도래하기까지 이들 어음은 그 자체가 다시 지불수단으로 유통되고 또한 본래적인 의미의 상업화폐를 이룬다. (…)

리섬(William Leatham, 요크셔의 은행가)은 『통화에 관한 서한집』(*Letters on the Currency*, 증보 제2판, 1840, 44면.)에서 이렇게 얘기한다.

(…) 전체 어음 가운데 실제 거래에, 즉 예를 들어 실제 구매와 판매에 근거하는 어음이 얼마이며, 그리고 얼마만큼이 인위적으로 만들어져서 (가공의) 융통어음으로만 사용되는지, 즉 만기일 전에 유통시킬 목적으로, 그리하여 단지 유통수단일 뿐인 것을 기능하는 자본으로 둔갑시킬 목적으로 발행되는 어음이 얼마인지를 결정하는 것은

불가능한 일이다.

꼬끌랭(Charles Coquelin)은 「산업에서의 신용과 은행에 대해」(*Du Crédit et des Banques dans l'Industrie*, 『르뷔 데 되 몽드』*Revue des deux mondes*, 제 31권, 1842, 797면.)에서 이렇게 말하고 있다.

모든 나라에서 신용사업의 대다수는 산업과의 관련 범위 그 자체 내에서 이루어진다. (…) 원료생산자는 원료를 가공업자에게 대부하고 그로부터 만기일이 정해진 하나의 지불약정서를 받는다. 그 가공업자는 원료에 자신의 작업부분을 수행한 후 그것을 더 계속해서 가공할 다른 제조업자에게 다시 자신의 생산물을 비슷한 조건으로 대여한다. 그리하여 이런 방식으로 신용은 한 사람에게서 다른 사람에게로 결국 소비자에게 이를 때까지 계속 확대되어간다. 모든 사람이 한편으로는 차입하고 한편으로는 대부하는데, 이때 거래되는 것은 화폐도 더러 있지만 상품인 경우가 더 많다. 이리하여 산업적인 관련 속에서 끊임없는 대부들 간의 교환이 이루어지는데, 이것들은 서로 결합되고 갖가지 방향으로 서로 교차된다. (…)

신용제도의 다른 측면은 화폐거래의 발달과 관련 있는데, 이 화폐거래의 발달은 자본주의적 생산에서는 당연히 상품거래의 발달과 보조를 같이한다. (…) 화폐의 차용과 대부는 그들 화폐거래자의 특수한 사업이 된다. 그들은 화폐자본의 실제 대부자와 차입자 간의 매개자로서 등장한다. 이런 측면에서 은행업이란 일반적으로 말해 대부 가능한 화폐자본을 대량으로 자신의 수중에 집중시켜 개별 화폐대부자 대신 은행가가 모든 화폐대부자의 대리인으로서 산업자본가와 상업자본가를 상대하는 것을 가리킨다. 은행가들은 화폐자본의 일반적 관리자가 된다. 한편 그들은 또 대부자 전체에 대응하여 차용자들을 집중시키고 이들이 상업세계 전체를 대신해서 차입하도록 한다. 은행은 한편으로는 화폐자본, 즉 대부자의 집중을 나타내고 다른 한편으로는 차입자의 집중을 나타낸다. 은행의 이윤은 일반적으로 은행이 대부하는 것보다 더 낮은 이자로 차입하는 데에서 만들어진다. (『자본』 제3권, 1894년판)

그는 선택을 하나 그 선택은 틀렸다: 투기의 토대로서의 신용

산업자본가를 화폐자본가와 비교해본다면 전자와 후자의 구별은 단지 기업가수익, 즉 총이윤에서 평균이자(이자율에 의해 경험적으로 주어지는 크기)를 초과하는 부분에만 의존한다. 한편 이 산업자본가를 차용자본 없이 자기자본만으로 경영하는 산업자본가와 비교해본다면, 후자는 단지 화폐자본가로서 전자와 차이가 있을 뿐인데, 이는 후자가 이자를 타인에게 양도하지 않고 자기 몫으로 갖기 때문이다. 그에게는 이들 두 측면에서 모두, 총이윤 가운데 이자와 구별되는 부분은 기업가수익으로, 그리고 이자는 자본 그 자체가 가져다주는 잉여가치, 즉 생산적으로 사용되지 않고도 자본이 가져다주는 잉여가치로 나타난다.

개별 자본가들에게 이것은 실제로 옳다. 그는 자신의 자본을, 그것이 출발점에서 이미 화폐자본으로 존재하든 혹은 이제 막 화폐자본으로 전화하려 하든 상관없이, 이자 낳는 자본으로 대부할 것인지 아니면 생

452

산자본으로 자신이 직접 증식시킬 것인지를 선택한다. 그러나 이를 일반화해버리면, 즉 일부 속류 경제학자들이 하듯이 이윤의 근거로 제시하기 위해서 사회적 총자본에 이를 그대로 적용시킨다면, 그것은 물론 틀린 것이다. 다시 말해 총자본 중 화폐로 존재하는 비교적 작은 부분을 제외하고, 나머지 총자본이 취하는 형태인 생산수단을 구매해서 가치를 증식시킬 사람도 없이, 총자본이 화폐자본으로 전화한다는 것은 잘못된 생각이다. 더구나 자본주의적 생산양식의 기초 위에서 자본이 생산자본으로 기능하지 않고도, 다시 말해 잉여가치─이자는 단지 그것의 일부일 뿐이다─를 창출하지 않고도 이자를 낳는다는 생각, 즉 자본주의적 생산양식이 자본주의적 생산 없이도 진행된다는 생각은 더더욱 잘못이다. 만일 자본가들 가운데 지나치게 많은 사람들이 자신의 자본을 화폐자본으로 전화시키고자 한다면, 그것은 화폐자본의 엄청난 가치하락과 이자율의 대폭락을 가져올 것이다. (⋯)

환류기간은 재생산과정의 경과에 달려 있지만 이자 낳는 자본의 경우에는 자본으로서의 그러한 환류가 단지 대부자와 차입자 간의 계약에 달려 있는 것처럼 보인다. 그 결과 이런 거래와 관련된 자본의 환류가 생산과정에 의해 결정되는 결과물로 나타나지 않고 마치 대부자본에서는 화폐형태가 결코 사라지지 않는 것처럼 보인다. 물론 이 거래는 사실상 실제의 환류에 의해서 결정된다. 그렇지만 거래 그 자체에서는 이런 내용이 드러나지 않으며 실제로도 그렇게 드러나는 경우는 없다. 만일 실제 환류가 제때에 이루어지지 않으면, 차입자는 다른 보조재원을 통해 대부자에 대한 채무를 이행해야만 한다. (⋯)

따라서 자본으로서 화폐의 대부─일정 기간 뒤에 반환하는 조건으로의 화폐의 양도——는 화폐가 실제로 자본으로 전화하고 또 실제로 그 출발점으로 환류한다는 것을 전제로 한다. 그러므로 자본으로서 화폐의 실제 순환운동은 차입자가 대부자에게 화폐를 되돌려준다는 법률적 거래를 전제로 한다. 만일 차입자가 그 화폐를 자본으로서 지출하지 않더라도 그것은 그의 사정일 뿐이다. 대부자는 그것을 자본으로서 대부하며, 화폐는 그 자체만으로 자본의 기능을 수행해야만 한다. 즉 화폐자본의 순환에 투입되어 출발점으로 화폐형태로 환류해야만 한다. (…)

신용에 의해 유통, 혹은 상품의 형태변환, 그리고 더 나아가 자본의 형태변환의 각 개별 국면들의 속도가 증가하고 그럼으로써 재생산과정 일반의 속도가 증가한다. (한편으로 신용은 구매행위와 판매행위 간의 간격을 보다 길게 늘려줌으로써 투기의 기초를 제공한다.) (…)

주식제도 (…) 이외에도 신용은 개별자본가, 혹은 한 사람의 자본가로 간주될 수 있는 사람에게 일정 범위 내에서 타인자본과 타인소유 그리고 그럼으로써 타인노동에 대해서까지 하나의 절대적인 처분권을 제공한다. 자기자본이 아닌 사회적 자본에 대한 처분권은 그에게 사회적 노동에 대한 처분권을 부여해준다. 우리가 실제로 소유하고 있거나 혹은 일반 사람들이 생각하기에 우리가 소유하고 있다고 여기는 그런 자본 그 자체는 아직 신용이라는 상부구조에 대한 하나의 토대일 뿐이다. 이것은 특히 사회적 생산물의 대부분이 그 수중을 거쳐 가는 도매업에서 잘 나타난다. 모든 가치척도들, 즉 자본주의적 생산양식 내부에서 아직 많든 적든 정당화되는 모든 논거들이 여기에서는 사라져버린다. 투기를 하는 도매업자들이 투기에 던져넣는 것은 사회적 소유이지 자신들

454

의 소유가 아니다. (『**자본**』 제3권, 1894년판)

가공자본의 형성을 우리는 자본화라고 부른다

이자 낳는 자본의 형태로 말미암아 모든 일정하고 규칙적인 화폐수입은 그것이 자본으로부터 생겨난 것이든 아니든 간에 모두 자본의 이자로 나타난다. 화폐수입이 일단 이자로 전화되고 난 후에야 그 이자와 더불어 그것을 발생시킨 자본도 나타난다. 마찬가지로 이자 낳는 자본과 더불어 모든 가치액도 그것이 수입으로 지출되어버리지 않는 한 곧 자본으로 나타난다. 즉 그것은 원금으로서 이 원금이 낳을 수 있는 가능한 이자 혹은 실제 이자와 대립되어 나타난다.

사정은 간단하다. 즉 평균이자율이 연 5퍼센트라고 가정해보자. 그럴 경우 500파운드스털링의 액수는 그것이 이자 낳는 자본으로 전화될 경우 매년 25파운드스털링을 가져다준다. 따라서 확정된 연간 수입 25파운드스털링은 500파운드스털링이라는 자본의 이자로 간주된다. 그렇지만 이것은 그 25파운드스털링의 원천이 단순한 소유권 내지 채권이나 토지 등 현실적 생산요소 그 어느 것이든 간에, 직접적으로 이전 가능한 것이거나 혹은 이전 가능한 형태를 취하고 있는 경우가 아니면, 순전히 환상적인 표상이며 또 그런 것으로 남게 된다. (…)

가공자본의 형성을 우리는 자본으로의 환산(자본화, kapitalisieren)이라고 부른다. 우리는 규칙적으로 반복되는 모든 수입을 평균이자율에 의해 계산함으로써, 다시 말하자면 그 수입을 이 이자율로 대부된 어떤 자본이 벌어들이게 되는 수익으로 계산함으로써 그것을 자본으로 환산한다. 예를 들어, 연간수입=100파운드스털링이고 이자율=5퍼센트라면, 100파운드스털링은 2000파운드스털링의 연간 이자가 될 것이고 이 2000파운드스털링은 연간 수입 100파운드스털링에 대한 법적 소유권의 자본가치로 간주될 것이다. 그렇게 되면 이 소유권을 구매한 사람의 입장에서 본다면 그 100파운드스털링의 연간 수입이란 사실상 자신이 투자한 자본에 대해 5퍼센트의 이자가 부과된 것으로 생각된다. 이리하여 자본의 실제 증식과정과 관련된 것은 모두 완전히 흔적도 없이 사라져버리고, 자본은 스스로 증식하는 존재라는 생각(표상)이 굳어지게 된다. (『자본』 제3권, 1894년판)

국가가 구걸을 하러 다녀야 한다: 국채라는 가공자본

우리가 이미 중세의 제노바와 베네찌아에서 그 기원을 발견하게 되는 공적 신용제도, 즉 국채제도는 매뉴팩처시대에 온 유럽으로 보급되었다. 식민제도는 그에 따른 해상무역, 상업전쟁과 더불어 국채제도의 온실 역할을 했다. 따라서 이 제도는 네덜란드에서 처음으로 확립되었다. 국채, 즉 국가—전제국가이든 입헌국가이든 공화국이든—에 의한 부의 양도는 자본주의시대의 특징을 이룬다. 이른바 국부(國富)라는 것 가운데 실질적으로 근대적 국민의 총소유에 포함시킬 수 있는 유일한 부분, 그것이 바로 그들의 국채다. 그 때문에 한 국가의 부채가 커질수록 그 나라 국민의 부 역시 더욱 커진다는 근대적 학설은 전적으로 일관성이 있다. 공적 신용은 자본의 사도신경이 된다. 그리고 국채제도의 성립과 더불어 국채에 대한 불신은 성령에 대한 결코 용서받을 수 없는 죄와 마찬가지로 간주된다.

공채는 본원적 축적의 가장 튼튼한 지렛대 가운데 하나다. 그것은 마치 마법의 지팡이처럼 불임의 화폐에 생식력을 부여하며, 그것을 자본으로 전화시킨다. 더욱이 이 화폐에는 산업 투자나 고리대 투자에까지도 반드시 따라다니는 수고와 위험이 없다. 국채 소유권자들은 실제로는 아무것도 주지 않는 셈이다. 왜냐하면 그들이 정부에 대여한 금액은 쉽사리 양도될 수 있는 공채증서로 전화하고, 이 증서는 그것과 똑같은 액수의 현금과 마찬가지로 그들의 수중에서 기능을 계속하기 때문이다. 그러나 이렇게 형성된 유한(有閑) 금리생활계급, 그리고 정부와 국민 사이에서 중개자 역할을 하는 금융업자들의 급조된 부는 별개로 하더라도──또 마찬가지로 국채의 상당 부분을 하늘에서 떨어진 자본처럼 이용하는 징세 청부인과 상인 그리고 민간 공장주 들의 급조된 부는 별개로 하더라도──국채는 주식회사와 갖가지 양도성 유가증권의 거래와 주식 매매, 간단히 말해 증권투자 그리고 근대적 은행의 지배를 발흥시켰다.

국립이라는 견장을 단 대은행은 그 출발부터 사적 투기업자들의 회사에 지나지 않았으며, 그들은 정부와 어깨를 나란히 하며 주어진 특권 덕분에 정부에 화폐를 대부할 수 있었다. 따라서 국채 축적의 척도로 이들 대은행 주식의 계속적인 등귀보다 더 확실한 것은 없는데, 이 같은 은행의 완전한 발달은 잉글랜드 은행의 창립(1694년)에서부터 시작된다. 잉글랜드 은행은 창립 당시부터 정부에 대해 자신의 화폐를 8퍼센트의 이자율로 대부하기 시작했다. 동시에 이 은행은 바로 그 자신의 자본을 화폐로 주조하여 은행권의 형태로 일반 대중에게 대부할 수 있는 권한을 의회로부터 부여받았다. 잉글랜드 은행은 이 은행권을 가지고 어음을 할인하고 상품을 담보로 대부해줄 뿐 아니라 귀금속도 매입할 수 있었다. 머지않아 이 은행이 스스로 발행한 신용화폐는 주화로 통용되었으며, 잉글랜드 은행은 이 주화로 국가에 대부를 해주고 국가를 대신하여 공채의 이자를 지불했다. 이 은행은 한 손으로는 주면서 다른 한 손으로는 더 많은 것을 되돌려받는 데에서 그치지 않았다. 그것은 또한 되돌려받는 동안에도 여전히 그가 준 최후의 한푼에 이르기까지 국민의 영원한 채권자였다. 그것은 점차 국내의 축장금속을 위해 없어서는 안 될 저장소가 되었으며, 모든 상업신용의 중심이 되었다. 영국에서는 마녀에 대한 화형이 사라질 무렵부터 은행권 위조범을 교수형에 처하기 시작했다. 이들 은행귀족과 금융업자, 금리생활자, 중개인, 주식 거래자, 증권 투기자 등과 같은 패거리들의 갑작스러운 등장이 당시 사람들에게 어떤 영향을 주었는지는 당시의 여러 저서, 예를 들면 볼링브로크(Roger Bolingbroke)의 저서 등에서 잘 밝혀지고 있다. (…)

국채는 해마다 이자 등의 지불을 감당해야만 하는 국고 수입에 의지하기 때문에 근대적 조세제도는 국채제도의 필연적 보완책이었다. 국채 덕분에 정부는 납세자들이 곧바로 눈치채지 못하게 하면서 임시비를 지출할 수 있게 되었다. 그러나 그 결과 증세가 필요해졌다. 한편, 잇달아 체결된 부채의 누적으로 말미암아 야기된 증세는 정부로 하여금 새로운 임시지출을 해야 할 때 언제나 새로운 차입을 하지 않을 수 없게 만들었다. 따라서 필수생활수단에 대한 과세(따라서 그것의 가격등귀)를 회전축으로 하는 근대적 재정은 그 자체 속에 자동적인 누진의 맹아를 잉태하고 있었다.

과중한 과세는 우발적인 사태가 아니라 오히려 원칙이다. 그렇기 때문에 이 제도를 처음으로 채택한 네덜란드에서는 위대한 애국자 더빗(Jan De Witt)가 자신의 잠언에서 이 제도를 가리켜 임노동자를 순종·검약·근면케 하고, (…) 그들에게 노동의 하중을 최대한으로 지우기 위한 가장 훌륭한 제도라고 칭찬했던 것이다. 그러나 여기에서 우리의 논의와 관계가 있는 것은 이 제도가 임노동자의 상태에 끼친 파괴적 영향보다도 오히려 이 제도를 바탕으로 진행되는 농민과 수공업자, 요컨대 모든 소규모 중간계급의 구성원에 대한 폭력적 수탈이다. 이 점에 관해서는 부르주아 경제학자들 사이에도 이견이 없다. 이 제도의 수탈적 효과는 보호무역제도의 도움을 얻어 한층 더 강화되며, 보호무역제도는 이 조세제도에 없어서는 안 될 구성 부분의 하나가 되었다.

부의 자본화와 민중의 수탈에서 공채와 그에 따른 재정제도가 담당하는 중요한 역할 때문에 코빗(William Cobbett), 더블데이(Thomas Doubleday) 등 많은 학자들은 근대 국민들의 빈곤의 근본 원인을 이 제도에서 찾는 오류를 범하기도 했다.

보호무역제도는 공장주를 창출하고 독립노동자를 수탈하며, 나아가 국민의 생산수단과 생활수단을 자본화하고 낡은 생산양식의 근대적 생산양식으로의 이행을 강압적으로 단축시키기 위한 인위적인 수단이었다. 유럽의 여러 나라에서 앞다투어 이 제도의 특허를 차지하려고 했는데, 이 제도는 일단──간접적으로는 보호관세에 의해, 직접적으로는 수출 장려금을 통해──이윤 증식가를 위한 봉사를 수행하게 되자 곧 단지 그 목적만으로 자국민의 고혈을 짜내는 데에 그치지 않았다. 속령의 모든 산업이 사납게 뿌리 뽑혔다. 예를 들어 아일랜드의 양모 매뉴팩처가 잉글랜드에 의해 뿌리째 뽑혀버린 것이 바로 그런 경우다. 유럽 대륙에서는 꼴베르(Jean-Baptiste Colbert)의 선례에 따라 이 과정이 훨씬 단순화되었다. 이 나라에서 산업가의 본원적 자본은 그 일부가 국고에서 직접 나온 것이었다.

미라보는 이렇게 부르짖는다.

> 7년전쟁 이전에 작센의 공업이 번영한 원인을 왜 그렇게 멀리서 구하려 하는가? 그것은 1억 8000만의 국채다. (미라보Comte de Mirabeau 『프로이센 왕국에 관하여』 *De la Monarchie Prussienne*, 제6권, 1788, 101면.) (**『자본』 제1권, 1890년 제4판**)

부르주아적 소유의 발전 및 축적과 함께, 즉 무역과 산업의 발전과 함께 개인들은 더욱 부유해지는 반면, 국가는 더욱 빚더미에 오르게 된다. 이러한 사실은 이미 이딸리아 무역공화국에서 처음 나타났고, 후에 지난 세기 이래 네덜란드의 전성기 때 나타났다. 네덜란드에서는 이미 1750년에 주식투기꾼 핀토(Isaac de Pinto)가 그러한 사실을 분명히 했다. 그리고 이제 다시 영국에서 이러한 사실이 발견된다. 따라서 부르주아가 화폐를 긁어모으게 되면 국가는 거덜 날 수밖에 없게 되고, 결국 부르주아는 국가를 구매하게 될 것이다. (…) 이러한 부르주아의 구매 이후에도 국가는 여전히 계속 돈이 필요할 것이고, 따라서 국가는 부르주아에게 의존할 수밖에 없게 된다. 그렇지만 부르주아의 이해에 필요할 경우 선진국이 오히려 후진국(따라서 국가의 부채도 적은)에 비해 항상 더 많은 화폐를 발행한다. 하지만 유럽에서 후진국에 속하는 신성동맹국가들조차 이와 똑같은 운명에 봉착해 있고 이런 사태는 부르주아들에 의해 갈수록 더욱 부풀려지고 있다. (**『독일 이데올로기』, 1846년**)

국가는 차입자본에 대해 매년 일정액의 이자를 채권자에게 지불해야 한다. 이 경우 채권자는 채무자에게 해약을 통고할 수 없으며 단지 청구권, 즉 그것에 대한 소유권만을 판매할 수 있다. 자본 그 자체는 국가가 먹어치우고 지출해버린다. 자본은 이제 더는 존재하지 않는다. 국가에 대해 채권자가 소유하고 있는 것은 ①국가에 대한 채권, 예를 들어 100파운드스털링의 채권이다. ②이 채권은 그 채권자에게 연간 국가수입, 말하자면 연간 조세수입에 대해 일정액만큼의, 예를 들어 5파운드스털링 혹은 5퍼센트만큼의 청구권을 부여한다. ③그는 이 100파운드스털링의 채권을 임의로 다른 사람들에게 판매할 수 있다. 이자율이 5퍼센트고 거기에 국가의 보증이 전제되어 있다면, 소유주 A는 그 채권을 통상 B에게 100파운드스털링에 판매할 수 있을 것이다. 왜냐하면 B로서는 그가 100파운드스털링을 연리 5퍼센트에 대부하는 것이나, 100파운드스털링의 지불에 의해 정부로부터 매년 5파운드스털링의 액수를 공여받도록 보장받는 것이나 마찬가지이기 때문이다. 그러나 이 모든 경우 국가지불을 자신의 새끼(이자)로 간주하는 자본은 여전히 환상적이고 가공의 자본으로 머물러 있다. 국가에 대부된 액수는 이제 더는 존재하지 않는 것은 물론, 자본으로 지출되거나 투자되도록 규정되어 있지도 않았다. 왜냐하면 자본으로 투자되기만 했으면 그것은 자신을 보전하는 가치로 전화할 수 있었을 것이기 때문이다. 원래의 채권자 A에게는 연간 조세수입 가운데 그에게 할당되는 부분이 자신의 자본에 대한 이자로 나타나는데, 이는 고리대금업자에게는 차입자의 자산 가운데 그의 수중으로 들어오는 부분이 그의 자본의 이자로 나타나는 것과 마찬가지다. 그렇지만 이 두 경우 모두 대부된 화폐액이 자본으로 지출된 것은 분명 아니다. 국채를 매각할 수 있다는 가능성은 A에게 원금의 회수 가능성을 나타낸다. B의 경우는 개인의 입장에서 볼 때 자신의 자본을 이자 낳는 자본으로 투자한 셈이 된다. 사실상 그는 A와 자리만 바꾸었을 뿐 A의 국가에 대한 채권을 구매한 것이다. 이런 거래는 여러 번 동일하게 반복될 수 있지만 국채라는 자본은 계속해서 순전히 가공의 자본으로 남아, 이 채권이 일단 판매 불가능한 순간이 되면 그때부터 이 자본의 허상은 소멸되고 만다. 그럼에도 (…) 이 가공자본은 자신의 고유한 운동을 갖는다. 하나의 마이너스가 자본으로 나타나는—이자 낳는 자본 일반이 모든 전도된 형태(예를 들어 은행가들의 사고방식에서는 채무가 상품으로 나타날 수 있듯)들의 어머니이듯이—국채라는 자본과 대립되는 노동력에 관하여 살펴보고자 한다. (…) (『**자본**』 제3권, **1890년판)**

자본과 나란히 스스로 현실자본을 이루는 허깨비: 주식회사와 그것의 시장가치

주식회사를 형성한다는 점. 이로 말미암아,

①개별 자본으로는 불가능한 규모의 생산과 엄청난 기업 확장이 이루어지고, 동시에 국영기업이었던 대기업들이 민간기업으로 전환한다.

②그 자체가 사회적 생산양식에 기초해 있으면서 생산수단과 노동력의 사회적 집적을 전제로 하는 자본이 여기에서는 직접적으로 사적 자본과 대립하는 사회적 자본(직접적으로 결합된 개인들의 자본)의 형태를 취하고, 그런 자본의 기업들은 사회적 기업으로서 사적 기업과 대립되어 나타난다. (…)

채무증서——유가증권——가 국채의 경우처럼 순수한 가공의 자본을 나타내지 않는 경우에도, 이 증권의 자본가치는 순전히 허상일 뿐이다. 우리는 (…) 신용제도가 어떻게 결합자본을 만들어내는지를 살펴보았다. 증권은 바로 그 결합자본을 나타내는 소유권으로 간주된다. 철도회사, 광산회사, 해운회사 등의 주식들은 현실자본을 나타낸다. 즉 이들 기업에 투자되어 기능하고 있는 자본을, 혹은 이들 기업에서 자본으로 지출하기 위해 주주들이 선대한 화폐액을 나타낸다. 그렇다고 이 말이 이들 주식이 단지 사기성을 띤다는 사실을 배제하는 것은 결코 아니다. 그러나 이 자본은 이중으로 존재하지 않는다. 즉 소유권(즉 주식)의 자본가치로 존재하면서 동시에 그들 기업에서 실제로 투자되었거나 혹은 투자될 수 있는 자본으로 존재할 수 없다. 그것은 후자의 형태로만 존재하고 주식이란 단지 그 후자에 의해 실현되는 잉여가치에 대한 일정 비율의 소유권에 지나지 않는다. A는 이 소유권을 B에게, B는 다시 그것을 C에게 판매할 수 있다. 이런 거래들은 사태의 본질을 전혀 변화시키지 않는다. 이들 거래를 통해서 A나 B는 자신의 소유권을 자본으로 전화시키지만 C는 자신의 자본을 주식자본으로부터 기대되는 잉여가치의 단순한 소유권으로 전화시킬 뿐이다.

국채는 물론 주식까지 포함한 이들 소유권 가치의 자립적인 운동은 그들 소유권이 자본이거나 혹은 소유권을 가능하게 하는 어떤 청구권임과 동시에, 현실자본을 이루기도 한다는 허상을 확증시켜준다. 즉 이들 소유권은 고유한 운동을 통해서 가격이 결정되는 상품으로 화한다. 그들의 시장가치는 현실자본의 가치가(비록 그것의 가치증식은 변하더라도) 변하지 않고도 그것의 명목가치와 다르게 결정될 수 있다. 한편으로 그 시장가치는 그 소유권이 벌어다주는 수익의 크기와 안정성에 따라서 변동한다. 만일 어떤 주식의 명목가치, 즉 처음에 주식을 대표하는 불입금액이 100파운드스털링이고 그 기업이 5퍼센트 대신 10퍼센트의 수익을 올렸다면, 다른 조건이 불변이고 이자율이 5퍼센트일 경우 그것의 시장가치는 200파운드스털링으로 상승할 것이다. 왜냐하면 5퍼센트를 기준하여 자본으로 환산할 경우 그 주식은 이제 200파운드스털링의 가공자본을 나타낼 것이기 때문이다. 그것을 200파운드스털링에 구매하는 사람은 이 자본투자를 통해 5퍼센트의 수입을 얻게 될 것이다. 기업의 수익이 감소할 경우에는 그 반대로 될 것이다. 이들 증권의 시장가치는 부분적으로 투기적인 성격을 갖는데, 왜냐하면 그것이 현실의 수입뿐 아니라 기대수입, 즉 사전에 계산된 수입에 의해서도 정해지기 때문이다. 그러나 현실자본의 가치증식을 불변으로 가정할 경우, 혹은 연간 수익을 법적으로 고정시키고 거기에 다시 충분한 보증을 전제하는 국채의 경우처럼 아예 자본이 존재하지 않을 경우, 이들 유가증권의 가격은 이자율과 반대로 상승 혹은 하락한다. 이자율이 5퍼센트에서 10퍼센트로 상승할 경우, 5퍼센트의 수익이 보장된 유가증권은 50파운드스털링의 자본만을 나타내게 된다. 이자율이 2.5퍼센트로 하락할 경우에는 그 동일한 유가증권이 200파운드스털링의 자본을 나타내게 된다. 그것의 가치는 항상 자본으로 환산된 수익일 뿐이다. 즉 그것은 가공의 자본에 대해 현존의 이자율로 계산된 수익일 뿐이다. 그러므로 화폐시장에서 화폐가 부족한 시기에는 이들 유가증권의 가격은 이중으로 하락하게 된다. 첫째는 이자율이 상승하기 때문이며 둘째는 이를 화폐로 실현하기 위해 이들이 시장에 대량으로 유입되기 때문이다. 이런 가격하락은 국채의 경우처럼 이 유가증권이 그 소유주에게 보장해주는 수익이 불변이든 혹은 산업체의 경우처럼 이 증권이 나타내는 현실자본의 증식이 재생산과정의 교란에 의해 영향을 받을 수 있든, 그 어느 경우와도 무관하게 일어난다. 후자의 경우는 전자의 경우의 가치하락에 또 하나의 가치하락이 추가되는 것에 불과하다. 일단 한차례 태풍이 지나가고 나면 이 증권은 그것이 실패한 기업이나 협잡기업의 것이 아닌 한 원래 가격을 다시 회복한다. 공황 동안 그것의 가치하락은 화폐자산의 집중을 위한 강력한 수단으로 작용한다. (…)

이것들의 가치하락이 생산이나 철도 및 운하교통의 현실적 정체나 신규투자의 포기 또는 가치가 없는 기업에서의 자본회수 등을 나타내는 것이 아닌 한, 그 나라는 명목적 화폐자본의 거품이 이처럼 터지는 일로는 조금도 가난해지지 않을 것이다.

이런 증권들은 모두가 사실상 미래 생산에 대한 축적된 청구권, 즉 법적 권리를 나타낼 뿐 아무것도 아니며, 그것의 화폐가치 혹은 자본가치는 국채의 경우처럼 아무런 자본도 대표하지 않거나 혹은 그것이 나타내는 실제 자본가치와는 무관한 방식으로 규제된다.

자본주의적 생산이 이루어지는 모든 나라들에서는 엄청난 양의 이른바 이자 낳는 자본 혹은 화폐자본이 이런 형태로 존재한다. 그리고 화폐자본의 축적이란 대부분이 생산에 대한 이들 청구권의 축적이나 이들 청구권의 시장가격, 즉 이들 청구권의 가공의 자본가치의 축적을 의미한다.

하지만 은행가자본의 일부는 이런 이자 낳는 증권에 투자된다. 이 부분 그 자체는 현실의 은행업무에서 기능하지 않는 예비자본의 일부다. 그 가운데 가장 중요한 비중을 차지하는 것은 어음, 다시 말하자면 산업 자본가나 상인 들의 지불약속이다. 화폐대부자의 입장에서 보면 이들

어음은 이자 낳는 증권이다. 즉 그는 이들 어음을 구매할 때, 만기일까지의 이자를 공제한다. 이것을 우리는 할인이라고 부른다. 따라서 그 어음의 액면가액에서 얼마만큼이 공제되느냐는 그때그때의 이자율에 달려 있다. (『**자본**』 **제3권, 1894년판**)

사기와 협잡의 전체 체계

실제로 기능하는 자본가가 단순한 관리인, 즉 타인의 자본을 관리하는 사람으로 전화하고, 자본소유자는 단순한 소유자, 즉 단순한 화폐자본가로 전화한다. (⋯)

이것은 자본주의적 생산양식 내부에서 자본주의적 생산양식을 지양하는 것이며, 따라서 스스로를 지양하는 모순으로, 그 모순은 일견 새로운 생산형태로 넘어가는 단순 통과지점으로만 나타난다. 그런 다음 그 모순은 현상으로도 나타난다. 그것은 어떤 영역에서 독점을 만들어내고 따라서 국가의 개입을 불러일으킨다. 그것은 새로운 금융귀족을 재생산하는데, 이 금융귀족이란 곧 기획인, 발기인 그리고 단지 명목뿐인 이사 등의 형태를 띤 새로운 종류의 기생계급이다. 그리하여 그것은 발기, 주식발행 그리고 주식거래 등과 관련된 사기와 협잡의 전체 체계를 재생산한다. 그것은 사적 소유의 통제를 받지 않는 사적 생산이다. (⋯)

여기에서는 성공과 실패가 동시에 자본의 집중을 가져오고 따라서 엄청난 규모의 수탈로 이어진다. (⋯) 그러나 이러한 수탈은 자본주의 체제 내부에서는 소수에 의한 사회적 소유의 획득이라는 대립적 형태로 나타난다. 그리고 신용은 이들 소수자들에게 순수한 도박꾼으로서

466

의 성격을 점점 더 부여해준다. 여기에서 소유는 주식의 형태로 존재하기 때문에, 그것의 운동과 이전은 순전히 주식매매의 결과로 이루어지며, 이들 주식매매에서는 작은 물고기가 상어에게 먹히고 양이 이리들에게 잡아먹히는 약육강식의 법칙이 작용한다. 주식제도 안에는 (…) 낡은 사회형태에 대한 대립이 이미 존재한다. 그러나 주식형태로의 전화 그 자체는 아직 자본주의적 한계 내에 묶여 있다. 그래서 그러한 전화는 사회적 부와 사적 부의 성격 간 대립을 극복하기보다는 그것을 새로운 형태로 바꿀 뿐이다. (…)

판매되지 않은 상품에 대한 대부를 얻는 것이 쉬워지면 쉬워질수록 그런 대부에 대한 수요는 더욱 늘어나서, 일단 상품대부를 받고 보자는 식으로 무작정 상품을 생산하거나 혹은 이미 생산된 상품을 원격지시장에 투매해버리려는 경우가 늘어난다. 한 나라의 사업계 전체가 그러한 협잡술에 어떻게 휩쓸려버릴 수 있으며 또 그것의 결말이 어떻게 나는지에 대해서는, 1845~47년의 영국 상업사가 가장 좋은 실례를 보여준다. (…)

1842년 말이 되자 1837년 이후 거의 끊임없이 영국 산업을 짓눌러오던 불황이 회복세를 보이기 시작했다. 이후 2년 동안 영국 공산품에 대한 해외 수요는 계속 늘어나서 (…) 이 새로운 시장은 이미 활기를 띠고 있던 시설확장 열기에 새로운 구실을 제공해주었고 (…) 사람들은 생산을 증대시켰던 것과 똑같은 열정으로 철도건설에 달려들었다. 처음 이 분야에서 제조업자와 상인 들이 투기로 재미를 보자 (…) 사람들은 1차 납입을 할 수 있는 돈만 있으면 가능한 범위의 모든 주식들을 청약했다. 다음 불입은 어떻게든 될 것이다! 머지않아 그후의 납입일이 다가오자

(…) 그들은 신용에 호소할 수밖에 없었고 회사의 본래 사업은 대부분 출혈을 감수할 수밖에 없었다.

그리고 이들 본래 사업도 대부분 이미 과중한 짐을 지고 있었다. 높은 이윤의 유혹에 이끌려 처분 가능한 유동자산의 허용범위를 훌쩍 넘어 사업이 확장되어 있었다. 그러나 쉽게 얻을 수 있는 신용이 있었고 게다가 이 신용은 값도 저렴했다. (…) 국내 주식시장의 모든 시세는 그 어느 때보다도 높게 형성되었다. 따라서 이렇게 좋은 기회를 그냥 내버려둘 이유가 어디에 (…) 있겠는가? (…)

영국의 1844~47년 호황기는 (…) 최초의 대규모 철도 투기와 관련되어 있었다. 그것이 사업 전반에 미친 영향에 관해서는 (…)
.

1847년 4월 거의 모든 상업회사들이 그들 상인자본의 일부를 철도에 투자하면서 그들의 사업은 점점 궁핍해지기 시작했다. (…) 철도 주식을 개인이나 은행 혹은 보험회사 등에 담보로 맡길 경우에는 비록 이자율은 높지만 8퍼센트 정도로 대부를 받을 수 있었다. (…) 철도에 대한 이들 회사의 투자가 상당했기 때문에 이들 회사는 다시 그들의 사업을 계속해나가기 위해서 어음할인을 통해 은행으로부터 그만한 액수의 자본을 빌려야만 했다. (…) (「상업불황위원회 제1차 보고서」 1888년 6월 8일자에서 발췌한 내용이다—옮긴이)

1848년 (…) 유니언 뱅크 오브 리버풀의 은행장이었던 리스터는 다음과 같이 진술했다.

1847년 봄에 신용이 대규모로 팽창했는데 (…) 이는 사업가들이 그들의 자본을 철도사업에 이전시켰으면서도, 이전에 확장해놓았던 그들 본래의 사업도 계속 꾸려나가려고 했기 때문이다. 아마도 처음에는 누구나 철도주식을 이윤을 붙여서 팔 수 있으리라 믿었을 것이고 따라서 본래의 사업부문에 들어간 돈도 그것을 통해 보충할 수 있으리라고 믿었을 것이다. 그러나 그것이 불가능해지자 과거에는 현금으로 꾸려나가던 자기 사업에 신용을 끌어들이게 되었다. 신용팽창은 이렇게 발생했다. (…)

어음기일이 길어질수록 무엇보다도 예비자본의 규모가 더욱 커져야 하고 또 가격하락이나 시장에서의 공급과잉으로 인해 환류 액수가 줄어들고 시간적으로 지체될 가능성은 더욱 커진다. 또한 첫 거래가 상품가격의 등락에 따른 투기에 의해 영향을 많이 받을수록 환류는 더욱더 불안정해진다. 그러나 노동생산력이 발전하고 생산이 대규모화되면 ① 시장은 확대되고 점차 생산지와 멀어지게 되며 ②따라서 신용은 장기화될 수밖에 없고, 그에 따라 ③투기적인 요소가 점점 더 거래들을 지배하게 된다. 생산이 대규모화되고 원격지시장을 상대하게 되면 모든 생산물은 상업의 수중으로 들어간다. 그러나 상업이 자신의 자본을 가지고 한 나라 전체의 생산물을 구매하고 다시 판매할 수 있을 만큼 한 나라의 자본이 곱절로 불어나는 일은 불가능하다. 따라서 이 경우 신용은 없어서는 안 되는 것이다. 신용의 규모는 생산의 규모가 증가함에 따라 함께 증가하며, 신용의 기간은 시장의 거리가 멀어짐에 따라 함께 길어진다. 여기에서는 상호작용이 발생한다. 즉 생산과정의 발달은 신용을 확대하고, 신용은 산업과 상업적 행위의 확대를 가져온다. (『자본』 제3권, 1894년판)

일시에 파국이 밀어닥칠 때까지 사업은 철저히 건실하게 유지된다

그런데 이 상업신용에 본래적인 의미의 화폐신용이 추가된다. 산업가와 상인의 투자는 은행가와 화폐대부자에 대한 화폐대부와 서로 밀접하게 결합되어 있다. 어음할인의 경우 대부는 단지 명목일 뿐이다. 한 제조업자는 자신의 생산물을 어음을 받고 판매하고, 이 어음을 어음중개인에게서 할인한다. 그러나 어음중개인이 대부하는 것은 사실상 자신이 거래하는 은행가의 신용일 뿐이며, 이 은행가는 자신의 예금주들의 화폐자본을 다시 그 중개인에게 대부하는 것으로, 그 예금주들은 그 산업가와 상인 들 자신, 그리고 노동자(저축은행을 매개로)와 지주, 기타 비생산적 계급들로 이루어져 있다. 그리하여 모든 개별 제조업자나 상인은 튼튼한 예비자본의 필요성은 물론 현실적 환류에 대한 의존성에서도 벗어나게 된다. 그러나 또한 전체 과정은 한편으로는 단순한 융통어음에 의해서 또다른 한편으로는 단지 어음발행만을 목적으로 한 상품거래에 의해서 매우 복잡해지고, 그 결과 환류가 사실상 이미 오래전에 일부는 사기당한 화폐대부자와 또다른 일부는 사기당한 생산자들의 희생을 댓가로 이루어지고 난 다음에도 외견상 건실한 사업과 원활한 환류는 계속 평온하게 지속될 수 있을 것처럼 보이게 된다. 그래서 사업의 분위기는 언제나 파국 직전까지도 지나치게 건실해 보인다. 이에 대한 가장 좋은 예를 1857년과 1858년의「은행법위원회 보고서」 (Reports on Bank Acts)에서 볼 수 있다. 즉 거기에서 은행이사들과 상인들, 요컨대 오버스톤(Samuel Jones Loyd Overstone)을 앞세우고 소환된 모든 전문가들은 하나같이 서로 사업의 번창함과 건실함에 대해서 축하인사를 나누고 있다──그런데 이것은 1857년 8월의 공황이 발발하기 정확히 한 달 전 일이었다. 그리고 특이하게도 투크(Thomas Tooke)는 『1839~47년 물가의 역사』(History of Prices)에서 각 공황의 역사기술가로서 똑같이 이런 환상을 따르고 있다. 일시에 파국이 밀어닥칠 때까지 사업은 철저히 건실함을 유지하고, 경기는 활황상태를 지속한다.

생산규모가 불변인 한 이런 팽창은 생산자본에 비해 대부 가능한 화폐자본이 풍부해지도록 만들 뿐이다. 따라서 이자율은 하락한다.

재생산과정이 다시 과잉운용 직전의 호경기 상태에 다다르면, 상업신용은 사실상 원활한 환류와 확대된 생산이라는 그 '건실한' 기초 위에서 크게 팽창한다. 이 상태에서 이자율은 그 최저수준보다는 상승하지만 아직 낮은 수준에 머문다. 사실 이 시기가 바로 낮은 이자율, 즉 대부가능자본이 상대적으로 풍부한 상태와 산업자본의 현실적 확대가 일치하는 유일한 시점이다. 환류가 규칙적이고 원활하게 이루어지면 이것은 확대된 상업신용과 결합되어, 대부자본에 대한 수요의 증가에도 불구하고 그것의 공급을 안정적으로 보장하며, 그로 인해 이자율 수준의 상승을 억제한다. 다른 한편 여기에서 비로소 예비자본 없이도 혹은 아예 자본이라는 것 없이도 일하고 따라서 전적으로 화폐신용에 의존하여 사업을 운영해나가는 백마의 기사가 전면에 등장한다. 여기에는 또한 온갖 형태의 고정자본의 대규모 확장과 광범위한 신규기업의 대량 신설 등도 추가된다. 이제 이자는 그 평균 수준으로 상승한다. 이자율이 다시 그 최고 수준에 이르면 곧바로 새로운 공황이 발발하고, 신용은 갑자기 중단되고 지불이 정체되며 재생산과정이 마비되고, 앞서 언급된 예외적인 경우를 제외하고는 대부자본이 거의 절대적으로 부족해지면서 유휴산업자본의 과잉이 나타난다.

그리하여 전체적으로 볼 때 이자율로 표현되는 대부자본의 운동은 산업자본의 운동과 반대방향으로 움직인다. 낮은 수준이긴 하지만 최저수준보다는 높은 수준에 있는 이자율이 공황 이후의 '경기호전' 및 신뢰도 증가와 일치하는 국면과 또한 특히 이자율이 그것의 최저 수준과 최고 수준의 한가운데 지점인 평균 수준에 다다르는 국면, 바로 이들 두 국면에서만 풍부한 대부자본과 산업자본의 대량 팽창이 동시에 나타난다. 그러나 산업순환의 처음에는 낮은 이자율이 산업자본의 위축과 함께 나타나고 산업순환의 끝에서는 높은 이자율이 산업자본의 과잉과 함께 나타난다. (…)

이 산업순환은 일단 최초의 기동력이 주어지고 난 이후에는 동일한 순환과정이 주기적으로 재생산될 수밖에 없는 성질이 있다. 침체기에는 생산이 이전의 순환에서 도달했던 규모, 그리하여 이제는 그 기술적 기초가 확보된 규모보다 낮은 수준으로 떨어진다. 호황기인 중간시기에는 생산이 이 기초 위에서 더욱 발전한다. 과잉생산과 협잡의 시기가 되면 생산은 생산과정의 자본주의적 한계를 넘어설 때까지 생산력을 최고도로 운용한다.

공황기에 지불수단이 부족한 것은 당연한 일이다. (…) 그러나 어떤 은행입법도 공황을 완전히 없앨 수는 없다.

재생산과정의 전체 연관이 신용에 기초한 생산체제에서, 만일 신용이 갑자기 중지되고 현금지불만이 통용된다면 공황은 필연적으로 나타난다. 즉 지불수단에 대한 요구가 물밀듯 나타날 수밖에 없다. 따라서 얼핏 보아 전체 공황은 단지 신용공황과 화폐공황으로만 나타난다. 그리고 사실상 문제가 되는 것도 어음의 화폐로의 현금화뿐이다. 그러나 이 어음은 여러번의 현실적 매매를 대표하고 이런 매매가 사회적 필요를 훨씬 초과하여 팽창하는 것이 궁극적으로 전체 공황의 기초를 이룬다. 그런데 이와 더불어 엄청난 양의 이들 어음은 이제 완전히 백일하에 드러난 바로 그 단순한 협잡거래를 나타내는 것이기도 하다. 또한 그들 어음은 타인의 자본으로 운영하다가 실패해버린 투기들을 나타내며, 마지막으로 가치하락을 당하거나 전혀 판매되지 못하는 상품자본을 나타내기도 하고, 이제는 불가능해진 환류를 나타내기도 한다. 재생산과정을 강제로 팽창시켜 만든 이 인위적인 전체 체계가 이제 어느 한 은행, 예를 들어 잉글랜드 은행이 자신의 지폐로 이들 협잡꾼들에게 부족한 자본을 채워주고 또 가치가 하락한 상품을 모두 원래의 명목가치대로 구매해준다고 해서 치유될 수 없음은 당연한 일이다. 게다가 여기에서는 모든 것이 전도된 형태로 나타나는데, 왜냐하면 이런 종잇조각들로 이루어진 세계에서는 실제의 가격이나 그런 가격의 실제 계기가 어디에서도 나타나지 않으며 (…)

수출입과 관련하여 언급해야 할 것은 일련의 모든 국가가 차례로 공황에 빠져들어가는 경우로, 이 경우에는 이들 모든 국가가 몇몇 예외를 제외하고는 수입과 수출이 균형을 이루지 못하게 되고, 즉 **모든 국가의 국제수지가 적자가 되고**, 따라서 사실상 국제수지는 문제가 되지 않는 상태가 나타난다. (…) 한 나라의 수입초과는 다른 나라의 수출초과로 나타나고 그 역도 성립한다. 그런데 지금은 수입초과와 수출초과가 모든 나라에서 발생했다. (…) 다시 말해서 신용에 의해 촉진된 과잉생산과 그에 수반되는 전반적인 인플레이션이 발생한 것이다. (…)

일반적 공황의 시기에는 모든 나라, 적어도 상업이 발달한 모든 나라에서 국제수지가 적자로 되는데, 이 적자는 항상 마치 연발 사격과 마찬가지로 지불 순서가 도래하는 차례대로 발생하는 형태를 띤다. 예를 들어 일단 영국에서 공황이 발발하면, 이런 일련의 지불 순서는 극히 단기간에 집중된다. 그리하여 이들 모든 나라는 동시에 수출초과 상태(즉 과잉생산 상태)와 수입초과 상태(즉 과잉거래 상태)로 되고, 물가는 상승하고 신용은 과도하게 팽창한다. 그럼으로써 이들 모든 나라에서 똑같이 파국이 오게 된다. 그런 다음 금유출 현상이 각 나라에 차례대로 나타나고 바로 이런 일반성으로부터 ①금유출은 단지 공황의 한 현상일 뿐이며 그것의 원인이 아니라는 사실 ②금유출이 여러 나라들에서 차례로 나타나는 그 순서는 단지 그들의 결산일이 언제인가 하는 그 순서, 그들 나라에서 공황이 나타나는 기한이 언제인가 하는 순서, 그리고 그들 나라에 잠재된 공황의 요소가 언제 발발하느냐 하는 그런 순서를 나타내는 것에 불과하다는 사실이 드러난다. (…)

만일 신용제도가 과잉생산과 상업부문의 과잉투기의 주된 지렛대로 나타난다면, 그것은 단지 원래가 탄력적인 성격을 지닌 재생산과정이 이 경우 그 극한까지 강행되었기 때문이며, 그렇게 강행된 이유는 사회적 자본의 대부분이 그 자본의 소유주가 아닌 사람들——따라서 이들의 사업방식은 자본소유주가 손수 사업을 운영할 경우 조심스럽게 자신의 사적 자본의 한계를 가늠하면서 수행하는 그런 방식과 완전히 다르다——에 의해 사용되기 때문이다. 그리하여 자본주의적 생산의 대립적 성격에 기초한 자본의 가치증식은 실제의 그 자유로운 발전은 일정한 지점까지만 허용되고, 따라서 그것은 사실상 생산의 내재적인 속박이자 한계를 이루는데, 이 속박과 한계는 신용제도에 의해 끊임없이 파괴된다. 따라서 신용제도는 생산력의 물적 발전과 세계시장의 형성을 촉진하는데 (…) 그와 동시에 신용은 또 이런 모순의 강력한 폭발, 즉 공황을 촉진하고, 그럼으로써 낡은 생산양식을 해체하는 요소들을 촉진한다. (『자본』 제3권, 1894년판)

모든 생산력의
일반적 포섭

자본주의의 극복을 위한 기준

8

서론

자본주의적으로 사회화된 보통사람이라면 맑스가 자본주의적 생산양식 및 생활양식의 비판과 분석 이외에 얼마 전까지 좌파나 국가자본주의 국가에서 '사회주의의 상부구조'라고 부른 것에 대한 어떤 포괄적인 청사진도, 그리고 우리가 '옳다고' 인정할 만한 어떤 지침도 내놓지 않았다는 사실을 확인한다면 실망할 것이다. 어쨌든 자본주의적인 보통사람이 맑스의 사회비판에서 어떤 주장, 즉 포장에 함께 들어 있는 사회경제적 사용설명서를 얻을 수 있다고 보기는 어렵다. 이것은 비판적 사회이론의 구성물은 아무리 좋은 의지에도 불구하고 연역될 수 없다는 극히 단순한 사실 때문이다. 비판이론은 모든 사람의 경험에 근거하여 자본주의의 부정적이고 파괴적인 현상들을 설명하고 개념화하고 분석할 수 있으며, 그와 함께 자본주의에 대한 비판과 그것의 극복에 대한 필연성을 제시할 수 있다. 그러나 이런 비판의 기초는 '이상적인' 그리고 가능한 한 '모순으로부터 해방된' 사회의 구체적인 상부구조를 위한 사용설명서, 즉 어떤 그럴듯한 인간 모델에 대한 사회건설 청사진과는 전혀 다른 것이다.

이 사용설명서를 요구하는 사람은 판매와 구매라는 습관화되고 각

인된 규범에 따른 시장사회를 극복할 것을 무의식적으로 요구한다. 그는 비판이론이란 공급자의 입장에서는 공급물품을 반품보증서와 함께 최대한 소비자의 마음에 들도록 만들어야 하며, 소비자의 선택적인(동시에 영원히 속는) 입장에서는 취득한 상품을 문제없이 소비할 수 있도록 많은 생산정보를 원하는 것으로 본다. 그런데 여기에서 그가 잊고 있는 사실이 있다. 즉 그는 시장에 공급된 상품에 대해 어떤 의견(세상의 진보를 위한 대안 등)을 개진하는 것이 아니라 자신의 삶에서 현실적인 고통과 자신에 대한 사회적 요구(그는 스스로 다른 사람과 연대할 때에만 이런 고통과 요구로부터 해방될 수 있다)에 대해 말하고 있다는 점이다. 비판이론은 이런 의미에서 결코 제공된 물품이 아니라, 자기인식의 거울이고 이해된 것의 분노이며 알 수 없는 출구를 붙잡고 '춤을 추자는 요구'다.

보통사람들의 의식은 우리가 수퍼마켓의 물품을 사거나 말거나 할 수 있듯이 확정되고 완성된 유토피아로서의 비판을 요구하는데, 이것은 (다시 무의식적으로) 유토피아주의와 상품형태 사이의 내적 관련을 환기시킨다. 따라서 자본주의의 극복과 다른 사회로의 길에 대한 문제에서 다시 한번 맑스이론의 비유토피아적 성격, 즉 우리가 오늘날 진실로 구체화된 부정적인 유토피아 한가운데서 살고 있다—그것이 바로 세계체제로 발전된 자본주의이기 때문에—는 주장으로 되돌아간다. 그렇지 않다면 이런 체제 속에서 개인들이 '관계의 암묵적 강제'(맑스)와 비상시의 국가폭력을 통해 '일차원적 인간'(마르쿠제Herbert Marcuse)이 되고 맹목적 체제법의 집행을 스스로에게 강요하게 되었다는 사실을 우리는 무엇이라 불러야 할 것인가? '새로운 인간'은 처음부터 물적 지배의 근대적 형태를 위한 명제였다. 내심 자신에게 주어진 추상적 자기목적의 마법에 사로잡혀 '이상적으로' 통제될 수 있는 인간자원이라는 강요된 관념은 자본주의적 합리성의 가장 초기 이념에 속한다. 그리고 오늘날 잘 알려진 대로 시장 전체주의하에서 철저히 형상화되고 또 스스로 시장의 요구에 따라 만들어진 '새로운 인간'은 어떤 의미에서는 연간 계획과 월간 및 주간 계획에 따라 모든 행동을 정해진 지침대로 수행한다.

물질지상주의의 가면을 쓰고 모든 유토피아적인 요구가 이렇게 구현되면 개념의 가치전도가 일어난다. 즉 자본주의적 자기목적의 유토피아적 비합리성과 일차원성은 '사물의 자연스러운 질서'가 되고, 감각세계의 보편성이 가차 없이 화폐의 메마른 추상성에 따라 재단되는 경영학적 파괴논리는 사물과의 '실용적인 관계'로 설명된다. 그러나 그렇게 되면 이제 거꾸로 이미 구현된 자본주의적 유토피아 속에서 가장 초보적인 인간 충동과 욕구의 관철은 물론이고 경험적 감각세계와 관련된 극히 단순한 실용적 이성도 모두 유토피아적인 것이라는 잘못된 이름을 취하게 될 것이 틀림없다. 자본주의는 무공간(無空間)을 현실세계의 공간으로 만들어내고, 인간의 이성을 이 새로 만들어진 공간으로 쫓아낸다. 간단한 예를 들자면, 아주 고생스러운 일이던 도로수송을 철도로 바꾼 것, 모두에게 위험하고 여러 세대에 걸쳐 부채로 남을 원자력발전소를 30년 이내에 정지시키는 것, 전자공학적 네트워크와 자동화기기의 도움으로 중세 농부에 비해 비약적으로 노동을 절약하는 것 등이 모두 유토피아적인 것으로 되었다. 완성된 자본의 세계에서는 단지 공공연한 미친 짓만이 현실적인 것이다. 이러한 조건하에서 소위 실용주의는 어쩔 수 없이 스스로 종말론적인 길을 받아들인다.

첫째로 어떤 종류의 '새로운 예루살렘'도 구현될 수 없고, 단지 지배

480

적 생산양식만이 구현되어 모든 생산력을 파괴력으로 전환시키는 미친 짓으로 귀결되는데 바로 이것이 맑스가 우리에게 알려주는 것이다. 둘째로 이런 의미에서 실천적 변혁과제는 더이상 비판에 기초한 이론의 영역이 아니라 단지 실천적·사회적 포섭운동 및 지양운동의 행위 속에만 있을 수 있다. 그런 이론은 일반적인 목표를 설정하고 자본주의의 근원적 부정으로부터 귀결된 기준들을 제시하는 것이 될 것이다. 그리고 거기에 맞는 기준은 오로지 맑스에게서만 발견할 수 있을 것이다. 그러나 이것은 대개 명시적으로나 암묵적으로나 항상 이미 비판적 분석 그 자체의 구성 부분이다(이들 구성 부분은 여기에서 발췌된 텍스트들의 형태를 통해서 별도의 결론으로 정리되는데, 이것은 부르주아적 도식에 익숙한 독자들에게 이 부분이 명백한 결론임을 쉽게 이해시키기 위한 것이다. 하지만 이것이 '적극적 교시'라는 꼬리표를 붙인 것으로 오해되어서는 안 된다).

사물 자체를 이성적으로 다룬다는 것은 추상적 비판이론으로부터 이끌어낼 수 있는 것이 아니라, 다음과 같은 비판적인 조직을 개인들이 의식적으로 함께 건설하자고 결론내리기 위한 토대로서만 기여할 수 있다. 즉 이들 조직은 자본주의적 반이성을 폭파하고, 사회적 잠재력을 포섭하고, 비합리적인 경영학적 강제로부터 해방된 (사물과의) 실천적 관계 속에서 그것의 이성적 사용을 비로소 찾아낼 수 있고, 마침내 자본주의에 의해 파괴적 형태로 제시된 생산력을 확실히 선별하고 변형시켜 새로운 상태로 옮겨가고, 입증된 미친 짓이나 모두에게 위험을 초래하는 것들을 중단시키는 등의 일을 하는 조직이다. 자본주의가 명백히 동일한 추상적·일반적 원리(즉 가치증식이나 잉여창출 원리)에 따라 사물과 관계의 특별한 질적 성격, 특수한 소재나 내용, 각각의 특성 등에 모두 맞추어져 있는 데 반해, 그런 원리 없이 처음으로 비로소 의식적이고 실용적으로 세계와 관계하는 것이 바로 맑스가 말하는 의미의 공산주의 '원리'일 것이다.

이를 위한 출발점은 사회적 개인과 세계 사이의 물신주의적 매개를 더이상 만들지 않는 데 있다. 그렇기 때문에 어떤 일반적 이론도 언급할 수 없고, 단지 사물 자체와의 변화된 관계와 이러한 변화과정 자체에서의 실천적 경험만이 제공될 수 있을 뿐이다. 기껏해야 '포섭운동'의 개념 정도가 이런 맑스의 관점을 보여줄 수 있을 것이다. 왜냐하면 이 개념은 과정으로서 혁명적 포섭의 성격을 포함하기 때문이다. 이 생각은 맑스주의 노동운동에서 널리 사용되는 포섭의 제한적이고 외적인 '법적' 형태가 아니라, 현실적·실천적·소재적·의미적·지적 등의 의미를 갖는 포섭이다. 그것은 '생산력의 총체성'에 대한 포섭, 즉 단순히 '민족'이나 '사회'로 번역되는 부르주아적 소유권의 의미에서가 아니라, 고유하고 보편적인 사회성과 그 잠재력에 대한 실질적인 내용의 장악이라는 의미에서의 처분권이다.

생산력은 부르주아적 법적 형태 일반을 벗어버리기 위해 자본주의로부터 해방되어야 하고, 나아가 이러한 포괄적 의미에서 포섭되어야 하며 바로 그것을 통해 변형되어야 한다. 맑스는 부르주아적 법적 형태 내에서의 자본의 피상적인 지양이라는 '법적 환상'에 대해 의식적으로 명확히 반대했다. 이런 법적 환상은 바로 고유하고 본질적인 것을 위해 법률로 확정된 소유형태(바로 각각의 자칭 처분권)를 취하는 것에 있다. 물론 이런 환상은 단지 이미 정해져서 전제가 되어버린 생산관계와 사회적 관계의 필연적 귀결일 뿐이다. 사회적 소유를 직접 도입하려고 하는 것, 그리고 비사회적 소유에 기초한 상품생산이나 추상노동 등을 고집하는 것은 ('현실사회주의'에서와 같이) 불합리한 생각에 지나지 않는다.

자본주의를 현실적으로 극복하기 위한 기준에서 어떤 명칭을 사용하느냐에 따라 숨겨진 맑스와 알려진 맑스를 구분하는 것은 그다지 어렵지 않다. '프롤레타리아' 그 자체는 이미 개념에 따라 자본주의의 주어진 범위 안에서 제기된 '계급투쟁'과 함께, 자본주의를 넘어서고자 하는 지양운동 및 포섭운동을 위한 맑스의 기준을 충족하지 못한다. 따라서 '노동사회주의' 역시 언제나 법적 형태 속에 머물러 있으며, 그와 함께 처분권을 넘어서는 '법적 환상'에 사로잡혀 있다. 맑스가 부분적으로 '프롤레타리아'가 아니라 '개인들'에 관해 언급했을 때, 그는 이미 지양과 포섭의 또다른 논리에 다가서 있다. 사실상 숨겨진 맑스의 의미에서 혁명적 사회운동의 담당자는 자본주의 자체에 의해 선험적으로 규정된 계급('무의식적으로' 이미 그렇게 되듯이, 바로 자본주의 내에서 그 자신의 위치에 해당하는 계급)이 결코 아니며, 오히려 고유한 통찰에 의존하는(객관적으로 주어진 체제에서의 지위에 의존하지 않는) 개인들의 의식적 연합일 뿐이다.

자본주의적 범주와 그 범주들 간의 관계(외견상 객관적으로 주어진, 따라서 자연법칙과도 같은) 안에서 개인들의 의지는 단지 환상에 불과한 반면, 거꾸로 이런 비합리적 물신관계의 폭파는 사실상 오로지 의미만이 수행할 수 있는 일이며, 그것도 자신들의 경험과 고유한 비판적 이해에 근거하여 '더이상 원치 않는'(즉 더이상 참을 수 없게 된 부르주아적 의지형태를 벗어던지고 싶은) 모든 개인들의 의지만이 수행할 수 있는 일이다. 그럴 때에만 비로소 사회는 자본주의와 물신주의로부터 해방되고, 그 사회의 모습과 삶과 활동은 사실상 이들 개인의 자유로운 의

지관계로 환원될 수 있을 것이다. 단순히 자본주의의 환상을 극복하는 것이 중요하지 않다면, 그런 물신주의로부터의 해방은 자본주의 안에서 한 계급이 다른 계급을 뒤엎는 형태가 아니라, '자동적 주체'를 털어버리고 싶은 비판적 개인들(자본주의 안에서의 그들의 지위에 관계없이)의 연합이 (마찬가지로 주어진 위치에 관계없이) 사회에서 자동적 주체를 무조건 받아들이고 자신의 행복을 어쩔 수 없는 경쟁 속에서만 찾으려는 사람들과 충돌하는 형태가 될 것이다. 자본주의를 지양하는 문제와 관련된 '유물론'은 개인들의 사회적 지위가 어떻게 선험적으로 결정되는지의 문제에 주력하는 것이 아니라 포괄적이고 사회 전체적인 의미에서 자본주의적 현실의 부정적 경험을 어떻게 다룰 것인지의 문제에 주력할 것이다.

그런 의미에서, 자신의 역사적 운명도 모른 채 이미 존재하는 자본주의 비판의 주체가 도대체 누구인지를 묻는 낡은 맑스주의적 문제제기는 잘못된 것이며, 따라서 지금도 여전히 해결되지 않은 채로 남아 있다. 고정되어 있던 사회적 기능들이 매우 유연화되었고 개인들도 사실상 명백히 자동화되어버린 (동시에 전지구적으로 대중의 기아문제와 다양한 측면에서의 궁핍화과정이 심화되고 있는) 21세기 자본주의 세계에서는 19세기에 비해 다음과 같은 사실들이 보다 분명해졌다. 즉 자본주의의 극복을 위한 숨겨진 맑스의 교훈은 체계적으로 미리 규정된 계급운동이 아니라, '연합한(혹은 실천적 비판의 과정에서 연합하는) 개인들'이 스스로 의식적으로 구성해내는 운동에 의해 이루어질 수 있으리라는 점이다.

오늘날의 경험적 증거에 기초해보면 이런 통찰은 비교적 쉽게 이해되지만(과거 이데올로기적 정체성에 사로잡혀 있던 맑스주의 잔당들을 제외하고), 과연 이런 운동이 현재의 자본주의 세계에서 앞으로 어떻게 될 것인지의 문제에 대한 판단은 쉽게 의식에 와 닿지 않는다. 외견상 그럴듯한 개념인 포섭은 이런 운동방향이 법적 형태와 결합되어 설명되지 않으면 시야에서 급격히 멀어지게 된다. 왜냐하면 이런 관점에서 보면 자본주의적으로 사회화된 개인들과 포스트모던한 개인들은 모두 '맑스주의 노동운동가'이기 때문인데, 이는 낡은 맑스주의가 부르주아 의식에 매몰된 탓이다. 부르주아적 개인들은 그의 주체형태이자 세계에 대한 관계형태인 법적 형태를 벗어나서는 아무런 생각도 할 수 없다. 이 부르주아적인 법적 주체성은, 그러나 맑스도 명료하게 설명했듯이 시민이 경제시민주체와 국가시민주체로, 즉 '경제인'과 '정치인', '시민'과 '공민', 화폐인과 국가인으로 분열됨으로써만 일반적으로 달성된다. 그러나 맑스에 따르면, 화폐와 국가는 단지 하나의 추상적이고 허구적인 일반성, 즉 '환상적인 공동체'의 양극단의 형태다. 맹목적인 법칙성에 따라 자동화되는 개인들의 허구적 사회가 실제로 하나의 사회가 되고 의식적으로 행동하는 공동체가 되기 때문에, 개인들은 추상적 일반성이 소외되고 비합리적인 두 형태인 화폐와 국가를 '철회'해야 한다. 다시 말해 그것들을 지양하고 극복해야 한다.

자본주의형태 속에서 파괴적 성격을 띠게 된 생산력에 대한 의식적 포섭이라는 일견 아주 그럴듯해 보이는 과제는 화폐와 국가의 지양보다 훨씬 더 결정적인 법적 형태를 요구한다. 이 과제 앞에는 분명 자본주의적으로 사회화된 대중의식을 비로소 퇴치할 수 있는 고유한 주체의 실천적 극복문제(그리고 이것이 바로 우리가 '가치비판'이라고 부를 수 있는, 숨겨진 맑스의 사회비판의 핵심이다)가 존재한다.

그리하여 맑스주의 노동운동의 잔재라는 지적 공룡은 모순적이게도 바로 자신의 구태의연함을 통해서 부르주아적 의식의 이러한 흔적을 극히 분명한 형태로 정식화했다. 왜냐하면 이 공룡은 맑스의 원칙(이것을 이미 축소하고 망치고 경멸해버렸다)에 대한 자신의 지식에 기초하여 생산력의 포섭이라는 이 문제를 너무도 쉽게 해결할 수 있는 것으로—공식적인 부르주아적 견해로는 이 문제를 결코 이해할 수 없다—단순화시켜 버렸기 때문이다. 맑스주의 잔당이 물신적 매개의 극복에 대한 원래의 맑스의 원칙을 폴 포트(Pol Pot) 같은 '석기시대 공산주의'의 이념이나 문명을 거슬러 올라간 질 낮은 과거에서 찾으려 하면서 하필 스스로가 전체 부르주아적 의식의 대변자가 되고, '가치비판'에 반대하여 온갖 비방과 중상모략을 저질렀던 것은 역사의 비극이다. 예를 들면, 독일의 맑스 연구자 가운데 정년퇴임한 교황인 볼프강 프리츠 하우크(Wolfgang Fritz Haug)와 그밖의 강단 맑스주의자들이 바로 그렇다. 지구적 자본주의의 새로운 대공황과 야만적 황폐화 한가운데서 근대적인 억압사회로부터의 해방이라는 이념은 스스로 또다른 야만을 설명하는데, 맑스주의는 그 옆에서 자신의 마지막 숨을 몰아쉬면서 숨겨진 맑스와의 극단적인 대립 속에서 다름 아닌 화폐와 국가를 통해 소외된 사회화에 불과한 문명을 만들어낼 수 있다고 주장하고 있다.

맑스가 이미 150년 전에 근본적으로 비판했듯이, 자본주의는 진정 세계인구의 점증하는 부분을 위해 허구적인 '인권-문명'과 함께 스스로 화폐를 창출했지만, 그것은 부정적인 방식을 통해서였다. 이미 자신의 고유한 통화를 포기한 더 많은 나라들과 함께 전지구적 붕괴 지역에서 수많은 사람들이 아무런 화폐수입도 아무런 외화수입도 없이 살고 있다. 이런 상태는 사실상 야만이다. 화폐의 창조는 바로 인간을 위한 것이지, '무언의 강제'로서 화폐의 사회화 형태와 기준을 위한 것이 아니라는 이유 때문에 그것은 야만이다. 맑스에게 중요한 것은 부르주아 법적 형태와 주체형태가 유지되면서 화폐를 몰아내는 것이 아니라, 이러한 형태 자체를 지양하여 화폐경제로서의 사회화를 불필요하게 만들고 비합리적인 것으로 인식하게 만드는 것이다.

그러나 부르주아적 주체형태가 침해되지 않는 곳에서는 언제나 소외의 양극단이 서로 맞선 역할을 할 수 있다. 일반적으로 자본주의는 단지 국가가 화폐와 시장을 억압하거나 거꾸로 화폐와 시장이 국가를 억압함으로써 항상 자신의 위기를 발전시킬 수밖에 없었다. 이들 간의 상호제약이 더이상 작용하지 않는 곳에서 이 문명의 야만적 핵심이 드러난다. 예를 들어 폴 포트 체제는 국가가 하나의 당기구 형태로 화폐와 시장에 반하여 절대적인 권력을 행사하면서 총체적 사회테러를 저질렀다. 반대로 화폐와 시장이 국가에 반하여 절대적인 권력을 행사할 경우에도 역시 마찬가지로 사회테러가 자행된다. 두 경우 모두 인간은 잠재적인 형태에서, 민주적인 자본주의가 정상적으로 작동되는 상태의 처지와 별반 다르지 않다. 인간은 단지 갑자기 자기에게 밀어닥친 불행의 단순한 객체, 단순한 소재일 뿐이다. 노동맑스주의뿐 아니라 국가맑스주의가 머물러 있는 관점, 그리고 폴 포트 체제에서 특별히 재앙적인 현상형태를 보여준 바로 그런 관점에서 '가치비판'을 '불가능한' 맑스 해석이라고 비난하는 것은 또다른 비극이다. 오늘날 세계적인 화폐-시장과 국가는 모두 지구 위에 살고 있는 (점차 증가하고 있는) 다수 개인들에 의해 밀려나고 있긴 하지만, 아직은 이들 개인조차 국가와 화폐-시장 등의 원칙들을 폐기하지는 못한 상태다. 사회적 관계가 성숙하기 위해서는 숨겨진 맑스가 자신의 비판적 분석에서 결론으로 발전시킨 것처럼, 비판적 원칙의 실천을 요구해야만 한다. 즉 더이상 화폐-시장과 국가의 상호적 역할이 아니라, 의식적 자기관리를 통해 이러한 비합리적 이중성을 극복하고, 시장과 국가를 넘어 모든 성원들이 참여함으로써 사회를 자주적으로 조직해야만 하는 것이다.

맑스는 낡은 부르주아적 주체를 폭파하는 것이 매우 어려울 뿐 아니라 전혀 상이하고 비동시적인 조건하에서 일어날 수밖에 없음을 인식했다. 자본주의는 다양한 형태로 발전했고 동시적으로 발전한 것이 아니기 때문에, 이런 불균형에서 자신의 한계와 만난다. 그리고 우리가 150년 만에 비로소 숨겨진 맑스의 문제설정에 구체적으로 도달한 오늘날에도, 이런 사회질서의 극복은 각기 서로 전혀 다른 조건하에서만 일어날 수 있다. 자본주의적 지구화를 통한 세계체제의 강요된 동시성은 하나의 부정의 대상이며, 또한 비동시성의 붕괴는 앞으로 전개될 사회적 지양운동과 포섭운동의 진정한 출발점을 형성한다.

그리하여 한편으로 전자공학이라는 최근의 자본주의적 생산력은 일반적인 포섭조건이 되었다. 그것은 알려진 맑스에 의해 고안된 '낮은 단계의 공산주의'라는 사회주의 개념인데, 여전히 개인적인 능력과 노동시간에 따라 계산되고 '계획'되어야 하는(맑스에 의해 의식적으로 부르주아 법적 형식성의 잔재로 규정되었다) 사회주의로, 그렇지만 결국 자본주의에 의해 추월되고 모순적인 것으로 끝나버렸다. 그런 점에서 사회적 수준의 과학 및 기술의 집적에 대응하여 각 개인이 사회적 재생산 가운데 담당하는 시간과 능률 부분의 역할은 더이상 존재하지 않게 되었다.

그러나 다른 한편으로 이런 능력의 진정한 포섭은 다양한 세계 지역에서 전혀 다른 조건하에서, 그리고 사회적인 연합을 통해서만 이루어질 수 있다. 맑스에 의해 원칙으로 규정된 포섭운동과 지양운동의 초국가적 보편성은 이런 출발 상태의 다양성을 포함한다. 그렇다면 맑스가 당시 러시아 농업공동체를 철저한 해방적 변혁의 출발점이 될 수 있다고—단지 지역적 고루함을 극복하고 근대적 생산력의 포섭과 연계하여 초국가적이고 산업적인 중심부를 포함하는 세계운동의 일부가 된다는 전제하에서—언급한 것은 21세기를 위해서도 의미 있는 맑스의 진술일 수 있다. 이제는 구 '공산주의' 농업조직사회의 잔재를 더는 발견할 수 없지만, 그 형태는 자본주의 세계체제의 붕괴과정을 통해 특정한 세계 지역에서 새로운 모습으로 형성될 수 있다. 맑스가 보편적인—또한 의식적으로 비국가적이고 (반국가적이면서) 동시에 전지구적으로 연계되고 소통되는—세계운동을 동시에 각기 다른 다양한 형태와 출발조건하에서도 이루어질 수 있는 것으로 이해했다는 사실은 숨겨진 맑스의 새로운 반자본주의적 논의에 있어서 중요한 의미를 가질 것이다.

맑스가 한번도 의심하지 않았던 결정적인 원칙이 있다. 즉 자본주의는 고립된 교조적 '실험'을 통해 극복될 수 없으며, 언젠가 단순히 합산하고 확대될 수도 있는 작은 규모의 사례를 통해서도 극복될 수 없다는 점이다. 그런 접근방식은 실제 자본주의 이전으로 후퇴하는 것이다. 왜냐하면 축소된 수준으로는 파괴되지 않는 사회적 규모의 역량 전체를 의식적이고 이성적으로 포섭하는 것이 핵심 과제이기 때문이다. 사회화 수준은 되돌릴 수 없으며 따라서 해방적인 '개인들의 연합'도 작은 규모라도 사회 '바깥에서'는 이루어질 수 없다. 또한 그런 의미에서 맑스는 정확하게 유토피아주의를 거부했다. 직접적으로 가능한 것은 상업적·국가적 목적에 봉사하지 않는 따라서 사회적 생산력의 포괄적 포섭과 혼동해서는 안 되는, 연대의 조직이나 공동체적 경영조직이다.

한편으로 자본주의가 지나치게 성숙했지만 다른 한편으로 세계운동은커녕 어떤 사회적 포섭운동도 보이지 않는 오늘날 같은 세계적 상황에서, 비판이론 자체에 대한 재정식화는 미래의 해방을 위한 전제조건이 될 것이다. 역사적으로 이미 죽은 알려진 맑스와 비로소 오늘날 생생하게 살아난 숨겨진 맑스를 서로 구분하는 것은, 자본주의를 극복하기 위한 목표설정과 원칙—노동맑스주의나 국가맑스주의 그리고 민족맑스주의의 개념들과는 더이상 아무런 관련이 없는—을 제시하는 데 매우 유익할 것이다. 비판이론의 정확성을 판단하는 척도는 그것이 시류에 편승하여 싸구려 계획안이나 처방전을 만드는 유행에 휩쓸리지 않고 이런 과제를 얼마나 충실하게 수행해나가느냐가 되어야 할 것이다.

미래의 식당에서 사용할 요리법은 없다

내적인 어려움이 외적인 제약보다 훨씬 더 커 보인다. '어디서'에 관해서는 거의 의심할 여지가 없지만, '어디로'에 관해서는 훨씬 더 큰 혼란이 야기되기 때문이다. (⋯) 그렇지만 우리가 세계를 독단적으로 예언하는 것이 아니라 구 세계에 대한 비판으로부터 비로소 새로운 것을 발견하려고 하는 것은 바로 다시 새로운 방향의 장점이 된다. 이제까지 철학자들은 모든 수수께끼의 해결책을 책상 위에서 마련했으며, 불쾌한 외부세계에 대해서는 어리둥절해할 뿐이었다. 그리고 절대적 과학이라는 호박이 넝쿨째 굴러떨어지기를 기다렸다. 철학은 환속했다. 철학적 의식 자체가 외부뿐 아니라 내부에서의 투쟁의 고통 속에서 침투된다는 사실에 대한 결정적인 증거가 철학이었다. (⋯)

우리는 세계에 대해 새로운 원리로써 교조적으로 맞서 싸우지 않는다. 여기가 진리이고, 여기에 무릎을 꿇는다! 우리는 세계의 원리로부터 새로운 원리를 발전시킨다. 우리는 이렇게 말하지 않는다. 즉 당신의 싸움을 그만두어라, 세계는 멍청한 증인이다. 우리는 당신에게 싸움의 진정한 구호를 외치려고 한다. 우리는 단지 왜 세계가 원래부터 싸우고 있는지를 세계에 보여줄 뿐이고, 의식이란 세계가 원하지 않더라도 포섭해야 할 사항이다.

의식의 개혁은 단지 우리가 세계를 의식 속에 내화하는 데 있으며, 스스로 꿈에서 깨어나는 데 있고, 자신의 고유한 행동을 스스로 **설명하는** 데 있다. (⋯)

우리의 구호는 또한 다음과 같아야 한다. 즉 의식의 개혁은 도그마를 통해서가 아니라 신비스럽고 자체로 불분명한 의식의 분석을 통해서 종교적이거나 정치적인 것으로 나타내야 한다. 그러면 세계를 구체적으로 갖기 위해서 세계는 단지 의식을 가져야 한다는 사태의 꿈을 오래전부터 세계가 이미 갖고 있었음을 보게 될 것이다. 또한 과거와 미래 사이의 커다란 사고의 횡단선이 문제가 아니라 오히려 과거 사고의 성취가 문제임을 보여줄 것이다. (『『독불연보』로부터의 편지』, 1844년)

빠리에서 발간되는 『실증주의 평론』(*Revue Positiviste*)은 한편으로는 내가 경제학을 형이상학적으로 다루고 있다고 비난하면서 또다른 한편으로는 ── 한번 들어보라! ── 내가 미래의 식당에서 사용할 요리법(…)을 제시하기보다는 현재의 상황을 단순히 비판적으로 해부하는 데 그치고 있다고 비난한다. (『자본』 제1권, 1873년 제2판 맺음말)

우리에게 공산주의는 창출해야 할 어떤 상태가 아니며, 또한 현실이 따라야 할 하나의 이상도 아니다. 우리는 오늘날의 상태를 지양하는 현실적인 운동을 공산주의라고 부른다. 이 운동의 조건들은 현존하는 조건들로부터 주어진다. (『독일 이데올로기』, 1846년)

소위 '공정한' 분배에 중점을 두는 것은 잘못이다

'공정한 분배'란 무엇인가?

부르주아는 오늘날의 분배가 '공정하다'고 주장하지 않는가? 그리고 사실상 그것이 오늘날의 생산방식의 기초 위에서는 유일하게 '공정한' 분배가 아닌가? 경제관계가 법개념에 의해 규제되는 것인가, 아니면 거꾸로 법관계가 경제관계로부터 생겨나는가? 또한 사회주의 분파들은 '공정한' 분배에 관해 서로 다른 표상을 갖고 있지 않은가? (…)

이제까지의 논의는 별도로 하더라도, 이른바 분배를 가지고 야단법석을 떨고 거기에 중점을 두는 것은 일반적으로 잘못된 것이다.

소비수단의 그때그때의 분배는 생산조건 자체의 분배의 귀결일 뿐이다. 하지만 생산조건의 분배는 생산방식 자체의 특성이다. (…) 속류 사회주의는 부르주아 경제학자를 본받아 (그리고 이를 다시 본받아 일부 민주주의자들은) 분배를 생산방식과는 독립된 것으로 간주하고 또 그렇게 다루며, 따라서 사회주의가 주로 분배를 중심문제로 삼은 듯 서술하고 있다. (**『고타강령 비판』**, 1875년)

노동계급은 임금제도와 연관된 노동자의 일반적 예속상태를 (완전히) 도외시하면서까지 일상적 투쟁의 제한된 성과를 과대평가해서도 안 된다. 일상적 투쟁에서 그들은 오직 결과에 반대하여 싸울 뿐이지 그 결과를 낳는 원인에 반대하여 싸우는 것이 아니며, 임금하락 운동을 억제할 뿐이지 이 운동의 방향을 바꾸는 것은 아니고, 미봉책적인 치료법을 쓸 뿐이지 병을 근본적으로 치료하는 것은 아니라는 점을 잊어서는 안 된다. 그러므로 노동자는 언제나 그칠 줄 모르는 자본의 공격이나 시장형편의 변화로 말미암아 부단히 발생하는 이 불가피한 유격전에 전적으로 매몰돼서는 안 된다. 노동자가 반드시 알아야 할 것은 현 체제는 그것이 온갖 궁핍을 수반하지만 그와 동시에 사회의 경제적 개조에 필요한 **물질적 조건**들과 사회적 형태들을 만들어내고 있다는 사실이다. 노동자들은 '**정당한 노동일에 대한 정당한 임금**'이라는 보수적 표어 대신에 '**임금제도의 철폐**'라는 혁명적 구호를 자기 기치에 써넣어야 한다. (**『임금,**

가격 및 이윤』, 1865년)

사회의 개별 조건은 물론 이제까지의 전체 활동에 대해서도 저항한다

(프롤레타리아) 가운데 일부는 교환은행과 노동자협동단체 같은 공론적인 실험에 몰두한다. 다시 말하면 구 세계 자체가 지닌 거대하고 조직화된 자원을 이용하여 구 세계를 변혁하는 작업을 포기하고, 대신 사회의 배후에서 개인적인 방법으로 그리고 제한된 생존조건 안에서 스스로의 구원을 성취하려는 운동에, 따라서 필연적으로 좌절을 겪을 수밖에 없는 운동에 몰두한다. (『루이 보나빠르뜨의 브뤼메르 18일』, 1869년)

모든 개인과 모든 세대를 주어진 그 무엇으로 파악하는 생산력, 자본, 사회적 교류형태의 총합은 철학자들이 '실체'나 '인간의 본질'이라고 생각하는 것, 그들이 신성시하고 공격하는 것의 실재적인 근거다. (…) 다양한 각 세대들 속에서 발견되는 이러한 생활조건들은 또한 역사에서 주기적으로 재현되는 혁명적 진동이 일체의 기존 질서의 토대를 전복할 정도로 강력할 것인지의 여부를 결정한다. 그리고 이러한 하나의 완전한 혁명의 물질적 요소가 존재하지 않는다면—곧 한편으로는 현존의 생산력, 다른 한편으로는 기존 사회의 개별 조건은 물론 기존의 '생활의 생산' 자체, 그것이 토대로 삼은 '전체 활동'에 대해서도 저항하는 혁명적 대중의 형성이 없다면—공산주의의 역사가 증명하듯이, 이러한 혁명의 이념이 수백번 표방된다 하더라도 실제로 혁명의 발전에

아무런 의미도 갖지 못한다. (『**독일 이데올로기**』, 1846년)

법률적 환상에 반하여: 소유와 모든 교환은 결합된 개인들의 수중에 실질적으로 포섭되어야 한다

법과 관련해서 우리는 무엇보다도 법에 대한 공산주의의 반대를 정치적이거나 사적인 것뿐 아니라 법의 일반적 형태 안에서 인권으로서도 타당하게 만들었다. (⋯) 그리고 공산주의가 도입해야 할 법적 공준은 사적 소유의 법률이 거창하게 전제하는 공동소유권과 같이 사적 소유의 공준으로서 분명하게 파악된다. (⋯)

사법에서 현존하는 소유관계는 일반의지의 결과로 표현된다. 사용과 처분의 권리 자체는, 한편으로는 사적 소유가 공동체에서 완전히 독립했다는 사실을, 다른 한편으로는 사적 소유 자체가 오직 사적 의지, 곧 물건의 자의적 처분에 기초하고 있다는 환상을 보여준다. 실제로 처분권이란, 사적 소유자가 자신의 소유권과 함께 자기가 처분할 권리를 타인의 손에 넘기는 것을 원치 않는다면, 사적 소유자에게 경제적 한계성을 부여하게 된다. 왜냐하면 일반적으로 물건이란 단지 사적 소유자의 의지에만 관련시켜 고찰할 경우 아무런 물건도 되지 못하고, 오직 교류 속에서만 그리고 법률로부터 독립해야만 하나의 물건, 곧 현실적 소유가 되기 때문이다(철학자들이 하나의 이념이라고 부르는 관계).

법을 단순한 의지로 환원하는 이러한 법률적 환상은 소유관계의 발전에 따라 필연적으로, 인간은 현실적으로 어떤 물건을 갖지 않고서도 그 물건에 대한 법률적 명의를 가질 수 있다는 결론으로 귀착한다. (⋯)

대공업 및 경쟁 내에서 개인들이 처한 일체의 생존조건, 피제약성, 일면성은 가장 단순한 두가지 형태에, 즉 사적 소유와 노동에 융합되어간다. 화폐의 출현과 더불어 각각의 교류형태, 그리고 교류 자체가 개인들에게 우연적인 것으로 부각된다. 따라서 이미 화폐에는, 지금까지의 모든 교류가 오직 규정된 조건들 아래 있는 개인들의 교류일 뿐, 개인과 개인으로서의 교류는 아니라는 사실이 함축되어 있다. 이 조건들은 두 가지로, 다시 말해서 축적된 노동 또는 사적 소유와 현실적 노동으로 환원된다. 만일 양자가 혹은 둘 중 하나가 없어지면 교류는 끝난다. 근대 경제학자, 예를 들어 씨스몽디(Jean Charles Léonard de Sismondi)나 셰르빌리에(Antoine-Elisée Cherbuliez) 같은 사람은 개인들의 결합에 대립시키고 있다. 다른 한편 개인들은 완전히 분업에 포섭되어 있고, 그럼으로써 완전히 상호의존관계에 놓여 있다. 사적 소유는 그것이 노동 안에서 노동과 대립하는 경우에 축적의 필연성으로부터 발전하고, 또한 처음에는 주로 공동의 형태를 취하지만, 더욱 발전하면서 점점 더 근대적인 사적 소유형태에 접근하게 된다. 분업에 의해서 이미 처음부터 노동조건의 분리, 즉 작업도구와 재료의 분리, 따라서 축적된 자본의 각 소유자로의 분산, 자본과 노동의 분열 그리고 다양한 소유형태 자체가 주어진다. 분업이 발전하고 축적이 증대될수록, 이러한 분열은 점점 더 첨예해진다. 노동 자체는 오직 이러한 분열을 전제할 때에만 존립할 수 있다.

이렇게 해서 여기서는 두가지 사실이 나타난다. 첫째, 생산력은 개인들로부터 완전히 독립된 것, 그들로부터 분리된 것으로 개인들과 병존하는 하나의 독자적 세계로서 나타난다. 그 이유는 생산력을 이루는 각 개인들과 그 개인들의 힘이 서로 분열하여 대립 속에서 적대적으로 실존하는 반면, 다른 한편 이 힘들은 이 개인들이 교류와 연계를 이룰 때만 현실적인 힘이 되기 때문이다. 따라서 생산력의 총체가 존재하는데, 말하자면 이것은 물질적인 형태를 취하고, 개인 자체에 대해서는 더이상 개인의 힘이 아니라 사적 소유의 힘으로, 곧 그가 사적 소유자인 한에서 개인의 힘으로 나타나게 된다. 이전의 어떤 시대에도 생산력이 개인으로서의 개인의 교류에 대해 이러한 무관계한 형태를 취한 적은 없었다. 그들의 교류 자체는 극히 제한적이었기 때문이다. 다른 한편 이러한 생산력은 다수의 개인과 대립하는데, 이 생산력은 그들로부터 분리되어 있고, 그래서 그들은 모든 현실적인 생활 내용으로부터 박탈당하여 추상적인 개인이 되었지만, 그러나 바로 이러한 사실 때문에 그들은 개인으로서 서로 결속할 수 있는 위치에 놓이게 된다.

여전히 그들을 생산력과 그들 존재에 연결시켜주는 유일한 연결고리인 노동은 자율적 활동이라는 모든 가상을 떨쳐버리고 오직 그 개인들이 자신의 실존을 위축시킬 경우에만 그 생명을 유지할 수 있다. 이전 시대에는 자기실현과 물질적 생활의 생산이 각기 다른 사람에게 분리되어 있었고, 개인들 자신의 우매함으로 인해 물질적 생활의 생산이 자기실현에 종속된 것처럼 여겨졌다. 그러나 이제는 양자가 완전히 별개의 것으로 분화된 나머지, 물질적인 생활이 목적으로 나타나고, 이 물질적 생활의 생산, 곧 노동(현재 유일하게 가능한, 그렇지만 우리가 보는 것처럼 자기활동의 부정적 형식)은 수단으로서 나타난다.

따라서 이제 개인은 단지 자기실현에 도달하기 위해서가 아니라 일반적으로 자기의 생존을 확보하기 위해서라도 현존하는 생산력의 총체성을 포섭해야 한다. 포섭은 먼저 포섭할 대상——하나의 총체로까지 발전하고 오직 보편적인 교류 속에서만 존재하는 생산력——에 의해 조건 지어져 있다. 따라서 이런 측면에서 보더라도 이 포섭은 생산력과 교류에 상응하는 보편성을 갖고 있어야 한다. 이 힘의 포섭은 그 자체로 생산의 물질적 도구들에 상응하는 개인들 능력의 발전일 뿐이다. 바로 이러한 이유로 생산도구의 총체에 대한 포섭은 곧 개인들 자신의 총체적 능력으로 발전한다. 또한 이러한 포섭은 인간에 의해 조건 지어진다. 자기의 모든 활동으로부터 배제된 현대의 프롤레타리아만이 완전하고 더 이상 제한적이지 않은 자기활동을 수행할 수 있는데, 그 활동은 생산력 총체의 포섭과 이것에 수반된 능력의 총체적 발전 속에서 성립한다. 이전의 모든 혁명적 포섭은 제한적이었다. 다시 말해 제한된 생산도구와 제한된 교류에 의해서 자기활동이 제한되었던 개인들은 이러한 제한된 생산도구를 포섭하고, 그에 따라서 단지 또 하나의 새로운 제한성만을 획득했을 뿐이었다. 그들의 생산도구는 그들의 소유가 되었지만, 그들 자신은 분업과 자신의 생산도구에 종속된 채로 머물러 있었다. 지금까지의 모든 포섭의 경우에 일군의 개인들은 단일한 생산도구에 포섭되어 있었다. 프롤레타리아의 포섭에서는 일군의 생산도구가 각 개인에게, 소유가 만인에게 포섭되어야 한다. 근대의 세계적 교류는 그것이 만인에게 포섭되지 않는 한, 결코 개인들에게 포섭되지 않는다.

포섭은 또한 그것이 완성되어야 할 양태와 방식에 의해 조건 지어져 있다. 그것은 오직 단결과 혁명에 의해서만 수행될 수 있다. 그리고 이 단결은 프롤레타리아 자신의 성격에 의해 유일하게 보편적이 될 수 있는 단결이다. 또 이 혁명을 통해서 한편으로는 기존의 생산 및 교류양식의 힘과 사회구조가 타도되고, 다른 한편으로는 프롤레타리아의 보편성과 그 포섭에 필요한 에너지가 발전하며, 나아가 프롤레타리아는 그이전의 사회적 지위로 인해 자신에게 남아 있던 모든 것을 벗어던지게된다.

이 단계에서 비로소 자기실현은 물질적 생활과 합치되는데, 이것은다시 말해 개인이 총체적인 개인으로 발전하는 것이고, 모든 자연발생적인 것으로부터 탈피하는 것이다. 그리고 그때 비로소 노동이 자기실현으로 전환되고, 이제까지 제한되었던 교류는 개인들 사이의 교류로전환된다. 단결한 개인들에 의한 총체적 생산력의 포섭과 함께 사적 소유는 종말을 고한다. 이전의 역사에서는 어떤 특수한 조건이 우연적인것으로 나타났지만, 이제는 개인들의 고립 자체가, 또한 각 개인의 특수한 사적 생업 자체가 우연적인 것으로 된다. (**『독일 이데올로기』, 1846년**)

아침에는 사냥을, 오후에는 낚시를, 식사 후에는 비평을: 활동을 가로막는 장애는 더이상 없다

그리고 마지막으로 분업은 우리에게 다음과 같은 사실, 즉 인간이 자연발생적 사회에 머무르는 한, 다시 말해 특수이익과 공동이익 사이에균열이 존재함으로써 활동이 자유의지에 의해서 분배되지 않고 자연발생적으로 분배되는 한, 인간 자신의 행동은 그에 대립하는 낯선 힘으로서, 인간에 의해 지배되는 것이 아니라 오히려 인간을 구속한다는 사실의 최초 실례를 우리에게 보여준다. 노동이 분화되자 각 개인은 하나의일정한 배타적 영역을 갖게 되었고, 이 영역이 그를 강요하기 때문에 그는 이것을 벗어나지 못한다. 그는 한 사람의 사냥꾼, 한 사람의 양치기,

한 사람의 어부 혹은 한 사람의 비평가이며, 자신의 생계수단을 잃지 않으려고 하는 한 계속 그렇게 살아야 한다. 이에 반해 아무도 배타적인 영역을 갖지 않고 각자가 원하는 어떤 분야에서나 스스로를 도야시킬 수 있는 공산주의사회에서는 사회가 전반적인 생산을 조절하기 때문에 사냥꾼, 어부, 양치기 혹은 비평가가 되지 않고서도 자신이 마음먹은 대로 오늘은 이것을, 내일은 저것을, 즉 아침에는 사냥을, 오후에는 낚시를, 저녁에는 목축을, 식사 후에는 비평을 할 수 있게 된다. (…)

어쨌든 사회를 공산주의적으로 조직하면서 분업에서 순수하게 유래된 지역적·민족적 편협함 아래 예술가들을 포섭하는 일은 없어진다. 그리고 개인들을 특정한 예술 분야 아래로 포섭하여 배타적으로 미술가나 건축가 등이 되게 하고, 따라서 이미 그의 직업적 발전의 편협함과 분업에의 의존성을 충분히 나타내는 일도 없어진다. 공산주의사회에서는 미술가도 없고, 기껏해야 많은 사람 중에서 그림을 그리는 사람이 있을 뿐이다. (…)

공산주의는 종래의 모든 생산관계와 교류관계의 기초를 변혁하고, 처음으로 의식에 의거해서 모든 자연발생적 전제를 지금까지 존재했던 인간의 창조물로 취급하며, 그것들의 자연발생적 성질을 박탈해 단결한 개인들의 힘에 복속시킨다는 점에서 지금까지의 모든 운동과 구별된다. (…) 공산주의가 창출하여 지속적으로 존속시키려는 것은 결코 개인들이 지금까지 영위해온 교류의 산물이 아니다. 또 그런 한에서만 모든 것들이 개인들로부터 독립하여 존립하는 그 어떤 것도 불가능하게 하는 현실적인 기초가 된다. (…)

500

분업을 통해 인간적 힘(관계)을 물질적 힘(관계)으로 전환하는 것은 그것에 대한 관념을 머릿속에서 몰아냄으로써가 아니라, 오직 개인들이 이 물질적 힘을 다시 자기 안에 포섭해 분업을 지양할 때에나 비로소 가능하다. 공동체가 없으면 이것은 불가능하다. 개인은 타인과의 공동체적 관계에서 비로소 그의 자질을 다방면으로 발전시킬 수 있는 수단을 갖게 된다. 그리고 공동체적 관계 속에서 비로소 인격적 자유가 가능해진다. (**『독일 이데올로기』, 1846년**)

자신의 개성을 성취하기 위해서는 노동을 지양하고 국가를 전복해야 한다

마침내 우리는 이제 이상과 같이 전개된 역사관에서 다음과 같은 결론을 얻는다. (…) 생산력의 발전과정상 현존하는 관계하에서는 오직 재앙만을 낳을 뿐이고, 더이상 생산력이 아니라 파괴력(기계와 화폐)에 지나지 않는 생산력과 교통수단이 출현하는 단계가 등장한다. 그리고 이와 관련하여 사회에서 아무런 이익도 향유하지 못한 채 사회의 모든 짐을 떠맡아야 하고, 사회에서 밀려나 모든 계급과 첨예하게 대립할 수밖에 없는 계급이 출현한다. (…) 지금까지의 모든 혁명에서 언제나 활동양식은 건드리지 않은 채 방치되고, 단지 이 활동의 또다른 분배만을, 곧 노동을 다른 사람에게 새로이 전가시키는 것만을 문제로 삼았다. 이에 반해 공산주의혁명은 지금까지의 **활동양식**에 맞서 **노동**을 제거하고 계급 자체와 함께 모든 계급지배를 폐지한다. (…) 이러한 공산주의 의식을 대량으로 만들어내고 그러한 목적 자체를 관철하기 위해서도 인간에 대한 대폭적인 개조가 필요하며, 이것은 오직 실천적 운동 속에서만, 즉 하나의 혁명 속에서만 수행될 수 있다. (…)

개인은 언제나 자기로부터 출발했다. 그러나 그것은 당연히 그 자신 속에 주어진 역사적 조건과 관계에 의한 것이지, 이데올로그들이 말하는 순수한 개인에서 비롯된 것은 아니었다. 그러나 역사가 진행되면서 그리고 분업 안에서 불가피하게 나타나는 사회관계의 독립화에 의해, 각 개인이 얼마간 인격을 갖고 노동의 어떤 부문에 그리고 거기에 속하는 조건들에 포섭되면서, 각 개인들의 삶에 구별이 나타났다. (…) 신분제에서는 아직 (부족제에서는 더욱더) 구별이 은폐되어 있다. 예를 들어, 귀족은 항상 귀족에 머물고 평민은 언제나 평민에 머물기 때문에 그 성질은 다른 관계와 상관없이 그의 개별성으로부터 분리될 수 없다. 계급적 개인에 대한 인격적 개인의 구별, 개인에 대한 생활조건의 우연성은 부르주아의 산물 가운데 하나인 이 계급의 출현과 함께 나타난다. 개인들 상호 간 경쟁과 투쟁이 비로소 이 우연성을 우연성으로 산출하고 발전시키는 것이다. 그러므로 관념 속에서는 부르주아 지배하의 개인이 전보다 자유로워 보이는데, 그에게는 그의 생활조건이 우연적인 것이기 때문이다. 그러나 현실에서 그는 더욱 커다란 물질적 강제력 아래 포섭되어 있기 때문에 당연히 자유롭지 못하다. (…) 물론 도망 농노들은 지금까지 가졌던 농노 신분이 자신들의 인격에 더해진 우연적인 것이라고 생각했다. 이렇게 생각했기 때문에 그들은 자신을 질곡으로부터 해방시키려는 모든 계급이 했던 것과 마찬가지의 행동을 했을 뿐이었다. 자신을 하나의 계급으로서 해방시킨 것이 아니라 개인적으로 해방시킨 것이다. 또한 그들은 신분제도를 벗어난 것이 아니라 단지 하나

502

의 새로운 신분을 형성했을 뿐이며, 그 새로운 지위에 있으면서도 기존의 노동양식을 그대로 가지고, 더욱이 그 노동양식을 이미 도달한 발전에 더이상 상응하지 않는 과거의 질곡으로부터 해방시킴으로써 그것을 한층 더 발전시켰던 것이다.

그에 반해 프롤레타리아의 경우에는 그의 고유한 생활조건, 노동과 더불어 오늘날 사회의 모든 존재조건 등이 그에게 우연적인 것이 되었고, 이에 대해 개별 프롤레타리아는 아무런 통제력도 갖고 있지 않았으며, 어떤 **사회적인** 조직도 그에게 그러한 통제력을 가져다주지 않았다. 프롤레타리아의 개별성과 그에게 강요된 생활조건인 노동 사이의 모순은 그 자신에게서 명백해진다. 그것은 그가 유아기 때부터 줄곧 희생을 당해왔고, 또 자신의 계급 내에서는 다른 계급으로 옮겨갈 수 있는 기회의 조건이 주어지지 않았기 때문이다.

이렇듯이 도망 농노는 단지 기존 생존조건을 발전시키고 이것을 주장하려고 했을 뿐이며, 따라서 결국 자유노동에 도달하는 데 그치고 말았다. 이에 반해 프롤레타리아가 자신을 인격체로서 주장하기 위해서는 자신의 기존 생존조건임과 동시에 지금까지의 모든 사회의 생존조건이기도 한 노동양식을 지양해야만 한다. 그러므로 또한 프롤레타리아는 이제까지 사회를 이루어온 개인들이 그 안에서 자신에게 하나의 공적 표현을 부여해주었던 형태, 즉 국가에 대해 직접 대립하고 있음을 발견하는데, 자신의 인격을 관철하기 위해서는 이 국가를 타도해야만 한다.

부르주아가 지배하는 **근대국가**는 **노동의 자유**에 기초한다. (…) 노동의 자유는 노동자들의 자유로운 경쟁이다. (…) 노동은 모든 문명국가에서 자유롭다. 여기서 중요한 것은 노동을 해방하는 것이 아니라 지양

하는 것이다. (『독일 이데올로기』, 1846년)

향락의 억제가 아니라 여가시간과 향락기회의 확대: 자유의 나라와 필연의 나라

실질적인 경제—절약—는 노동시간의 전략이다. (최소한으로의 생산비 감축) 그러나 이 전략은 생산력의 발전과 동일하다. 요컨대 결코 향유의 억제가 아니라 힘, 생산능력의 발전, 따라서 향유능력뿐 아니라 향유수단의 발전, 향유능력은 향유를 위한 조건, 즉 향유의 첫번째 수단이다. 그리고 이 능력은 개인적 소질, 생산력의 발전이다. 노동시간의 전략은 자유시간의 증대, 즉 개인의 완전한 발전을 위한 시간의 증대와 같은데, 이 발전은 그 자체가 다시 가장 큰 생산력으로서 노동의 생산력에 반작용한다. (…) 덧붙여 말하면 직접적인 노동시간 자체가—부르주아 경제학의 관점에서 나타나는 바와 같이—자유시간과 추상적인 대립 속에 머무를 수 있다는 것은 자명하다. (…) 여가시간이자 보다 고차원의 활동을 위한 시간인 자유시간은 그 보유자를 당연히 다른 주체로 전환시키고, 그러면 그는 이러한 다른 주체로서 직접적인 생산과정에도 들어간다. (『경제학 비판 요강』 초고, 1857~58년)

사회의 현실적 부나 사회의 재생산과정의 부단한 확장 가능성은 잉여노동의 길이에 달린 것이 아니라 그것의 생산성에 달려 있고, 그것이 수행되는 생산조건이 어느정도 풍부한지에 달려 있다. 사실 자유의 나라(Reich der Freiheit)는 궁핍과 외적인 합목적성 때문에 강제로 수행

504

되는 노동이 멈출 때 비로소 시작된다. 즉 그것은 사태의 본질상 본래적인 물적 생산영역의 너머〔즉 피안彼岸〕에 존재한다. 미개인이 자신의 욕망을 충족하기 위해서, 즉 생활을 유지하고 재생산하기 위해서 자연과 격투를 벌이지 않으면 안 되는 것과 마찬가지로, 문명인도 그렇게 해야만 하고, 더구나 어떠한 사회형태 속에서도, 즉 모든 가능한 생산양식 아래서도 그렇게 해야만 한다. 그 미개인이 점차 발전해감에 따라 그의 자연적 필연성의 나라(Reich der Naturnotwendigkeit)는 욕망의 확대 때문에 함께 확대된다. 그러나 그와 함께 이 욕망을 충족시키는 생산력도 확대된다. 이 영역에서의 자유는 오직 다음과 같은 것에서만 있을 수 있다. 즉 사회화된 인간, 결합된 생산자들이 마치 어떤 맹목적인 힘에 의해 지배당하는 것처럼 자신과 자연 간의 물질대사에 의해 지배당하는 대신에, 이 물질대사를 합리적으로 규제하고 공동의 통제하에 두는 것, 요컨대 최소한의 힘만 소비하여 인간적 본성에 가장 가치 있고 가장 적합한 조건에서 이 물질대사를 수행하는 것이다. 그러나 이것은 여전히 필연성의 나라에 머무르는 것일 뿐이다. 이 나라의 저편에서 비로소 자기목적으로 간주되는 인간의 힘의 발전, 즉 참된 자유의 나라가 시작되는데, 그러나 그것은 오직 저 필연성의 나라를 기초로 하여 그 위에서만 꽃을 피울 수 있다. 노동일의 단축이야말로 바로 그것을 위한 근본조건이다. (『**자본**』 제3권, 1894년판)

세계시민의 행동을 일시에 그리고 동시에: 전면적 예속상 태를 의식적이고 세계사적인 협동작업으로 전환

(…) 다른 한편으로 이러한 고도의 생산력 발전(이것은 동시에 지역적 현존재로서의 인간 대신에, 세계사 속에서 주어진 경험적 존재로서의 인간을 내포한다) 없이는 **결핍**이 일반화될 뿐이고, 그럼으로써 **궁핍**과 함께 필수품을 둘러싼 투쟁도 다시 시작될 수밖에 없고, 일체의 해묵은 오물이 다시 필연적으로 발생하기 때문에, 생산력의 발전은 절대적으로 필요한 전제다. 그뿐만 아니라 이러한 보편적 생산력의 발전과 더불어 사람들 사이의 **보편적** 교류가 확립되는데, 따라서 한편으로는 모든 국가에서 동시적으로 '무산'대중이라는 현상(일반적 경쟁)을 만들어 각 국가들을 타국의 변혁에 종속시키며, 마침내 지역적으로 국한된 개인들을 세계사적 보편경험을 가진 개인들로 바꾸어놓는다. 이것 없이는 ①공산주의는 단지 하나의 지역적 모습으로 존재할 뿐이다. ②교류의 위력 자체도 **보편적**인 것으로, 즉 견딜 수 없는 힘으로 발전할 수 없을 것이며, 향토적이고 미신적인 '상황'에 그칠 것이다. ③교류의 확장은 각각 지역적인 공산주의를 폐지할 것이다. 경험적으로 공산주의는 오직 '한번에' 그리고 동시에 이루어지는 지배 민족의 행위로서만 가능하며, 이것은 생산력과 그와 연계된 세계적 교류의 보편적 발전을 전제로 삼는다. 만일 그렇지 않다면, 예를 들어 소유가 어떻게 해서 일반적으로 하나의 역사를 가질 수 있었으며, 여러 형태를 취할 수 있었단 말인가? 그리고 어떻게 해서 토지소유는 오늘날 제각기 현존하는 상이한 전제들에 따라, 예컨대 프랑스에서는 분할지 토지소유제에서 소수의 손으로 집중되고, 영국에서는 소수의 손에 집중되어 있다가 분할소유로 진

506

행될 수 있었단 말인가? 결국 다양한 개인들과 국가들 사이의 생산물의 교환일 뿐인 상업이 어떻게 수요와 공급관계—영국의 한 경제학자의 말을 빌리자면, 고대세계의 운명과도 같이 지상을 떠돌면서 보이지 않는 손으로 인간에게 화와 복을 나눠주고 제국을 흥망시키며 민족을 생멸시키는 관계—를 통해 전세계를 지배하는 일이 일어날 수 있을까? 또 그 반대로 토대인 사유재산의 폐지와 함께, 다시 말해 생산의 공산주의적 조절(그리고 이에 내포된 것으로서, 자신의 생산물에 대한 인간의 낯선 태도의 지향)과 함께, 수요와 공급의 관계가 가졌던 위력이 무(無)로 해체되어 교환과 생산 그리고 인간들 상호간에 이루어지는 행위방식에 대한 통제를 다시 한번 획득하는 일이 어떻게 일어난단 말인가? (…)

단순히 노동자에 **불과한 대중**—자본 혹은 어떤 제한된 욕구 충족과는 먼 대규모의 노동력—이라 할지라도 세계시장을 전제로 하며, 또한 바로 그 때문에 경쟁으로 인해 일종의 보장된 생활의 원천이라 할 수 있는 노동 자체를 더이상 일시적이라고는 할 수 없을 만큼 상실해버리는 것도 세계시장을 전제로 한다. 그러므로 공산주의와 마찬가지로 프롤레타리아는 오직 세계사적으로만 존재할 뿐이며, 그들의 활동은 오직 '세계사적' 존재로서만 나타날 수 있다. 즉 그것은 개인의 세계사적 존재, 다시 말해 세계사와 직접 연결된 개인적 존재인 것이다. (…)

지금까지의 역사에서 각 개인들은 그들의 활동이 세계사적 활동으로 확대됨에 따라 점점 더 그들에게 낯선 힘(그들이 이른바 세계정신 따위의 술책 정도로 생각해왔던 압력) 아래에 굴복하게 된다는 것, 이 것은 확실히 하나의 경험적 사실이나 마찬가지다. 그리고 그 힘은 점점 커져서 결국에는 세계시장으로서 자신을 드러낸다. 그러나 공산주의혁명, 그리고 같은 의미에서의 사유재산의 폐지를 통해 독일의 이론가들에게 그토록 신비스럽던 이 힘이 해체되고, 따라서 역사가 완전히 세계사로 전환하는 것과 마찬가지로, 각 개인의 해방이 이루어진다는 것 역시 경험적 근거를 가진다. 위의 사실로부터 명확해지는 것은 개인의 현실적인 정신적 부(富)야말로 전적으로 그의 현실적 관계들의 부에 달려 있다는 점이다. 오직 이것만이 각 개인을 각종 국민적·지역적 한계들로부터 해방시켜, 그들로 하여금 전세계의 생산(인간의 창조물)을 향유할 수 있는 능력을 획득하게 만든다. 개인들의 **전면적인 예속**, 즉 개인들의 **세계사적** 협동의 이 자연발생적 형태는 공산주의혁명에 의해, 인간 상호 간의 작용에서 생겨나 지금까지는 그들에게 완전히 낯선 힘으로서 그들을 억압하고 지배해왔던 힘에 대한 통제와 의식적 지배로 전환될 것이다. (『**독일 이데올로기**』, 1846년)

미래에 위대한 사회혁명이 일어나 이 부르주아시대의 성과인 세계시장과 현대적 생산력을 장악하고 그것을 가장 선진적인 각국 인민의 공동 관리하에 두게 될 때, 그때 비로소 인류의 진보는 맛 좋은 술이라도 피살자의 두개골로 만든 것이 아니면 마시려 하지 않는 저 소름끼치는 이교도의 우상을 더이상 닮지 않을 것이다. (「**영국의 인도 지배의 장래 결과**」, 1853년)

무엇보다 농촌마을 공동체는 근대적 생산력을 포섭하고 지역적 고립을 극복한다면 자본주의적 멍에 없이도 발전할 수 있다

자본주의적 생산의 기원을 다루면서 나는 이미 말했다. '생산수단으로부터 생산자의 급진적인 분리가 그것의 기초를 이룬다.' (…) 그리고 '이러한 전체 발전의 토대는 농민에 대한 착취다. 이것은 급진적인 방식으로 영국에서 비로소 완성되었다. (…) 그러나 서유럽의 다른 모든 나라도 동일한 운동을 거친다.'

나는 또한 이것의 '역사적 불가피성'을 '서유럽 나라들'에만 명백히 한정했다. (…) 이러한 한정의 근거는 다음에 주어진다. (…) '많은 사람들의 아주 작은 부가 소수의 거대한 부로 만들어지는 폐기과정, 이것이 자본의 기원이다.'

서구의 이러한 운동에서 중요한 것은 사적 소유의 한 형태에서 사적 소유의 다른 형태로의 전환이다. 러시아 농민에게는 반대로 공동소유가 사적 소유로 전환될 수밖에 없었다. 이러한 전환의 불가피성을 긍정하든 부정하든 찬성과 반대의 근거는 자본주의적 질서에 대한 나의 분석과 아무런 상관이 없다. (…)

역사적 입장에서 보았을 때 러시아 농민의 마을공동체의 불가피한 해체와 관련하여 인용할 수 있는 유일하고 성실한 논의는 다음이다. 우리가 아주 먼 과거를 되돌아보면 서유럽 도처에서도 다소간 고대적 유형의 공동소유를 찾아볼 수 있지만 이것은 사회적 진보와 함께 도처에서 사라져버렸다. 왜 동일한 운명이 러시아에서만 일어나지 않았는가?(…)

나는 이 논의를 유럽의 경험을 뒷받침하는 한에서 참고할 것이다. 예

를 들어 동인도에 관해서는 마인(Henry Maine) 경과 또다른 동일한 부류의 사람들을 제외한다면, 다음의 사실은 전세계에 널리 알려져 있다. 즉 동인도에서는 땅에 대한 공동소유의 급격한 지양이 원주민들을 앞이 아니라 뒤를 향해서 밀쳐내는, 단지 영국의 파괴욕에서 비롯된 행위였다는 점이다. (…) 우리는 부르주아가 서술한 원시공동체의 역사를 읽어본 독자에 대해 경계해야 한다. 그는 오류 앞에서도 결코 놀라 자빠지지 않는다. 예를 들어, 인도의 마을공동체를 폭력적으로 파괴하는 작업을 했던 영국 정부의 열렬한 조력자였던 마인 경은 이들 마을공동체를 접수하기 위한 정부의 고결한 노력이 경제법칙의 자발적인 폭력 때문에 난파하게 되었다고, 우리에게 위선적으로 확증하고 있다!(…)

원시공동체 몰락의 역사는 (우리가 이것을 하나로 똑같이 취급하면 잘못하는 것이다. 지리적 구성과 마찬가지로 역사적 구성에서도 일련의 기본적·이차적·삼차적 등의 유형이 있을 것이다) 여전히 기술될 필요가 있다. 이제까지 우리는 그것에 대해 단지 엉성한 스케치만을 제시했다. 그러나 어쨌든 증명에 필요한 연구는 충분히 진척되었다. 즉 ①원시공동체의 생존능력은 쎔족이나 그리스, 로마 등의 사회보다 그리고 더욱이 근대자본주의적 사회보다 더 높았다. ②원시공동체 몰락의 원인은 경제적 상황에서 유래했다. 이 경제적 상황은 오늘날 러시아 마을공동체의 역사적 환경과 전혀 일치하지 않는 역사적 환경을 초래한 일정한 발전 단계를 넘는 데 방해가 됐다. (…)

원시공동체를 획일적인 형태로 재단해서는 안 된다. 이들의 공통점은 반대로, 유형에서나 연수(年數)에서 서로 구별되고 또 연속되는 발전 국면들을 보여주는 일련의 사회적 범주를 형성한다. 이러한 유형 중 하나가 바로 러시아공동체인데 우리는 이를 '농민공동체'로 부르는 데 합

510

의했다. (…)

이제 고대적 마을공동체 중 '농민공동체'를 구별짓는 특징을 관찰해보자.

①모든 다른 공동체는 구성원들 사이의 혈연관계에 기초한다. 혈연관계이거나 혹은 입양되었다면 그 공동체에 속하게 되는 것이다. 공동체의 구조는 하나의 족보다. '농민공동체'는 혈연관계를 통해 하나가 되지 않은 최초의 자유로운 인간들의 사회적 집단이다.

②농민공동체에서 집과 거기에 딸린 마당은 농민에게 개인적으로 속한다. **공동의 집과 집단적 거주**는 그에 비해 원시적 공동체의 경제적 토대였다. 그리고 이것은 목축과 농경의 등장 훨씬 이전부터 존재했다. (…)

농민공동체에 내재한 **이중성**이 농민공동체를 커다란 생존력으로 채울 수 있음을 이해할 것이다. 혈연관계의 강력한 그러나 긴밀한 연대로부터 해방된 농민공동체는 땅에 대한 공동소유와 그로부터 주어진 사회적 관계를 통해 확고한 토대를 보장해준 반면, 동시에 집과 거기에 딸린 마당, 개별 가족의 배타적 영역, 분할지 경영과 그 수확물에 대한 사적인 취득은 원시적 공동체의 유기적인 구조와 모순되는 인격의 발전에 자극을 주었다.

그러나 동일한 이중성이 시간과 함께 해체의 맹아로 발전될 수 있다는 사실도 명백하다. 외부에서 오는 모든 유해한 영향에서 보면 공동체는 그 자신의 내부에 해체되는 요소를 가지고 있다. 땅에 대한 사적 소유는 이미 거기에, 공동토지에 대한 공격을 막기 위해 준비된 강력한 요새로 전환될 수 있는 집과 마당의 형태로 포함되어 있다. (…) 이것은 원래의 경제적·사회적 평등의 해체적 요소다. 공동체의 태내에 이해갈등과 욕심을 불러오는 이질적인 요소들이 도입되는데, 그리하여 처음에는 농지에 대한 공동소유가 그다음에는 숲이나 목초지, 휴경지 등이 침해되고, 일단 사적 소유의 **공동체 부속물**로 전화되었다가 결국 사적 소유로 떨어지게 된다. (…)

그러나 다시 말해 모든 상황에서 '농민공동체'의 발전은 이러한 길을 받아들여야 하는가? 결코 아니다. 그것의 기본 형태는 다음의 선택을 가능하게 한다. 즉 그것이 포함하는 사적 소유의 요소 안에서 집단적 요소로 이행하든가, 아니면 집단적 요소를 완전히 없애버리든가 하는 것이다. 모든 것은 주어진 역사적 환경에 달려 있다. (…) 이러한 두가지 해결책 모두 선험적으로는 가능하지만, 각각에게는 완전히 서로 다른 역사적 환경이 전제된다. (…)

발전하기 위해서 우리는 무엇보다도 생존해야 한다. 그리고 현재 '마을공동체'의 생존이 위협받고 있음은 명백한 사실이다. (…)

이른바 농민해방 이후 러시아공동체는 국가를 통해 비정상적인 경제 조건 속에 처해졌고, 이 시대 이래 국가는 자신의 수중에 집중된 사회적 권력을 바탕으로 억압을 멈추지 않았다. 국가적 수탈로 무기력해진 농민공동체는 상업과 지대, 고리대금 때문에 저항할 수 없는 착취의 대상이 되었다. 이렇게 외부에서 유래한 억압은 공동체 자체 내에 이미 존재하던 이해갈등을 폭발시켰고, 해체의 맹아를 급속히 발전시켰다. 그러나 이것이 전부는 아니다. 농민의 희생과 부담 위에서 국가는 농업생산력을 어떻게든 발전시키지 않은 채 중간층을 통해 농민의 수확물을 훔치는 데 가장 쉽고 빠른 방식인, 서구 자본주의적 체제의 각종 제도를 마치 온실 속에서처럼 육성했다. 국가는 이런 방식으로, 이미 허약해진 '마을공동체'로부터 마지막 피 한 방울까지도 뽑아내는, 새로운 자본주의적 해충들을 증식시켰다. (…)

512

이러한 파괴적인 영향의 결과는 비록 강력한 저항운동을 통해서도 저지될 수는 없겠지만 당연히 마을공동체의 붕괴로 이어졌다. (…)

러시아공동체의 발전 가능성을 관찰하기 위해 공동체에 지워진 불행에 관해 일별해보자. 러시아공동체는 역사의 선례가 전혀 없는 유일한 위치를 가진다. (…) 왜냐하면 러시아에서는, 상황의 유일한 사례이므로, 국가적 규모로 존재하던 마을공동체가 점점 더 자신의 원시적인 본질적 특징으로부터 해방되어 국가적 규모에서 집단적 생산의 요소로 직접 발전할 수 있었다. (…)

러시아는 유럽에서 '농민공동체'가 오늘날까지도 유지되는 유일한 나라다. 러시아는 동인도와 달리 외래 정복자의 전리품이 아니고 또한 근대세계로부터 고립되어 살지도 않는다. (…)

러시아가 세계로부터 고립되었다면, 오랜 진보의 과정을 거쳐 원시 공동체의 존재에서 오늘날의 상태로 발전해온, 서유럽만이 습득할 수 있는 자신의 고유한 계획에 근거한 경제적 성과를 이루었다면, 내가 보기에는 최소한 러시아의 공동체가 러시아사회의 발전과 함께 불가피하게 몰락했을 것이라는 데 의심의 여지는 없다. 그러나 러시아공동체의 상태는 서구의 원시공동체의 상태와 완전히 다르다. (…)

한편으로 토지에 대한 공동소유는 영세하고 개별화된 농민을 직접 그리고 대부분 집단경작으로 전환시켜버렸다. 러시아 농민은 분할되지 않은 목초지에 이미 분할경작을 추진했다. 러시아 토지의 자연적인 상태는 거대한 규모에서의 기계적 경작을 주문했다. (…) 그것이 비로소 일단 현재의 형태에서 어떤 정상적인 상태로 옮겨졌다면, 그것은 자살과 함께 시작하지 않고도, 근대사회를 지향하고 또 새로운 생활을 시작하는 경제적 체제의 **직접적 출발점**이 될 수 있을 것이다. (…)

다른 한편으로 러시아는 세계를 지배하는 서구적 생산과의 **동시성**을 통해, 자본주의적 체제에 의해 창조될 수 있는 모든 적극적인 업적을 치욕 없이도 공동체에 부여할 수 있었을 것이다. (…)

또한 이러한 생산양식의 적극적인 성과를 포섭하면서 러시아는 자신의 마을공동체의 고대적 형태를 파괴하는 대신에 발전시키고 변형시킬 수 있었다. (지나가면서 나는 러시아에서 공산주의적 소유의 형태는, 물론 스스로 다시 일련의 진보를 겪은 바 있는, 고대적 유형의 가장 근대적인 형태라는 사실을 언급해두겠다.)

러시아에서 자본주의체제의 숭배자가 그러한 조합을 부정한다면, 그것은 러시아가 기계를 이용하기 위해서 기계생산의 초기 형성기를 이겨내도록 강제되고 있다는 사실을 증명하는 것이다. (…)

그러나 러시아의 마을공동체가 짊어진 불행──이제까지 각각의 역사적 주도권을 금지한 고립과 한 공동체의 생활과 다른 공동체의 생활 사이의 잘못된 결합──은 무엇인가? 그 불행은 러시아사회의 전반적 동요의 한가운데서 사라진다. (…)

마을공동체의 고립과 한 공동체의 생활과 다른 공동체의 생활 사이의 잘못된 결합, 이렇게 지역적으로 결합된 미시세계는 마지막 원형의 고유한 특징으로 도처에서 등장하지는 않는다. 그러나 그러한 특징이 존재하는 곳 어디서나 공동체에 대한 중앙집권적 전제정치가 발생한다. 러시아에서 광활한 영토에 의해 야기되는 이러한 원초적인 고립은 정부에 의해 채워진 사슬이 끊어진다면, 쉽게 제거될 것처럼 보인다. (…)

'농민공동체'는 서구의 자본주의적 생산양식의 시대적 동반자일 뿐 아니라, 따라서 자신의 행동양식을 버리지 않고도 그 성과를 포섭할 수

514

있다는 사실과 공동체는 자본주의적 체제가 손대지 않은 시대를 지속시킬 수 있다는 사실은 역사적 시점에서 보면 지속적 발전의 길 위에서 농민공동체를 유지하기 위해 지극히 유리한 상황이다. (…)

이러한 '마을공동체'의 발전이 우리 시대의 역사적 과정과 상응한다는 사실의 최고 증거는 유럽과 미국에서 자본주의적 생산이 겪고 있는 숙명적인 공황이다. 이들 나라에서 자본주의적 생산은 거대한 경기상승을 겪기도 하고, 근대사회가 고대적 유형의 최고 형태 — 집단적 생산과 포섭 — 로 되돌아가는 공황에 이르기도 한다. (…)

한마디로 농민공동체는 자본주의를 공황 속에서 발견한다. 공황은 처음에는 자신을 부정하고 결국에는 근대사회를 공동소유의 '고대적' 유형으로 되돌린다. 혹은 공황은 미국의 저자가 말했듯이 어떤 혁명적인 경향의 혐의도 없고 노동하는 데 있어 워싱턴정부의 도움을 받는다. 그 저자는 근대사회가 지향하는 새로운 체제는 고대적 사회유형이 더 높은 형태로 재탄생하게 될 것이라고 말했다. 우리는 '고대적'이라는 단어에 너무 놀라지 말아야 할 것이다. (…)

러시아공동체의 생존을 위협하는 것은 역사적 불가피성도 아니고 이론도 아니다. 그것은 국가가 농민의 희생과 부담을 더욱 강요하는 국가 자신의 억압이고 자본주의적 침입자의 착취다. (…)

우리가 공동체를 착취하기 때문에, 동일한 시대에 공동체는 고통을 겪으며, 그들의 땅은 황폐화되고 과실은 빼앗긴다. '사회의 새로운 토대'의 의미 없는 하수인은 역설적으로 자연적으로 국한된 노쇠함의 징후로서 우리가 때린 상처를 나타낸다. 우리는 공동체가 자연적인 죽음을 맞이할 것이고 우리가 죽음의 고통을 짧게 해줄 것이라고 주장했다. 여기서는 해결해야 할 문제가 더이상 중요한 것이 아니라, 오히려 단지 처부숴야 할 적이 문제가 된다. 러시아공동체를 구하기 위해서는 러시아혁명이 필요하다. 더욱이 러시아정부와 '사회의 새로운 토대'는 대중을 그러한 파국으로 몰고가기 위해 최선의 것을 자행할 것이다. 혁명이 정당한 시대를 위해 성공한다면, 마을공동체의 자유로운 상승을 보장하기 위해 혁명이 모든 힘을 집중한다면, 이것은 즉시 러시아사회의 갱신의 한 요소로서 그리고 자본주의체제에 의해 노예화된 나라들에 대한 우월함의 한 요소로서 발전할 것이다. (「**짜술리치에게 보낸 편지**」, 1881년)

공산주의에서는 가치가 사라지고, 생산자들은 자신의 생산물을 교환하지 않는다

직접적 화폐의 척도로서 노동시간에 관한 학설은 무엇보다 존 그레이(John Gray)에 의해 체계적으로 발전되었다. (…) 노동시간은 가치의 내재적 척도인데, 왜 노동시간 옆에 다른 외적 척도가 있어야 하는가? 왜 교환가치는 가격으로 발전하는가? 왜 모든 상품은 교환가치의 적절한 현존재로, 즉 화폐로 전화될 하나의 배타적인 상품 속에서 그 가치를 평가하는가? 이것은 그레이가 풀어야 할 문제였다. 그레이는 이것을 푸는 대신에, 상품이 직접적으로 서로 사회적 노동의 생산물로서 관계한다고 가정했다. 그러나 상품은 단지 존재하는 어떤 것으로서만 서로 관계한다. 상품은 개별적으로 독립된 사적 노동의 직접적 생산물이다. 여기서 사적 노동은 일반 사회적 노동으로서의 사적 교환과정에서 외화를 통해 유지될 수 있을 뿐이고 혹은 노동이 상품생산의 토대 위에서 개별 노동의 전면적 외화를 통해 비로소 사회적 노동이 되는 그런 것이다. 그러나 그레이는 상품에 포함된 노동시간을 직접적이고 사회적인 것으로 간주했기 때문에, 노동시간을 공동체적 노동시간이나 직접적으로 연합된 개인들의 노동시간으로 여겼다. 그래서 사실상 금이나 은 같은 특별한 상품이 아니라 다른 상품도 일반 노동의 체화로서 대체할 수 있으나 교환가치는 가격이 될 수 없고, 사용가치 또한 교환가치가 될 수 없고, 생산물이 상품으로 될 수 없어, 결국 부르주아 생산의 토대가 스스로 지양될 것이라는 얘기다. 그러나 이것은 결코 그레이의 의견이 아니다. 생산물은 상품으로서 생산되어야 하지만, 상품으로서 교환되지는 않는다. (…)

각각의 상품은 직접적으로 화폐다. 그레이의 이론은 불완전하고 따라서 잘못된 상품분석으로부터 이끌어낸 것이었다. '노동화폐'와 '국립은행'과 '상품선박장'의 '유기적' 구성은 세계를 지배하는 법칙으로서의 도그마가 속이는 단순한 환상이다. (…) 그레이에게 숨겨져 있는 것은 다음과 같은 사실이다. 즉 노동화폐는 즐거운 희망을 위해 경제적으로 울리는 구절이다. 다시 말해 화폐와 함께 교환가치를, 교환가치와 함께 상품을, 상품과 함께 부르주아적 생산형태를 벗어나게 해주는 화폐에 대해, 부분적으로는 그레이 이전에 부분적으로는 그레이 이후에 쓰인, 몇몇 영국의 사회주의자들이 언급했던 즐거운 희망 말이다. 그러나 **프루동과 그의 학파**는 **화폐의 파문**과 **상품의 승천**을 진지하게 사회주의의 핵심으로서 옹호하고 상품과 화폐 사이의 필연적 연관에 관한 초보적 오해 속에서 사회주의를 해소하려는 데 주저했다. (『**경제학 비판**』, **1859년**)

생산양식이 가치에 기초하고 더 나아가서는 자본주의적으로 조직된

한 나라를, 단지 국민적 욕망을 위해서만 노동하는 하나의 전체로서 간주하는 것은 잘못된 추상이다. (『자본』 제3권, 1894년판)

만일 자본주의가 아닌 공산주의사회라고 한다면 화폐자본은 모두 사라지고 또 화폐자본 때문에 거래를 통해 발생하는 온갖 가면들도 사라질 것이다. (『자본』 제2권, 1893년판)

생산수단에 대한 공유에 기초한 조합적 사회 내부에서는 생산자들이 자신의 생산물을 교환하지 않는다. 마찬가지로 여기서는 생산물에 사용된 노동이 이 생산물의 가치로, 즉 그 생산물이 지닌 어떤 물적 특성으로 나타나지 않는다. (『고타강령 비판』, 1875년)

참된 인간이 추상적 국가시민임을 스스로 철회할 때, 비로소 해방은 완성된다

모든 해방은 세계에 대한 인간의 관계를 인간 자신에게 복귀시키는 것이다.

정치적 해방은 인간을 한편으로는 부르주아사회의 구성원, 즉 이기적이고 독립적인 개인으로, 다른 한편으로는 국가시민(공민), 즉 도덕적 인격으로 환원시키는 것이다.

현실적이고 개별적인 인간이 추상적 공민을 자신 속으로 환수하고, 개별적 인간으로서 자신의 경험적 삶, 개별적 노동, 개별적 관계 속에서 유적 존재가 되었을 때, 그리고 인간이 자신의 '고유한 힘'을 사회적 힘으로 승인하고 조직하며, 따라서 그 사회적 힘이 더이상 **정치적** 힘의 형태로 자신으로부터 분리되지 않을 때, 비로소 인간해방이 완성된다. (『**유대인 문제**』, 1844년)

숫자가 여기에서 중요하지 않은 것은 아니다. (…) 입법권을 위한 형성은 부르주아사회의 **모든** 성원이 개인들로서 고찰되고 그들이 개인들로서 현실적으로 대립할 것을 요구한다. '국가의 성원이라고 하는' 규정은 그들의 '추상적 규정', 그들의 살아 있는 현실 속에서는 실현되지 않는 규정이다.

〔두가지 가능성이 있을 수 있는데〕 하나는 정치적 국가와 부르주아사회의 분리가 발생하는 경우다. 이 경우 만인이 개개인으로서 입법권에 참여하기는 불가능하다. 정치적 국가는 부르주아사회로부터 **분리된** 하나의 실존이다. 한편 만일 만인이 입법자라면 부르주아사회는 자신을 단념할 것이다. 다른 한편 부르주아사회와 대립하는 정치적 국가는 부르주아사회가 국가의 **척도**에 알맞은 형태를 가질 때만 부르주아사회를 용인할 것이다. 다시 말해 바로 부르주아사회가 대의원을 통해 정치적 국가에 참여한다는 것은 부르주아사회의 분리와 이원적 통일에 관한 **표현**에 지나지 않는다.

아니면 그 반대로 부르주아사회가 현실적으로 정치적 사회인 경우다. 이 경우에 단지 부르주아사회로부터 분리된 실존, 단지 정치적 국가라는 **신학적** 표상으로부터 생기는 요구를 내세우기는 불합리한 일이다. 이러한 상황에서는 **대표권**으로서의 **입법권**의 의미는 완전히 소멸한다. 이 경우 입법권은 **각각의 기능**이 대표성을 갖는다는 것과 동일한 의미에서의 대표성을 갖는다. 예를 들면, 마치 각각의 특정한 사회적 활동이 유적 활동이므로 오직 유를 대표하는 것처럼, 즉 각 인간이 타자의 대표자인 것처럼 내 자신의 본질 중의 한 규정을 대표하는 것처럼, 제화공은 그가 사회적 욕구를 수행하는 한 나의 대표자인 경우와 같다. 제화공은 여기서 타자, 즉 그가 대표한 것에 의해서 대표자인 것이 아니라, 오히려 현재의 자신의 존재와 행동에 의해서 대표자인 것이다. (『헤겔 국법론 비판』, 1843년)

치욕에 대한 공개를 치욕에 부가함으로써 치욕은 더 치욕적이게 된다. 고유한 멜로디를 들려줌으로써 관계를 춤추듯 술렁이게 만들어야 한다: 비판의 근본성

억압에 대한 의식적 자각을 억압에 부가함으로써 현실의 억압은 한층 더 억압적이게 되고, 치욕에 대한 공개를 치욕에 부가함으로써 치욕은 한층 더 치욕적이게 된다. 독일 사회의 모든 영역은 독일 사회의 모든 치부로서 묘사되어야 한다. 이 독일 사회의 모든 영역에 그들 고유의 멜로디를 들려줌으로써 이들 영역의 경직된 관계를 춤추듯 술렁이게 만들어야 한다. 독일 민족에게 용기를 북돋아주기 위해서는 독일 민족을 전율하게 만들 수 있어야 한다. (…)

종교의 비판은 인간이 인간을 위한 가장 지고한 존재라는 가르침과 함께, 그리고 인간을 저급하고 예속된 존재, 버림받고 무시된 존재로 만드는 모든 관계를 전복시키는 범주적 정언명령과 함께 끝났다. (…)

비판의 무기는 물론 무기의 비판을 대신할 수 없다. 물질적 힘은 물질적 힘에 의해 전복되어야 한다. 그러나 이론도 대중을 사로잡는 순간 물

질적인 힘이 된다. 또한 이론은 대인적(對人的)으로 증명되자마자 대중을 사로잡을 수 있다. 그리고 이론은 그것이 근본적이 될 때 대인적으로 증명된다. 근본적으로 된다는 것은 사태를 뿌리에서부터 파악한다는 것이다. 그리고 인간에게 뿌리란 바로 인간 자신이다. (『헤겔 법철학 비판』 서문, 1843~44년)

미래의 구성과 모든 시대를 위한 완성은 우리의 일이 아니며, 확실한 것은 현재에 최선을 다하는 것이다. 현재 존재하는 모든 것에 대해 가차없는 비판을 해야 한다고 생각한다. 가차없다는 말은 비판이 그 결과를 두려워하지 않는다는 의미이고, 또한 기존의 권력과의 갈등을 두려워하지 않는다는 의미에서다. (「『독불연보』로부터의 편지」, 1844년)

첫번째 시도에 대해 가차없이 근본적인 비판을 끊임없이 반복하면서…

부르주아혁명은 (…) 폭풍우 치듯 연속적인 성공을 거두고 있다. 혁명의 극적인 효과는 나날이 더해가고 인간과 사물은 찬연히 빛나 보이며 날마다 정신은 황홀경에 빠져 있다. 그러나 부르주아혁명은 수명이 짧다. 그것은 곧 절정에 도달할 것이며, 그 질풍노도의 시기가 가져다준 여러 결과들을 사회가 그 자체 내에서 융화시키는 방법을 맑은 정신으로 알아차리기도 전에 장기간의 몽롱한 침체가 사회를 덮어버릴 것이다. 반면에 프롤레타리아혁명은 (…) 자기 자신을 끊임없이 비판하고 혁명의 진행과정에서 부단히 자발적으로 그 진행에 제동을 걸고 혁명을 새롭게 시작하기 위해 외견상 성취된 것을 재검토하며, 비정할 정도로 철저한 태도로 그 최초의 시도에서 드러난 부적합성, 약점, 무가치를 비웃는다. 그뿐만 아니라 프롤레타리아혁명이 그 적대 세력을 쓰러뜨리는 것은 오직 적으로 하여금 대지에서 새로운 힘을 빨아올려 좀더 대단한 기세로 자기와 맞서게 하기 위해서인 듯하다. 프롤레타리아혁명은 자기 목표의 무한한 원대함에 놀라 언제나 새롭게 주춤하지만, 모든 퇴행적 변화가 불가능하게 되는 상황에까지 이르게 된다. 그러면 제반 여건 자체가 다음과 같이 부르짖게 된다.

이곳이 로도스 섬이다. 여기서 뛰어보라!
여기에 장미꽃이 있다. 여기서 춤을 추어라!

(『루이 보나빠르뜨의 브뤼메르 18일』, 1869년)

2008년 공황으로 2세기 이상 인류를 이끌어온 자본주의는 스스로 벗어날 수 없는 심각한 위기에 봉착했다. 하지만 공황 발발 이후 6년이 지나도록 공황으로부터 탈출할 수 있는 뚜렷한 대안은 어디에서도 나타나지 않고 있다. 케인스주의로의 회귀나 협동조합운동의 부활 같은 대안들이 새삼 주목을 받기도 하지만, 사실 이들 대안은 모두 과거에 이미 충분한 대안이 아니라는 사실이 입증된 것들일 뿐이다. 인류가 지닌 지적 자산 가운데 자본주의에 대한 분명한 대안으로 아직까지 남아 있는 것은 오로지 맑스 하나뿐이다. 이것이 21세기의 초입에 인류가 당면한 현실이다.

로베르트 쿠르츠의 『맑스를 읽다』는 바로 이런 문제의식에 정확히 맞추어진 책이다. 이 책은 공황이 발발하기 전에 집필되었지만 이미 공황을 예견하고 있었고 그 대안을 자본주의체제 자체를 문제로 삼았던 맑스의 학문적 도전에서 찾고자 한다. 이 책은 우리가 지금 목말라하고 있는 자본주의의 대안에 대한 단서를 맑스에게서 충분히 발견할 수 있다고 주장한다. 이들 단서를 8개의 주제로 분류하고 각 주제에 해당하는 맑스의 논의를 그의 저작들에서 선별적으로 발췌한 다음 각 주제별로 쿠르츠가 해설을 붙이는 방식으로 만들어진 일종의 편저다.

엮은이 로베르트 쿠르츠는 독일에서 발간되는 잡지인 *Exit!*의 편집인으로 급진적인 좌파 사상가이자 맑스주의자다. 그는 학계보다는 주로 언론 분야에서 활동한 재야학자로서 현존 자본주의 체제에 대해서는 물론 전통적인 좌파진영에 대해서도 비판적인 입장을 보인 것으로 잘 알려져 있다. 그는 1943년 뉘른베르크에서 태어나 에를랑겐 대학에서 철학, 역사학, 교육학을 전공했고 1970년대에 독일 공산주의 노동자동맹(Kommunistischer Arbeiterbund Deutschlands, KABD)에서 활동했다. 1980년대 이후 그의 주요 관점은 점차 자본주의와 함께 시작된 근대화 문제로 집중되었고, 그 결과는 1991년 『근대화의 붕괴』(*Der Kollaps der Modernisierung*), 1999년 『자본주의 고발장』(*Schwarzbuch Kapitalismus*)이라는 책으로 출판되었다.

그는 맑스의 노동가치론을 물신성 개념에 기초하여 재해석했고, 이를 토대로 20세기 동안의 노동운동과 현실 사회주의, 그리고 범세계적인 맑스주의운동 모두가 근대라는 범주(따라서 사실상 자본주의체제) 내부에 포섭되어 갇혀버렸다고 강하게 비판했다. 그는 자본주의의 모순적인 발전으로 근대는 점차 종말을 향해가고 있으며 이 근대를 뛰어넘을 수 있는 단서가 맑스에게 숨겨져 있고 이 단서를 찾아내는 것이야말로 맑스 가치론의 참된 의미를 되살리는 길이라고 주장했다. 『맑스를 읽다』는 2001년에 처음 출판되었고, 2006년에 개정판이 나왔다. 이들 시기는 모두 자본주의의 위기가 아직 본격화되기 전이었다는 점에서 이 책은 2008년에 발발한 자본주의 체제의 위기를 앞서 알렸다고 볼 수 있다.

이 책이 갖는 시대적 의미는 각별하다. 무엇보다 공황 이후 세간의 흐름에서 알 수 있듯이 오늘 우리는 자본주의의 체제적 위기의 대안으로 맑스의 부활을 간절하게 바라고 있기 때문이다. 하지만 맑스의 부활에는 중요한 장애요인이 존재한다. 20세기에 이미 실패했던 전력을 맑스가 가지고 있기 때문이다. 구소련으로 대표되는 현실 사회주의, 그리고 케인스주의와 타협하며 맑스를 "죽은 개"처럼 내던져버린 서유럽의 노동운동이 바로 그 증거라 할 수 있다. 그래서 21세기에 부활해야 하는 맑스는 이미 20세기에 실패한 것으로 판결받은 맑스의 유령에게 발목이 잡혀 있다. 쿠르츠의 편집 방향은 바로 이 점에 맞추어져 있다.

이 책에서 쿠르츠는 각 주제별로 발췌한 맑스의 텍스트를 읽기에 앞서 자신이 맑스 저작에서 해당 구절들을 선별한 이유를 설명했는데, 이러한 해설을 통해 그는 바로 두 맑스, 즉 실패한 맑스와 부활해야 할 맑스를 구별하고 있다. 그는 이를 "알려진"(exoterische) 맑스, "숨겨진" (esoterische) 맑스로 표현했다. 이러한 해설을 통해 우리는 20세기에 실패한 맑스를 청산하고 21세기에 부활하는 맑스를 안내받을 수 있다. 그것은 기존에 우리에게 알려진 맑스 해석을 변증법적으로 지양하고 그를 재해석하는 작업을 의미한다. 이러한 쿠르츠의 해설 전부에 동의하지는 않더라도 그의 작업은 맑스의 부활이 필요한 지금, 이 부활의 과제를 올바로 수행하기 위해 필요한 것이 무엇인지를 짚어준다. 바로 이 두 맑스를 구별하는 일이다. 쿠르츠는 부활할 맑스를 실패한 맑스와 직접적으로 동일시하는 경향을 경계하면서, 이러한 경향을 "최후의 모히칸" (백인들에 의해 말살당한 아메리카 원주민의 한 부족 이름)에 빗대어

표현했다. 이 책이 지닌 각별한 시대적 의미는 바로 여기에 있다.

이 책이 쿠르츠 자신의 본격적인 저작이 아니라 맑스의 선집으로 구성된 점은 두 맑스를 구별하고자 하는 이 책의 함의에 비추어볼 때, 다소 아쉬운 점이라 할 수 있다. 쿠르츠가 시도한 맑스의 재해석, 즉 21세기를 위하여 부활해야 할 맑스의 구체적인 내용이 충분히 전달되려면 그의 해석에 더해 무언가가 더 필요하기 때문이다. 하지만 결국 맑스 자신도 그러했고 쿠르츠가 해설을 통해 재차 강조했듯이 21세기의 맑스는 독자 자신들의 노력에 의해서만 얻어질 것이다. 그것은 낡은 활자의 굳은 형태로 그냥 주어지는 것이 아니라 그 활자의 행간에서 오늘의 우리가 힘들여 찾아내고 되살려야만 하는 불씨와도 같은 것이기 때문이다. 이 점을 놓치지 않는다면 이 책의 아쉬움은 오히려 이 책의 세심한 미덕이 될 수 있을 것이다.

번역은 강신준(경제학)과 김정로(사회학)가 절반씩 맡아 수행했다. 해설의 경우 서문과 서론, 그리고 첫번째 것을 강신준이 맡았고 이후는 김정로가 맡았다. 맑스 저작 본문의 경우 『자본』과 관련된 부분은 모두 강신준이, 나머지는 김정로가 맡았다. 쿠르츠의 문장에 구어체의 유행어가 상당해 번역에 다소 어려움이 있었다. 어색하거나 혹시라도 본의를 잘못 전달한 부분이 있다면 그것은 전적으로 번역자들의 책임일 것이다.

2008년 공황 이후 자본주의의 모순에 분노하는 사람들이 전세계적으로 늘고는 있지만 막상 대안의 출발점을 어디에서 찾아야 할지를 알 수 없어 모두들 헤매는 형국이다. 분노는 표출했지만 대안으로 이어지지 못하고 소멸해버린 "점령하라!" 운동이 대표적인 예일 것이다. 이런 혼란 가운데 상당 부분은 20세기의 실패한 맑스와 21세기의 부활해야 할 맑스를 구별하지 못한 데에서 비롯된 것이 분명해 보인다. 그래서 이 책이 자본주의에 대한 본질적인 대안을 고민하는 이들에게 그런 혼란으로부터 벗어날 수 있는 조그만 단서라도 제공할 수 있다면 번역자들의 수고에 그 이상의 보상은 없을 것이다. 이 책을 편집한 쿠르츠는 불행히도 2012년 7월 뉘른베르크에서 응급수술을 받다가 사망하고 말았다. 자본주의의 근대가 붕괴되는 것을 끝까지 지켜보지 못한 그의 안타까운 죽음에 애도를 보내고, 이 책의 편집에 수고해주신 창비의 편집진들에게도 감사를 보낸다.

2014년 여름의 끝자락에서
강신준·김정로

528

530

맑스를 읽다
21세기를 위한 맑스의 핵심 텍스트

초판 1쇄 발행 / 2014년 9월 19일

엮은이 / 로베르트 쿠르츠
옮긴이 / 강신준·김정로
펴낸이 / 강일우
책임편집 / 김경은
펴낸곳 / (주)창비
등록 / 1986년 8월 5일 제85호
주소 / 413-120 경기도 파주시 회동길 184
전화 / 031-955-3333
팩시밀리 / 영업 031-955-3399 편집 031-955-3400
홈페이지 / www.changbi.com
전자우편 / human@changbi.com

한국어판 ⓒ (주)창비 2014
ISBN 978-89-364-8590-0 93300